suhrkamp taschenbuch 100

Hermann Hesse, am 2. Juli 1877 in Calw/Württemberg als Sohn eines
baltendeutschen Missionars geboren, starb am 9. August 1962 in Montagnola bei Lugano. Das Werk Hermann Hesses, u. a. *Unterm Rad;
Demian; Klingsors letzter Sommer; Siddhartha; Der Steppenwolf; Narziß
und Goldmund; Die Morgenlandfahrt; Das Glasperlenspiel*, ausgezeichnet mit dem Nobelpreis 1946, erscheint im Suhrkamp Verlag.
Hermann Hesse, dessen Bücher in den USA in einer Gesamtauflage von
über 8, in Japan von über 6 Millionen Exemplaren verbreitet sind, ist dort
der meistgelesene europäische Autor. Mit Übersetzungen in 35 verschiedene Sprachen und 12 indische Dialekte finden seine Schriften nun bereits in der dritten Generation junger Leser eine beispiellose Resonanz.
Max Brod: »Kafka las Hesse mit Begeisterung.«
Alfred Döblin: »Mit einer Sicherheit, die ohnegleichen ist, rührt er an das
Wesentliche.«
Die Kunst des Müßiggangs ist der Titel der ersten, 1904 entstandenen
Betrachtung dieser Sammlung von größtenteils nicht in Buchform veröffentlichten, bzw. nicht mehr zugänglichen Kurzprosatexten, Betrachtungen, Erinnerungen, Studien, Parodien und Erzählungen Hermann Hesses. Das thematische Spektrum der hier chronologisch nach ihren Entstehungsdaten oder dem Zeitpunkt ihrer erstmaligen Publikation angeordneten Texte reicht von der Schilderung der Flüge Hesses während der
Pionierzeit der Luftfahrt im Flugzeug und im Luftschiff des Grafen Zeppelin über die prophetische Karikatur der zur stereotypen Öde perfektionierten Ferienparadiese des kommerziellen Tourismus bis hin zur Parodie
der naiven Fortschrittshörigkeit einer Leistungsgesellschaft, »welche den
Erfindern des Atom-Nußknackers Ruhmeskränze flicht und den
Andrang des Publikums zu den Sonntagsfahrten auf den Saturn nur noch
mit Hilfe großer Polizeiaufgebote bändigen kann«.
Sämtliche Texte sind weder in Einzelausgaben, noch in der Hesse-Werkausgabe enthalten.

Hermann Hesse
Die Kunst
des Müßiggangs

*Kurze Prosa
aus dem Nachlaß*

*Herausgegeben
und mit einem Nachwort
von Volker Michels*

Suhrkamp

suhrkamp taschenbuch 100
Zweite Auflage, 21.–35. Tausend 1974
© Suhrkamp Verlag Frankfurt am Main 1973
Suhrkamp Taschenbuch Verlag. Alle Rechte vorbehalten, insbesondere
das des öffentlichen Vortrags, der Übertragung durch Rundfunk
oder Fernsehen und der Übersetzung, auch einzelner Teile.
Druck: Ebner, Ulm   Printed in Germany
Umschlag nach Entwürfen
von Willy Fleckhaus und Rolf Staudt

Wenn ich nicht im Grunde ein sehr arbeitsamer Mensch wäre, wie wäre ich je auf die Idee gekommen, Loblieder und Theorien des Müßiggangs auszudenken. Die geborenen, die genialen Müßiggänger tun dergleichen niemals. *Hermann Hesse (1928)*

Von mir aus betrachtet, stellen diese gelegentlichen Aufsätze, die sich wissentlich und absichtlich jener plaudernden Form bedienen, die man »Feuilleton« nennt, erstens einen nur unwesentlichen Teil meiner Arbeit dar, zweitens haben diese etwas spielerischen, häufig ironisch gefärbten Gelegenheitsäußerungen für mich einen gemeinsamen Sinn: den Kampf nämlich gegen das, was ich in unserer Öffentlichkeit den verlogenen Optimismus nenne ... [den] Kampf gegen die europäisch-amerikanische Modereligion vom souveränen modernen Menschen, der es so weit gebracht hat ... gegen die zwar kindliche, aber tief gefährliche Selbstgefälligkeit des glaubens- und gedankenlosen Massenmenschen in seinem Leichtsinn, seiner Überheblichkeit, seinem Mangel an Demut, an Zweifel, an Verantwortlichkeit. Die Worte dieser Art ... sind nicht an die Menschheit gerichtet, sondern an die Zeit, an die Leser von Zeitungen, an eine Masse, deren Gefahr nach meiner Überzeugung nicht im mangelnden Glauben an sich selbst und die eigene Herrlichkeit besteht. Häufig genug habe ich auch mit der allgemeinen Mahnung an die Grundlosigkeit dieser menschlichen Hybris die unmittelbare Mahnung an die Ereignisse unserer jüngsten Geschichte verbunden, an die Ahnungslosigkeit und den großsprecherischen Leichtsinn, mit dem wir in den Krieg gezogen sind, an die Abneigung der Völker wie der Einzelnen, die Mitschuld daran bei sich selbst zu suchen.

Hermann Hesse (1932)

Die Kunst des Müßiggangs

Ein Kapitel künstlerischer Hygiene

Je mehr auch die geistige Arbeit sich dem traditions- und geschmacklosen, gewaltsamen Industriebetrieb assimilierte, und je eifriger Wissenschaft und Schule bemüht waren, uns der Freiheit und Persönlichkeit zu berauben und uns von Kindesbeinen an den Zustand eines gezwungenen, atemlosen Angestrengtseins als Ideal einzutrichtern, desto mehr ist neben manchen anderen altmodischen Künsten auch die des Müßigganges in Verfall und außer Kredit und Übung geraten. Nicht als ob wir jemals eine Meisterschaft darin besessen hätten! Das zur Kunst ausgebildete Trägsein ist im Abendlande zu allen Zeiten nur von harmlosen Dilettanten betrieben worden.

Desto wunderlicher ist es, daß in unseren Tagen, wo doch so viele sich mit sehnsüchtigen Blicken gen Osten wenden und sich mühsam genug ein wenig Freude aus Schiras und Bagdad, ein wenig Kultur und Tradition aus Indien und ein wenig Ernst und Vertiefung aus den Heiligtümern Buddhas anzueignen streben, nur selten einer zum Nächstliegenden greift und sich etwas von jenem Zauber zu erobern sucht, den wir beim Lesen orientalischer Geschichtenbücher uns aus brunnengekühlten maurischen Palasthöfen entgegenwehen spüren.

Warum haben eigentlich so viele von uns an diesen Geschichtenbüchern eine seltsame Freude und Befriedigung, an Tausendundeine Nacht, an den türkischen Volkserzählungen und am köstlichen »Papageienbuch«, dem Decamerone der morgenländischen Literatur? Warum ist ein so feiner und originaler jüngerer Dichter wie Paul Ernst in seiner »Prinzessin des Ostens« diesen alten Pfaden so oft gefolgt? Warum hat Oscar Wilde seine überarbeitete Phantasie so gern dorthin geflüchtet? Wenn wir ehrlich sein wollen und von den paar wissenschaftlichen Orientalisten absehen, so müssen wir gestehen, daß die dicken Bände der Tausendundeine Nacht uns inhaltlich noch nicht ein einziges von den Grimmschen Märchen oder eine einzige von den christlichen Sagen des Mittelalters aufwiegen. Und doch lesen wir sie mit Genuß, vergessen sie in Bälde, weil eine Geschichte darin der anderen so geschwisterlich ähnlich ist, und lesen sie dann mit demselben Vergnügen wieder.

Wie kommt das? Man schreibt es gern der schönen ausgebildeten Erzählerkunst des Orients zu. Aber da überschätzen wir doch wohl unser eigenes ästhetisches Urteil: denn wenn die seltenen wahren Erzählertalente unserer eigenen Literatur bei uns so verzweifelt wenig geschätzt werden, warum sollten wir dann diesen Fremden nachlaufen? Es ist also auch nicht die Freude an erzählerischer Kunst, wenigstens nicht diese allein. In Wahrheit haben wir für diese ja überhaupt sehr wenig Sinn; wir suchen beim Lesen, neben dem grob Stofflichen, eigentlich nur psychologische und sentimentale Reize auf.

Der Hintergrund jener morgenländischen Kunst, der uns mit so großem Zauber fesselt, ist einfach die orientalische Trägheit, das heißt der zu einer Kunst entwickelte, mit Geschmack beherrschte und genossene Müßiggang. Der arabische Geschichtenerzähler hat, wenn er am spannendsten Punkt seines Märchens steht, immer noch reichlich Zeit, ein königliches Purpurzelt, eine mit Edelsteinen behängte gestickte Satteldecke, die Tugenden eines Derwisches oder die Vollkommenheiten eines wahrhaft Weisen bis in alle Einzelheiten und Kleinigkeiten zu schildern. Ehe er seinen Prinzen oder seine Prinzessin ein Wort sagen läßt, beschreibt er uns Zug für Zug das Rot und den Linienschwung ihrer Lippen, den Glanz und die Form ihrer schönen weißen Zähne, den Reiz des kühn flammenden oder des schämig gesenkten Blickes und die Geste der gepflegten Hand, deren Weiße untadelhaft ist, und an welcher die opalisierenden, rosigen Fingernägel mit dem Glanze kleinodbesetzter Ringe wetteifern. Und der Zuhörer unterbricht ihn nicht, er kennt keine Ungeduld und moderne Lesergefräßigkeit, er hört die Eigenschaften eines greisen Einsiedlers mit demselben Eifer und Genusse schildern, wie die Liebesfreuden eines Jünglings oder den Selbstmord eines in Ungnade gefallenen Veziers.

Wir haben beim Lesen beständig das sehnsüchtig neidische Gefühl: Diese Leute haben Zeit! Massen von Zeit! Sie können einen Tag und eine Nacht darauf verwenden, ein neues Gleichnis für die Schönheit einer Schönen oder für die Niedertracht eines Bösewichts zu ersinnen! Und die Zuhörer legen sich, wenn eine um Mittag begonnene Geschichte am Abend erst zur Hälfte erzählt ist, ruhig nieder, verrichten ihr Gebet und suchen mit Dank gegen Allah den Schlummer, denn morgen ist wieder ein Tag. Sie sind Millionäre an Zeit, sie schöpfen wie aus einem bodenlosen Brunnen, wobei es auf den Verlust einer Stunde und eines Tages und einer Woche nicht groß ankommt. Und während wir jene unendlichen, ineinander verflochtenen, seltsamen Fabeln und Geschichten lesen, werden wir selber merkwürdig geduldig und wünschen kein Ende herbei, denn wir sind für Augenblicke dem großen Zauber verfallen – die Gottheit des Müßiggangs hat uns mit ihrem wundertätigen Stabe berührt.

Bei gar vielen von jenen Unzähligen, welche neuerdings wieder so müde und gläubig an die heimatliche Wiege der Menschheit und Kultur zurück pilgern und sich zu Füßen des großen Konfutse und des großen Laotse niederlassen, ist es einfach eine tiefe Sehnsucht nach jenem göttlichen Müßiggang, die sie treibt. Was ist der sorgenlösende Zauber des Bacchus und die süße, schläfernde Wollust des Haschisch gegen die abgrundtiefe Rast des Weltflüchtigen, der auf dem Grat eines Gebirges sitzend, den Kreislauf seines Schattens beobachtet und seine lauschende Seele an den stetigen, leisen, berauschenden Rhythmus der vorüberkreisenden Sonnen und Monde verliert? Bei uns, im armen Abendland, haben wir die Zeit in kleine und kleinste Teile zerrissen, deren jeder noch den Wert einer Münze hat; dort aber fließt sie noch immer unzerstückt in stetig flutender Woge, dem Durst einer Welt genügend, unerschöpflich, wie das Salz des Meeres und das Licht der Gestirne.

Es liegt mir fern, dem die Persönlichkeiten fressenden Betrieb unserer Industrie und unserer Wissenschaft irgend einen Rat geben zu wollen. Wenn Industrie und Wissenschaft keine Persönlichkeit mehr brauchen, so sollen sie auch keine haben. Wir Künstler aber, die wir inmitten des großen Kulturbankrotts eine Insel mit noch leidlich erträglichen Lebensmöglichkeiten bewohnen, müssen nach wie vor anderen Gesetzen folgen. Für uns ist Persönlichkeit kein Luxus, sondern Existenzbedingung, Lebensluft, unentbehrliches Kapital. Dabei verstehe ich unter Künstlern alle die, denen es Bedürfnis und Notwendigkeit ist, sich selber lebend und wachsend zu fühlen, sich der Grundlage ihrer Kräfte bewußt zu sein und auf ihr nach eingeborenen Gesetzen sich aufzubauen, also keine untergeordnete Tätigkeit und Lebensäußerung zu tun, deren Wesen und Wirkung nicht zum Fundament in demselben klaren und sinnvollen Verhältnis stünde, wie in einem guten Bau das Gewölbe zur Mauer, das Dach zum Pfeiler.

Aber Künstler haben von jeher des zeitweiligen Müßigganges

bedurft, teils um neu Erworbenes sich klären und unbewußt Arbeitendes reif werden zu lassen, teils um in absichtsloser Hingabe sich immer wieder dem Natürlichen zu nähern, wieder Kind zu werden, sich wieder als Freund und Bruder der Erde, der Pflanze, des Felsens und der Wolke zu fühlen. Einerlei ob einer Bilder oder Verse dichtet oder nur sich selber baut, dichten und schaffend genießen will, für jeden sind immer wieder die unvermeidlichen Pausen da. Der Maler steht vor einer frisch grundierten Tafel, fühlt die nötige Sammlung und innere Wucht noch nicht gekommen, fängt an zu probieren, zu zweifeln, zu künsteln und wirft am Ende alles zornig oder traurig hin, fühlt sich unfähig und keiner stolzen Aufgabe gewachsen, verwünscht den Tag, da er Maler wurde, schließt die Werkstatt zu und beneidet jeden Straßenfeger, dem die Tage in bequemer Tätigkeit und Gewissensruhe hingehen. Der Dichter wird vor einem begonnenen Plane stutzig, vermißt das ursprünglich gefühlte Große darin, streicht Worte und Seiten durch, schreibt sie neu, wirft auch die neuen bald ins Feuer, sieht klar Geschautes plötzlich umrißlos in blassen Fernen schwanken, findet seine Leidenschaften und Gefühle plötzlich kleinlich, unecht, zufällig, läuft davon und beneidet gleicherweise den Straßenfeger. Und so weiter.

Manches Künstlerleben besteht zu einem Drittel, zur Hälfte aus solchen Zeiten. Nur ganz seltene Ausnahmemenschen vermögen in stetigem Flusse fast ohne Unterbrechung zu schaffen. So entstehen die scheinbar leeren Mußepausen, deren äußerer Anblick von jeher Verachtung oder Mitleid der Banausen geweckt hat. So wenig der Philister begreifen kann, welche immense, tausendfältige Arbeit eine einzige schöpferische Stunde umschließen kann, so wenig vermag er einzusehen, warum so ein verdrehter Künstler nicht einfach weiter malt, Pinselstriche nebeneinander setzt und seine Bilder in Ruhe vollendet, warum er vielmehr so oft unfähig ist, weiterzumachen, sich hinwirft und grübelt und für Tage oder Wochen die Bude schließt. Und der Künstler selbst wird jedesmal wieder von diesen Pausen überrascht und getäuscht, fällt jedesmal in dieselben Nöte und Selbstpeinigungen, bis er einsehen lernt, daß er den ihm eingeborenen Gesetzen gehorchen muß und daß es tröstlicherweise oft ebenso sehr Überfülle als Ermüdung ist, die ihn lahmlegt. Es ist etwas in ihm tätig, was er am liebsten heute noch in ein sichtbares, schönes Werk verwandelte, aber es will noch nicht, es ist noch nicht reif, es trägt seine einzig mögliche,

schönste Lösung noch als Rätsel in sich. Also bleibt nichts übrig als warten.
Für diese Wartezeiten gäbe es ja hundert schöne Zeitvertreiber, vor allem die Weiterbildung im Kennenlernen von Werken bedeutender Vorgänger und Zeitgenossen. Aber wenn du eine ungelöste dramatische Aufgabe wie einen Pfahl im Fleische mit dir herumträgst, ist es zumeist eine mißliche Sache, Shakespeare zu lesen, und wenn das erste Mißlingen eines Bildentwurfes dich plagt und elend macht, wird Tizian dich vermutlich wenig trösten. Namentlich junge Leute, deren Ideal der »denkende Künstler« ist, meinen nun, die der Kunst entzogene Zeit am besten aufs Denken zu verwenden und verrennen sich ohne Ziel und Nutzen in Grübeleien, skeptische Betrachtungen und andere Grillenfängereien.
Andere, welche noch nicht dem auch unter Künstlern neuerdings erfolgreich werdenden heiligen Krieg wider den Alkohol beigetreten sind, finden den Weg zu Orten, wo man einen Guten schenkt. Diese haben meine volle Sympathie, denn der Wein als Ausgleicher, Tröster, Besänftiger und Träumespender ist ein viel vornehmerer und schönerer Gott, als seine vielen Feinde uns neuestens glauben machen möchten. Aber er ist nicht für jedermann. Ihn künstlerisch und weise zu lieben und zu genießen und seine schmeichlerische Sprache in ihrer ganzen Zartheit zu verstehen, dazu muß einer so gut wie zu anderen Künsten von Natur begabt sein, und auch dann noch bedarf er der Schulung und wird, wo er nicht einer guten Tradition folgt, es selten zu einiger Vollkommenheit bringen. Und wäre er auch ein Auserwählter, so wird er doch gerade in den unfruchtbaren Zeiten, von denen wir reden, selten die zum wahren Kult eines Gottes notwendigen Denare in der Tasche haben.
Wie findet sich nun der Künstler zwischen den beiden Gefahren – der unzeitigen, lustlosen Arbeit und der grüblerischen, entmutigenden Leere – mit heiler Haut und heiler Seele hindurch? Geselligkeit, Sport, Reisen usw. sind alles Zeitvertreiber, die in solchen Lagen nicht dienen, zum Teil auch nur für Wohlhabende in Betracht kommen und zu diesen zu zählen ist nie ein Künstlerehrgeiz gewesen. Auch die Schwesterkünste pflegen einander in bösen Zeiten meist im Stich zu lassen: der Dichter, der an einer ungelösten Aufgabe leidet, wird nur selten beim Maler oder der Maler beim Musiker seine Ruhe und Balance wiederfinden.

Denn tief und völlig genießen kann der Künstler nur in den klaren, schöpferischen Zeiten, während jetzt in seinen Nöten alle Kunst ihm entweder schal und blaß oder aber erdrückend übermächtig erscheint. Den zeitweise Entmutigten und Hilflosen kann eine Stunde Beethoven ebenso leicht vollends umwerfen als heilen.

Hier ist der Punkt, an welchem ich eine durch solide Tradition befestigte und geläuterte Kunst des Faulenzens schmerzlich vermisse und wo mein sonst unbefleckt germanisches Gemüt mit Neid und Sehnsucht nach dem mütterlichen Asien hinüber äugt, wo eine uralte Übung es vermocht hat, in den scheinbar formlosen Zustand vegetativen Daseins und Nichtstuns einen gewissen gliedernden und adelnden Rhythmus zu bringen. Ich darf ohne Ruhmrednerei sagen, daß ich an die experimentierende Beschäftigung mit dem Problem dieser Kunst viel Zeit gewendet habe. Meine dabei gewonnenen Erfahrungen müssen einer späteren, besonderen Mitteilung aufbehalten bleiben – es genüge meine Versicherung, daß ich es annähernd gelernt habe, in kritischen Zeiten das Nichtstun mit Methode und großem Vergnügen zu pflegen. Damit jedoch etwaige Künstler unter den Lesern sich nicht, statt nun selber an die Arbeit des methodischen Faulenzens zu gehen, enttäuscht wie von einem Scharlatan abwenden, gebe ich noch in wenigen Sätzen einen Überblick über meine eigene erste Lehrlingszeit im Tempel dieser Kunst.

1. Ich hole eines Tages, von dunkler Ahnung getrieben, die vollständigsten deutschen Ausgaben von Tausendundeiner Nacht und den »Fahrten des Sajid Batthal« von der Bibliothek, setzte mich dahinter – und fand, nach anfänglichem kurzem Vergnügen, etwa nach Tagesfrist beide langweilig.

2. Den Ursachen dieses Mißerfolges nachdenkend, erkannte ich schließlich, daß jene Bücher durchaus nur liegend oder doch am Boden sitzend genossen werden dürfen. Der aufrechte abendländische Stuhl beraubt sie aller Wirkung. Nebenher ging mir dabei zum ersten Male ein Verständnis für die völlig veränderte Anschauung des Raumes und der Dinge auf, die man im Liegen oder Kauern gewinnt.

3. Bald entdeckte ich, daß die Wirkung der orientalischen Atmosphäre sich verdoppelte, wenn ich mir, statt selber zu lesen, vorlesen ließ (wobei es jedoch erforderlich ist, daß auch der Vorleser liege oder kauere).

4. Die nun endlich rationell betriebene Lektüre erzeugte bald ein resigniertes Zuschauergefühl, das mich befähigte, nach kurzer Zeit auch ohne Lektüre stundenlang in Ruhe zu verharren und meine Aufmerksamkeit mit scheinbar geringen Gegenständen zu beschäftigen (Gesetze des Mückenfluges, Rhythmik der Sonnenstäubchen, Melodik der Lichtwellen usw.). Daraus entsprang ein wachsendes Erstaunen über die Vielheit des Geschehens und ein beruhigendes, völliges Vergessen meiner selbst, womit die Basis eines heilsamen, niemals langweilenden *far niente* gewonnen war. Dies war der Anfang. Andere werden andere Wege wählen, um aus dem bewußten Leben in die für Künstler so notwendigen und schwer zu erreichenden Stunden des Selbstvergessens unterzutauchen. Sollte meine Anregung einen etwa vorhandenen abendländischen Meister des Müßiganges zur Rede und Mitteilung seines Systems verlocken, so wäre mein heißester Wunsch erfüllt.

(1904)

Über das Reisen

Als mir nahegelegt wurde, etwas über die Poesie des Reisens zu schreiben, schien es mir im ersten Augenblicke verlockend, einmal von Herzen über die Scheußlichkeiten des modernen Reisebetriebes zu schimpfen, über die sinnlose Reisewut an sich, über die öden modernen Hotels, über Fremdenstädte wie Interlaken, über Engländer und Berliner, über den verschandelten und maßlos teuer gewordenen badischen Schwarzwald, über das Geschmeiß von Großstädtern, die in den Alpen leben wollen wie zu Hause, über die Tennisplätze von Luzern, über Gastwirte, Kellner, Hotelsitten und Hotelpreise, verfälschte Landweine und Volkstrachten. Aber als ich einmal in der Bahn zwischen Verona und Padua einer deutschen Familie meine diesbezüglichen Ansichten nicht vorenthielt, wurde ich mit kühler Höflichkeit ersucht, zu schweigen; und als ich ein andermal in Luzern einen niederträchtigen Kellner ohrfeigte, wurde ich nicht ersucht, sondern tätlich gezwungen, das Haus mit unschöner Eile zu verlassen. Seither lernte ich mich beherrschen.

Auch fällt mir ein, daß ich doch im Grunde auf allen meinen kleinen Reisen überaus vergnügt und befriedigt war und von jeder

irgend einen großen oder kleinen Schatz mitgebracht habe. Wozu also schimpfen?
Über die Frage, wie der moderne Mensch reisen solle, gibt es viele Bücher und Büchlein, aber meines Wissens keine guten. Wenn jemand eine Lustreise unternimmt, sollte er doch eigentlich wissen, was er tut und warum er es tut. Der reisende Städter von heute weiß es nicht. Er reist, weil es Sommers in der Stadt zu heiß wird. Er reist, weil er im Wechsel der Luft, im Anblick anderer Umgebungen und Menschen ein Ausruhen von ermüdender Arbeit zu finden hofft. Er reist in die Berge, weil eine dunkle Sehnsucht nach Natur, nach Erde und Gewächs ihn mit unverstandenem Verlangen quält; er reist nach Rom, weil es zur Bildung gehört. Hauptsächlich aber reist er, weil alle seine Vettern und Nachbarn auch reisen, weil man nachher davon reden und damit großtun kann, weil das Mode ist und weil man sich nachher zu Hause wieder so schön behaglich fühlt.
Das alles sind ja begreifliche und honette Motive. Aber warum reist Herr Krakauer nach Berchtesgaden, Herr Müller nach Graubünden, Frau Schilling nach Sankt Blasien? Herr Krakauer tut es, weil er so viele Bekannte hat, die auch immer nach Berchtesgaden gehen, Herr Müller weiß, daß Graubünden weit von Berlin liegt und in Mode ist, und Frau Schilling hat gehört, in Sankt Blasien sei die Luft so gut. Alle drei könnten ihre Reisepläne und Routen vertauschen, und es wäre ganz dasselbe. Bekannte kann man überall haben, sein Geld kann man überall loswerden, und an Orten mit guter Luft ist Europa unermeßlich reich. Warum also gerade Berchtesgaden? Oder Sankt Blasien? Hier liegt der Fehler. Reisen sollte stets Erleben bedeuten, und etwas Wertvolles erleben kann man nur in Umgebungen, zu welchen man seelische Beziehungen hat. Ein gelegentlicher hübscher Ausflug, ein fideler Abend in irgend einem Wirtsgarten, eine Dampferfahrt auf einem beliebigen See sind an sich keine Erlebnisse, keine Bereicherungen unseres Lebens, keine mit stetiger Kraft fortwirkenden Anregungen. Sie können dazu werden, aber kaum für die Herren Krakauer und Müller.
Vielleicht gibt es für diese Leute überhaupt keinen Ort auf der Erde, zu welchem sie tiefere Beziehungen haben. Es gibt für sie kein Land, keine Küste oder Insel, keinen Berg, keine alte Stadt, von der sie mit Ahnungskraft gezogen werden, deren Anblick ihnen Lieblingsträume erfüllt und deren Kennenlernen ihnen ein

Schätzesammeln bedeutet. Trotzdem könnten sie glücklicher und schöner reisen, wenn doch einmal gereist sein muß. Sie müßten vor der Reise, sei es auch nur auf der Landkarte, sich wenigstens flüchtig über das Wesentliche des Landes und Ortes, wohin sie fahren, unterrichten, über das Verhältnis, in welchem seine Lage, seine Bodengestalt, sein Klima und Volk zur Heimat und gewohnten Umgebung des Reisenden steht. Und während des Aufenthaltes am fremden Orte müßten sie versuchen, sich in das Charakteristische der Gegend einzufühlen. Sie müßten Berge, Wasserfälle, Städte nicht nur im Vorbeigehen als Effektstücke anstaunen, sondern jedes an seinem Orte als notwendig und gewachsen und darum als schön erkennen lernen.

Wer hierzu den guten Willen hat, kommt leicht von selber auf die schlichten Geheimnisse der Reisekunst. Er wird nicht in Syrakus Münchener Bier trinken wollen und es, wenn er es je dort bekommt, schal und teuer finden. Er wird nicht in fremde Länder reisen, ohne deren Sprache einigermaßen zu verstehen. Er wird nicht Landschaft, Menschen, Sitten, Küche und Weine der Fremde nach dem Maßstabe seiner Heimat messen und den Venetianer schneidiger, den Neapolitaner stiller, den Berner höflicher, den Chianti süßer, die Riviera kühler, die Lagunenküste steiler wünschen. Er wird versuchen, seine Lebensweise dem Brauch und Charakter des Ortes anzupassen, er wird in Grindelwald früh und in Rom spät aufstehen usw. Und er wird namentlich überall versuchen, sich dem Volke zu nähern und es zu verstehen. Er wird also nicht in internationaler Reisegesellschaft verkehren und nicht in internationalen Hotels wohnen, sondern in Gasthöfen, deren Wirte und Angestellte Einheimische sind, oder noch besser bei Privatleuten, in deren häuslichem Leben er ein Bild des Volkslebens hat.

Man würde es unsäglich lächerlich finden, wenn ein Reisender in Afrika sich mit Gehrock und Zylinder aufs Kamel setzen wollte. Aber man findet es selbstverständlich, in Zermatt oder Wengen Pariser Kostüme zu tragen, in französischen Städten deutsch zu reden, in Göschenen Rheinwein zu trinken und in Orvieto dieselben Speisen zu essen wie in Leipzig. Wenn du diese Art von Reisenden nach dem Berner Oberland fragst, so sprechen sie entrüstet über die hohen Fahrpreise der Jungfraubahn, und wenn du sie auf Sizilien zu sprechen bringst, so erfährst du, daß es dort keine heizbaren Zimmer gebe, daß man aber in Taormina eine

vorzügliche französische Küche antreffe. Fragst du nach dem dortigen Volk und Leben, so erzählen sie dir, man trage daselbst unendlich komische Trachten und rede einen völlig unverständlichen Dialekt.
Genug davon. Ich wollte ja von der Schönheit des Reisens reden, nicht von der Unvernunft der meisten Reisenden.
Die Poesie des Reisens liegt nicht im Ausruhen vom heimischen Einerlei, von Arbeit und Ärger, nicht im zufälligen Zusammensein mit anderen Menschen und im Betrachten anderer Bilder. Sie liegt auch nicht in der Befriedigung einer Neugierde. Sie liegt im Erleben, das heißt im Reicherwerden, im organischen Angliedern von Neuerworbenem, im Zunehmen unseres Verständnisses für die Einheit im Vielfältigen, für das große Gewebe der Erde und Menschheit, im Wiederfinden von alten Wahrheiten und Gesetzen unter ganz neuen Verhältnissen.
Dazu kommt das, was ich speziell die Romantik des Reisens nennen möchte: das Mannigfache der Eindrücke, das beständige heitere oder bängliche Warten auf Überraschungen, vor allem aber das Köstliche des Verkehres mit Menschen, die uns neu und fremd sind. Der musternde Blick des Portiers oder Kellners ist in Berlin derselbe wie in Palermo, aber den Blick des rhätischen Hirtenknaben, den du auf einer abseitigen Graubündener Weide überraschtest, vergißt du nicht. Du vergißt auch nicht die kleine Familie in Pistoja, bei der du einmal zwei Wochen gewohnt hast. Vielleicht entfallen dir die Namen, vielleicht erinnerst du dich der kleinen Schicksale und Sorgen jener Menschen nimmer deutlich, aber du wirst nie vergessen, wie du erst den Kindern, dann der blassen kleinen Frau, danach dem Manne oder dem Großvater in einer glücklichen Stunde näher kamst. Denn du hattest mit ihnen nicht über wohlbekannte Dinge zu reden, nicht an Altes und Gemeinsames anzuknüpfen, du warst ihnen so neu und fremd wie sie dir und du mußtest das Konventionelle ablegen, aus dir selbst schöpfen und auf die Wurzeln deines Wesens zurückgehen, um ihnen etwas sagen zu können. Du sprachst mit ihnen vielleicht über Kleinigkeiten, aber du sprachst mit ihnen als Mensch zu Menschen, tastend und fragend, mit dem Wunsche, diese Fremden ein wenig verstehen zu lernen, dir ein Stück ihres Wesens und Lebens zu erobern und mit dir zu nehmen.
Wer in fremden Landschaften und Städten nicht lediglich dem Berühmten, Auffallendsten nachgeht, sondern Verlangen trägt,

das Eigentliche, Tiefere zu verstehen und mit Liebe zu erfassen, in dessen Erinnerung werden meistens Zufälligkeiten, Kleinigkeiten einen besonderen Glanz haben. Wenn ich an Florenz denke, sehe ich als erstes Bild nicht den Dom oder den alten Palast der Signorie, sondern den kleinen Goldfischteich im Giardino Boboli, wo ich an meinem ersten Florentiner Nachmittag ein Gespräch mit einigen Frauen und ihren Kindern hatte, zum erstenmal die Florentiner Sprache vernahm und die mir aus so viel Büchern vertraute Stadt zum erstenmal als etwas Wirkliches und Lebendes empfand, mit dem ich reden und das ich mit Händen fassen konnte. Der Dom und der alte Palast und alles Berühmte von Florenz ist mir darum nicht entgangen; ich glaube es besser erlebt und mir herzlicher zu eigen gemacht zu haben, als viele fleißige Baedekertouristen, es wächst mir aus lauter kleinen, nebensächlichen Erlebnissen sicher und einheitlich heraus, und wenn ich ein paar schöne Bilder der Uffizien vergaß, so habe ich dafür die Erinnerung an Abende, die ich mit der Hauswirtin in der Küche, und an Nächte, die ich mit Burschen und Männern in kleinen Weinschenken verplauderte, und an den gesprächigen Vorstadtschneider, der mir unter seiner Haustüre die zerrissenen Hosen auf dem Leibe flickte und mir dazu feurige politische Reden, Opernmelodien und fidele Volksliedchen zum besten gab. Solche Bagatellen werden oft zum Kern wertvoller Erinnerungen. Dadurch, daß ich dort einen Faustkampf mit einem in die Wirtstochter verliebten Burschen bestand, ist mir das hübsche Städtchen Zofingen trotz der Kürze meines Dortseins – es waren zwei Stunden –, unvergeßlich. Das reizende Dorf Hammerstein, südlich vom badischen Blauen, stände mir nicht mit allen Dächern und Gassen so klar und schön vor der Erinnerung, wenn ich es nicht einst spät am Abend nach einer langen, schlimmen Irrwanderung im Wald unvermutet erreicht hätte. Ich sah es ganz plötzlich und unvermutet, da ich um einen Bergvorsprung bog, in der Tiefe unter mir liegen, still und schläfernd und Haus an Haus geschmiegt, und dahinter stand der eben aufgehende Mond. Wäre ich auf der bequemen Landstraße hingekommen und durchgewandert, so wüßte ich nichts mehr davon. So war ich nur eine Stunde dort und besitze es als ein schönes, liebes Bild für Lebenszeit. Und mit dem Bilde dieses Dörfleins besitze ich die lebendige Vorstellung einer ganzen, eigenartigen Landschaft.
Wer je in jungen Jahren mit wenig Geld und ohne Gepäck ein

gutes Stück gewandert ist, kennt diese Eindrücke wohl. Eine im Kleefeld oder im frischen Heu verbrachte Nacht, ein in entlegener Sennhütte erbetteltes Stück Brot und Käse, ein unvermutetes Eintreffen im Wirtshaus bei einer dörflichen Hochzeit, zu deren Mitfeier man eingeladen wurde, das bleibt fest im Gedächtnis. Allein es soll über dem Zufälligen nicht das Wesentliche, über der Romantik nicht die Poesie vergessen werden. Sich unterwegs treiben lassen und auf den lieben Zufall vertrauen, ist gewiß eine gute Praxis, aber einen festen, bestimmten Inhalt und Sinn muß jede Reise haben, wenn sie erfreulich und im tieferen Sinn ein Erlebnis sein soll. Aus Langeweile und fader Neugierde in Ländern umher zu bummeln, deren inneres Wesen einem fremd und gleichgültig ist und bleibt, ist sündlich und lächerlich. Ebenso wie eine Freundschaft oder Liebe, die man pflegt und der man Opfer bringt, wie ein Buch, das man mit Bedacht auswählt und kauft und liest, ebenso muß jede Vergnügungs- oder Studienreise ein Liebhaben, Lernenwollen, Sichhingeben bedeuten. Sie muß den Zweck haben, ein Land und Volk, eine Stadt oder Landschaft dem Wanderer zum seelischen Besitz zu machen, er muß mit Liebe und Hingabe das Fremde belauschen und sich mit Ausdauer um das Geheimnis seines Wesens bemühen. Der reiche Wursthändler, der aus Protzerei und Bildungsmißverstand nach Paris und Rom fährt, hat nichts davon. Wer aber lange, heiße Jugendjahre lang die Sehnsucht nach den Alpen oder nach dem Meere oder nach den alten Städten Italiens in sich getragen und endlich Reisezeit und Reisegeld sich knapp erspart hat, der wird jeden Meilenstein und jede sonnige, von Kletterrosen überhangene Klostermauer und jeden Schneegipfel und Meeresstrich der Fremde mit Leidenschaft an sich reißen und nicht vom Herzen lassen, ehe er die Sprache dieser Dinge verstand, ehe ihm das Tote lebendig und das Stumme redend geworden ist. Er wird in einem Tage unendlich viel mehr erleben und genießen als ein Modereisender in Jahren, und er wird für Lebenszeit einen Schatz von Freude und Verständnis und beglückender Sättigung mitbringen.

Wer Geld und Zeit nicht zu sparen braucht und Lust am Reisen hat, dem müßte es ein treibendes Bedürfnis sein, die Länder, in welchen er für sein Auge und Herz Begehrenswertes ahnt, Teil für Teil sich zu eigen zu machen und in langsamem Lernen und Genießen sich ein Stück Welt zu erobern, in vielen Ländern Wurzel zu schlagen und aus Ost und West Steine zum schönen Gebäude eines umfassenden Verständnisses der Erde und ihres Lebens zu sammeln.

Ich verkenne nicht, daß die Mehrzahl unserer heutigen Lustreisenden aus ermüdeten Städtern besteht, die kein anderes Verlangen haben, als für eine Weile die erfrischende und tröstende Nähe des Naturlebens zu fühlen. Von »Natur« reden sie gern und haben eine gewisse halb ängstliche, halb gönnerhafte Liebe zu ihr. Aber wo suchen sie sie und wieviele finden sie?

Es ist ein sehr verbreiteter Irrtum, zu meinen, man brauche nur an einen schönen Ort zu reisen, um der »Natur« nahe zu sein und ihre Kräfte und Tröstungen zu kosten. Es ist ja klar, daß dem seinen heißen Straßen entlaufenen Großstädter die Kühle und Reinheit der Luft am Meer oder in den Bergen wohl tun muß. Damit begnügt er sich. Er fühlt sich frischer, atmet tiefer, schläft besser und kehrt dankbar heim im Glauben, er habe die »Natur« nun so recht genossen und in sich gesogen. Er weiß nicht, daß er nur das Flüchtigste, Unwesentlichste davon aufgenommen und verstanden hat, daß er das Beste unentdeckt am Wege liegen ließ. Er versteht nicht zu sehen, zu suchen, zu reisen.

Der Glaube, es sei viel einfacher und leichter, ein Stück Schweiz oder Tirol oder Nordsee oder Schwarzwald in sich aufzunehmen als etwa eine gediegene Vorstellung von Florenz oder Siena zu erwerben, ist grundfalsch. Die Leute, welchen von Florenz nichts als der Turm des *palazzo vecchio* und die Domkuppel in der Erinnerung haften blieb, werden auch von Schliersee nur den Umriß des Wendelstein und von Luzern nichts als ein Bild des Pilatus und einen Dunst von Seebläue mitnehmen und nach wenig Wochen an echtem Seelenbesitz so arm sein wie zuvor. Die Natur wirft sich einem so wenig vor die Füße wie Kultur und Kunst und fordert gerade vom ungeschulten Stadtmenschen unendliche Hingabe, ehe sie sich entschleiert und ihm zu eigen gibt.

Es ist schön, mit der Bahn oder im Postwagen über den Gotthard, Brenner oder Simplon zu reisen und es ist schön, die Riviera entlang von Genua bis Livorno oder im Lagunenschiff von Venedig nach Chioggia zu fahren. Aber ein sicherer Besitz bleibt von solchen Eindrücken selten zurück. Nur hervorragend feine und durchgebildete Menschen sind fähig, das Charakteristische einer größeren Landschaft im flüchtigen Vorüberstreifen zu erfassen

und festzuhalten. Den meisten bleibt nur ein allgemeiner Eindruck von Meerluft, Wasserblau und Uferumrissen, und auch der ist bald verwischt wie die Erinnerung an ein Theaterbild. Fast allen Teilnehmern an den beliebten Gesellschaftsreisen durchs Mittelmeer geht es so.
Man muß nicht alles sehen und kennen wollen. Wer zwei Berge und Täler der Schweizer Alpen gründlich durchstreift hat, kennt die Schweiz besser als wer mit einer Rundkarte in derselben Zeit das ganze Land bereiste. Ich war wohl fünfmal in Luzern und Vitznau und hatte den Vierwaldstätter See noch immer nicht innig begriffen und erfaßt, bis ich nicht sieben Tage einsam im Ruderboot auf ihm zubrachte, jede Bucht befuhr und jede Perspektive ausprobte. Seither gehört er mir, seither kann ich in jeder beliebigen Stunde, ohne Bilder und Karten jeden seiner kleinsten Teile mir untrüglich vorstellen und von neuem lieben und genießen: Form und Vegetation der Ufer, Gestalt und Höhe der Berge, jedes einzelne Dorf mit Kirchturm und Schifflände, die Farben und Spiegelungen des Wassers zu jeder Tagesstunde. Auf Grund dieser sinnlich deutlichen Vorstellung erst ward es mir dann möglich, auch die dortigen Menschen zu verstehen, Gehaben und Mundarten der Uferdörfer, typische Gesichter und Familiennamen, Charakter und Geschichte der einzelnen Städtchen und Kantone zu unterscheiden und zu verstehen.

Und die venezianische Lagune wäre mir, trotz meiner eifrigen Liebe für Venedig, noch heute eine fremde, sonderbare, unbegriffene Kuriosität, wenn ich nicht einst, des blöden Hinstarrens müde, für acht Tage und Nächte das Boot und Brot und Bett eines Fischers von Torcello geteilt hätte. Ich ruderte an den Inseln entlang, watete mit dem Handnetz durch die braunen Schlammbänke, lernte Wasser, Gewächs und Getier der Lagune kennen, atmete und beobachtete ihre eigentümliche Luft, und seither ist sie mir vertraut und befreundet. Jene acht Tage hätte ich vielleicht für Tizian und Veronese verwenden können, aber ich habe in jenem Fischerboot mit dem goldbraunen Dreiecksegel Tizian und Veronese besser verstehen gelernt als in der Akademie und im Dogenpalast. Und nicht nur die paar Bilder, sondern das ganze Venedig ist mir nun kein schönes banges Rätsel mehr, sondern eine viel schönere, mir zugehörende Wirklichkeit, an die ich das Recht des Verstehenden habe.

Vom trägen Anschauen eines goldenen Sommerabends und vom lässig wohligen Einatmen einer leichten, reinen Bergluft bis zum innigen Verständnis für Natur und Landschaft ist noch ein weiter Weg. Es ist herrlich, auf einer sonnenwarmen Wiese hingestreckt, träge Ruhestunden zu verliegen. Aber den vollen, hundertmal tieferen und edleren Genuß davon hat nur der, dem diese Wiese samt Berg und Bach, Erlengebüsch und fernragender Gipfelkette ein vertrautes, wohlbekanntes Stück Erde ist. Aus einem solchen Stücklein Boden seine Gesetze zu lesen, die Notwendigkeit seiner Gestaltung und Vegetation zu durchschauen, sie im Zusammenhang mit der Geschichte, dem Temperament, der Bauart und Sprechweise und Tracht des dort heimischen Volkes zu fühlen, das fordert Liebe, Hingabe, Übung. Aber solche Mühen lohnen sich. In einem Lande, das du dir mit Eifer und Liebe vertraut und zu eigen gemacht hast, gibt dir jede Wiese und jeder Fels, an dem du rastest, alle seine Geheimnisse her und nährt dich mit Kräften, die er anderen nicht gönnt.

Ihr sagt, es könne doch nicht jedermann den Fleck Erde, auf dem er eine Woche lebt, als Geolog, Historiker, Dialektforscher, Botaniker und Ökonom studieren. Natürlich nicht. Es liegt am Fühlen, nicht am Namenwissen. Wissenschaft hat noch niemand selig gemacht. Wer aber das Bedürfnis kennt, keine leeren Schritte zu tun, sich beständig im Ganzen lebend und im Weben der Welt einbegriffen zu fühlen, dem gehen überall schnell die Augen auf für das Charakteristische, Echte, Bodenständige. Er wird überall in Erde, Bäumen, Bergformen, Tieren und Menschen eines Landes das Gemeinsame herausfühlen und sich an dieses halten, statt Zufälligkeiten nachzulaufen. Er wird finden, daß dieses Gemeinsame, Typische sich noch in den kleinsten Blumen, in den zartesten Luftfärbungen, in den leichtesten Nuancen der Mundart, der Bauformen, der Volkstänze und Lieder äußert, und je nach seiner Veranlagung wird ihm ein volkstümliches Witzwort oder ein Laubgeruch oder ein Kirchturm oder ein kleines rares Blümlein zur Formel werden, welche für ihn das ganze Wesen einer Landschaft knapp und sicher umschließt. Und solche Formeln vergißt man nicht.

Hiemit genug. Nur das möchte ich noch sagen, daß ich an ein spezielles »Talent zum Reisen«, von dem man oft reden hört, nicht glaube. Die Menschen, denen auf Reisen Fremdes schnell und freundlich vertraut wird und die ein Auge fürs Echte und Wert-

volle haben, das sind dieselben, welche im Leben überhaupt einen Sinn erkannt haben und ihrem Stern zu folgen wissen. Ein starkes Heimweh nach den Quellen des Lebens, ein Verlangen, sich mit allem Lebendigen, Schaffenden, Wachsenden befreundet und eins zu fühlen, ist ihr Schlüssel zu den Geheimnissen der Welt, welchen sie nicht nur auf Reisen in ferne Länder, sondern ebenso im Rhythmus des täglichen Lebens und Erlebens begierig und beglückt nachgehen.
(1904)

Eine Gestalt aus der Kinderzeit

Der krumme alte Hausierer, ohne den ich mir die Falkengasse und unser Städtchen und meine Knabenzeit nicht denken kann, war ein rätselhafter Mensch, über dessen Alter und Vergangenheit nur dunkle Vermutungen im Umlauf waren. Auch sein bürgerlicher Name war ihm seit Jahrzehnten abhanden gekommen, und schon unsre Väter hatten ihn nie anders als mit dem mythischen Namen Hotte Hotte Putzpulver gerufen.

Obwohl das Haus meines Vaters groß, schön und herrschaftlich war, lag es doch nur zehn Schritt von einem finsteren Winkel entfernt, in welchem einige der elendesten Armutgassen zusammenliefen. Wenn der Typhus ausbrach, so war es gewiß dort; wenn mitten in der Nacht sich betrunkenes Schreien und Fluchen erhob und die Stadtpolizei zwei Mann hoch langsam und ängstlich sich einfand, so war es dort; und wenn einmal ein Totschlag oder sonst etwas Grausiges geschah, so war es auch dort. Namentlich die Falkengasse, die engste und dunkelste von allen, übte stets einen besonderen Zauber auf mich aus und zog mich mit gewaltigem Reize an, obwohl sie von oben bis unten von lauter Feinden bewohnt war. Es waren sogar die gefürchtetsten von ihnen, die dort hausten. Man muß wissen, daß in Gerbersau seit Menschengedenken zwischen Lateinern und Volksschülern Zwiespalt und blutiger Hader bestand, und ich war natürlich Lateiner. Ich habe in jener finsteren Gasse manchen Steinwurf und manchen bösen Hieb auf Kopf und Rücken bekommen und auch manchen ausgeteilt, der mir Ehre machte. Namentlich dem Schuhmächerle und den beiden langen Metzgerbuben zeigte ich öfters die Zähne, und das waren Gegner von Ruf und Bedeutung.

Also in dieser schlimmen Gasse verkehrte der alte Hotte Hotte, sooft er mit seinem kleinen Blechkarren nach Gerbersau kam, was sehr häufig geschah. Er war ein leidlich robuster Zwerg mit zu langen und etwas verbogenen Gliedern und dummschlauen Augen, schäbig und mit einem Anstrich von ironischer Biederkeit gekleidet; vom ewigen Karrenschieben war sein Rücken krumm und sein Gang trottend und schwer geworden. Man wußte nie, ob er einen Bart habe oder keinen, denn er sah immer aus, als wenn er sich vor einer Woche rasiert hätte. In jener üblen Gasse bewegte er sich so sicher, als wäre er dort geboren, und vielleicht war er das auch, obwohl er uns immer für einen Fremden galt. Er trat in all diese hohen finstern Häuser mit den niedrigen Türen, er tauchte da und dort an hochgelegenen Fenstern auf, er verschwand in die feuchten, schwarzen, winkligen Flure, er rief und plauderte und fluchte zu allen Erdgeschoß- und Kellerfenstern hinein. Er gab allen diesen alten, faulen, schmutzigen Männern die Hand, er schäkerte mit den derben, ungekämmten, verwahrlosten Weibern und kannte die vielen strohblonden, frechen, lärmigen Kinder mit Namen. Er stieg auf und ab, ging aus und ein und hatte in seinen Kleidern, Bewegungen und Redensarten ganz den starken Lokalduft der lichtlosen Winkelwelt, die mich mit wohligem Grausen anzog und die mir trotz der nahen Nachbarschaft doch seltsam fremd und unerforschlich blieb.

Wir Kameraden aber standen am Ende der Gasse, warteten, bis der Hausierer zum Vorschein kam und schrien ihm dann jedesmal das alte Schlachtgeheul in allen Tonarten nach: Hotte Hotte Putzpulver! Meistens ging er ruhig weiter, grinste auch wohl verachtungsvoll herüber; zuweilen aber blieb er wie lauernd stehen, drehte den schwerfälligen Kopf mit bösartigem Blick herüber und senkte langsam mit verhaltenem Zorn die Hand in seine tiefe Rocktasche, was eine seltsam tückische und drohende Gebärde ergab.

Dieser Blick und dieser Griff der breiten braunen Hand war schuld daran, daß ich mehreremal von Hotte Hotte träumte. Und die Träume wieder waren schuld daran, daß ich viel an den alten Hausierer denken mußte, Furcht vor ihm hatte und zu ihm in ein seltsames, verschwiegenes Verhältnis kam, von welchem er freilich nichts wußte. Jene Träume hatten nämlich immer irgend etwas aufregend Grausiges und beklemmten mich wie Alpdrücken.

Bald sah ich den Hotte Hotte in seine tiefe Tasche greifen und lange scharfe Messer daraus hervorziehen, während mich ein Bann am Platze festhielt und mein Haar sich vor Todesangst sträubte. Bald sah ich ihn mit scheußlichem Grinsen alle meine Kameraden in seinen Blechkarren schieben und wartete gelähmt vor Entsetzen, bis er auch mich ergreifen würde.

Wenn der Alte nun wiederkam, fiel mir das alles beängstigend und aufregend wieder ein. Trotzdem stand ich aber mit den anderen an der Gassenecke und schrie ihm seine Übernamen nach und lachte, wenn er in die Tasche griff und sein unrasiertes, farbloses Gesicht verzerrte. Dabei hatte ich heimlich ein heillos schlechtes Gewissen und wäre, solange er um den Weg war, um keinen Preis allein durch die Falkengasse gegangen, auch nicht am hellen Mittag.

Vom Besuch in einem befreundeten gastlichen Landpfarrhause zurückkehrend, wanderte ich einmal durch den tiefen schönen Tannenforst und machte lange Schritte, denn es war schon Abend, und ich hatte noch gute anderthalb Stunden Weges vor mir. Die Straße begann schon stark zu dämmern und der ohnehin dunkle Wald rückte immer dichter und feindseliger zusammen, während oben an hohen Tannenstämmen noch schräge Strahlen roten Abendlichtes glühten. Ich schaute oft hinauf, einmal aus Freude an dem weichen, schönfarbigen Lichte und dann auch aus Trostbedürfnis, denn die rasche Dämmerung im stillen tiefen Walde legte sich bedrückend auf mein elfjähriges Herz. Ich war gewiß nicht feig, wenigstens hätte mir das niemand ungestraft sagen dürfen. Aber hier war kein Feind, keine sichtbare Gefahr, – nur das Dunkelwerden und das seltsam bläuliche, verworrene Schattengewimmel im Waldinnern. Und gar nicht weit von hier, gegen Ernstmühl talabwärts, war einmal einer totgeschlagen worden.

Die Vögel gingen zu Nest; es wurde still, still, und kein Mensch war auf der Straße unterwegs außer mir. Ich ging möglichst leise, Gott weiß warum, und erschrak, so oft mein Fuß wider eine Wurzel stieß und ein Geräusch machte. Darüber wurde mein Gang immer langsamer statt schneller, und meine Gedanken gingen allmählich ganz ins Fabelhafte hinüber. Ich dachte an den Rübezahl, an die »Drei Männlein im Walde«, und an den, der drüben am Ernstmühler Fußweg umgekommen war.

Da erhob sich ein schwaches, schnurrendes Geräusch. Ich blieb stehen und horchte – es machte wieder rrrr – das mußte hinter mir auf der Straße sein. Zu sehen aber war nichts, denn es war unterdessen fast völlig dunkel geworden. Es ist ein Wagen, dachte ich, und beschloß, ihn abzuwarten. Er würde mich schon mitnehmen. Ich besann mich, wessen Gäule wohl um diese Zeit hier fahren könnten. Aber nein, von Rossen hörte man nichts, es mußte ein Handwagen sein, nach dem Geräusch zu schließen, und er kam auch so langsam näher. Freilich, ein Handkarren! Und ich wartete. Vermutlich war es ein Milchkarren, vielleicht vom Lützinger Hof. Aber jedenfalls mußte er nach Gerbersau fahren, vorher lag keine Ortschaft mehr am Wege. Und ich wartete.
Und nun sah ich den Karren, einen kleinen hochgebauten Kasten auf zwei Rädern, und einen Mann gebückt dahinter gehen. Warum bückte sich wohl der so schrecklich tief? Der Wagen mußte schwer sein.
Da war er endlich. »Guten Abend«, rief ich ihn an. Eine klebrige Stimme hüstelte den Gruß zurück. Der Mann schob sein Wägelchen zwei, drei Schritt weiter und stand neben mir.
Gott helfe mir – der Hotte Hotte Putzpulver! Er sah mich einen Augenblick an, fragte: »Nach Gerbersau?« und ging weiter, ich nebenher. Und so eine halbe Stunde lang – wir zwei nebeneinander durch die stille Finsternis. Er sprach kein Wörtlein. Aber er lachte alle paar Minuten in sich hinein, leise, innig und schadenfroh. Und jedesmal ging das böse, halb irre Lachen mir durch Mark und Bein. Ich wollte sprechen, wollte schneller gehen. Es gelang mir nicht. Endlich brachte ich mühsam ein paar Worte heraus.
»Was ist in dem Karren da drin?« fragte ich stockend. Ich sagte es sehr höflich und schüchtern – zu demselben Hotte Hotte, dem ich hundertmal auf der Straße nachgehöhnt hatte. Der Hausierer blieb stehen, lachte wieder, rieb sich die Hände, grinste mich an und fuhr langsam mit der breiten Rechten in die Rocktasche. Es war die hämisch häßliche Geste, die ich so oft gesehen hatte, und deren Bedeutung ich aus meinen Träumen kannte – der Griff nach den langen Messern!
Wie ein Verzweifelter rannte ich davon, daß der finstere Wald widerhallte, und hörte nicht auf zu rennen, bis ich verängstigt und atemlos an meines Vaters Haus die Glocke zog.
Das war der Hotte Hotte Putzpulver. Seither bin ich aus dem

Knaben ein Mann geworden, unser Städtlein ist gleichfalls gewachsen, ohne dabei schöner geworden zu sein, und sogar in der Falkengasse hat sich einiges verändert. Aber der alte Hausierer kommt noch immer, schaut in die Kellerfenster, tritt in die feuchten Flure, schäkert mit den verwahrlosten Weibern und kennt alle die vielen ungewaschenen, strohblonden Kinder mit Namen. Er sieht etwas älter aus als damals, doch wenig verändert, und es ist mir seltsam zu denken, daß vielleicht noch meine eigenen Kinder einmal ihn an der Falkenecke erwarten und ihm seinen alten Übernamen nachrufen werden. (1904)

Eine Rarität

Vor einigen Jahrzehnten schrieb ein junger deutscher Dichter sein erstes Büchlein. Es war ein süßes, leises, unüberlegtes Gestammel von blassen Liebesreimen, ohne Form und auch ohne viel Sinn. Wer es las, der fühlte nur ein schüchternes Strömen zärtlicher Frühlingslüfte und sah schemenhaft hinter knospenden Gebüschen ein junges Mädchen lustwandeln. Sie war blond, zart und weiß gekleidet, und sie lustwandelte gegen Abend im lichten Frühlingswalde, – mehr bekam man nicht über sie zu hören.
Dem Dichter schien dieses genug zu sein, und er begann, da er nicht ohne Mittel war, unerschrocken den alten, tragikomischen Kampf um die Öffentlichkeit. Sechs berühmte und mehrere kleinere Verleger, einer nach dem andern, sandten dem schmerzlich wartenden Jüngling sein sauber geschriebenes Manuskript höflich ablehnend zurück. Ihre sehr kurz gefaßten Briefe sind uns erhalten und weichen im Stil nicht wesentlich von den bei ähnlichen Anlässen den heutigen Verlegern geläufigen Antworten ab; jedoch sind sie sämtlich von Hand geschrieben und ersichtlich nicht einem im voraus hergestellten Vorrat entnommen.
Durch diese Ablehnungen gereizt und ermüdet, ließ der Dichter seine Verse nun auf eigene Kosten in vierhundert Exemplaren drucken. Das kleine Buch umfaßt neununddreißig Seiten in französischem Duodez und wurde in ein starkes, rotbraunes, auf der Rückseite rauheres Papier geheftet. Dreißig Exemplare schenkte der Autor an seine Freunde. Zweihundert Exemplare gab er einem Buchhändler zum Vertrieb, und diese zweihundert Exem-

plare gingen bald darauf bei einem großen Magazinbrande zugrunde. Den Rest der Auflage, hundertsiebzig Exemplare, behielt der Dichter bei sich, und man weiß nicht, was aus ihnen geworden ist. Das Werkchen war totgeboren, und der Dichter verzichtete, vermutlich vorwiegend aus Erwägungen ökonomischer Art, einstweilen völlig auf weitere poetische Versuche.
Etwa sieben Jahre später aber kam er zufällig einmal dahinter, wie man zügige Lustspiele macht. Er legte sich eifrig darauf, hatte Glück und lieferte von da an jährlich seine Komödie, prompt und zuverlässig wie ein guter Fabrikant. Die Theater waren voll, die Schaufenster zeigten Buchausgaben der Stücke, Bühnenaufnahmen und Porträts des Verfassers. Dieser war nun berühmt, verzichtete aber auf eine Neuausgabe seiner Jugendgedichte, vermutlich weil er sich ihrer nun schämte. Er starb in der Blüte der Mannesjahre, und als nach seinem Tode eine kurze, seinem literarischen Nachlaß entnommene Autobiographie herauskam, wurde sie begierig gelesen. Aus dieser Autobiographie aber erfuhr die Welt nun erst von dem Dasein jener verschollenen Jugendpublikation.
Seither sind jene zahlreichen Lustspiele aus der Mode gekommen und werden nicht mehr gegeben. Die Buchausgaben findet man massenhaft und zu jedem Preise, meist als Konvolute, in den Antiquariaten. Jenes kleine Erstlingsbändchen aber, von welchem vielleicht – ja sogar wahrscheinlich – nur noch die dreißig seinerzeit vom Autor verschenkten Exemplare vorhanden sind, ist jetzt eine Seltenheit ersten Ranges, die von Sammlern hoch bezahlt und unermüdlich gesucht wird. Es figuriert täglich in den Desideratenlisten; nur viermal tauchte es im Antiquariatshandel auf und entfachte jedesmal unter den Liebhabern eine hitzige Depeschenschlacht. Denn einmal trägt es doch einen berühmten Namen, ist ein Erstlingsbuch und überdies Privatdruck, dann aber ist es für feinere Liebhaber auch interessant und rührend, von einem so berühmten eiskalten Bühnenroutinier ein Bändchen sentimentaler Jugendlyrik zu besitzen.
Kurz, man sucht das kleine Ding mit Leidenschaft, und ein tadelloses, unbeschnittenes Exemplar davon gilt für unbezahlbar, namentlich seit auch einige amerikanische Sammler danach fahnden. Dadurch wurden auch die Gelehrten aufmerksam, und es existieren schon zwei Dissertationen über das rare Büchlein, von welchen die eine es von der sprachlichen, die andere von der psy-

chologischen Seite beleuchtet. Ein Faksimiledruck in fünfundsechzig Exemplaren, der nicht neu aufgelegt werden darf, ist längst vergriffen, und in den Zeitschriften der Bibliophilen sind schon Dutzende von Aufsätzen und Notizen darüber erschienen. Man streitet namentlich über den mutmaßlichen Verbleib jener dem Brand entgangenen hundertsiebzig Exemplare. Hat der Autor sie vernichtet, verloren oder verkauft? Man weiß es nicht; seine Erben leben im Auslande und zeigen keinerlei Interesse für die Sache. Die Sammler bieten gegenwärtig für ein Exemplar weit mehr als für die so seltene Erstausgabe des »grünen Heinrich«. Wenn zufällig irgendwo einmal die fraglichen hundertsiebzig Exemplare auftauchen und nicht sofort von einem Sammler *en bloc* vernichtet werden, dann ist das berühmte Büchlein wertlos und wird höchstens noch zuweilen neben andern lächerlichen Anekdoten in der Geschichte der Bücherliebhaberei flüchtig und mit Ironie erwähnt werden. (1905)

Septembermorgen am Bodensee

Die Nebelmorgen haben nun wieder begonnen, schon mit Anfang September. In den ersten Tagen waren sie beengend, düster und traurig machend, solange man noch das leuchtende Blau und Rotbraun der Hochsommermorgen frisch im Gedächtnis hatte. Sie schienen kalt, stumpf, freudlos, vorzeitig herbstlich, und erweckten jene ersten, halb unbehaglichen, halb sehnsüchtigen Gedanken an Stubenwärme, Lampenlicht, dämmerige Ofenbank, Bratäpfel und Spinnrad, die jedes Jahr allzu früh kommen und die ersten Herbstschauer sind, ehe die fröhlichen und farbigen Wochen der Obst- und Weinlese sie wieder vertreiben und in ein nachdenkliches, erwärmendes Ernte- und Ruhegefühl verwandeln.
Nun ist man schon wieder an die Seenebel gewöhnt und nimmt es für selbstverständlich hin, daß man vor Mittag die Sonne nicht zu sehen bekommt. Und wer Augen dafür hat, genießt diese grauen Vormittage dankbar und aufmerksam mit ihrem feinen, verschleierten Lichterspiel, mit ihren an Metall und Glas erinnernden Seefarben und ihren unberechenbaren perspektivischen Täuschungen, die oft wie Wunder und Märchen und fabelhafte

Träume wirken. Der See hat kein jenseitiges Ufer mehr, er verschwimmt in meerweite, unwirkliche Silberfernen. Und auch diesseitig sieht man Umrisse und Farben nur auf ganz kleine Entfernungen, weiter hinaus ist alles in Wolke, Schleier, Duft und feuchtes Licht grau aufgelöst. Die ernsten, einzelstehenden, überaus charaktervollen Pappelwipfel schwimmen matt als fahle Schatteninseln in der nebeligen Luft, Boote gleiten in unwahrscheinlichen Höhen geisterhaft über den dampfenden Wassern hin, und aus unsichtbaren Dörfern und Gehöften dringen gedämpfte Laute – Glockengeläute, Hahnenrufe, Hundegebell – durch die feuchte Kühle, wie aus unerreichbar fernen Gegenden herüber.

Heute früh, da ein leichter Nordostwind ging, steckte ich das hohe, schmale Dreiecksegel auf meinen kleinen Nachen, stopfte mir eine Pfeife und trieb langsam seeabwärts durch den Nebel. Die Sonne mußte schon überm Berg sein, denn das frühmorgendliche Bleigrau des Wasserspiegels verwandelte sich langsam in klares Silber, beinahe so wie bei schwachem Mondlicht. Von den sonst so freundlich nahen, laubigen oder schilfbestandenen Ufern war nichts zu sehen, und da ich keinen Kompaß besitze, segelte ich wie durch völlig fremde, uferlose Gewässer und Wolkenmeere dahin und konnte nicht einmal über die Geschwindigkeit meiner Fahrt irgend welche Schätzung aufstellen. Doch untersuchte ich nach einer Weile die Tiefe und da ich keinen Boden fand, warf ich eine Schwemmschnur mit Hechtlöffel auf 20 Meter Tiefe aus und zog sie gemächlich hinter mir her.

So trieb ich vielleicht eine Stunde lang weiter, im Steuersitz zusammengekauert, immer im weißen Nebel. Es war kühl. Die linke Hand, in der ich die Segelleine führte, war mir steif und gefühllos geworden, und ich ärgerte mich, daß ich keine Handschuhe mitgenommen hatte. Dann begann ich träumerische Halbgedanken zu spinnen. Ich dachte an einen merkwürdigen Verwandtenmord, der zur Zeit des Konstanzer Konzils im Schlosse meines Dörfchens Gaienhofen geschehen war und mich durch manche Umstände interessierte, und dachte an jene ganze, seltsame, erregte Zeit, in der unser stilles Seeufer ein Mittelpunkt der Welt und Kultur und die Bühne für große geschichtliche Einzelschicksale gewesen ist. Es unterhielt und befriedigte mich, die hinter Nebeln verborgenen, wohlbekannten Ufer mit den Bildern jener lang verschwundenen Menschen, ihrer Geschicke und Leidenschaften zu bevölkern. Einer Erbschaft wegen bringt ein Baron seinen Bruder um, Beziehungen zu fernen Ländern spielen ahnungsvoll herein, und von dem mit vornehmen Konzilgästen, Pomp und Luxus überfüllten Konstanz her glänzt verlockend der Reiz einer üppig reichen Kultur...

Ein sich überstürzender, schrill schnurrender Laut schreckte mich auf, während noch meine Phantasie bemüht war, sich die Kostüme und Waffen jener süddeutschen Barone und welschen Gäste zu Beginn des 15. Jahrhunderts vorzustellen. Hastig kehrten meine Sinne zum gegenwärtigen Augenblick zurück; in der Erregung des Jagdglücks faßte ich nach dem Haspel, zog vorsichtig an und fühlte einen kräftigen Fisch am Haken, der sich mit verzweifelter Leidenschaft zur Wehr setzte. Langsam ziehend, förderte ich einen schönen Hecht an die Oberfläche und brachte ihn im Hamen ein. Darauf setzte ich die Schnur mit Eifer von neuem aus, während der gefangene Fisch im Kasten wütend schlug und plätscherte. Dabei mußte ich das Steuer loslassen und ein plötzlicher Windstoß schlug mir, da das Boot sich gedreht hatte, die Segelstange und das flatternde Segel kräftig um die Ohren. Der Richtung ungewiß, ließ ich dem Wind das volle Segel und trieb mit zunehmender Schnelligkeit gerade aus, bis der schattenhafte Umriß einer mit alten Nußbäumen bestandenen Landzunge sichtbar wurde. Von den undeutlich auftauchenden, grau verschleierten Rebhügeln krachten da und dort die Flintenschüsse der Weinbergwächter. Ich zog mein Segel ein und ruderte langsam uferwärts, denn die allmählich wärmer werdende Luft roch stark nach nahem Regen. So suchte ich denn die nächste Schifflände, fand sie auch nach kurzer Fahrt, und während ich mein Boot ans Land zog und mich nach dem Namen des kleinen thurgauischen Dorfes erkundigte, begann es erst dünn und gleichsam widerwillig, dann immer kräftiger und ausgiebiger zu regnen.

Auch wenn nicht allen Anzeichen nach zum Nachmittag helles Wetter zu erwarten gewesen wäre, hätten mich der Regenguß und die kurze Verbannung in ein unbekanntes Dorfwirtshaus durchaus nicht betrübt. Ohnehin gebe ich auf sogenanntes »schönes Wetter« gar nichts, denn jedes Wetter ist schön, wenn man Augen und Seele aufmacht; und dann gehört es für mich zu den bevorzugten kleinen Wanderfreuden, unerwartet vom Wetter in Winkel und zu Menschen getrieben zu werden, die ich sonst wohl nie aufgesucht und gesehen hätte. Es ist immer eigen und sehr oft köstlich, für Augenblicke oder Stunden als ungemeldeter Gast in einer fremden Stube bei Unbekannten zu sitzen, ein Stück kleines Leben zu sehen und eine Weile in Gesichter zu blicken, die man nie zuvor sah, die einem oft in wenigen Augenblicken vertraut und unvergeßlich werden und die man vielleicht nie wieder sieht.

Es war kühl in der halbdunklen Schankstube, draußen stürzte der Regen immer heftiger herab und troff in Bächen an den Fensterscheiben nieder. Der Wein, natürlich der unvermeidliche sogenannte Tiroler, war verzweifelt herb und machte mich fröstern. Am großen tannenen Tisch saß ein einziger Gast, ein struppiger alter Fischer mit verdrießlichem Trinkergesicht, und hatte eine Quinte Schnaps vor sich stehen.

Das alles war nicht sehr beglückend. Ich fing schließlich an, die gestrige Steckborner Zeitung zu lesen – Beratungen des Ausschusses über Vergrößerung der Badeanstalt, Fischmarktbericht, ein Scheunenbrand, Stand der Reben, bevorstehende Erhöhung der Zuckerpreise usw. Und es regnete immer lauter mit einer zähen und erbitterten Leidenschaftlichkeit, in oft wechselndem Takte, der etwas ebenso Aufregendes und Trostloses hatte. Ich war nahe daran, meine von zu Hause mitgebrachte und durch den Hechtfang noch erhöhte schöne Morgenfreudigkeit zu verlieren. Da hörte ich, während ich mir die Pfeife frisch stopfte, daß der Wirt den verdrießlichen Alten als Jaköbeli anredete, und beim Klange des Namens fielen mir allerlei Geschichten ein. Vom Jaköbeli hatte ich viel reden hören. Er war ein thurgauischer Fischer, den man weit herum im Volke kannte, ein Sonderling und Trinker, mit einem Stich ins Verrückte und einer merkwürdig glücklichen Hand beim Fischen. Er wisse alle Wetterregeln und Kalendersachen unfehlbar auswendig, hatte ich sagen hören, und vielleicht auch noch manche Künste, die nicht jeder verstehe. Je länger ich nun den Alten betrachtete, desto fester war ich überzeugt, er müsse der Jaköbeli sein. Also warf ich ihm ein paar Bemerkungen übers Wetter hin, über diesen ungewöhnlich heißen Sommer, die frühen Septembernebel und die Aussichten für den heurigen Wein.

Jaköbeli ließ mich eine Weile reden, äugte ernsthaft zu mir herüber und räusperte sich ein paarmal. Dann machte er plötzlich, indem er sein Gläschen beiseite schob, eine großmütige, abwinkende und Gehör erbittende Gebärde wie ein alter Prophet und begann zu reden.

»Dieser Sommer«, sagte er, »jawohl mein Herr, ist ein besonderer Sommer gewesen, und ich sage gar nichts, aber man wird schon sehen, was alsdann kommen wird, mein Herr. Viel Nuß und Haselnuß, das gibt einen strengen Winter, und viel Bucheln und Eicheln, das gibt große Kälte. Es heißt auch:

> Ist St. Dominik trocken und heiß,
> So wird der Winter lange weiß.

So ist's wirklich und wahrhaftig. Aber das will ja noch wenig sagen. Das nächste Jahr dagegen, wenn man daran denkt, was ich sage, das wird ein Hungerjahr, ein heißes Jahr. Frucht und Obst wird verbrennen und dörren, desgleichen Gras und Kartoffel, aber viel Kirschen.«

»Warum denn?« fragte ich. Er winkte verächtlich ab. »Wie ich sage, mein geehrter Herr. Das nächste Jahr wird ein Sonnenjahr heißen, und die Sonne führt ein gutes Regiment, aber zu trocken und heiß. Auch der Winter wird alsdann noch strenger werden. Wie es vor dreihundert Jahren geschehen ist, daß der Rhein Grundeis gehabt hat und Kinder erfroren in der Wiege.«

Es folgten noch mehrere Wetterreime, die ich leider vergessen habe. Darauf ein zarter Versuch, mich zum Zahlen eines weiteren Schnapses zu veranlassen: ich überhörte ihn freundlich. Nun klagte er über Nebel und Kühle, schlechten Fischfang und Gliederreißen, nochmals auf die Zuträglichkeit eines wärmenden Schnapses hinweisend, den er sich auch bestellte, und den ich schließlich, seinem flehenden Blick gehorchend, zu bezahlen versprach. Auf das hin wurde er fröhlich, rückte mitteilsam nahe zu mir her und begann fidele Geschichten zu erzählen, meistens von ungeheuerlichen Trinkereien oder fabelhaften Fischzügen. Die beste war folgende: Einmal hatte er in Horn am Zeller See Fische verkauft und das ganze Geld dafür sofort vertrunken. Als er wieder abfahren wollte, war er so bezecht, daß ihn die Strandzöllner nicht ins Boot steigen lassen wollten, denn er war der Ruder nimmer mächtig und der See war unruhig und hatte Schaum. Er fuhr aber trotzdem ab, versuchte eine Strecke zu rudern, sank dann ermüdet ins Boot und schlief ein. Und als er wieder erwachte, trieb sein Nachen gerade an die Schifflände von Steckborn, die er hatte erreichen wollen. Aber noch besser! Zufällig war, was er im Rausche nicht beachtet hatte, seine Schwemmschnur noch ins

Wasser gehängt, und wie er sie nun einholen will, muß er aus Leibeskräften ziehen, denn es hängt ein vierzehnpfündiger Hecht daran. Natürlich verkaufte er den Fisch sogleich und konnte sich noch zu Nacht einen zweiten Rausch leisten.
Ich gab dem Jaköbeli zu verstehen, diese Sorte von Geschichten sei nicht die schönste und er sei doch eigentlich zu alt für solche Streiche. Da streckt er wieder mit großartiger Bewegung die Hand gegen mich aus, streicht sich den Bart und beginnt wieder Hochdeutsch zu reden. (Die Geschichten hatte er im Dialekt erzählt.)
»Zum Fischen, mein guter Herr, gehört einfach Glück, nichts als Glück. Da kann einer dreimal mit Segeln fahren, silberne Hechtlöffel kaufen und solches Zeug, das hilft alles nichts. Es kann einer den größten Heidenrausch haben und fängt doch mehr. Nämlich, der eine hat Glück und der andere hat keins. Es ist nur, daß man in einem guten Stern- und Himmelszeichen geboren ist, verstehen Sie?«
Ich verstand. Aber als er mich nun herausfordernd überlegen anblickte, und nochmals einen Schnaps bezahlt haben wollte, fand er mich unerbittlich. Eine gute Weile schwig er feindselig und spuckte häufig auf den Boden, dann aber begann er, zum Wirt gewendet, anzügliche Reden zu führen. »Du hast ja neuerdings scheint's großen Fremdenverkehr – hm – fremde Herrschaften, ja – hm. Früher ist man da drinnen noch unter sich gewesen – jawohl, sag' ich, unter sich gewesen. Könntest ja auch noch Hotelier werden, du, wenn's so weitergeht. Weißt, für so fremde Herren, so feine. Jawohl, Hotelier, da wird noch Geld verdient. –«
Und so weiter. Dieser Ton war mir aus anderen Fischerschenken unheimlich bekannt und es gefiel mir gar nicht, daß der Wirt und noch viel mehr der Sohn so viel husteten und das Lachen verbissen, und mich ansahen wie die Aasgeier. Es schien mir plötzlich, als wollte der Regen anfangen nachzulassen. So fragte ich denn, was ich schuldig sei, zahlte schnell, aber ohne ein Trinkgeld zu geben, und verließ die ungastliche Bude mit einem höflichen Gruß, der mit keiner Silbe beantwortet wurde. Statt dessen brach hinter mir, noch ehe die Türe zu war, ein boshaftes Gelächter aus. Am liebsten wäre ich umgekehrt und hätte den Grobianen meine Meinung gesagt oder mich zum Trotz erst recht fest hinter den Tisch gesetzt. Aber da fiel mir ein Abend in Basel ein, wo ich einst mit zwei Freunden zusammen einen arglosen Berliner Gast mit

allen Schikanen aus unserer Stammkneipe weggeekelt hatte, und ich gab beschämt den Fischern recht. Zugleich fiel mir auch ein, daß ich allein und die drinnen zu dreien waren.
Und so segelte ich langsam nach Hause zurück, wo ich bald nach Mittag durchnäßt ankam und meiner schon ängstlich gewordenen Frau den gefangenen Hecht, die Erlebnisse des Morgens und die Wetterprophezeiungen des alten Jaköbeli auspackte. (1905)

Winterglanz

Nun war vier Nächte und drei Tage fast ununterbrochen Schnee gefallen, ein guter, kleinflockiger, haltbarer Schnee, und in der letzten Nacht war er glashart gefroren. Wer nicht täglich vor seiner Tür gefegt und geschaufelt hatte, war jetzt belagert und mußte zur Hacke greifen, um Hauseingang, Kellertor und Kellerluken freizulegen. So war es vielen im Dorf ergangen, und sie werkelten murrend vor ihren Häusern, in Schaftstiefeln und Fausthandschuhen und mit Wolltüchern um Hals und Ohren gewickelt. Die Ruhigen freuten sich, daß der große Schnee vor dem Frost gekommen war und ihnen die bedrohten Wintersaatfelder schützte. Aber hier wie anderwärts sind die Ruhigen sehr in der Minderzahl, und die meisten schimpften weinerlich über den allzuharten Winter, rechneten einander ihren Schaden vor und erzählten Schauergeschichten von ähnlichen strengen Jahrgängen. Aber im ganzen Dorfe waren kaum zwei oder drei Leute, zu denen dieser wunderbare Tag nicht von Sorgen und Ärger, sondern viel mehr von Freuden, Glanz und Gottes Herrlichkeit sprach. Wer irgend konnte, der blieb in Haus und Stall, und wer etwa hinaus mußte, der wickelte Frostlappen um Kopf und Seele und ließ seine Sehnsucht keine anderen Wege gehen, als zurück zur verlassenen Ofenbank, wo zwischen den grünen Kacheln die gegossene eiserne Wärmeplatte glühte. Und doch war es ein Tag, den die Stadtleute keinem Maler glauben würden, viel jubelnder, blauer und blendender als der lachendste Hochsommertag. Der Himmel stand rein und blau bis in unendliche Fernen offen, die Wälder schliefen unter dickem Schnee, die Berge blendeten wie Blitze oder leuchteten rötlich oder hatten lange, märchenblaue Schatten an, und zwischen allem lag glasgrün der noch nicht gefrorene See, spiegelhell in der Nähe, und in der Ferne dunkelblau und schwarz, von glänzenden schneeweißen Landzungen rings umfaßt, auf welchen nichts Dunkles war als die dünnen und frierenden Reihen kahler, nackter Pappelstämme. Und durch die Luft und durch den unendlichen Himmel schwärmte prahlend und schwelgerisch das ungeheure Licht, von jedem Hügel und jeder Matte und jedem Stein im Schneeglanz zurückgeworfen und verdoppelt. Es flimmerte in ungebrochenen Wogen über weiße Flächen hin, glühte am Wald und an fernen Bergen in goldenen Rändern auf, zuckte in haarfeinen Blitzen diamanten- und regenbogenfarbig durch die Lüfte, ruhte satt und süß auf gelbem Schilf und in den grünen, jenseitigen Seebuchten aus und machte sogar alle Schatten mild, bläulich weich und wesenlos, als müßte heute an diesem Tage des Glanzes jeder letzte widerstrebende Flecken mit Helligkeit durchdrungen und gesättigt werden. An solchen Tagen ist es unmöglich, an ein Nachtwerden zu glauben, und wenn am Ende doch die Dämmerung sinkt, ist es wunderbar zu sehen, wie all der gleißend kühne Glast sich langsam hingibt, müde wird und eine Hülle sucht, obwohl nach diesen Tagen auch die Nächte selbst, wenn kein Mond scheint, niemals völlig dunkel werden. Und auch darum sind solche Schneetage so lang, weil der reine Winterhimmel und die Unbändigkeit des Lichtes uns klein und froh zu Kindern macht, so daß wir noch einmal die Erde im Glanz der Schöpfung sehen und noch einmal ohne Bewußtsein der Zeit wie Kinder hinleben, von jeder Stunde überrascht und keines Aufhörens gewärtig. So ging es mir, als ich gegen das Ende dieses Tages von einer weiten Wanderung zurückkehrend, beim Verlassen des schon finsteren Waldes mein Dorf im roten Abendduft daliegen sah. Ich hatte schneidend kalte, freie Höhen besucht, von denen ich Hügelzüge, Wälder, Ackerland, Seen und ferne blanke Alpengipfel betrachtete, und war durch todesstille, bläuliche Winterwälder gestreift, wo außer dem ängstlichen Seufzen überladener Stämme kein Laut zu hören war. Ich hatte im Bergwald den roten, vorsichtigen und doch dreisten Fuchs und am schilfigen Ried die dunkeln Wildenten belauscht, war über eine Stunde lang einem Schwarzspecht nachgelaufen und hatte an einer tief verwehten Hügellehne die kleine Leiche einer erfrorenen Goldammer gefunden. An einer bevorzugten Stelle hatte ich, zwischen roten Föhrenstämmen hindurch, den gleißenden breiten Gipfel des Glärnisch gesehen, war auf dem doppelten Loden-

boden meiner Winterhose manchen schrägen Hang hinabgeschlittelt und den ganzen Tag keinem Menschen begegnet.
Und nun schritt ich ermüdet und fröhlich heimwärts in der schon rasch zunehmenden Dämmerung, ein wenig steif in den Beinen und ziemlich ausgehungert, aber zufrieden. Heute war ein guter Tag gewesen, ein reiner, köstlicher, unvergeßlicher, und der ist hundert halb gelebte und vergessene Tage wert. Und in der Dämmerung, auf der schneebedeckten, blaß leuchtenden Landstraße ging etwas Kleines vor mir her, das ich einzuholen suchte. Als es noch vielleicht hundert Schritte entfernt war, erkannte ich es als einen kleinen Buben, der auf dem Kopf die viel zu große wollene Nebelkappe seines Vaters und in der Hand einen leeren Eimer trug. Im selben Augenblick, da ich ihn deutlich zu sehen vermochte, begann ich, auch ihn zu hören: er sang nämlich. Eine Weile suchte ich vergeblich zu erraten, was er singe, denn er ging wegen der Kälte sehr rasch, und ich hörte nur vereinzelte Töne. Dann kam ich näher und hielt mich von da an unbemerkt hinter ihm. Er lief eilig, die linke Hand tief in der Tasche gebohrt, und er stolperte öfters auf der rauh und ungleich gefrorenen Straße. Aber er sang unaufhörlich, eine Viertelstunde und eine halbe Stunde lang und vielleicht noch länger, bis wir am Dorfe waren und er in die erste, schon dunkle Gasse entschwand. Immer mußte ich nachdenken und mich besinnen, was für ein Lied das doch wäre, das der Kleine sang. Es klang wie ein rechtes Abendlied zu diesem Tage, wie ein Lied aus unvergeßlich reichen, dennoch fernen und dunkel gewordenen Kinderzeiten. Der Knabe sang keine Worte, er sang nur la und li und lo, aber es war immer dieselbe Melodie, nur wenig verändert, jedesmal ein klein wenig anders, la li – la lo, und die Melodie war so bekannt, so selbstverständlich, daß ich leise mitsingen mußte. Aber das Lied kannte ich nicht. Vielleicht ist es doch eine vergessene Kindermelodie gewesen. Ich glaube aber nicht. An solchen Wundertagen hört man viel Töne und sieht viel Dinge, die einem oft gehört und oft gesehen und uralt wohlbekannt erscheinen, und man hat sie doch nie gehört und nie gesehen. (1905)

Das erste Abenteuer

Sonderbar, wie Erlebtes einem fremd werden und entgleiten kann! Ganze Jahre, mit tausend Erlebnissen, können einem verloren gehen. Ich sehe oft Kinder in die Schule laufen und denke nicht an die eigene Schulzeit, ich sehe Gymnasiasten und weiß kaum mehr, daß ich auch einmal einer war. Ich sehe Maschinenbauer in ihre Werkstätten und windige Kommis in ihre Bureaus gehen und habe vollkommen vergessen, daß ich einst die gleichen Gänge tat, die blaue Bluse und den Schreibersrock mit glänzigen Ellenbogen trug. Ich betrachte in der Buchhandlung merkwürdige Versbüchlein von Achtzehnjährigen, im Verlag Pierson in Dresden erschienen, und ich denke nicht mehr daran, daß ich auch einmal derartige Verse gemacht habe und sogar demselben Autorenfänger auf den Leim gegangen bin.

Bis irgend einmal auf einem Spaziergang oder auf einer Eisenbahnfahrt oder in einer schlaflosen Nachtstunde ein ganzes vergessenes Stück Leben wieder da ist und grell beleuchtet wie ein Bühnenbild vor mir steht, mit allen Kleinigkeiten, mit allen Namen und Orten, Geräuschen und Gerüchen. So ging es mir vorige Nacht. Ein Erlebnis trat wieder vor mich hin, von dem ich seinerzeit ganz sicher wußte, daß ich es nie vergessen würde, und das ich doch jahrelang spurlos vergessen hatte. Ganz so wie man ein Buch oder ein Taschenmesser verliert, vermißt und dann vergißt, und eines Tages liegt es in einer Schublade zwischen altem Kram und ist wieder da und gehört einem wieder.

Ich war achtzehnjährig und am Ende meiner Lehrzeit in der Maschinenschlosserei. Seit kurzem hatte ich eingesehen, daß ich es in dem Fache doch nicht weit bringen würde, und war entschlossen, wieder einmal umzusatteln. Bis sich eine Gelegenheit böte, dies meinem Vater zu eröffnen, blieb ich noch im Betrieb und tat die Arbeit halb verdrossen, halb fröhlich wie einer, der schon gekündigt hat und alle Landstraßen auf sich warten weiß.

Wir hatten damals einen Volontär in der Werkstatt, dessen hervorragendste Eigenschaft darin bestand, daß er mit einer reichen Dame im Nachbarstädtchen verwandt war. Diese Dame, eine junge Fabrikantenwitwe, wohnte in einer kleinen Villa, hatte einen eleganten Wagen und ein Reitpferd und galt für hochmütig und exzentrisch, weil sie nicht an den Kaffeekränzchen teilnahm

und statt dessen ritt, angelte, Tulpen züchtete und Bernhardiner hielt. Man sprach von ihr mit Neid und Erbitterung, namentlich seit man wußte, daß sie in Stuttgart und München, wohin sie häufig reiste, sehr gesellig sein konnte.
Dieses Wunder war, seit ihr Neffe oder Vetter bei uns volontierte, schon dreimal in der Werkstatt gewesen, hatte ihren Verwandten begrüßt und sich unsere Maschinen zeigen lassen. Es hatte jedesmal prächtig ausgesehen und großen Eindruck auf mich gemacht, wenn sie in feiner Toilette mit neugierigen Augen und drolligen Fragen durch den rußigen Raum gegangen war, eine große hellblonde Frau mit einem Gesicht so frisch und naiv wie ein kleines Mädchen. Wir standen in unseren öligen Schlosserblusen und mit unseren schwarzen Händen und Gesichtern da und hatten das Gefühl, eine Prinzessin habe uns besucht. Zu unseren sozialdemokratischen Ansichten paßte das nicht, was wir nachher jedesmal einsahen.
Da kommt eines Tags der Volontär in der Vesperpause auf mich zu und sagt: »Willst du am Sonntag mit zu meiner Tante kommen? Sie hat dich eingeladen.«
»Eingeladen? Du, mach keine dummen Witze mit mir, sonst steck' ich dir die Nase in den Löschtrog.« Aber es war Ernst. Sie hatte mich eingeladen auf Sonntagabend. Mit dem Zehnuhrzug konnten wir heimkehren, und wenn wir länger bleiben wollten, würde sie uns vielleicht den Wagen mitgeben.
Mit der Besitzerin eines Luxuswagens, der Herrin eines Dieners, zweier Mägde, eines Kutschers und eines Gärtners Verkehr zu haben, war nach meiner damaligen Weltanschauung einfach ruchlos. Aber das fiel mir erst ein, als ich schon längst mit Eifer zugesagt und gefragt hatte, ob mein gelber Sonntagsanzug gut genug sei.
Bis zum Samstag lief ich in einer heillosen Aufregung und Freude herum. Dann kam die Angst über mich. Was sollte ich dort sagen, wie mich benehmen, wie mit ihr reden? Mein Anzug, auf den ich immer stolz gewesen war, hatte auf einmal so viele Falten und Flecken, und meine Krägen hatten alle Fransen am Rand. Außerdem war mein Hut alt und schäbig, und alles das konnte durch meine drei Glanzstücke – ein Paar nadelspitze Halbschuhe, eine leuchtend rote, halbseidene Krawatte und einen Zwicker mit Nickelrändern – nicht aufgewogen werden.
Am Sonntagabend ging ich mit dem Volontär zu Fuß nach Sett-

lingen, krank vor Aufregung und Verlegenheit. Die Villa ward sichtbar, wir standen an einem Gitter vor ausländischen Kiefern und Zypressen, Hundegebell vermischte sich mit dem Ton der Torglocke. Ein Diener ließ uns ein, sprach kein Wort und behandelte uns geringschätzig, kaum daß er geruhte, mich vor den großen Bernhardinern zu schützen, die mir an die Hosen wollten. Ängstlich sah ich meine Hände an, die seit Monaten nicht so peinlich sauber gewesen waren. Ich hatte sie am Abend vorher eine halbe Stunde lang mit Petroleum und Schmierseife gewaschen.
In einem einfachen, hellblauen Sommerkleid empfing uns die Dame im Salon. Sie gab uns beiden die Hand und hieß uns Platz nehmen, das Abendessen sei gleich bereit.
»Sind Sie kurzsichtig?« fragte sie mich.
»Ein klein wenig.«
»Der Zwicker steht Ihnen gar nicht, wissen Sie.« Ich nahm ihn ab, steckte ihn ein und machte ein trotziges Gesicht.
»Und Sozi sind Sie auch?« fragte sie weiter.
»Sie meinen Sozialdemokrat? Ja, gewiß.«
»Warum eigentlich?«
»Aus Überzeugung.«
»Ach so. Aber die Krawatte ist wirklich nett. Na, wir wollen essen. Ihr habt doch Hunger mitgebracht?«
Im Nebenzimmer waren drei Couverts aufgelegt. Mit Ausnahme der dreierlei Gläser gab es wider mein Erwarten nichts, was mich in Verlegenheit brachte. Eine Hirnsuppe, ein Lendenbraten, Gemüse, Salat und Kuchen, das waren lauter Dinge, die ich zu essen verstand, ohne mich zu blamieren. Und die Weine schenkte die Hausfrau selber ein. Während der Mahlzeit sprach sie fast nur mit dem Volontär, und da die guten Speisen samt dem Wein mir angenehm zu tun gaben, wurde mir bald wohl und leidlich sicher zumute.
Nach der Mahlzeit wurden uns die Weingläser in den Salon gebracht, und als mir eine feine Zigarre geboten und zu meinem Erstaunen an einer rot und goldenen Kerze angezündet war, stieg mein Wohlsein bis zur Behaglichkeit. Nun wagte ich auch die Dame anzusehen, und sie war so fein und schön, daß ich mich mit Stolz in die seligen Gefilde der noblen Welt versetzt fühlte, von der ich aus einigen Romanen und Feuilletons eine sehnsüchtig vage Vorstellung gewonnen hatte.

Wir kamen in ein ganz lebhaftes Gespräch, und ich wurde so kühn, daß ich über Madames vorige Bemerkungen, die Sozialdemokratie und die rote Krawatte betreffend, zu scherzen wagte.
»Sie haben ganz recht«, sagte sie lächelnd. »Bleiben Sie nur bei Ihrer Überzeugung. Aber Ihre Krawatte sollten Sie weniger schief binden. Sehen Sie, so —«
Sie stand vor mir und bückte sich über mich, faßte meine Krawatte mit beiden Händen und rückte an ihr herum. Dabei fühlte ich plötzlich mit heftigem Erschrecken, wie sie zwei Finger durch meine Hemdspalte schob und mir leise die Brust betastete. Und als ich entsetzt aufblickte, drückte sie nochmals mit den beiden Fingern und sah mir dabei starr in die Augen.
O Donnerwetter, dachte ich, und bekam Herzklopfen, während sie zurücktrat und so tat, als betrachte sie die Krawatte. Statt dessen aber sah sie mich wieder an, ernst und voll, und nickte langsam ein paarmal mit dem Kopf.
»Du könntest droben im Eckzimmer den Spielkasten holen«, sagte sie zu ihrem Neffen, der in einer Zeitschrift blätterte. »Ja, sei so gut.«
Er ging und sie kam auf mich zu, langsam, mit großen Augen.
»Ach du!« sagte sie leise und weich. »Du bist lieb.«
Dabei näherte sie mir ihr Gesicht, und unsre Lippen kamen zusammen, lautlos und brennend, und wieder, und noch einmal. Ich umschlang sie und drückte sie an mich, die große schöne Dame, so stark, daß es ihr weh tun mußte. Aber sie suchte nur nochmals meinen Mund, und während sie küßte, wurden ihre Augen feucht und mädchenhaft schimmernd.
Der Volontär kam mit den Spielen zurück, wir setzten uns und würfelten alle drei um Pralinés. Sie sprach wieder lebhaft und scherzte bei jedem Wurf, aber ich brachte kein Wort heraus und hatte Mühe mit dem Atmen. Manchmal kam unter dem Tisch ihre Hand und spielte mit meiner oder lag auf meinem Knie.
Gegen zehn Uhr erklärte der Volontär, es sei Zeit für uns zu gehen.
»Wollen Sie auch schon fort?« fragte sie mich und sah mich an. Ich hatte keine Erfahrung in Liebessachen und stotterte, ja es sei wohl Zeit, und stand auf.
»Na, denn«, rief sie, und der Volontär brach auf. Ich folgte ihm zur Tür, aber eben als er über die Schwelle war, riß sie mich am Arm zurück und zog mich noch einmal an sich. Und im Hinausge-

hen flüsterte sie mir zu: »Sei gescheit, du, sei gescheit!« Auch das verstand ich nicht.
Wir nahmen Abschied und rannten auf die Station. Wir nahmen Billette, und der Volontär stieg ein. Aber ich konnte jetzt keine Gesellschaft brauchen. Ich stieg nur auf die erste Stufe, und als der Zugführer pfiff, sprang ich wieder ab und blieb zurück. Es war schon finstere Nacht.
Betäubt und traurig lief ich die lange Landstraße heim, an ihrem Garten und an dem Gitter vorbei wie ein Dieb. Eine vornehme Dame hatte mich lieb! Zauberländer taten sich vor mir auf, und als ich zufällig in meiner Tasche den Nickelzwicker fand, warf ich ihn in den Straßengraben.
Am nächsten Sonntag war der Volontär wieder eingeladen zum Mittagessen, aber ich nicht. Und sie kam auch nicht mehr in die Werkstatt.
Ein Vierteljahr lang ging ich noch oft nach Settlingen hinüber, Sonntags oder spät abends, und horchte am Gitter und ging um den Garten herum, hörte die Bernhardiner bellen und den Wind durch die ausländischen Bäume gehen, sah Licht in den Zimmern und dachte: Vielleicht sieht sie mich einmal; sie hat mich ja lieb. Einmal hörte ich im Haus Klaviermusik, weich und wiegend, und lag an der Mauer und weinte.
Aber nie mehr hat der Diener mich hinaufgeführt und vor den Hunden beschützt, und nie mehr hat ihre Hand die meine und ihr Mund den meinen berührt. Nur im Traum geschah mir das noch einigemal, im Traum. Und im Spätherbst gab ich die Schlosserei auf und legte die blaue Bluse für immer ab und fuhr weit fort in eine andere Stadt.

(1905)

Schlaflose Nächte

Du liegst in später Nacht zu Bett und kannst nicht schlafen. Die Straße ist still, in den Gärten rührt der Wind zuweilen die Bäume. Irgendwo schlägt ein Hund an; in einer fernen Straße fährt ein Wagen. Du hörst ihn genau, du erkennst am wiegenden Geräusch, daß es ein Wagen auf Federn ist, du folgst ihm in Gedanken, er biegt um eine Ecke, er fährt plötzlich schneller und bald zerrinnt das eilige Rollen leis in die große Stille. Dann ein später

Fußgänger. Er geht rasch, sein Tritt hallt sonderbar in der leeren Straße. Er bleibt stehen, schließt eine Tür auf, zieht sie hinter sich zu, und wieder ist große Stille. Wieder und noch einmal klingt ein kleines Stück Leben herein, immer seltener, immer schwächer, und dann kommen die Stunden, wo alles müde ist und jeder leiseste Wind und jedes feine Mörtelkorn, das hinter den Tapeten niederrinnt, laut hörbar und mächtig wird und dir die Sinne erregt. Und kein Schlaf. Nur die Müdigkeit zieht einen feinen Schleier über Augen und Gedanken, du hörst ein rastloses Blut im Ohre klingen, du hörst im schmerzenden Kopf das feine, fiebernde Leben, du spürst in aufliegenden Adern den gleichmäßigen und doch verwirrenden Takt der Pulse.

Es hilft dir nichts, dich hin und her zu werfen, aufzustehen und dich wieder zu legen. Es ist eine von den Stunden, in denen du dir selbst auf keine Weise entrinnen kannst. Gedanken und Bewegungen des Gemüts und der Erinnerung werden in dir Herr, und du hast keine Gesellschaft, sie wie sonst totzureden. Dem, der in der Fremde lebt, tritt Haus und Garten der Heimat und Kindheit vor das Auge, die Wälder, in denen er seine freiesten und unvergeßlichsten Knabentage verlebt hat, die Zimmer und Treppen, in denen seine Knabenspiele gelärmt haben. Die Bilder der Eltern fremd, ernst und gealtert, mit Liebe, Sorge und leisem Vorwurf im Blick. Er streckt die Hand aus und sucht vergebens eine entgegengebotene Rechte, eine große Traurigkeit und Vereinsamung kommt über ihn, darüber treten andere Gestalten hervor, und in der befangenen und ernsten Stimmung dieser Stunde machen sie uns fast alle traurig. Wer hat nicht in jungen Jahren seinen Nächsten schwere Tage gemacht, Liebe zurückgewiesen und Wohlwollen verachtet, wer hat nicht irgend ein Glück, was einmal für ihn bereit stand, in Trotz und Übermut versäumt, wer hat nicht fremde oder eigene Ehrfurcht einmal verletzt oder gegen Freunde durch ein törichtes Wort, durch ein ungehaltenes Versprechen, durch eine unschöne und wehtuende Gebärde sich vergangen? Jetzt stehen sie vor dir, reden kein Wort und sehen dich aus ruhigen Augen seltsam an, und du schämst dich vor ihnen und vor dir selber.

Es fällt dir ein, wie viele Nächte du im selben Bette sorglos schliefst zwischen Tagen voll von Bewegung, Lärm und Zerstreuung, und wie undenkbar lange her es ist, seit du so wie heute dich selber zum stummen, ungeschminkten Gesellschafter hattest. Du hattest drauflosgelebt, du hattest in dieser Zeit unendlich viel gesehen, geredet, gehört, gelacht, und nun ist das alles, als wäre es nicht gewesen, ist dir fremd und fällt von dir ab, während die blauen Himmel deiner Kinderzeit, die langvergessenen Bilder deiner Heimat und die Stimmen von lang Verstorbenen dir unheimlich nahe und gegenwärtig sind.

Der Schlaf ist eine der köstlichsten Gaben der Natur, ein Freund und Hort, ein Zauberer und leiser Tröster, und jeder tut mir in der Seele leid, der die Qual langdauernder Schlaflosigkeit kennt, der gelernt hat, sich mit halben Stunden eines fiebrigen Eindämmerns zu begnügen. Aber ich könnte einen Menschen nicht lieben, von dem ich wüßte, daß er in seinem Leben keine schlaflose Nacht gehabt hat, er müßte denn ein Naturkind von naivster Seele sein.

In unsrem raschen, betäubenden Leben gibt es erschreckend wenig Stunden, in denen die Seele ihrer bewußt werden kann, in denen das Leben der Sinne und das des Geistes zurücktritt und die Seele unverhüllt dem Spiegel der Erinnerung und des Gewissens gegenübersteht. Das geschieht vielleicht beim Erleben eines großen Schmerzes, vielleicht am Sarg einer Mutter, vielleicht auf einem Krankenbett, vielleicht auch am Ende einer längeren einsamen Reise in den ersten Stunden des Wiederdaseins, aber immer geschieht es unter Störungen und Trübungen. Hier liegt der Wert solcher wacher Nächte. In diesen allein vermag die Seele ohne gewaltsame äußere Erschütterungen zu ihrem Recht zu kommen, es sei zum Erstaunen oder zum Erschrecken, zum Richten oder zum Trauern. Das Gemütsleben, das wir tagsüber führen, ist nie so rein; die Sinne leben heftig mit, der Verstand drängt sich vor, indem er den Regungen des Gefühls die Stimme des Urteils, den feinen Reiz des Vergleichens und den feinen, zersetzenden des Witzes beimischt. Die Seele, halb schlummernd, läßt es geschehen und lebt in dieser Abhängigkeit und Unterdrückung Tage und Monate lang ein halbes Leben hin, bis ihre Stunde da ist, bis sie in einer bangen, schlaflosen Nacht die Fessel abstreift und uns mit der ganzen ungebrochenen Fülle ihres eigenwilligen Lebens überrascht oder entsetzt. Es ist uns heilsam, zuzeiten wahrzunehmen, daß unser Leben nicht nur Form ist, daß wir eine Macht in uns tragen, welche von allem Äußeren unverändert bleibt und unbestechlich ist, daß Stimmen in uns reden, über welche wir keine Herrschaft haben. Wer wahrhaftig ist und irgend

eine Art von Glauben hat, der beugt sich diesen Stimmen gern und geht aus solchen Stunden mit vertieftem Blick hervor.
Ich möchte auch von der Schlaflosigkeit als Krankheit noch ein Wort sagen, obwohl es vielleicht überflüssig ist, denn die Schlaflosen alle wissen wohl, was ich sagen will. Doch lesen sie vielleicht gerne etwas ausgesprochen, was ihnen bekannt, aber sonst kein Gegenstand des Redens ist. Ich meine die innere Erziehung, welche das Nichtschlafenkönnen geben kann. Jedes Kranksein und Wartenmüssen ist ja ein nicht mißzuverstehender Lehrmeister. Doch ist die Schule aller nervösen Leiden besonders eindringlich. »Der muß viel gelitten haben«, sagt man von Menschen, die in Bewegung und Rede ein ungewöhnliches Maß von zurückhaltender Feinheit und zarter Schonung zeigen. Die Herrschaft über den eigenen Leib und über die eigenen Gedanken lehrt keine Schule so gut wie die der Schlaflosen. Zart anfassen und schonen kann nur einer, der dieses zarten Anfassens selber bedarf. Milde betrachten und liebevoll die Dinge abwägen, seelische Gründe sehen und alle Schwächen des Menschlichen gütig verstehen kann nur einer, der oftmals in der unerbittlichen Stille einsamer Stunden seinen eigenen ungehemmten Gedanken preisgegeben war. Die Menschen sind im Leben nicht schwer zu erkennen, welche viele Nächte mit wachen Augen stillgelegen sind.
Noch einen erzieherischen Wert der Schlaflosigkeit möchte ich anführen, der freilich in anderem Zusammenhang genauer betrachtet zu werden verdiente. Die Schlaflosigkeit ist eine Schule der Ehrfurcht – der Ehrfurcht vor allen Dingen, jener Ehrfurcht, die über das bescheidenste Leben den Duft einer fortwährend erhöhten Stimmung gießen kann, derselben Ehrfurcht, welche die oberste Bedingung der dichterischen und künstlerischen Größe ist.
Man denke sich einen Schlaflosen in seinem Bette liegen. Die Stunden rinnen still und schrecklich langsam ab, zwischen einem und dem nächsten Stundenschlag liegt eine breite, schwarze Kluft von unerträglicher Endlosigkeit. – Wie oft haben wir das Laufen einer Maus, das Rollen eines Wagens gehört, den Takt einer Uhr, das Geräusch eines Brunnens, den Laut des Windes, das Knarren der Möbel! Wir hörten sie, ohne ihrer zu achten. Jetzt aber, in dieser Einsamkeit und Totenstille, klammern wir uns sehnsüchtig an jeden vorbeistreifenden Hauch von Leben. Der rollende Wagen beschäftigt uns lebhaft, wir schätzen seine

Schwere und Bauart, die Müdigkeit oder Kraft seiner Pferde, wir suchen die Straße zu erraten, in welcher er fährt, und die nächste, in die er einbiegt. Oder ein laufender Brunnen! Wir hören ihn dankbar wie eine sanfte Musik, wie ein Kranker dem Plaudern eines Freundes lauscht, der ihn besucht und der einen Duft von Gesundheit und einen Schimmer von Leben draußen in seine Einsamkeit hereinträgt. Wir hören den Fall des Wasserstrahls in das gefüllte Becken, das sanftere und ungleichmäßigere Ablaufen des Troges. Wir versuchen einen Rhythmus in dem stetigen Rauschen zu hören, wir summen leis im Takte mit, verstummen wieder und hören ihn allein fortsingen. Wir denken träumend weiter dem ablaufenden Wasser nach, durch Bach und Strom ans Meer und an die Wiege des ewigen Werdens, Strebens und Neuwerdens zurück. Darüber beginnt das Gewebe der Seele, der halben Gedanken, unser Leben streckt sich vor uns aus, Beziehungen und Gesetze liegen plötzlich in Erlebtem klar, das uns bisher unerklärt und verworren erschien.

Diesen Weg vom Lauschen auf einen Brunnen bis zum Bewundern der Folgerichtigkeit alles Geschehens und zur Ehrfurcht vor dem verschleierten letzten Geheimnis des Lebens legen wir nie so geduldig, aufmerksam und ernst zurück wie in diesen Nachtstunden.

In dieser Weise haben gewiß schon alle Schlaflosen aus der Not eine Tugend gemacht. Ich wünsche ihnen in ihrem Leiden Geduld und, wo es sein kann, Heilung. Allen Leichtfertigen, obenhin Lebenden und mit Gesundheit Prahlenden aber wünsche ich je und je eine Nacht, in der sie ohne Schlummer liegen und dem vorwurfsvollen Hervortreten ihres inneren Lebens stillhalten müssen. (1905)

Am Gotthard

So oft ich schon in den Bergen war, so habe ich doch bis heute nur viermal einen Steinadler gesehen. Das erste Mal, da war ich noch fast ein Knabe, und als ich hoch in silbernen Lüften den sicheren, schönen Bogenflug des großen Vogels wahrnahm und als man mir sagte, das sei ein Adler, da schlug mir das Herz und ich sah in dem königlich Schwebenden ein Lied und ein Sinnbild, folgte ihm mit durstendem Blick und behielt ihn für immer im Gedächtnis. Seither besuchte ich die Berge nie ohne eine stille Sehnsucht, ihn wieder zu sehen, und hundertmal hob ich auf Höhenwegen die Augen in halber Hoffnung. Selten hat sie sich erfüllt und sie blieb unvermindert in mir lebendig. Es gibt Dinge und Wünsche, an die ich alle atemlose Lebenslust und die Vorstellung der sehnlichsten Erdenwonne knüpfe; zu diesen gehören vor allen anderen die drei: eine sternklare Winternacht im Hochgebirge, eine abendliche Barkenfahrt auf der Lagune vor Venedig und dann das Erspähen eines Adlers über den Bergen. Sooft Enttäuschung und Sorge mich müde macht, sooft ein leerer und unschöner Tag mich verdrießt und lähmt, flüchte ich zu diesen Bildern, und wenn sie auch zumeist Wünsche und unerfüllbar bleiben, so hat doch mein Verlangen darin ein festes und reines Ziel gefunden und das ist schon halbe Genesung.

Kürzlich war ich eine Woche in Zürich, um den langen Winter zu unterbrechen und einmal wieder Kultur zu atmen, Menschen zu sehen und mich als Zeitgenossen zu fühlen. Es waren schöne, ausgefüllte Tage; ich sah neue Bilder von Welti, hörte Beethoven, Mozart und Hugo Wolff, verkehrte mit befreundeten Malern, Dichtern, Redakteuren, sah bevölkerte Straßen, rasche Wagen und schön gekleidete Frauen, trank nachts meinen Wein bei lebhaften Gesprächen. Ich genoß das Vergnügen, in guten Läden gut bedient zu werden (obwohl ich höflichere Kaufleute kenne als die Züricher), ließ mich wieder einmal bequem und fein rasieren, nahm ein köstliches Dampfbad und saß gegen Abend in einem vielbesuchten Café, wo es französische und italienische Journale, elegante Gäste, eifrige Kellner und gute Billards gab. Zugleich war ich mir mit Vergnügen bewußt, das alles herzlich und innig zu genießen, was den Stadtleuten längst schal und alltäglich war, und wahrscheinlich bin ich in diesen Tagen der zufriedenste Mensch in der ganzen Stadt gewesen.

Am Ende der Woche wollte es mir scheinen, es sei nun für diesmal genug und es wäre jetzt gut, wieder daheim zwischen See und Wald zu sitzen, im gewohnten Bett zu schlafen und auch wieder ans Arbeiten zu denken. Die Menschen fingen an, mir weniger zu imponieren, mir weniger lebendig und geistreich vorzukommen, auch fühlte ich ein Bedürfnis, die täglichen Kunstgenüsse nun in Ruhe nachzugenießen, denn sie begannen sich ein wenig zu verwirren und ein wenig blaß zu werden. Also nach Hause!

Aber nun hatte ich acht Tage lang über den Zürichsee hinweg die bleichen, stillen Alpen gesehen, und mit dem allmählichen Müdewerden und Sattwerden war das lange nicht mehr gehörte Lied vom Steinadler und von der Winternacht im Hochgebirge mächtig in mir aufgewacht. Mein Reisegeld reichte noch für zwei, drei Tage aus, und ich beschloß, noch eine rasche Fahrt an den Gotthard zu tun, den ich im Winter noch nie gesehen hatte, außer im eiligen Durchreisen. Schneegamaschen und das übrige Winterzeug hatte ich bei mir, so brauchte ich nur noch ein Billett zu kaufen und einzusteigen.

Es war ein grauer Tag, vom Wagenfenster aus konnte man außer den zunächst stehenden Bäumen, Hügeln und Häusern nichts unterscheiden, alles zerrann in blassem Nebelbrodem, der nur durch den noch frischen reinen Schnee Licht erhielt. Der Zugersee wollte sich zu meinem Erstaunen nicht zeigen, bis ich entdeckte, daß er gefroren und eingeschneit war. Mit Ungeduld wartete ich auf ein Zeichen von Sonne und auf das Reißen der Nebel. In Arth, in Brunnen, in Flüelen erwartete ich es, und als wir Erstfeld passiert hatten – es ging schon gegen Mittag – und noch immer in Wolken und Dämmerung dahinfuhren, begann ich den Glauben zu verlieren und machte mich enttäuscht darauf gefaßt, oben Schneefall und Trübe anzutreffen. Selten bin ich mit so gespannter Aufmerksamkeit die wundervolle Gotthardbahn hinauf gefahren, aber Amsteg lag im Nebel, Gurtnellen lag im Nebel, die kühnen Reußbrücken lagen im Nebel und als ich durch Wassen fuhr und auch dort noch keine Sonne antraf, gab ich die Hoffnung auf und sank in die Bank zurück. Die Berge sind ja immer schön und auch den Nebel genieße ich zuzeiten gern, aber wenn man weiß, wie ein Sonnentag in den Alpen aussieht, und wenn man nur zwei bis drei Tage übrig hat, fällt es immerhin schwer, vergebens auf blauen Himmel zu warten.

Während ich schon anfing zu überlegen, ob mein Ausflug nicht eine recht übereilte Geldvergeudung sei, fuhr der Zug oberhalb Wassen aus dem Kehrtunnel, und in dem Dunst und grauweißen Schneelicht glaubte ich plötzlich eine Ahnung von Bläue und Sonne zu spüren. Eilig sprang ich auf, öffnete das Fenster und spähte himmelwärts. Da drang langsam und unsicher eine hohe Felsenschroffe mit schrägen Schneeritzen rötlich aus dem Gewölk und wurde klarer und kam näher, und hinter ihr noch eine und darüber eine dritte; ein schwerer Windstoß fegte aus der

Höhe herab, Wolkenfetzen zerstoben dünn und geisterhaft, und in wenigen Augenblicken entschleierte sich das ganze Bergland, lag lachend und sonneglänzend in einer durchsichtigen milden Luft und hatte einen reinen, stillen, fast veilchenblauen Himmel über sich. Ein tiefes Lustgefühl kam über mich, hundert ähnliche Bergwintertage wachten in meiner Erinnerung auf, golden und strahlend und jeder ein Kleinod. Nun dachte ich nicht an den Adler und nicht an die Mondnacht mehr; leicht wie ein Knabe sprang ich in Göschenen aus dem Wagen und lief in die blaue Herrlichkeit hinein.

Alle Grate und Gipfel standen so wunderlich klar und nah, wie man sie nur an auserlesenen Wintertagen sehen kann, mit langen violetten Schatten und gleißenden Schneefeldern. Es ging ein mäßiger Föhn und die durchsonnte Luft war frühlingshaft warm. Wieder wie an manchen früheren Wandertagen stand ich häufig still und hatte im Umherblicken ein Gefühl, als sei alles ein Zauber und könnte plötzlich verschwinden. Und wieder hatte ich das seltsam selige, fast bange Wandergefühl: So verklärt siehst du die Erde nicht wieder! Auf der von Holzschlitten aufgewühlten, vom Winde bald blank gefegten, bald ganz zugewehten, mit etwa meterhohem gefrornem Schnee bedeckten Straße stieg ich langsam gegen den brausenden Wind bergan, den Schöllenen und der Teufelsbrücke entgegen. Die berühmte, herrliche Straße und dieser ganze Teil des wilden Reußtales sind im Winter unendlich viel schöner als ich sie im Sommer sah. Und wie ein Märchen ist die junge, tosende Reuß, die in ihrer verschneiten Klamm unter bläulichen, häufig durchbrochenen Eisrinden hinabrollt, das einzige Leben in der weißen Todesstille. Der kleine Wasserfall oberhalb der Teufelsbrücke war von einem scheinbar freischwebenden, aus dem Sprühstaub entstandenen Eisbaldachin mit hundert grotesken Spitzen überwölbt.

Die Wetterscheide vor Andermatt war ein Erlebnis. Aus der wilden, rauhen, vom Winde durchpfiffenen Schlucht trat ich durch den kurzen Tunnel, der dort die Straße deckt, in ein weißes, blendendes Sonnenland. Das breite Hochtal glänzte warm, die abschließende Höhenwand war bläulich verschattet, das stille Hospental mit dem schwarzen Langobardenturm schlief klein und dunkel zwischen hohen Schneemauern, links suchte mein Auge die verwehte und für Monate vom Schnee gesperrte Furkastraße. Merkwürdig sahen in Andermatt die leeren, geschlossenen

Fremdenhotels aus, bis an die Parterrefenster im Schnee begraben, aus dem nur noch die Spitzen der eisernen Gartenzäune hervorragten. In der Krone trank ich einen Kaffee und wärmte mich auf dem steinernen Sitzofen, den vor etwa siebzig Jahren der damalige Besitzer Kolumban Camenzind erbaut hat. Sein und seiner Frau Namen stehen in altmodischer Schrift auf der mittleren Platte.

Es ging gegen Abend und der Schnee begann rötlich zu scheinen, da kehrte ich um, und da geschah es, daß ich hoch am Berge, noch über der obersten Windung der Oberalpstraße, einen Vogelflug wahrnahm. Es war ein großer, still und langsam kreisender Steinadler, und ich blieb stehen und sah ihm lange zu, seltsam von dieser Erfüllung meines fast vergessenen Wunsches betroffen. Und nun wußte ich, daß auch eine klare Mondnacht nicht fehlen würde, denn der Föhn hielt in mäßiger Stärke noch immer an, und gegen Süden war der Himmel so rein blau, wie der offene Kelch des Frühlingsenzians.

Der Rückweg talabwärts nach Göschenen war keine Arbeit mehr. Im Rößli ließ ich mir Wein und Essen geben und ruhte eine Weile, bis nachts gegen 1 Uhr über den steilen Grat der fast noch völlige Mond herauskam. Da band ich die Gamaschen um, zog Fausthandschuhe an und wanderte durch das schlummernde Dorf und an dem alten Fruttkirchlein vorüber den wunderbar stillen Weg durch das enge Seitental, dem Dammgletscher und der Göschenenalp entgegen. Ich schritt ohne Ziel und ohne Mühe, soweit der Pfad es erlaubte, und kehrte, als ich müde ward, langsam wieder um. Auf dem weichen Schneeweg hörte ich meine Schritte nicht, und auch sonst war kein Ton zu hören, in der Höhe gegen den nachtblauen Himmel glänzte matt der überschneite Gletscher, das weiße Mondlicht erfüllte das Tal und war so hell, daß ich bei der Frutt die knapp aus dem Schnee ragende Tafel lesen konnte, die man einem dort von der Lawine erschlagenen sechzehnjährigen Knaben gesetzt hat. Groß und flimmernd standen viele Sterne in der Nacht, und ihr Leuchten und das weiß schimmernde Mondland und das Schweigen der matten Gipfel will ich nie vergessen.

Als ich morgens nach mehreren Stunden eines tiefen Schlafes aufstand und ans Fenster lief, war am oberen Rande des Gletschers schon wieder Sonne. Ins Tal kam sie freilich nicht, die Häuser der Frutt und die letzten diesseitigen Höfe von Göschenen haben von Ende Oktober bis Ende Februar keinen Sonnenstrahl. Aber vorne im Dorfe und im Reußtal abwärts mußte es noch vor Mittag sonnig werden. Ich beschloß, einen Teil der Heimfahrt auf dem Bergschlitten zurückzulegen. Zwar hätte ich diesen Tag noch hier oben bleiben können, aber es sah aus, als würde sich morgen das Wetter ändern, und ich hatte keine Lust, diese beiden Glanztage mit einem trüben Abschied abzuschließen. So machte ich nur noch einen Schlendergang an die Schöllenen und zurück, nahm dann gegen Mittag Abschied und entlehnte einen kräftigen Bergschlitten, den ich per Bahn zurückzuschicken versprach.

Gleich jenseits der Bahnschienen konnte ich aufsitzen und laufen lassen, und sauste oberhalb der Reußschlucht, mit nur zwei kurzen Unterbrechungen, bis Wassen hinunter in weniger als einer halben Stunde. Vor und durch Wassen stieg der Weg eine Weile, dann ging es die wundervolle Strecke bis Gurtnellen und über die märchenhafte Brücke fast ohne Halt im eiligsten Laufe abwärts. Es gibt, außer einer flotten Segel- oder Schneeschuhfahrt, nichts Packenderes und Sprühenderes, als so eine sausend glatte Talfahrt auf niederem Schlitten, durch pfeifende Luft und an Schneemauern vorüber, die Wintersonne im Nacken und vor sich die mächtigen Berggipfel, kühn und kühl im warmen blauen Himmel ruhend.

Meine Fahrt war zu Ende. Ich kam eben noch recht, um meinen Schlitten aufzugeben und in den Zug zu springen.

Vor anderthalb Tagen, als ich herfuhr, war das untere Reußtal und der Urner Seestrand noch im Schnee gelegen. Der Föhn, der den Schneemassen auf der Höhe noch nichts anhaben konnte, hatte hier unten inzwischen mächtig gearbeitet. Je weiter wir talwärts fuhren, desto dünner lag der hier schon wässerige Schnee, und in Altdorf und Flüelen standen schon alle Matten feucht und graugrün in der lauen Mittagsluft. (1905)

Liebe

Herr Thomas Höpfner, mein Freund, ist ohne Zweifel unter allen meinen Bekannten der, der am meisten Erfahrung in der Liebe hat. Wenigstens hat er es mit vielen Frauen gehabt, kennt die

Künste des Werbens aus langer Übung und kann sich sehr vieler Eroberungen rühmen. Wenn er mir davon erzählt, komme ich mir wie ein Schulbub vor. Allerdings meine ich zuweilen ganz im stillen, vom eigentlichen Wesen der Liebe verstehe er auch nicht mehr als unsereiner. Ich glaube nicht, daß er oft in seinem Leben um eine Geliebte Nächte durchwacht und durchweint hat. Er hat es jedenfalls selten nötig gehabt, und ich will es ihm gönnen, denn ein fröhlicher Mensch ist er trotz seiner Erfolge nicht. Vielmehr sehe ich ihn nicht selten von einer leichten Melancholie befangen, und sein ganzes Auftreten hat etwas resigniert Ruhiges, Gedämpftes, was nicht wie Sättigung aussieht.

Nun, das sind Vermutungen und vielleicht Täuschungen. Mit Psychologie kann man Bücher schreiben, aber nicht Menschen ergründen, und ich bin auch nicht einmal Psycholog. Immerhin scheint es mir zuzeiten, mein Freund Thomas sei nur darum ein Virtuos im Liebesspiel, weil ihm zu der Liebe, die kein Spiel mehr ist, etwas fehle, und er sei deshalb ein Melancholiker, weil er jenen Mangel an sich selber kenne und bedauere. – Lauter Vermutungen, vielleicht Täuschungen.

Was er mir neulich über Frau Förster erzählte, war mir merkwürdig, obwohl es sich nicht um ein eigentliches Erlebnis oder gar Abenteuer, sondern nur um eine Stimmung handelte, eine lyrische Anekdote.

Ich traf mit Höpfner zusammen, als er eben den »Blauen Stern« verlassen wollte, und überredete ihn zu einer Flasche Wein. Um ihn zum Spendieren eines besseren Getränkes zu nötigen, bestellte ich eine Flasche gewöhnlichen Mosel, den ich selber sonst nicht trinke. Unwillig rief er den Kellner zurück.

»Keinen Mosel, warten Sie!«

Und er ließ eine feine Marke kommen. Mir war es recht, und bei dem guten Wein waren wir bald im Gespräch. Vorsichtig brachte ich die Unterhaltung auf die Frau Förster. Eine schöne Frau von wenig über dreißig Jahren, die noch nicht sehr lang in der Stadt wohnte und im Ruf stand, viele Liebschaften gehabt zu haben.

Der Mann war eine Null. Seit kurzem wußte ich, daß mein Freund bei ihr verkehrte.

»Also die Förster«, sagte er endlich nachgebend, »wenn sie dich denn so heftig interessiert. Was soll ich sagen? Ich habe nichts mit ihr erlebt.«

»Gar nichts?«
»Na, wie man will. Nichts, was ich eigentlich erzählen kann. Man müßte ein Dichter sein.«
Ich lachte.
»Du hältst sonst nicht viel von den Dichtern.«
»Warum auch? Dichter sind meistens Leute, die nichts erleben. Ich kann dir sagen, mir sind im Leben schon tausend Sachen passiert, die man hätte aufschreiben sollen. Immer dachte ich, warum erlebt nicht auch einmal ein Dichter so was, damit es nicht untergeht. Ihr macht immer einen Mordslärm um Selbstverständlichkeiten, jeder Dreck reicht für eine ganze Novelle ––«
»Und das mit der Frau Förster? Auch eine Novelle?«
»Nein. Eine Skizze, ein Gedicht. Eine Stimmung, weißt du.«
»Also, ich höre.«
»Nun, die Frau war mir interessant. Was man von ihr sagt, weißt du. Soweit ich aus der Ferne beobachten konnte, mußte sie viel Vergangenheit haben. Es schien mir, sie habe alle Arten von Männern geliebt und kennengelernt und keinen lang ertragen. Dabei ist sie schön.«
»Was heißt du schön?«
»Sehr einfach, sie hat nichts Überflüssiges, nichts zuviel. Ihr Körper ist ausgebildet, beherrscht, ihrem Willen dienstbar. Nichts von ihm ist undisizipliniert, nichts versagt, nichts ist träge. Ich kann mir keine Situation denken, der sie nicht noch das äußerst Mögliche von Schönheit abgewinnen würde. Eben das zog mich an, denn für mich ist das Naive meist langweilig. Ich suche bewußte Schönheit, erzogene Formen, Kultur. Na, keine Theorien!«
»Lieber nicht.«
»Ich ließ mich also einführen und ging ein paarmal hin. Einen Liebhaber hatte sie zur Zeit nicht, das war leicht zu bemerken. Der Mann ist eine Porzellanfigur. Ich fing an, mich zu nähern. Ein paar Blicke über Tisch, ein leises Wort beim Anstoßen mit dem Weinglas, ein zu lang dauernder Handkuß. Sie nahm es hin, abwartend, was weiter käme. Also machte ich einen Besuch zu einer Zeit, wo sie allein sein mußte, und wurde angenommen.
Als ich ihr gegenübersaß, merkte ich schnell, daß hier keine Methode am Platz sei. Darum spielte ich *va banque* und sagte ihr einfach, ich sei verliebt und stehe zu ihrer Verfügung. Daran knüpfte sich ungefähr folgender Dialog:

»Reden wir von Interessanterem.«
»Es gibt nichts, was mich interessieren könnte, als Sie, gnädige Frau. Ich bin gekommen, um Ihnen das zu sagen. Wenn es Sie langweilt, gehe ich.«
»Nun denn, was wollen Sie von mir?«
»Liebe, gnädige Frau!«
»Liebe! Ich kenne Sie kaum und liebe Sie nicht.«
»Sie werden sehen, daß ich nicht scherze. Ich biete Ihnen alles an, was ich bin und tun kann, und ich werde vieles tun können, wenn es für Sie geschieht.«
»Ja, das sagen alle. Es ist nie etwas Neues in euren Liebeserklärungen. Was wollen Sie denn tun, das mich hinreißen soll? Würden Sie wirklich lieben, so hätten Sie längst etwas getan.«
»Was zum Beispiel?«
»Das müßten Sie selber wissen. Sie hätten acht Tage fasten können oder sich erschießen, oder wenigstens Gedichte machen.«
»Ich bin nicht Dichter.«
»Warum nicht? Wer so liebt, wie man einzig lieben sollte, der wird zum Dichter und zum Helden um ein Lächeln, um einen Wink, um ein Wort von der, die er lieb hat. Wenn seine Gedichte nicht gut sind, sind sie doch heiß und voll Liebe –«
»Sie haben recht, gnädige Frau. Ich bin kein Dichter und kein Held, und ich erschieße mich auch nicht. Oder wenn ich das täte, so geschähe es aus Schmerz darüber, daß meine Liebe nicht so stark und brennend ist, wie Sie sie verlangen dürfen. Aber statt alles dessen habe ich eines, einen einzigen kleinen Vorzug vor jenem idealen Liebhaber: ich verstehe Sie.«
»Was verstehen Sie?«
»Daß Sie Sehnsucht haben wie ich. Sie verlangen nicht nach einem Geliebten, sondern Sie möchten lieben, ganz und sinnlos lieben. Und Sie können das nicht.«
»Glauben Sie?«
»Ich glaube es. Sie suchen die Liebe, wie ich sie suche. Ist es nicht so?«
»Vielleicht.«
»Darum können Sie mich auch nicht brauchen, und ich werde Sie nicht mehr belästigen. Aber vielleicht sagen Sie mir noch, ehe ich gehe, ob Sie einmal, irgend einmal, der wirklichen Liebe begegnet sind.«
»Einmal, vielleicht. Da wir so weit sind, können Sie es ja wissen.

Es ist drei Jahre her. Da hatte ich zum erstenmal das Gefühl, wahrhaftig geliebt zu werden.«
»Darf ich weiter fragen?«
»Meinetwegen. Da kam ein Mann und lernte mich kennen und hatte mich lieb. Und weil ich verheiratet war, sagte er es mir nicht. Und als er sah, daß ich meinen Mann nicht liebte und einen Günstling hatte, kam er und schlug mir vor, ich solle meine Ehe auflösen. Das ging nicht, und von da an trug dieser Mann Sorge um mich, bewachte uns, warnte mich und wurde mein guter Beistand und Freund. Und als ich seinetwegen den Günstling entließ und bereit war, ihn anzunehmen, verschmähte er mich und ging und kam nicht wieder. Der hat mich geliebt, sonst keiner.«
»Ich verstehe.«
»Also gehen Sie nun, nicht? Wir haben einander vielleicht schon zu viel gesagt.«
»Leben Sie wohl. Es ist besser, ich komme nicht wieder.«
Mein Freund schwieg, rief nach einer Weile den Kellner, zahlte und ging. Und aus dieser Erzählung unter anderm schloß ich, ihm fehle die Fähigkeit zur richtigen Liebe. Er hatte es ja selber ausgesprochen. Und doch muß man den Menschen dann am wenigsten glauben, wenn sie von ihren Mängeln reden. Mancher hält sich für vollkommen, nur weil er geringe Ansprüche an sich stellt. Das tut mein Freund nicht, und es mag sein, daß gerade sein Ideal einer wahren Liebe ihn so hat werden lassen, wie er ist. Vielleicht auch hat der kluge Mann mich zum besten gehabt, und möglicherweise war jenes Gespräch mit Frau Förster einfach seine Erfindung. Denn er ist ein heimlicher Dichter, so sehr er sich auch dagegen verwahrt.
Lauter Vermutungen, vielleicht Täuschungen. (1906)

Brief eines Jünglings

Verehrte gnädige Frau!
Sie haben mich eingeladen, Ihnen einmal zu schreiben. Sie dachten, für einen jungen Mann mit literarischer Begabung müßte es köstlich sein, Briefe an eine schöne und gefeierte Dame schreiben zu dürfen. Sie haben recht, es ist köstlich.
Und außerdem haben Sie auch bemerkt, daß ich weit besser

schreiben als sprechen kann. Also schreibe ich. Es ist für mich die einzige Möglichkeit, Ihnen ein kleines Vergnügen zu machen, und das möchte ich so gerne tun. Denn ich habe Sie lieb, gnädige Frau. Erlauben Sie mir, ausführlich zu sein! Es ist notwendig, weil Sie mich sonst mißverstehen würden, und es ist vielleicht berechtigt, weil dieser Brief an Sie mein einziger sein wird. Und nun genug der Einleitungen!

Als ich sechzehn Jahre alt war, sah ich mit einer sonderbaren und vielleicht frühreifen Schwermut die Freuden der Knabenzeit mir fremd werden und verlorengehen. Ich sah meinen kleinern Bruder Sandkanäle anlegen, mit Lanzen werfen und Schmetterlinge fangen und beneidete ihn um die Lust, die er dabei empfand und an deren leidenschaftliche Innigkeit ich mich noch so gut erinnern konnte. Mir war sie abhanden gekommen, ich wußte nicht wann und nicht warum, und an ihre Stelle war, da ich die Genüsse der Erwachsenen noch nicht recht teilen konnte, Unbefriedigtsein und Sehnsucht getreten.

Mit heftigem Eifer, aber ohne Ausdauer trieb ich bald Geschichte, bald Naturwissenschaften, machte eine Woche lang alltäglich bis in die Nacht hinein botanische Präparate und tat dann wieder vierzehn Tage lang nichts als Goethe lesen. Ich fühlte mich einsam und von allen Beziehungen zum Leben wider meinen Willen abgetrennt, und diese Kluft zwischen dem Leben und mir suchte ich instinktiv durch Lernen, Wissen, Erkennen zu überbrücken. Zum ersten Mal begriff ich unsern Garten als einen Teil der Stadt und des Tales, das Tal als einen Einschnitt im Gebirge, das Gebirge als ein deutlich begrenztes Stück der Erdoberfläche.

Zum ersten Mal betrachtete ich die Sterne als Weltkörper, die Formen der Berge als notwendig entstandene Produkte der Erdkräfte, und zum ersten Mal erfaßte ich damals die Geschichte der Völker als einen Teil der Erdgeschichte. Ausdrücken und mit Namen nennen konnte ich das damals noch nicht, aber es war in mir und lebte.

Kurz, ich begann in jener Zeit zu denken. Also erkannte ich mein Leben als etwas Bedingtes und Begrenztes, und damit erwachte in mir jener Wunsch, den das Kind noch nicht kennt, der Wunsch, aus meinem Leben das möglichst Gute und Schöne zu machen. Vermutlich erleben alle jungen Leute annähernd dasselbe, aber

ich erzähle es, als wäre es ein ganz individuelles Erleben gewesen, das es ja für mich auch war.
Unbefriedigt und von der Sehnsucht nach Unerreichbarem verzehrt, lebte ich einige Monate hin, fleißig und doch unstet, glühend und doch nach Wärme verlangend. Mittlerweile war die Natur klüger als ich und löste das peinliche Rätsel meines Zustandes. Eines Tages war ich verliebt und hatte unverhofft alle Beziehungen zum Leben wieder, stärker und mannigfaltiger als je vorher.
Seitdem habe ich größere und köstlichere Stunden und Tage gehabt, aber nie mehr solche Wochen und Monate, so warm und so erfüllt von einem stetig strömenden Gefühl. Die Geschichte meiner ersten Liebe will ich Ihnen nicht erzählen, es liegt nichts daran, und die äußern Umstände hätten ebensogut ganz andere sein können. Aber das Leben, das ich damals lebte, möchte ich ein wenig zu schildern versuchen, wenn ich auch weiß, daß es mir nicht gelingen wird. Das hastige Suchen hatte ein Ende. Ich stand plötzlich mitten in der lebendigen Welt und war durch tausend wurzelnde Fasern mit der Erde und den Menschen verbunden. Meine Sinne schienen verändert, schärfer und lebhafter. Namentlich die Augen. Ich sah ganz anders als früher. Ich sah heller und farbiger, wie ein Künstler, ich empfand Freude am reinen Anschauen.
Der Garten meines Vaters stand in sommerlicher Pracht. Da standen blühende Gesträuche und Bäume mit dichtem Sommerlaub gegen den tiefen Himmel, Efeu wuchs die hohe Stützmauer hinan, und darüber ruhte der Berg mit rötlichen Felsen und blauschwarzem Tannenwald. Und ich stand und sah es an und war ergriffen davon, daß jedes einzelne so wunderlich schön und lebendig, farbig und strahlend war. Manche Blumen wiegten sich auf ihren Stengeln so zart und blickten aus den farbigen Kelchen so rührend fein und innig, daß ich sie lieb hatte und sie genoß wie Lieder eines Dichters. Auch viele Geräusche, die ich früher nie beachtet hatte, fielen mir jetzt auf und sprachen zu mir und beschäftigten mich: der Laut des Windes in den Tannen und im Gras, das Läuten der Grillen auf den Wiesen, der Donner entfernter Gewitter, das Rauschen des Flusses am Wehr und die vielen Stimmen der Vögel. Abends sah und hörte ich die Schwärme der Fliegen im goldenen Spätlicht und lauschte den Fröschen am Teich. Tausend nichtige Dinge wurden mir auf einmal lieb und

wichtig und berührten mich wie Erlebnisse. Zum Beispiel wenn ich morgens zum Zeitvertreib ein paar Beete im Garten begoß und die Erde und die Wurzeln so dankbar und gierig tranken. Oder ich sah einen kleinen blauen Schmetterling im Mittagsglanz wie betrunken taumeln. Oder ich beobachtete die Entfaltung einer jungen Rose. Oder ich ließ abends vom Nachen aus die Hand ins Wasser hängen und spürte das weiche laue Ziehen des Flusses an den Fingern.
Während die Pein einer ratlosen ersten Liebe mich plagte und während unverstandene Not, tägliche Sehnsucht und Hoffnung und Enttäuschung mich bewegten, war ich trotz Schwermut und Liebesangst doch jeden Augenblick im innersten Herzen glücklich. Alles, was um mich war, war mir lieb und hatte mir etwas zu sagen, es gab nichts Totes und keine Leere in der Welt. Ganz ist mir das nie mehr verlorengegangen, aber es ist auch nie mehr so stark und stetig wiedergekommen. Und das noch einmal zu erleben, es mir zu eigen zu machen und festzuhalten, das ist jetzt meine Vorstellung vom Glück.
Wollen Sie weiter hören? Seit jener Zeit bis auf diesen Tag bin ich eigentlich immer verliebt gewesen. Mir schien von allem, was ich kennenlernte, doch nichts so edel und feurig und hinreißend wie die Liebe zu Frauen. Nicht immer hatte ich Beziehungen zu Frauen oder Mädchen, auch liebte ich nicht immer mit Bewußtsein eine bestimmte einzelne, aber immer waren meine Gedanken irgendwie mit Liebe beschäftigt, und meine Verehrung des Schönen war eigentlich eine beständige Anbetung der Frauen.
Liebesgeschichten will ich Ihnen nicht erzählen. Ich habe einmal eine Geliebte gehabt, einige Monate lang, und ich habe gelegentlich einen Kuß und einen Blick und eine Liebesnacht halb ungewollt im Vorbeigehen geerntet, aber wenn ich wirklich liebte, war es immer unglücklich. Und wenn ich mich genau besinne, so waren die Leiden einer hoffnungslosen Liebe, die Angst und die Zaghaftigkeit und die schlaflosen Nächte eigentlich weit schöner als alle kleinen Glücksfälle und Erfolge.
Wissen Sie, daß ich sehr in Sie verliebt bin, gnädige Frau? Ich kenne Sie seit bald einem Jahr, wenn ich auch nur viermal in Ihr Haus gekommen bin. Als ich Sie zum ersten Mal sah, trugen Sie auf einer hellgrauen Bluse eine Brosche mit der Florentiner Lilie. Einmal sah ich Sie am Bahnhof in den Pariser Schnellzug steigen.

Sie hatten ein Billett nach Straßburg. Damals kannten Sie mich noch nicht.

Dann kam ich mit meinem Freund zu Ihnen; ich war damals schon in Sie verliebt. Sie bemerkten es erst bei meinem dritten Besuch, an jenem Abend mit der Schubertmusik. Wenigstens schien es mir so. Sie scherzten zuerst über meine Ernsthaftigkeit, dann über meine lyrischen Ausdrücke, und beim Adieusagen waren Sie gütig und ein wenig mütterlich. Und das letzte Mal, nachdem Sie mir Ihre Sommeradresse genannt hatten, haben Sie mir erlaubt, Ihnen zu schreiben. Und das habe ich also heut getan, nach langem Überlegen.

Wie soll ich nun den Schluß finden? Ich sagte Ihnen ja, daß dieser erste Brief von mir auch mein letzter sein würde. Nehmen Sie meine Konfessionen, die vielleicht etwas Lächerliches haben, von mir als das einzige, was ich Ihnen geben und womit ich Ihnen zeigen kann, daß ich Sie hochschätze und liebe. Indem ich an Sie denke und mir gestehe, daß ich Ihnen gegenüber die Rolle des Verliebten sehr schlecht gespielt habe, fühle ich doch etwas von dem Wunderbaren, von dem ich Ihnen schrieb. Es ist schon Nacht, die Grillen singen noch immer vor meinem Fenster im feuchten Grasgarten, und vieles ist wieder wie in jenem märchenhaften Sommer. Vielleicht, denke ich mir, darf ich das alles einst wieder haben und nochmals erleben, wenn ich dem Gefühl treu bleibe, aus dem ich diesen Brief geschrieben habe. Ich möchte auf das verzichten, was für die meisten jungen Leute aus dem Verliebtsein folgt und was ich selber mehr als genug kennengelernt habe – auf das halb echte, halb künstliche Spiel der Blicke und Gebärden, auf das kleinliche Benützen einer Stimmung und Gelegenheit, auf das Berühren der Füße unterm Tisch und den Mißbrauch eines Handkusses.

Es gelingt mir nicht, das, was ich meine, richtig auszudrücken. Wahrscheinlich verstehen Sie mich trotzdem. Wenn Sie so sind, wie ich Sie mir gerne vorstelle, dann können Sie über mein konfuses Schreiben herzlich lachen, ohne mich darum geringzuschätzen. Möglich, daß ich selber einmal darüber lachen werde; heute kann ich es nicht und wünsche es mir auch nicht.

In treuer Verehrung Ihr ergebener
B.
(1906)

Eine Sonate

Frau Hedwig Dillenius kam aus der Küche, legte die Schürze ab, wusch und kämmte sich und ging dann in den Salon, um auf ihren Mann zu warten.

Sie betrachtete drei, vier Blätter aus einer Dürermappe, spielte ein wenig mit einer Kopenhagener Porzellanfigur, hörte vom nächsten Turme Mittag schlagen und öffnete schließlich den Flügel. Sie schlug ein paar Töne an, eine halbvergessene Melodie suchend, und horchte eine Weile auf das harmonische Ausklingen der Saiten. Feine, verhauchende Schwingungen, die immer zarter und unwirklicher wurden, und dann kamen Augenblicke, in denen sie nicht wußte, klangen die paar Töne noch nach oder war der feine Reiz im Gehör nur noch Erinnerung.

Sie spielte nicht weiter, sie legte die Hände in den Schoß und dachte. Aber sie dachte nicht mehr wie früher, nicht mehr wie in der Mädchenzeit daheim auf dem Lande, nicht mehr an kleine drollige oder rührende Begebenheiten, von denen immer nur die kleinere Hälfte wirklich und erlebt war. Sie dachte seit einiger Zeit an andere Dinge. Die Wirklichkeit selber war ihr schwankend und zweifelhaft geworden. Während der halbklaren, träumenden Wünsche und Erregungen der Mädchenzeit hatte sie oft daran gedacht, daß sie einmal heiraten und einen Mann und ein eigenes Leben und Hauswesen haben werde, und von dieser Veränderung hatte sie viel erwartet. Nicht nur Zärtlichkeit, Wärme und neue Liebesgefühle, sondern vor allem eine Sicherheit, ein klares Leben, ein wohliges Geborgensein vor Anfechtungen, Zweifeln und unmöglichen Wünschen. So sehr sie das Phantasieren und Träumen geliebt hatte, ihre Sehnsucht war doch immer nach einer Wirklichkeit gegangen, nach einem unbeirrten Wandeln auf zuverlässigen Wegen.

Wieder dachte sie darüber nach. Es war anders gekommen, als sie es sich vorgestellt hatte. Ihr Mann war nicht mehr das, was er ihr während der Brautzeit gewesen war, vielmehr sie hatte ihn damals in einem Licht gesehen, das jetzt erloschen war. Sie hatte geglaubt, er sei ihr ebenbürtig und noch überlegen, er könne mit ihr gehen bald als Freund, bald als Führer, und jetzt wollte es ihr häufig scheinen, sie habe ihn überschätzt. Er war brav, höflich, auch zärtlich, er gönnte ihr Freiheit, er nahm ihr kleine häusliche Sorgen ab. Aber er war zufrieden, mit ihr und mit seinem Leben,

mit Arbeit, Essen, ein wenig Vergnügen, und sie war mit diesem Leben nicht zufrieden. Sie hatte einen Kobold in sich, der necken und tanzen wollte, und einen Träumergeist, der Märchen dichten wollte, und eine beständige Sehnsucht, das tägliche kleine Leben mit dem großen herrlichen Leben zu verknüpfen, das in Liedern und Gemälden, in schönen Büchern und im Sturm der Wälder und des Meeres klang. Sie war nicht damit zufrieden, daß eine Blume nur eine Blume und ein Spaziergang nur ein Spaziergang sein sollte. Eine Blume sollte eine Elfe, ein schöner Geist in schöner Verwandlung sein, und ein Spaziergang nicht eine kleine pflichtmäßige Übung und Erholung, sondern eine ahnungsvolle Reise nach dem Unbekannten, ein Besuch bei Wind und Bach, ein Gespräch mit den stummen Dingen. Und wenn sie ein gutes Konzert gehört hatte, war sie noch lang in einer fremden Geisterwelt, während ihr Mann längst in Pantoffeln umherging, eine Zigarette rauchte, ein wenig über die Musik redete und ins Bett begehrte.
Seit einiger Zeit mußte sie ihn nicht selten erstaunt ansehen und sich wundern, daß er so war, daß er keine Flügel mehr hatte, daß er nachsichtig lächelte, wenn sie einmal recht aus ihrem inneren Leben heraus mit ihm reden wollte.
Immer wieder kam sie zu dem Entschluß, sich nicht zu ärgern, geduldig und gut zu sein, es ihm in seiner Weise bequem zu machen. Vielleicht war er müde, vielleicht plagten ihn Dinge in seinem Amt, mit denen er sie verschonen wollte. Er war so nachgiebig und freundlich, daß sie ihm danken mußte. Aber er war nicht ihr Prinz, ihr Freund, ihr Herr und Bruder mehr, sie ging alle lieben Wege der Erinnerung und Phantasie wieder allein, ohne ihn, und die Wege waren dunkler geworden, da an ihrem Ende nicht mehr eine geheimnisvolle Zukunft stand.
Die Glocke tönte, sein Schritt erklang im Flur, die Türe ging, und er kam herein. Sie ging ihm entgegen und erwiderte seinen Kuß.
»Geht's gut, Schatz?«
»Ja, danke, und dir?«
Dann gingen sie zu Tische.
»Du«, sagte sie, »paßt es dir, daß Ludwig heut abend kommt?«
»Wenn dir dran liegt, natürlich.«
»Ich könnte ihm nachher telefonieren. Weißt du, ich kann es kaum mehr erwarten.«
»Was denn?«

»Die neue Musik. Er hat ja neulich erzählt, daß er diese neuen Sonaten studiert hat und sie jetzt spielen kann. Sie sollen so schwer sein.«

»Ach ja, von dem neuen Komponisten, nicht?«

»Ja, Reger heißt er. Es müssen merkwürdige Sachen sein, ich bin schrecklich gespannt.«

»Ja, wir werden ja hören. Ein neuer Mozart wird's auch nicht sein.«

»Also heut abend. Soll ich ihn gleich zum Essen bitten?«

»Wie du willst, Kleine.«

»Bist du auch neugierig auf den Reger? Ludwig hat so begeistert von ihm gesprochen.«

»Nun, man hört immer gern was Neues. Ludwig ist vielleicht ein bißchen sehr enthusiastisch, nicht? Aber schließlich muß er von Musik mehr verstehen als ich. Wenn man den halben Tag Klavier spielt!«

Beim schwarzen Kaffee erzählte ihm Hedwig Geschichten von zwei Buchfinken, die sie heute in den Anlagen gesehen hatte. Er hörte wohlwollend zu und lachte.

»Was du für Einfälle hast! Du hättest Schriftstellerin werden können!«

Dann ging er fort, aufs Amt, und sie sah ihm vom Fenster aus nach, weil er das gern hatte. Darauf ging auch sie an die Arbeit. Sie trug die letzte Woche im Ausgabenbüchlein nach, räumte ihres Mannes Zimmer auf, wusch die Blattpflanzen ab und nahm schließlich eine Näharbeit vor, bis es Zeit war, wieder nach der Küche zu sehen.

Gegen acht Uhr kam ihr Mann und gleich darauf Ludwig, ihr Bruder. Er gab der Schwester die Hand, begrüßte den Schwager und nahm dann nochmals Hedwigs Hände.

Beim Abendessen unterhielten sich die Geschwister lebhaft und vergnügt. Der Mann warf hie und da ein Wort dazwischen und spielte zum Scherz den Eifersüchtigen. Ludwig ging darauf ein, sie aber sagte nichts dazu, sondern wurde nachdenklich. Sie fühlte, daß wirklich unter ihnen dreien ihr Mann der Fremde war. Ludwig gehörte zu ihr, er hatte dieselbe Art, denselben Geist, die gleichen Erinnerungen wie sie, er sprach dieselbe Sprache, begriff und erwiderte jede kleine Neckerei. Wenn er da war, umgab sie eine heimatliche Luft; dann war alles wieder wie früher, dann war alles wieder wahr und lebendig, was sie von Hause her in sich trug und was von ihrem Mann freundlich geduldet, aber nicht erwidert und im Grunde vielleicht auch nicht verstanden wurde.

Man blieb noch beim Rotwein sitzen, bis Hedwig mahnte. Nun gingen sie in den Salon, Hedwig öffnete den Flügel und zündete die Lichter an, ihr Bruder legte die Zigarette weg und schlug sein Notenheft auf. Dillenius streckte sich in einen niederen Sessel mit Armlehnen und stellte den Rauchtisch neben sich. Hedwig nahm abseits beim Fenster Platz.

Ludwig sagte noch ein paar Worte über den neuen Musiker und seine Sonate. Dann war es einen Augenblick ganz stille. Und dann begann er zu spielen.

Hedwig hörte die ersten Takte aufmerksam an, die Musik berührte sie fremd und sonderbar. Ihr Blick hing an Ludwig, dessen dunkles Haar im Kerzenlicht zuweilen aufglänzte. Bald aber spürte sie in der ungewohnten Musik einen starken und feinen Geist, der sie mitnahm und ihr Flügel gab, daß sie über Klippen und unverständliche Stellen hinweg das Werk begreifen und erleben konnte.

Ludwig spielte, und sie sah eine weite dunkle Wasserfläche in großen Takten wogen. Eine Schar von großen, gewaltigen Vögeln kam mit brausenden Flügelschlägen daher, urweltlich düster. Der Sturm tönte dumpf und warf zuweilen schaumige Wellenkämme in die Luft, die in viele kleine Perlen zerstäubten. In dem Brausen der Wellen, des Windes und der großen Vogelflügel klang etwas Geheimes mit, da sang bald mit lautem Pathos bald mit feiner Kinderstimme ein Lied, eine innige, liebe Melodie.

Wolken flatterten schwarz und in zerrissenen Strähnen, dazwischen gingen wundersame Blicke in golden tiefe Himmel auf. Auf großen Wogen ritten Meerscheusale von grausamer Bildung, aber auf kleinen Wellen spielten zarte rührende Reigen von Engelbüblein mit komisch dicken Gliedern und mit Kinderaugen. Und das Gräßliche ward vom Lieblichen mit wachsendem Zauber überwunden, und das Bild verwandelte sich in ein leichtes, luftiges, der Schwere enthobenes Zwischenreich, wo in einem eigenen, mondähnlichen Lichte ganz zarte, schwebende Elfenwesen Luftreigen tanzten und dazu mit reinen, kristallenen, körperlosen Stimmen selig leichte, leidlos verwehende Töne sangen.

Nun aber wurde es, als seien es nicht mehr die engelhaften Lichtelfen selber, die im weißen Scheine sangen und schwebten, son-

dern als sei es ein Mensch, der von ihnen erzähle oder träume. Ein schwerer Tropfen Sehnsucht und unstillbares Menschenleid rann in die verklärte Welt des wunschlos Schönen, statt des Paradieses erstand des Menschen Traum vom Paradiese, nicht weniger glänzend und schön, aber von tiefen Lauten unstillbaren Heimwehs begleitet. So wird Menschenlust aus Kinderlust; das faltenlose Lachen ist dahin, die Luft aber ist inniger und schmerzlich süßer geworden.
Langsam zerrannen die holden Elfenlieder in das Meeresbrausen, das wieder mächtig schwoll. Kampfgetöse, Leidenschaft und Lebensdrang. Und mit dem Wegrollen einer letzten hohen Woge war das Lied zu Ende. Im Flügel klang die Flut in leiser, langsam sterbender Resonanz nach, und klang aus, und eine tiefe Stille entstand. Ludwig blieb in gebückter Haltung lauschend sitzen, Hedwig hatte die Augen geschlossen und lehnte wie schlafend im Stuhl.
Endlich stand Dillenius auf, ging ins Speisezimmer zurück und brachte dem Schwager ein Glas Wein.
Ludwig stand auf, dankte und nahm einen Schluck.
»Nun, Schwager«, sagte er, »was meinst du?«
»Zu der Musik? Ja, es war interessant, und du hast wieder großartig gespielt. Du mußt ja riesig üben.«
»Und die Sonate?«
»Siehst du, das ist Geschmackssache. Ich bin ja nicht absolut gegen alles Neue, aber das ist mir doch zu ›originell‹. Wagner laß ich mir noch gefallen – –«
Ludwig wollte antworten. Da war seine Schwester zu ihm getreten und legte ihm die Hand auf den Arm.
»Laß nur, ja? Es ist ja wirklich Geschmackssache.«
»Nicht wahr?« rief ihr Mann erfreut. »Was sollen wir streiten? Schwager, eine Zigarre?«
Ludwig sah etwas betroffen der Schwester ins Gesicht. Da sah er, daß sie von der Musik ergriffen war, und daß sie leiden würde, wenn weiter darüber gesprochen würde. Zugleich aber sah er zum erstenmal, daß sie ihren Mann schonen zu müssen glaubte, weil ihm etwas fehlte, das für sie notwendig und ihr angeboren war. Und da sie traurig schien, sagte er vor dem Weggehen heimlich zu ihr: »Hede, fehlt dir was?«
Sie schüttelte den Kopf.
»Du mußt mir das bald wieder spielen, für mich allein. Willst

du?« Dann schien sie wieder vergnügt zu sein, und nach einer Weile ging Ludwig beruhigt heim.
Sie aber konnte diese Nacht nicht schlafen. Daß ihr Mann sie nicht verstehen könne, wußte sie, und sie hoffte, es ertragen zu können. Aber sie hörte immer wieder Ludwigs Frage: »Hede, fehlt dir was?« und dachte daran, daß sie ihm mit einer Lüge hatte antworten müssen, zum erstenmal mit einer Lüge.
Und nun, schien es ihr, hatte sie die Heimat und ihre herrliche Jugendfreiheit und alle leidlose, lichte Fröhlichkeit des Paradieses erst ganz verloren.
(1906)

In der Augenklinik

Seit Wochen hatte ich auf alle Feierabendlektüre verzichten müssen, da meine Augen, durch den Umgang mit alten Drucken und Handschriften geschwächt, nur eben noch die notwendigste Tagesarbeit leisten konnten. Schließlich, da alles Schonen nicht half, beschloß ich, einen Besuch in der Augenklinik zu machen. Es war an einem Montagmorgen. Meine Augen schmerzten wieder, der Weg war weit und staubig, der Warteraum in der Klinik war überfüllt und heiß, so daß ich mich niedergeschlagen und ärgerlich in eine der dicht besetzten Bänke zwängte und voll Ungeduld die vermutliche Dauer der Wartezeit zu berechnen suchte. Die Schar meiner stumm wartenden Leidensgenossen streifte ich nur mit einem flüchtigen Blick. Der Aufenthalt in solchen Räumen ist mir von jeher eine Qual gewesen, und der Anblick all dieser Gesichter, die durch Augenkrankheiten jeder Art etwas hilflos Blödes bekommen hatten, war trostlos. Ich fand nur zwei anziehende Köpfe unter der Menge heraus: Einen Italiener, dessen vermutlich bei einem Raufhandel verletztes linkes Auge mit einem fröhlich farbengrellen Tuch verbunden war, während das gesunde rechte mit südländischem Gleichmut die Wände betrachtete und keinerlei Sorge oder Ungeduld verriet. Dann einen schönen greisen Herrn, der regungslos und friedlich mit geschlossenen Augen in der Ecke saß. Er schien in Erinnerungen oder gute Gedanken versunken, denn auf dem faltigen, weißbärtigen Gesicht glänzte fortwährend ein ganz leises feines Lächeln. Doch war ich zu mißmutig und zu sehr mit der selbstsüchtigen Sorge um

meine Augen beschäftigt, um viel Aufmerksamkeit oder Mitleid für andere zu haben. Ich stützte den Kopf in die Hände und starrte zu Boden. Von den Sprechzimmern und Untersuchungsräumen her hörte man lautes Fragen und sanftes Trösten, zuweilen auch ein halb unterdrücktes Aufschreien.
Als ich endlich gelangweilt wieder aufschaute und mich im Sitze dehnte, fiel mir ein Knabe auf, der mir gerade gegenüber saß. Er mochte zwölfjährig sein und mir schien anfangs, er sehe mich an. Bald aber erkannte ich, daß der Blick seiner roten, entzündeten Augen ohne Leben war und ins Leere ging. Das so entstellte Gesicht war im übrigen hübsch und gesund, auch die Gestalt wohlgewachsen und ziemlich kräftig. Ich erinnerte mich meiner Knabenjahre und meiner schon damals starken Freude am Licht, an Sonne, Wald und Wiesen, an Fußwanderungen durch das heimatliche Gebirge. Ich erinnerte mich der einzigen mächtigen Leidenschaft meines Lebens, meiner stillen Freundschaft mit Bergen, Feld, Bäumen und Wasser, und fand mit Erstaunen, daß fast ohne Ausnahme alle reinen, echten, köstlichsten Freuden, die ich je gehabt, mir durchs Auge gekommen waren. Dies Gefühl war so lebendig, daß ich eine starke Lust empfand, davonzulaufen und mich irgendwo vor der Stadt ins hohe lichte Gras zu legen.
Und nun dieser fast blinde Knabe! Es gelang mir nicht, an ihm vorbeizublicken. Ich mußte immer von neuem sein hübsches Gesicht und seine armen, roten, kranken Augen ansehen, aus welchen immer wieder eine große Träne quoll, die er jedesmal mit derselben geduldigen und schüchternen Gebärde abwischte.
Mehr als eine Stunde war vergangen. Da begann der Schatten des großen Nachbarhauses vom Glasdach zu weichen, unter dem wir saßen, und durch eine offenstehende Luke fiel ein breiter Sonnenstrahl zu uns herein. Der Knabe, dessen Hände und Knie der Strahl berührte, bewegte sich halb erschrocken.
»Es ist die Sonne«, sagte ich. Da reckte er den Kopf mit aufwärts gerichtetem Gesicht langsam vorwärts, bis die Sonne seine Augen traf. Ein leises Zucken ging über seine Lider; über das ganze Gesicht lief der zarte Schauer eines leichten süßen Schmerzes, belebte die Züge und öffnete den kleinen, frischen Mund.
Es war nur ein Augenblick. Dann lehnte der Kleine sich in die Bank zurück, wischte die langsam und stetig quellenden Tränen

wieder ab und saß so still wie zuvor. Gleich darauf führte eine Wärterin ihn weg. Von mir aber war in dieser Minute aller Ärger und alle Lieblosigkeit gewichen. Der Augenblick, in dem ich das tröstende Licht mit flüchtiger Freude in dies kleine, zerstörte Leben fallen sah, ist mir eine ernste und liebe Erinnerung geblieben.
(1906)

Gubbio

Mit der langsam fahrenden Lokalbahn, in Gesellschaft heimkehrender Marktbauern, war ich von Città di Castello hergefahren und gegen Abend in Gubbio angekommen. Ich legte den Rucksack in einem Gasthaus ab und schlenderte über einen großen, kahlen Platz und an einer Franziskanerkirche vorbei in die abendliche Stadt hinein.
Es war kühl und regnerisch, in den schmalen Gassen der wunderlichen Bergstadt fing es schon an zu nachten. Und wie man auf Reisen zuweilen plötzlich in sonderbare und unnötige Gedanken hineingerät, fiel es mir ein, darüber nachzudenken, warum ich denn eigentlich auf Reisen, warum ich in Italien und heute gerade in Gubbio sei. Ja, warum? Was suchte ich hier?
Obschon ich müde war, fügte ich mich ins Unentrinnbare und gab mir Mühe, eine Antwort zu finden. Ich war vor vierzehn Tagen von daheim fortgereist, um wieder einmal nach Italien zu kommen, um ein anderes Volk und eine andere Sprache um mich zu haben, fremde Städte, schöne Bauten und alte Kunstwerke zu sehen. Wozu das? Warum blieb ich nicht daheim bei Arbeit und Familie? Weil ich ausruhen wollte. Aber ruht man denn auf Reisen aus? Nein. Das hatte ich vorher gewußt, also war ich nicht des Ausruhens wegen gereist.
Aber vielleicht um der Kunst willen? Das kam wohl der Wahrheit näher. Ich hatte ein Verlangen gehabt, den Florentiner Dom, das schöne San Miniato, die Bilder des Fra Angelico und die Skulpturen von Donatello wiederzusehen. Und von Florenz war ich weitergefahren, um neue Werke zu sehen, um Städte mit prächtigen Plätzen und Gassen, Schlösser mit gewaltigen Türmen, Kirchen mit Wänden voll schöner Fresken zu finden. Von Gubbio hatte ich erzählen hören, es sei eine wunderbare Stadt, steil am

Berg emporgebaut, mit fabelhaften Palästen und frechen Türmen, ein Wunder von kühner Architektur.
Warum nun war ich dem nachgereist? Aus Neugierde nicht, auch nicht um Studien zu machen, denn ich bin weder Historiker noch Künstler, und im Sammeln von »Kenntnissen« bin ich nie sehr ehrgeizig gewesen. Etwas in mir mußte also hungern und Begierde tragen, wie stände ich sonst hier, hundert Meilen von zu Hause entfernt, in einer alten umbrischen Kleinstadt? Welchem Bedürfnis, welcher Not war ich gefolgt?
Langsam versuchte ich, es mir zurechtzulegen. Ich dachte an San Miniato, an die Kuppel und den Turm des Florentiner Domes und an das, was mich zu jenen Werken zurückgezogen hatte. Warum hatten sie mich beglückt? – Weil ich bei ihrem Anblick gefühlt hatte, daß Arbeit und Hingabe eines Menschen nicht wertlos sind, daß über der bedrückenden Einsamkeit, in der jeder Mensch sein Leben hinlebt, etwas allen Gemeinsames, etwas Begehrenswertes und Köstliches vorhanden ist; daß zu allen Zeiten Hunderte einsam gelitten und gearbeitet haben, um das Sichtbarwerden dieses tröstlichen Gemeinsamen zu fördern. Wenn das, was die Künstler und ihre Gehilfen mit Hingabe und Ausdauer vor einigen hundert Jahren zustande gebracht haben, heute wie damals Tausenden gute Gedanken gibt, so ist es auch für uns alle nicht trostlos, in unserer Einsamkeit und Schwäche zu arbeiten und das Mögliche zu tun.
Diesen Trost hatte ich gesucht, nichts weiter. Das Wissen um jenes Gemeinsame hatte ich immer gehabt, aber je und je muß man es wieder erleben, muß man wieder mit eigenen Sinnen das Vergangene gegenwärtig, das Entlegene nahe, das Schöne ewig fühlen. Das ist immer wieder erstaunlich und beglückend. Denn Michelangelo und Fra Angelico haben weder an mich, noch an irgend jemand gedacht, wenn sie arbeiteten. Sie haben für sich selber geschaffen, jeder für sich allein, jeder zum Teil für seine Not und in bitterem Kampf mit Unmut und Müdigkeit. Jeder von ihnen auch war tausendmal unbefriedigt von dem, was er machte; Ghirlandajo hat sich lachendere Bilder und Michelangelo viel mächtigere Bauten und Denkmäler geträumt. Wir haben nur, was übrigblieb; aber das scheint uns wert, daß jene sich mühten. Und damit gewinnen wir selber Mut, fortzufahren.
Daß nicht jeder von uns ein großer Auserwählter ist, hat damit nichts zu tun. Auch wir Kleinen, seien wir Künstler oder nicht,

freuen uns an jedem Sieg des Ewigen über das Zufällige und bedürfen jenes Trostes, um den Kampf mit dem Mißtrauen gegen den Wert alles Menschlichen immer wieder aufzunehmen.
Ich stand also heute in Gubbio, um aus dem Anblick großer Menschenwerke Mut und Glauben zu schöpfen. So weit kam meine Betrachtung. Ich hatte mittlerweile eine immer steiler werdende Gasse erstiegen und eine fast ebene Seitenstraße eingeschlagen, da stand ich unvermutet vor dem größten Bau der Stadt, dem mittelalterlichen Palast der Konsuln. Das schnitt alle Gedanken ab. Ich stieg auf die große Terrasse hinauf und wieder hinab, ich schaute und staunte, und für heute blieb es beim Staunen. Denn die grandiose, fast lästerliche Kühnheit dieser Architektur ist schlechthin verblüffend und hat etwas aufregend Unwahrscheinliches. Man meint zu träumen oder eine Dekoration zu sehen und muß sich immer wieder davon überzeugen, daß das alles fest und steinern dasteht.
Mit diesem Gefühl eines großen Erstaunens ging ich weg und lief weiter durch die Stadt, eine gute Stunde lang, ohne aus dem fast lähmenden Benommensein zu erwachen. Gasse um Gasse nahm mich auf, alle steil, still, trotzig, alle voll von hohen, nackten Steinhäusern mit widerhallendem Pflaster. Da und dort ein winziger Garten, ein Streifchen Erde künstlich und ängstlich auf hoher Mauer schwebend, dann ein Blick eine unendlich steile Straße bergaufwärts, und bergab schwindelnde Treppengassen. Meine genagelten Sohlen glitten auf dem glatten, regenfeuchten Pflaster unzählige Male aus. Dabei war es beinahe lächerlich, zu sehen, daß am Fuße dieser abschüssigen, unsäglich mühsam gebauten Stadt sich grün und bequem eine stundenweite, wohnliche Ebene erstreckte. Und die ganze Stadt, der ganze verhältnismäßig ungeheuerliche Aufwand von Bau- und Mauerwerk machte nicht etwa einen prahlerischen Eindruck, sondern erschien düster und wie aus begieriger Not entstanden.
Ermüdet und verwirrt suchte ich bei schon einbrechender Nacht mein Wirtshaus wieder, verlangte ein Abendessen und saß bis zum Schlafengehen nachdenklich beim roten Landwein. Meine Theorie schien mir nun doch nicht mehr ganz zu stimmen. Und da der verwirrende Eindruck dieser merkwürdigen Stadt sich einstweilen nicht klären wollte, stellte ich nun als Beweggrund meines Reisens das Bedürfnis auf, rechenschaftsloses Erstaunen zu fühlen und eine Weile frei von Verantwortung nur als Zu-

schauer zu leben. Doch begann das Zwecklose dieses Nachdenkens schon jetzt mich zu lächern.
Meine Schlafkammer war eiskalt und feucht, aber das Bett war vortrefflich, und ich schlief mich in neun Stunden wieder vollkommen gesund und frisch. Von der fruchtlosen Grübelei genesen, machte ich mich morgens auf die Beine und erlebte nun die wunderliche Stadt, wie man ein Abenteuer erlebt. Ich schritt in einer Luft voll pathetischer Leidenschaft und hatte den Eindruck, die alten phantastischen Bauten spielten mit vehementen Gebärden das heiße Leben weiter, das hier vor Zeiten gegärt haben muß, und von dem man bei den heutigen Einwohnern keine Spur mehr findet. Der trotzige Ehrgeiz, der im Kampfe mit ungewöhnlichen Hindernissen diesen steilen Hang gebaut hat, der auf ein Nichts von Boden schwindelnd hohe Türme und kolossale Palastburgen gründete und noch hoch am abschüssigen Bergrand massige Klöster und Kastelle hinstellte, hat etwas Sagenhaftes, fast Vorweltliches.
Gubbio nimmt den Berghang, an dem es liegt, nur bis zu einem Drittel seiner Höhe ein. Über der obersten Mauer und hinter dem höchstgelegenen Tor steigt der Berg kahl und streng hinan, auf halber Höhe trägt er eine alte Kapelle aus leuchtend rotem Backstein und ganz oben ein großes, festungsartiges Klostergebäude. Der gegen tausend Meter hohe Berg lockte mich. Nach dem aufregenden Eindruck der mittelalterlichen Stadt gelüstete es mich, ins Freie zu kommen und einen Blick ins Gebirge zu tun. Auch dachte ich, da droben vielleicht aus den Formen der Gebirgslandschaft den trotzig kühnen Geist ihrer alten Baumeister einigermaßen begreifen zu lernen.
Vom letzten Stadttor aus stieg ich langsam hinauf und hatte bald den Überblick über die weite, grüne Talebene. Der in großen Windungen angelegte gute Fahrweg führt bis zum Kloster und ist eine Strecke weit einseitig mit Zypressen besetzt. Jene rote Kapelle fand ich stark ruiniert, fast dem Einsturz nahe.
Die mächtige, drohende Stadt unter mir wurde allmählich klein und merkwürdig friedlich, schließlich lag sie bescheiden tief am Fuße des Berges und sah beinahe eben aus. Die unheimlichen Burgen und Türme standen klein und schwächlich wie Spielzeug unten. Ein starker, kalter Schneewind ging auf der Höhe.
Der Weg hörte auf, und ich folgte einem undeutlichen Geißensteig, der über Heide, Geröll und Felsstufen gegen den Gipfel

hinführte und schließlich verschwand. Es wurde kalt und einsam, etwas wie Alpenluft wehte da droben, die Stadt war nahezu unsichtbar geworden.
Endlich hatte ich die Höhe überschritten und blieb fast erschrocken stehen. Jenseits tat sich eine große, feierliche Gebirgswelt auf, und vor mir stürzte schwindeltief eine jähe, wilde Schlucht hinab, die war eng und unheimlich, und die ungeheuren Wände des Absturzes zu beiden Seiten waren vollständig kahl und von roter Farbe. Nur in der Mitte etwa wuchs ein wenig Gestrüpp und Gras, und dort hing eine kleine Ziegenherde mit einem Hüterbuben klein und ängstlich zwischen Berg und Tal. Auf dem Gipfel, den ich nun bald erreichte, lag Schnee.
Die grüne Ebene, die Hügel mit Obstgärten, die Paläste und alten Städte und das ganze mir bekannte Italien war verschwunden, und ich stand in einer fremden, wilden, rauhen Gegend. Kein Haus oder Dorf weit und breit, und kein Mensch als der Hirtenjunge am Abhang, und unten in der roten Schlucht ein Reiter, der im Mantel und großen spitzen Hut, die Flinte überm Rücken, auf seinem Maultier talaufwärts gegen Scheggia unterwegs war.

(1907)

Liebesopfer

Drei Jahre arbeitete ich als Gehilfe in einer Buchhandlung. Anfangs bekam ich achtzig Mark im Monat, dann neunzig, dann fünfundneunzig, und ich war froh und stolz, daß ich mein Brot verdiente und von niemand einen Pfennig anzunehmen brauchte. Mein Ehrgeiz war, im Antiquariat vorwärtszukommen. Da konnte man wie ein Bibliothekar in alten Büchern leben, Wiegendrucke und Holzschnitte datieren, und es gab in guten Antiquariaten Stellen, die mit zweihundertfünfzig Mark und mehr bezahlt wurden. Allerdings, bis dahin war der Weg noch weit, und es galt zu arbeiten, zu arbeiten ––
Sonderbare Käuze gab es unter meinen Kollegen. Oft kam es mir vor, als sei der Buchhandel ein Asyl für Entgleiste jeder Art. Ungläubig gewordene Pfarrer, verkommene ewige Studenten, stellenlose Doktoren der Philosophie, unbrauchbar gewordene Redakteure und Offiziere mit schlichtem Abschied standen neben

mir am Kontorpult. Manche hatten Weib und Kinder und liefen in trostlos abgetragenen Kleidern herum, andere lebten fast behaglich, die meisten aber haben es im ersten Drittel des Monats geschwollen, um die übrige Zeit sich mit Bier und Käse und prahlerischen Reden zu begnügen. Alle aber hatten aus glänzenderen Zeiten her Reste von feinen Manieren und gebildeter Redeweise bewahrt und waren überzeugt, sie seien nur durch unerhörtes Pech auf ihre bescheidenen Plätze heruntergekommen.
Sonderbare Leute, wie gesagt. Aber einen Mann wie den Columban Huß hatte ich doch noch nie gesehen. Er kam eines Tages bettelnd ins Kontor und fand zufällig eine geringe Schreiberstelle offen, die er dankbar annahm und über ein Jahr lang behielt. Eigentlich tat und sagte er nie etwas Auffallendes und lebte äußerlich nicht anders als andere arme Bureauangestellte. Aber man sah ihm an, daß er nicht immer so gelebt hatte. Er konnte wenig über fünfzig sein und war schön gewachsen wie ein Soldat. Seine Bewegungen waren nobel und großzügig, und sein Blick war so, wie ich damals glaubte, daß Dichter ihn haben müssen.
Es kam vor, daß Huß mit mir ins Wirtshaus ging, weil er witterte, daß ich ihn heimlich bewunderte und liebte. Dann tat er überlegene Reden über das Leben und erlaubte mir, seine Zeche zu zahlen. Und folgendes sagte er mir eines Abends im Juli. Da ich Geburtstag hatte, war er mit mir zu einem kleinen Abendessen gegangen, wir hatten Wein getrunken und waren dann durch die warme Nacht flußaufwärts durch die Allee spaziert. Da stand unter der letzten Linde eine steinerne Bank, auf der streckte er sich aus, während ich im Grase lag. Und da erzählte er.
»Sie sind ein junger Dachs, Sie, und wissen noch nichts vom Leben in der Welt. Und ich bin ein altes Rindvieh, sonst würde ich Ihnen das nicht erzählen, was ich jetzt sage. Wenn Sie ein anständiger Kerl sind, behalten Sie es für sich und machen keinen Klatsch daraus. Aber wie Sie wollen.
Wenn Sie mich anschauen, sehen Sie einen kleinen Schreiber mit krummen Fingern und geflickten Hosen. Und wenn Sie mich totschlagen wollten, hätte ich nichts dagegen. An mir ist wenig mehr totzuschlagen. Und wenn ich Ihnen sage, daß mein Leben ein Sturmwind und eine Flamme gewesen ist, so lachen Sie nur, bitte! Aber Sie werden vielleicht auch nicht lachen, Sie junger Dachs, wenn Ihnen ein alter Mann in der Sommernacht ein Märchen erzählt.

Sie sind schon verliebt gewesen, nicht wahr? Einigemal, nicht wahr? Ja, ja. Aber Sie wissen noch nicht, was Lieben ist. Sie wissen es nicht, sage ich. Vielleicht haben Sie einmal eine ganze Nacht geweint? Und einen ganzen Monat schlecht geschlafen? Vielleicht haben Sie auch Gedichte gemacht und auch einmal ein bißchen mit Selbstmordgedanken gespielt? Ja, ich kenne das schon. Aber das ist nicht Liebe, Sie. Liebe ist anders.
Noch vor zehn Jahren war ich ein respektabler Mann und gehörte zur besten Gesellschaft. Ich war Verwaltungsbeamter und Reserveoffizier, war wohlhabend und unabhängig, ich hielt ein Reitpferd und einen Diener, wohnte bequem und lebte gut. Logensitze im Theater, Sommerreisen, eine kleine Kunstsammlung, Reitsport und Segelsport, Junggesellenabende mit weißem und rotem Bordeaux und Frühstücke mit Sekt und Sherry.
All das Zeug war ich jahrelang gewohnt, und doch entbehre ich es ziemlich leicht. Was liegt schließlich am Essen und Trinken, Reiten und Fahren, nicht wahr? Ein bißchen Philosophie, und alles wird entbehrlich und lächerlich. Auch die Gesellschaft und der gute Ruf und daß die Leute den Hut vor einem ziehen, ist schließlich unwesentlich, wenn auch entschieden angenehm.
Wir wollten ja von der Liebe sprechen, he? Also was ist Liebe? Für eine geliebte Frau zu sterben, dazu kommt man ja heutzutage selten. Das wäre freilich das Schönste. – Unterbrechen Sie mich nicht, Sie! Ich rede nicht von der Liebe zu zweien, vom Küssen und Beisammenschlafen und Heiraten. Ich rede von der Liebe, die zum einzigen Gefühl eines Lebens geworden ist. Die bleibt einsam, auch wenn sie, wie man sagt, ›erwidert‹ wird. Sie besteht darin, daß alles Wollen und Vermögen eines Menschen mit Leidenschaft einem einzigen Ziel entgegenstrebt und daß jedes Opfer zur Wollust wird. Diese Art Liebe will nicht glücklich sein, sie will brennen und leiden und zerstören, sie ist Flamme und kann nicht sterben, ehe sie das letzte irgend Erreichbare verzehrt hat.
Über die Frau, die ich liebte, brauchen Sie nichts zu wissen. Vielleicht war sie wunderbar schön, vielleicht nur hübsch. Vielleicht ein Genie, vielleicht keins. Was liegt daran, lieber Gott! Sie war der Abgrund, in dem ich untergehen sollte, sie war die Hand Gottes, die eines Tages in mein unbedeutendes Leben griff. Und von da an war dies unbedeutende Leben groß und fürstlich, begreifen Sie, es war auf einmal nicht mehr das Leben eines Mannes von

Stande, sondern eines Gottes und eines Kindes, rasend und unbesonnen, es brannte und loderte.
Von da an wurde alles lumpig und langweilig, was mir vorher wichtig gewesen war. Ich versäumte Dinge, die ich nie versäumt hatte, ich erfand Listen und unternahm Reisen, nur um jene Frau einen Augenblick lächeln zu sehen. Für sie war ich alles, was sie gerade erfreuen konnte, für sie war ich froh und ernst, gesprächig und still, korrekt und verrückt, reich und arm. Als sie bemerkte, wie es mit mir stand, hat sie mich auf unzählige Proben gestellt. Mir war es eine Lust, ihr zu dienen, sie konnte unmöglich etwas erfinden, einen Wunsch ausdenken, den ich nicht wie eine Kleinigkeit erfüllte.
Dann sah sie ein, daß ich sie mehr liebte als irgendein anderer Mann, und es kamen stille Zeiten, in denen sie mich verstand und meine Liebe annahm. Wir sahen uns tausendmal, wir reisten zusammen, wir taten Unmögliches, um beisammen zu sein und die Welt zu täuschen.
Jetzt wäre ich glücklich gewesen. Sie hatte mich lieb. Und eine Zeitlang war ich auch glücklich, vielleicht.
Aber meine Bestimmung war nicht, diese Frau zu erobern. Als ich eine Weile jenes Glück genoß und keine Opfer mehr zu bringen brauchte, als ich ohne Mühe ein Lächeln und einen Kuß und eine Liebesnacht von ihr bekam, begann ich unruhig zu werden. Ich wußte nicht, was mir fehlte, ich hatte mehr erreicht, als meine kühnsten Wünsche jemals begehrt hatten. Aber ich war unruhig. Wie gesagt, meine Bestimmung war nicht, diese Frau zu erobern. Daß mir das geschah, war ein Zufall. Meine Bestimmung war, an meiner Liebe zu leiden, und als der Besitz der Geliebten anfing, dies Leiden zu heilen und zu kühlen, kam die Unruhe über mich. Eine gewisse Zeit hielt ich es aus, dann trieb es mich plötzlich weiter. Ich verließ die Frau. Ich nahm Urlaub und machte eine große Reise. Mein Vermögen war damals schon stark angegriffen, aber was lag daran? Ich reiste und kam nach einem Jahr zurück. Eine sonderbare Reise! Kaum war ich fort, so fing das frühere Feuer wieder an zu brennen. Je weiter ich fuhr und je länger ich fort war, desto peinigender kehrte meine Leidenschaft zurück, und ich sah zu und freute mich und reise weiter, ein Jahr lang immerzu, bis die Flamme unerträglich geworden war und mich wieder in die Nähe meiner Geliebten nötigte.
Da stand ich dann, war wieder daheim und fand sie zornig und

bitter gekränkt. Nicht wahr, sie hatte sich mir hingegeben und mich beglückt, und ich hatte sie verlassen! Sie hatte wieder einen Liebhaber, aber ich sah, daß sie ihn nicht liebte. Sie hatte ihn angenommen, um sich an mir zu rächen.
Ich konnte ihr nicht sagen oder schreiben, was es war, das mich von ihr weg und nun wieder zu ihr zurückgetrieben hatte. Wußte ich es selber? Also fing ich wieder an, um sie zu werben und zu kämpfen. Ich tat wieder weite Wege, versäumte Wichtiges und gab große Summen, um ein Wort von ihr zu hören oder um sie lächeln zu sehen. Sie entließ den Liebhaber, nahm aber bald einen andern, da sie mir nicht mehr traute. Dennoch sah sie mich zuzeiten gern. Manchmal in einer Tischgesellschaft oder im Theater sah sie über ihre Umgebung weg plötzlich zu mir herüber, sonderbar mild und fragend.
Sie hatte mich immer für sehr, sehr reich gehalten. Ich hatte diesen Glauben in ihr geweckt und hielt ihn am Leben, nur um immer wieder etwas für sie tun zu dürfen, was sie einem Armen nicht erlaubt hätte. Früher hatte ich ihr Geschenke gemacht, das war nun vorüber, und ich mußte neue Wege finden, ihr Freude machen und Opfer bringen zu können. Ich veranstaltete Konzerte, in denen von Musikern, die sie schätzte, ihre Lieblingsstücke gespielt und gesungen wurden. Ich kaufte Logen auf, um ihr ein Premierenbillett anbieten zu können. Sie gewöhnte sich wieder daran, mich für tausend Dinge sorgen zu lassen.
Ich war in einem unaufhörlichen Wirbel von Geschäften, für sie. Mein Vermögen war erschöpft, nun fingen die Schulden und Finanzkünste an. Ich verkaufte meine Gemälde, mein altes Porzellan, mein Reitpferd, und kaufte dafür ein Automobil, das zu ihrer Verfügung stehen sollte.
Dann war es so weit, daß ich das Ende vor mir sah. Während ich Hoffnung hatte, sie wiederzugewinnen, sah ich meine letzten Quellen erschöpft. Aber ich wollte nicht aufhören. Ich hatte noch mein Amt, meinen Einfluß, meine angesehene Stellung. Wozu, wenn es ihr nicht diente? So kam es, daß ich log und unterschlug, daß ich aufhörte, den Gerichtsvollzieher zu fürchten, weil ich Schlimmeres fürchten mußte. Aber es war nicht umsonst. Sie hatte auch den zweiten Liebhaber weggeschickt, und ich wußte, daß sie jetzt keinen mehr oder mich nehmen würde.
Sie nahm mich auch, ja. Das heißt, sie ging in die Schweiz und erlaubte mir, ihr zu folgen. Am folgenden Morgen reichte ich ein

Gesuch um Urlaub ein. Statt der Antwort erfolgte meine Verhaftung. Urkundenfälschung, Unterschlagung öffentlicher Gelder. Sagen Sie nichts, es ist nicht nötig. Ich weiß schon. Aber wissen Sie, daß auch das noch Flamme und Leidenschaft und Liebeslohn war, geschändet und gestraft zu werden und den letzten Rock vom Leibe zu verlieren? Verstehen Sie das, Sie junger Verliebter?
Ich habe Ihnen ein Märchen erzählt, junger Mann. Der Mensch, der es erlebt hat, bin nicht ich. Ich bin ein armer Buchhalter, der sich von Ihnen zu einer Flasche Wein einladen läßt. Aber jetzt will ich heimgehen. Nein, bleiben Sie noch, ich gehe allein. Bleiben Sie!« (1907)

Wolken

Wenn ich Landschaftsmalern zusah, war ich oft erstaunt, zu beobachten, wie schnell und leicht man einen blauen oder andersfarbigen Himmel mit netten, sauberen, sehr stimmungsvollen Wolken bevölkern kann. Es ist wie mit dem Gedichtemachen, das uns Dichtern ja auch verwunderlich leicht fällt. Aber je länger und besser man sie nachher betrachtet, desto besser und betrübter nimmt man wahr, daß die netten Gedichte und die netten Wolken eine wohlfeile Ware sind und einem klaren Blick nur selten standhalten. Von den viel tausend gemalten Wolken, die ich gesehen habe, ziehen mir nur wenige jetzt noch zuweilen über den Himmel der Erinnerung, unheimlich wenige, und von denen sind noch die meisten Werke alter Meister, während man doch oft sagen hört, die Luft und ihre Erscheinungen seien von den Künstlern erst vor einigen Jahrzehnten entdeckt, ja beinahe erfunden worden. Unter den neueren Malern, denen ich einige wirklich haltbare Wolken verdanke, sind die Schweizer Segantini und Hodler. Segantini hat einige Alpenwolken gemalt, die sind zwar etwas schwer und materiell, sonst aber wie aus Gottes Hand, und Hodler hat einigemal, namentlich auf einem fast unscheinbaren kleinen Bild im Basler Museum, ganz leichte, formlose, kleine weiße Dünste gemalt, die unglaublich fein über einem blauen Seespiegel schweben und die ganze Luft lebendig machen.
Doch wollte ich nicht von den Malern reden; auf diesem Gebiete

sind die Dichter gründlich entbehrlich und durch Fachleute ersetzt worden, obwohl diese, sobald es an ein wirkliches Darstellen und Eindruckerwecken gehen soll, meistens sich der Dichter doch stark bedienen oder, wenn sie es innig genug meinen, selber wieder zu dichten beginnen. Denn jede Wissenschaft, nicht nur die ästhetische, braucht in entscheidenden Momenten das rein künstlerische, unmittelbare Zusammenhängen von Auge und Sprache, die Fähigkeit des sinnfälligen Ausdrucks.

Nicht selten sah ich auch photographierte Wolken, und ich muß sagen, es waren vollkommene dabei, wenn auch nicht viele, da keine Platte farbenempfindlich genug ist. Dabei waren die Bilder, auf denen nur Himmel aufgenommen war, kein Stück Erde dazu, meistens mißlungen. Denn sie konnten vom Eindruck der Bewegung wenig geben, und die Ungewißheit über die Entfernungen, in der sie den Beschauer lassen, hebt jede schöne Wirkung wieder auf.

Mir scheint, gerade das macht die Wolken schön und bedeutsam, daß sie sich bewegen, und daß sie im Himmel, der für unser Auge toter Raum ist, Entfernungen, Maße und Zwischenräume schaffen. Daß diese Entfernungen und Maße unerhört täuschen, ist ganz belanglos. Ein auf einer Wasseroberfläche schwimmender Gegenstand täuscht ebenso: stets überschätzt das Auge die Entfernung zwischen sich und dem Gegenstand, und unterschätzt die zwischen Gegenstand und jenseitigem Ufer oder Horizont.

Durch die Wolken gewinnt der Luftraum, in welchem sonst der Blick nichts mehr fände und mit den Maßen die Teilnahme und Aufmerksamkeit verlöre, eine reiche Sichtbarkeit: er wird Fortsetzung der Erde. Im kleinen tut diesen Dienst auch ein Vogel, ein Papierdrache, eine Rakete: wir empfinden für Augenblicke als teilbaren Raum, was eben noch Leere, Nichts war. Diesen Dienst könnte uns die bloße Erkenntnis von der Nichtleere des Luftraumes niemals tun, denn das Auge glaubt der Vernunft nicht leicht, wie es denn auch trotz allem Wissen des Gegenteils die Sonne sich bewegen und die Erde stillstehen sieht.

Was der Vogel im kleinen tut, tun die Wolken im großen. Sie machen den ungeheuren Raum anschaulich, lebendig, anscheinend meßbar, und sie verbinden uns mit ihm. Denn sie gehören ja zu uns, sind irdisch, sind irdisches Wasser, sind das einzige Stück Erde und irdischer Materie, das dem Auge sichtbar emporsteigt

und das Sein und Leben der Erde im unsichtbaren Raume weiterlebt.
Daher auch das von jedem Nachmittagsbummler empfundene Symbolische der Wolken, das ganz andere Vorstellungen und Gefühle weckt als der Anblick der Sonne, des Mondes, der Sterne. Die sind nicht irdisch, auch nicht meßbar nahe, sondern haben ihr eigenes Sein und Leben. Sie sind nicht ein Stück Erde, das im Raume schwebt, und ihre Form und Bewegung erhalten sie nicht von den uns nahen, vertrauten Naturkräften. Die Wolken aber teilen Licht und Dunkelheit, Wind und Wärme mit uns. Sie sind nicht Welten, sondern gehören zu unserer Welt, entstehen und vergehen vor unseren Augen unter Gesetzen, die wir verstehen und die wir selbst gleichzeitig fühlen, und kehren stets wieder zur Erde zurück.
Aber diese Rückkehr sehen wir selten. Bei einem kräftigen Regen oder Schneefall sehen wir keine Wolken mehr. Und während wir sie sehen, ist ihre Zweckmäßigkeit unserem Auge nicht erkennbar.
Wie die Wolken uns den Luftraum sichtbarer machen, so machen sie uns die Bewegungen der Luft wahrnehmbar. Und die Bewegungen der Luft sind zwar nicht unserem Denken, wohl aber unseren Sinnen stets rätselhaft und darum fesselnd. Wenn hundert Meter oder dreihundert oder tausend Meter über meinem Kopf die Luft bewegt ist, Strömungen gehen, sich treffen, kreuzen, teilen, bekämpfen, so habe ich nichts davon. Sehe ich aber eine Wolke oder eine Wolkenschar wandern, rascher und langsamer reisen, innehalten, sich teilen, ballen, umformen, schmelzen, bäumen, zerreißen, so ist das ein Schauspiel und nimmt Interesse und Teilnahme in Anspruch.
So ist es auch mit dem Licht, das wir im scheinbar leeren, blauen Raum nicht wahrnehmen. Schwimmt aber eine Wolke darin, wird sie grau, hellgrau, weiß, golden, rosig, so ist all das Licht in der Höhe mir nicht mehr verloren; ich sehe, beobachte, genieße es. Wer hat nicht schon am Abend, wenn die Sonne längst versunken und die Erde erloschen war, hoch oben noch Wolken brennen und im Lichte schwimmen sehen!
Bedenken wir, daß die Wolken ein Stück Erde, Materie sind und ihr irdisches, materielles Leben in der Höhe, in Räumen führen, wo wir außer ihnen nichts Stoffliches erblicken können, so leuchtet ihre Symbolik ohne weiteres ein. Sie bedeuten uns ein Weiter-

spielen des Irdischen im Entrückten, einen Versuch der Materie, sich aufzulösen, eine innige Gebärde der Erde, eine Gebärde der Sehnsucht nach Licht, Höhe, Schweben, Selbstvergessen. Die Wolken sind in der Natur, was in der Kunst die Flügelwesen, Genien und Engel sind, deren menschlich-irdische Leiber Flügel haben und der Schwere trotzen.
Und schließlich bedeuten uns die Wolken noch ein Gleichnis der Vergänglichkeit, ein zumeist heiteres, befreiendes, wohltuendes. Wir sehen ihre Reisen, Kämpfe, Rasten, Feste an und deuten sie träumend, wir sehen menschliche Kämpfe, Feste, Reisen, Spiele in ihnen, und es tut uns wohl und weh zu sehen, wie das ganze und schöne Schattenspiel so flüchtig, veränderlich, vergänglich ist. (1907)

Zu Weihnachten

Im Leben des Durchschnittsmenschen unserer Zeit ist das Begehen der paar allgemein gefeierten hohen Festtage eigentlich das einzige Zugeständnis ans Ideale. Er begeht die Neujahrsfeier mit einem Kopfschütteln oder sentimentalen Seufzer über die Vergänglichkeit des Lebens, die schnelle Flucht der Zeit, er feiert Ostern und Pfingsten als Feste des Frühlings- und Neuwerdens, Allerseelen mit einem Gräberbesuch. Und Weihnacht feiert er, indem er sich einen oder ein paar Ruhetage gönnt, der Frau ein neues Kleid und den Kindern ein paar Spielsachen schenkt. Mancher hat auch eine vorübergehende, resignierte Freude am Jubel der Kleinen; er betrachtet den glänzenden Christbaum mit halb wehmütiger Erinnerung an die eigene Kinderzeit und denkt beim Anblick seiner beschenkten und fröhlichen Kinder: Ja, freut euch nur und genießt es, bald genug wird das Leben euch die Freude und Unschuld nehmen.
Er fragt nicht: Ja, warum denn eigentlich? Warum scheint es mir selbstverständlich, daß »das Leben« eine böse Macht ist, die aus dem Kinderlande in Schuld, Enttäuschung und ungeliebte Arbeit führt? Warum soll Freude und Unschuld diesem »Leben« notwendig zum Opfer fallen?
An dem Tage aber, wo er wirklich so fragt, hat er aufgehört, ein Durchschnittsmensch zu sein und hat den ersten Schritt zu einem

neuen Leben getan. Und wenn er diesen Weg weiter geht, so wird ihm künftig jeder Tag seines Lebens wertvoller, inhaltreicher und bedeutender sein, als es ihm früher alle Festtage mit ihrem vergänglichen Schimmer und ihrem halbwahren bißchen Nachdenklichkeit gewesen sind. Er wird einsehen, daß es nicht »das Leben« war, das ihm Unschuld, Freude und Ideale genommen hat, und daß es unrecht und lächerlich war, das Leben dafür anzuklagen. Denn er war es selber, der sich betrog.
Denn es gibt keine »Notwendigkeit« und keinen »Zug der Zeit«, der den einzelnen nötigen könnte materielle Güter den geistigen, vergängliche den unvergänglichen vorzuziehen. Wer diese entscheidende Wahl getan hat, darf niemand als sich selbst dafür verantwortlich machen.
»Ach was«, entgegnet ihr, »unsere Zeit ist nun eben nicht ideal und wir können sie und uns nicht anders machen.«
Ja, das ist eben die alte Phrase, die einer dem anderen nachschwatzt und die jeder meint, glauben zu müssen. Unsere Zeit sei nicht ideal! Warum nicht? Weil der Gelderwerb auffallender, rücksichtsloser und geschmackloser betrieben wird als früher? Aber es ist die Frage, wie man später einmal unsere Zeit beurteilen wird. Ich glaube sehr, man wird nicht sagen: es war die Zeit, da die Kohlen teurer waren, die Zeit, da der Druckknopf und die Wellenbadschaukel erfunden wurden, die Zeit der letzten Postwagen und der ersten Elektrischen. Sondern ich glaube, weit eher wird man sagen: es war die Zeit vieler Dichter, die Zeit vieler und starker religiöser Bewegungen. Das alles, was euch heute als ein angenehmer Zeitvertreib und Luxus erscheint, ja, was viele von euch schlechthin Narrheit und Schwärmerei nennen, das wird überbleiben und existieren und Wert und Geltung haben, wenn euer ganzer bitterer, ernsthafter Krieg um den Geldsack längst, längst vergessen ist.
Kennt ihr nicht Weihnachten, das Fest der Liebe? das Fest der Freude? Anerkennt ihr die Liebe und die Freude also nicht als hohe Mächte, denen ihr besondere, heilige, vom Staat geschützte Festtage feiert? Aber wie sieht es denn bei uns mit der Liebe und mit der Freude aus? Um ein paar Tage oder höchstens Wochen im Jahr ein bißchen Freude zu haben, bringt ihr dreiviertel eures Lebens im Staub und Schweiß einer freudlosen Arbeit zu, die nicht adelt, sondern niederdrückt. Und wenn ihr dessen müde seid und ein Hunger nach Licht und Freude euch ergreift, so ha-

ben die allermeisten von euch sie nicht in sich selber zu holen, sondern müssen sie kaufen – im Theater, im Tingeltangel, in der Kneipe. Und wie steht es mit der Liebe? Der Mann, der zehn bis zwölf Stunden für den Gelderwerb, zwei bis vier für Kneipe oder anderes Vergnügen opfert, hat für Frau und Kinder, Brüder und Schwestern nur Augenblicke übrig.

Es ist ein merkwürdiges, doch einfaches Geheimnis der Lebensweisheit aller Zeiten, daß jede kleinste selbstlose Hingabe, jede Teilnahme, jede Liebe uns reicher macht, während jede Bemühung um Besitz und Macht uns Kräfte raubt und ärmer werden läßt. Das haben die Inder gewußt und gelehrt, und dann die weisen Griechen, und dann Jesus, dessen Fest wir jetzt feiern, und seither noch Tausende von Weisen und Dichtern, deren Werke die Zeiten überdauern, während Reiche und Könige ihrer Zeit verschollen und vergangen sind. Ihr mögt es mit Jesus halten oder mit Plato, mit Schiller oder mit Spinoza, überall ist das die letzte Weisheit, daß weder Macht noch Besitz noch Erkenntnis selig macht, sondern allein die Liebe. Jedes Selbstlossein, jeder Verzicht aus Liebe, jedes tätige Mitleid, jede Selbstentäußerung scheint ein Weggeben, ein Sichberauben, und ist doch ein Reicherwerden und Größerwerden, und ist doch der einzige Weg, der vorwärts und aufwärts führt. Es ist ein altes Lied und ich bin ein schlechter Sänger und Prediger, aber Wahrheiten veralten nicht und sind stets und überall wahr, ob sie nun in einer Wüste gepredigt, in einem Gedicht gesungen oder in einer Zeitung gedruckt werden. (1907)

Fragment aus der Jugendzeit

Von den Hügeln sank mit goldenen Schleiern der Sommerabend. Der Tag war heiß und leuchtend gewesen, nun strich den dunkelnden Strom entlang mit kühlen Wehen vom Gebirge her der leichte Nachtwind, beladen mit dem honigschweren Duft der Lindenblüte. Indem Wagenfahren und Arbeitsgeräusch in der abendlichen Stadt mehr und mehr verstummten, sang das rasche, gleichmäßige Strömen des dunklen Wassers vernehmlicher. Aus einem schnell stromabwärts treibenden Nachen klang die Stimme eines singenden Bauernmädchens, Spaziergänger lauschten und

lachten hinüber. In den Häusern der steilen Uferseite, die schwarz und schattenhaft in den milchig hellen Himmel stiegen, glommen schon hier und dort vereinzelte rote Fenster auf und bildeten zufällige Sternbilder und Figuren, deren Spiegelbild der Rhein mit ungleichem Wellengang verschob und tanzen machte.
In meiner hoch über dem Strome gelegenen Mansarde war es noch heiß. Ich lag im offenen Fenster und schaute dem Wasser zu, das ebenso unaufhaltsam und ebenso gleichmäßig und eintönig und gleichgültig der Nacht und Ferne entgegenfloß, wie mir die öden Tage dahinrannen, von denen jeder köstlich und unverlierbar wertvoll hätte sein können und sein sollen und von denen doch einer wie der andere ohne Wert und ohne Andenken unterging.
So ging es seit Wochen, und ich wußte nicht, wie und wann es anders werden sollte. Ich war dreiundzwanzig Jahre alt und brachte meinen Tag in einem unbedeutenden Bureau zu, wo ich mit einer gleichgültigen Arbeit soviel Geld verdiente, daß ich ein kleines Dachzimmer mieten und mir an Speise und Kleidung das Notwendigste kaufen konnte. Die Abende, Nächte und frühen Morgenstunden aber sowie die Sonntage versaß ich brütend in meinem Stüblein, las in den paar Büchern, die ich besaß, zeichnete zuweilen und grübelte an einer Erfindung herum, die ich schon fertig zu haben geglaubt hatte und deren Ausführung mir doch fünf- und zehn- und zwanzigmal mißlungen war. Neuerdings hatte ich die Arbeit daran aufgegeben und saß nun da und wunderte mich, wohin der Fleiß und die leidenschaftliche Schaffenslust und der tröstliche Glaube an mich selber gekommen seien. Zuweilen machte ich noch einen kleinen Anlauf, ließ eine Mahlzeit ausfallen und kaufte für die gesparten Pfennige Zeichenzeug, Papier und Lampenöl, aber ich tat es nur noch aus dem Bedürfnis, mir etwas vorzulügen, und mit dem schon ungläubigen Wunsche, noch einmal Stunden und Abende wie früher im herrlichen Fieber der Hoffnung und des Schaffens hinbringen zu können. Seit nun die heiße Zeit gekommen war und meine Kammer bis in die Nacht in der ermattenden Dachwärme glühte, sah ich außerhalb meines Bureaus den Stunden nur noch als ein müßiger Betrachter zu und hatte nichts dagegen, sie vor mir vergehen zu sehen wie welke Blumen. Manchmal saß ich eine Weile auf den Bänken eines öffentlichen Platzes, wo es nach Bäumen und Rasen roch, und manchmal ergriff mich am Sonntagmorgen ein plötzliches leiden-

schaftliches Verlangen nach Fluren, Wald, Bergen und Dorfluft, denn ich war auf dem Lande aufgewachsen. Doch folgte ich diesem Heimweh fast niemals, denn mit dem kümmerlichen Leben und dem beständigen Geldmangel waren mir alle Frische und Unternehmungslust abhanden gekommen. Plagte mich die Erinnerung an Heimat und Kinderzeiten und ländliche Freiheit einmal allzu stark, so schrieb ich einen Brief an meine Mutter, in dem ich ihr erzählte, daß es mir gutgehe und daß in hiesiger Stadt ein herrliches Leben sei. Das geschah alle fünf oder sechs Wochen einmal, und nachher besann ich mich, warum ich eigentlich den einzigen Menschen in der Welt, der mir lieb war und der an mir hing, anlöge.

An jenem schönen Sommerabend war ich unentschlossen, ob ich der Einladung des Direktors Gelbke zu einer familiären Gartengesellschaft folgen sollte oder nicht. Es war mir unerwünscht, unter Menschen zu sein und reden und zuhören und Antwort geben zu müssen; ich war dazu zu müde und teilnahmslos, auch war ich dort wieder genötigt zu lügen, zu tun, als gehe es mir gut und als sei es mit mir in Ordnung. Hingegen war es eine angenehme und tröstliche Vorstellung, daß es dort etwas zu essen und einen guten Trunk geben würde, daß dort im kühlen Garten Blumen und Sträucher dufteten und stille Wege durch Ziergebüsche und unter alten Bäumen hinführten. Der Direktor Gelbke war, abgesehen von meinen paar armen Mitangestellten im Geschäft, mein einziger Bekannter in der Stadt. Mein Vater hatte ihm oder vielleicht auch schon seinem Vater vorzeiten einmal irgendeinen Dienst erwiesen, und auf den Rat meiner Mutter hatte ich vor zwei Jahren einen Besuch bei ihm gemacht, und nun lud mich der freundliche Herr je und je ins Haus, ohne mich jedoch gesellschaftlichen Lagen auszusetzen, denen meine Erziehung und meine Garderobe nicht gewachsen waren.

Der Gedanke an ein luftig-kühles Sitzen in des Direktors Garten machte mir meine enge, dumpfe Stube vollends unleidlich, so daß ich hinzugehen beschloß. Ich zog den besseren Rock an, reinigte meinen Hemdkragen mit dem Radiergummi, bürstete mir Hosen und Stiefel ab und schloß nach meiner Gewohnheit die Tür hinter mir ab, obwohl kein Dieb etwas bei mir hätte holen können. Ein wenig müde, wie ich damals immer war, ging ich die enge, schon dämmernde Gasse hinab, über die belebte Brücke und durch ruhige Straßen des vornehmeren Stadtteils zu dem Haus des Direktors, das schon beinahe außerhalb der Stadt in einer halb ländlichen, altmodisch bescheidenen Herrschaftlichkeit neben seinem mauerumschlossenen Garten lag. Ich blickte, wie schon manches Mal, an dem breit und niedrig gebauten Hause, an der von Kletterrosen umwachsenen Pforte und den breitsimsigen, behäbigen Fenstern mit einer beklommenen Sehnsucht empor, zog leise die Glocke und trat an der Magd vorbei in den halbdunklen Flur mit der erregten Befangenheit, die mich vor jedem Zusammenkommen mit fremden Menschen befiel. Bis zum letzten Augenblick hatte ich noch eine halbe Hoffnung gehegt, ich würde Herrn Gelbke mit seiner Frau oder etwa mit den Kindern allein finden; nun aber drangen mir vom Garten her fremde Stimmen entgegen, und ich ging zögernd durch die kleine Halle auf die Gartenwege zu, die nur von wenigen Papierlaternen unsicher beleuchtet waren.

Die Hausfrau kam mir entgegen, gab mir die Hand und führte mich an den hohen Gebüschen hin zu einem Rondell, wo bei Lampenlicht die Gesellschaft an zwei Tischen saß. Der Direktor begrüßte mich mit seiner freundlich heiteren Art, mehrere Hausfreunde nickten mir zu, einige von den Gästen erhoben sich, ich hörte Namen nennen, murmelte einen Gruß, verneigte mich gegen einige Damen, die hellgekleidet im Lampenscheine schimmerten und mich einen Augenblick betrachteten; dann wurde mir ein Stuhl gegeben, und ich fand mich unten an der Schmalseite eines Tisches zwischen einem älteren Fräulein und einem schlanken jungen Mädchen sitzen. Die Damen schälten Orangen, mir aber wurde Butterbrot, Schinken und ein Weinglas hingestellt. Die Ältere sah mich eine Zeitlang an und fragte dann, ob ich nicht Philolog sei und ob sie mich nicht schon da und da getroffen habe. Ich verneinte und sagte, ich sei Kaufmann, oder eigentlich Techniker, und begann, ihr einen Begriff davon zu geben, welcher Art Mensch ich sei; da sie aber gleich wieder anderswohin schaute und offenbar nicht zuhörte, schwieg ich still und begann, von den guten Speisen zu essen. Damit brachte ich, da niemand mich störte, eine gute Viertelstunde hin, denn es war mir eine festliche Ausnahme, am Abend so reichliches und feines Essen zu haben. Dann trank ich langsam ein Glas von dem guten weißen Weine und saß nun unbeschäftigt und wartend, was geschehen werde.

Da wandte sich die junge Dame zu meiner Rechten, mit der ich noch kein Wort gesprochen hatte, unversehens zu mir herüber und bot mir mit einer schlanken und biegsamen Hand eine geschälte halbe Orange an. Indem ich ihr dankte und die Frucht hinnahm, wurde mir ungewohnt fröhlich und wohl zumute, und ich dachte, daß ein fremder Mensch wohl kaum auf eine lieblichere Weise sich einem anderen nähern könne, als durch eine so einfache und schöne Darbietung. Erst jetzt betrachtete ich meine Nachbarin mit Aufmerksamkeit, und was ich sah, war ein feines, zartes Mädchen, wohl so groß wie ich oder noch größer, von beinahe gebrechlichen Formen und mit einem schmalen, schönen Gesicht. So erschien sie mir wenigstens in jenem Augenblick, denn später konnte ich wohl bemerken, daß sie zwar fein und sehr schlank von Gliedern, aber kräftig, behende und sicher war. Sobald sie aufstand und umherging, verschwand in mir die Vorstellung von schutzbedürftiger Zartheit, denn in Gang und Bewegungen war das Mädchen ruhig, stolz und selbständig.

Ich aß die halbe Orange mit Bedacht und gab mir Mühe, dem Mädchen höfliche Worte zu sagen und mich als einen leidlich honetten Menschen zu zeigen. Denn plötzlich war mir der Verdacht gekommen, sie möchte mich vorher bei meiner stummen Mahlzeit beobachtet haben und mich nun entweder für einen Grobian halten, der überm Essen seine Nachbarschaft vergißt, oder für einen Hungerleider, und dies wäre mir das Peinlichere gewesen, da es der Wahrheit verzweifelt ähnlich sah. Dann verlor aber ihre hübsche Gabe den einfachen Sinn und wurde zu einer Spielerei, vielleicht gar zum Spott. Aber mein Verdacht schien unbegründet. Wenigstens sprach und bewegte sich das Fräulein mit einer unbefangenen Ruhe, ging auf meine Reden mit höflicher Teilnahme ein und tat durchaus nicht, als halte sie mich für einen kulturlosen Vielfraß.

Dennoch fiel mir die Unterhaltung mir ihr nicht leicht. Ich war zu jener Zeit vor den meisten jungen Leuten meines Alters in gewissen Lebenserfahrungen ebenso weit voraus, wie ich an äußerer Bildung und geselliger Übung hinter ihnen zurückstand. Ein höfliches Gespräch mit einer jungen Dame von feinen Manieren war für mich immerhin ein Wagestück. Auch bemerkte ich nach einiger Zeit wohl, daß das schöne Mädchen mein Unterlegensein wahrgenommen habe und mich schone. Das machte mir heiß, half mir aber keineswegs über meine schwerfällige Befangenheit hinweg, sondern verwirrte mich nur, so daß ich trotz des erquicklichen Anfangs bald in eine fatale Stimmung von mutlosem Trotz geriet. Und als die Dame nach einer Weile sich den Gesprächen des anderen Tisches zuwendete, machte ich keinen Versuch, sie bei mir zurückzuhalten, sondern blieb verstockt und trübe sitzen, während jene nun mit den andern lebhaft und lustig konversierte. Es wurde mir eine Zigarrenkiste hingehalten, ich nahm einen Stengel und rauchte unfroh und schweigend in den bläulichen Abend hinein. Als bald darauf mehrere Gäste sich erhoben und plaudernd in den Gartenwegen zu spazieren anfingen, stand auch ich leise auf, ging beiseite und stellte mich mit meiner Zigarre hinter einen Baum, wo niemand mich störte und ich die Lustbarkeit von weitem betrachten konnte.

Nach meiner pedantischen Art, die ich zu meinem Leidwesen niemals habe ändern können, ärgerte ich mich und machte mir Vorwürfe wegen meines töricht trotzigen Verhaltens, ohne mich doch überwinden zu können. Da niemand sich um mich kümmerte, ich aber den Entschluß zu einer harmlosen Rückkehr nicht fand, blieb ich wohl eine halbe Stunde lang in meinem unnötigen Versteck und trat erst, als ich den Hausherrn nach mir rufen hörte, zögernd hervor. Ich ward vom Direktor an seinen Tisch gezogen, gab auf seine gütigen Fragen nach meinem Leben und Ergehen ausweichende Antwort und fand mich langsam wieder in die allgemeine Geselligkeit hinein. Eine kleine Strafe für mein voreiliges Entweichen blieb mir freilich nicht erspart. Das schlanke Mädchen saß mir jetzt gegenüber, und je besser sie mir im längeren Anschauen gefiel, desto mehr bereute ich meine Fahnenflucht und versuchte wiederholt, wieder mit ihr anzuknüpfen. Sie aber war nun stolz und überhörte meine schwachen Anläufe zu einer neuen Konversation. Einmal traf mich ihr Blick, und ich dachte, er würde geringschätzend oder übelgelaunt sein, aber er war nur kühl und gleichgültig.

Die graue und häßliche Alltagsstimmung von Kümmerlichkeit, Zweifelsucht und Leere kam von neuem über mich. Ich sah den Garten mit mildschimmernden Wegen und schönen dunkeln Laubmassen, die weißgedeckten Tafeln mit Lampen, Fruchtschalen, Blumen, Birnen und Orangen, die gutgekleideten Herren und die Frauen und Mädchen in hellen, hübschen Blusen, ich sah weiße Damenhände mit Blumen spielen, roch den Duft des Obstes und den blauen Rauch der guten Zigarren, hörte höfliche und feine Menschen vergnügt und lebhaft reden – und dieses alles

schien mir unendlich fremd, nicht zu mir gehörig und für mich unerreichbar, ja unerlaubt. Ich war ein Eindringling, ein höflich und vielleicht mitleidig geduldeter Gast aus einer geringeren, armseligen Welt. Ich war ein namenloser, armer kleiner Arbeiter, der wohl eine Zeitlang Träume vom Emporsteigen zu einem feineren und freieren Dasein gehegt hatte, nun aber längst in die zähe Schwere seines hoffnungslosen Wesens zurückgesunken war.
So verging mir der schöne Sommerabend und die heitere Geselligkeit in einem trostlosen Mißbehagen, das ich in törichter Selbstquälerei noch trotzig auf die Spitze trieb, statt mich wenigstens der wohligen Umgebung bescheiden zu freuen. Um elf Uhr, als die ersten aufbrachen, nahm auch ich kurzen Abschied und ging auf dem kürzesten Wege heimwärts, um ins Bett zu kommen. Denn seit einiger Zeit hatte sich eine dauernde Trägheit und Schlaflust meiner bemächtigt, mit welcher ich während der Arbeitsstunden häufig zu kämpfen hatte und der ich in meiner Mußezeit alle Augenblicke willenlos unterlag.
Einige Tage vergingen in dem gewohnten Schlendrian. Das Bewußtsein, in einem traurigen Ausnahmezustand zu leben, war mir allbereits verloren gegangen; ich lebte mit einer gedankenlos ergebenen Gleichgültigkeit stumpf dahin und sah ohne Bedauern Stunden und Tage hinter mich gleiten, von denen doch ein jeder Augenblick ein unwiederbringliches Stücklein Jugend und Lebenszeit bedeutete. Ich bewegte mich wie ein Uhrwerk, stand rechtzeitig auf, legte den Weg ins Geschäft zurück, tat mein bißchen mechanische Arbeit, kaufte mir Brot und ein Ei zum Essen, ging wieder zur Arbeit und lag dann am Abend in meiner Mansarde im Fenster, wo ich häufig einschlief. An den Gartenabend beim Direktor dachte ich nicht mehr. Überhaupt entschwanden mir die Tage, ohne Erinnerungen zu hinterlassen, und wenn ich zuweilen, etwa nachts im Traume, anderer Zeiten gedachte, waren es entlegene Kindererinnerungen, die mich wie Nachklänge einer vergessenen und fabelhaft gewordenen Präexistenz anmuteten.
Da geschah es in einer heißen Mittagsstunde, daß das Schicksal sich meiner wieder erinnerte. Ein weißgekleideter Italiener mit einer gellenden Handglocke und einem kleinen Wagen klirrte durch die Gassen und bot Eis feil. Ich kam gerade aus dem Bureau und gab, wohl zum erstenmal seit Monaten, einem plötzlichen Gelüste nach. Meine peinlich sparsame Regelmäßigkeit

vergessend, zog ich ein Geldstück aus dem Beutel und ließ mir von dem Italiener einen kleinen Papierteller mit rötlichem Fruchteis füllen, das ich im Hausflur gierig verspeiste. Die aufrüttelnd kalte Erfrischung schien mir köstlich, ich kann mich daran erinnern, daß ich mit Begier das feuchte Tellerlein ableckte. Darauf aß ich mein gewohntes Brot daheim, dämmerte eine kleine Weile in halbem Schlummer und kehrte in die Schreibstube zurück. Dort wurde ich unwohl, und bald überfielen mich grausame Leibschmerzen, ich hielt mich am Pultrand fest und litt ein paar Stunden lang verheimlichte Qualen, und nach dem Schluß der Arbeitszeit lief ich eiligst zu einem Arzt. Da ich bei einer Krankenkasse eingeschrieben war, wurde ich an einen anderen Arzt weitergewiesen; der aber war in den Sommerferien, und ich mußte nochmals einen Weg zu seinem Stellvertreter gehen. Diesen fand ich zu Hause; es war ein junger, freundlicher Herr, der mich fast wie seinesgleichen behandelte. Als ich ihm auf seine sachlichen Fragen meine Verhältnisse und tägliche Lebensweise ziemlich genau beschrieben hatte, empfahl er mir, in ein Spital zu gehen, wo ich besser versorgt wäre als in meiner schlechten Wohnung. Und da ich die Schmerzen nicht ganz verbeißen konnte, sagte er lächelnd: »Sie sind noch nicht viel krank gewesen?« Wirklich hatte ich seit meinem zehnten oder elften Jahr nie eine Krankheit gehabt. Der Arzt aber sagte fast unwillig: »Mit Ihrer Lebensweise bringen Sie sich um. Wenn Sie nicht so zäh wären, hätten Sie bei dieser Ernährung schon längst krank werden müssen. Jetzt haben Sie einen Denkzettel.« Ich dachte zwar, er mit seiner goldenen Uhr und Brille habe gut reden, sah nun aber doch, daß mein unwürdiger Zustand in den letzten Zeiten seine realen Ursachen habe, und fühlte dabei eine gewisse moralische Entlastung. Doch ließen mir die heftigen Schmerzen keine Ruhe zum Überlegen und Aufatmen. Ich nahm den Zettel, den der Doktor mir mitgab, dankte ihm und ging davon, um nach Besorgung der notwendigsten Botschaften mich im Spital zu melden, wo ich mit letzten Kräften die Glocke zog und auf der Treppe absitzen mußte, um nicht zusammenzubrechen.

Ich wurde ziemlich grob empfangen; da man jedoch meinen hilflosen Zustand wahrnahm, ward ich in ein laues Bad und dann zu Bett gebracht, wo mir bald alles Bewußtsein in einer leise winselnden Leidensdämmerung verschwand. Drei Tage lang hatte ich das Gefühl, ich müsse nun sterben, und wunderte mich kläglich, daß das so mühevoll, langsam und schmerzlich geschehe. Denn jede Stunde wurde mir unendlich lang, und als die drei Tage um waren, kam es mir vor, als sei ich manche Woche dagelegen. Endlich fand ich einige Stunden Schlaf, und beim Erwachen hatte ich das Zeitgefühl und das Bewußtsein meiner Lage wieder. Doch merkte ich zugleich, wie schwach ich war, denn jede Bewegung machte mir Mühe, und selbst das Öffnen und Schließen der Augen erschien mir wie eine kleine Arbeit. Als die Schwester kam und nach mir sah, redete ich sie an und glaubte laut wie sonst zu reden, während sie sich bücken mußte und mich doch kaum verstehen konnte. Da begriff ich, daß es mit dem Wiederaufstehen keine Eile habe, und ergab mich ohne viel Schmerz für ungewisse Zeit in den kindlichen Zustand der Abhängigkeit von fremder Pflege. Es dauerte denn auch eine längere Zeit, bis meine Kräfte wieder anfingen zu erwachen, denn der kleinste Mund voll Speise machte mir stets wieder Schmerzen und Beschwerden, auch wenn es nur ein Löffel Krankensuppe war.

In dieser merkwürdigen Zeit war ich zu meinem eigenen Erstaunen weder traurig noch ärgerlich. Die dumpfe Sinnlosigkeit meines mutlosen Dahinlebens in den letzten Monaten wurde mir immer deutlicher. Ich erschrak vor dem, was beinahe aus mir geworden wäre, und freute mich innig des wieder erlangten Bewußtseins. Es war ähnlich, als wäre ich eine lange Zeit im Schlaf gelegen, und nun ließ ich, endlich erwacht, meine Augen und Gedanken wieder mit neuer Lust auf die Weide gehen. Dabei geschah es, daß von allen den nebelhaften Eindrücken und Erlebnissen dieser trüb verdämmerten Zeit einige, die ich nahezu vergessen zu haben glaubte, nun mit erstaunlicher Leibhaftigkeit und in feurigen Farben vor mir standen. Unter diesen Bildern, an denen ich mich jetzt in dem fremden Krankensaal mit mir allein vergnügte, stand zuoberst das jenes schlanken Mädchens, das im Garten des Direktors Gelbke neben mir gesessen war und mir die Orange angeboten hatte. Ich wußte ihren Namen nicht, aber ich konnte mir in guten Stunden ihre ganze Gestalt und ihr feines Gesicht mit vertrauter Deutlichkeit vorstellen, wie man es sonst nur bei alten Bekannten vermag, samt der Art ihrer Bewegungen, ihrer Sprache und Stimme, und dies alles ergab zusammen ein Bild, vor dessen zarter Schönheit mir wohl und warm wie einem Kinde bei der Mutter wurde. Mir schien, als müsse ich sie schon in vergangenen Zeiten gesehen und gekannt haben, und ihre an-

mutvolle Erscheinung trat, um Widersprüche unbekümmert, als eine den Gesetzen der Zeit entrückte Begleiterin bald in allen meinen Erinnerungen, selbst in denen der Kindheit, mit hervor. Ich betrachtete diese zierliche Figur, die mir so unvermutet nahe und teuer geworden war, immer wieder mit erneutem Vergnügen und nahm ihre stille Gegenwart in meiner Gedankenwelt mit einer sorglosen und dennoch nicht undankbaren Selbstverständlichkeit hin, wie der Mensch im Frühjahr die Kirschenblüte und im Sommer den Heuduft hinzunehmen pflegt, ohne Erstaunen oder Aufregung und doch innig zufrieden.
Dies naive und anspruchslose Verhältnis zu meinem schönen Traumbilde dauerte jedoch nur so lange, als ich völlig geschwächt und vom Leben abgeschnitten daniederlag. Sobald ich wieder zu einigen Kräften kam, ein wenig Speise vertrug und mich allenfalls ohne sonderliche Erschöpfung wieder im Bett umzudrehen vermochte, rückte mir das Mädchenbild gleichsam schamhaft ferner zurück, und an die Stelle des reinen, leidenschaftslosen Gernhabens trat ein sehnsüchtiges Begehren. Jetzt fühlte ich unversehens immer häufiger ein lebhaftes Verlangen, den Namen der Schlanken auszusprechen, ihn zärtlich zu flüstern und leise zu singen, und es wurde mir zu einer wirklichen Qual, daß ich diesen Namen nicht wußte. In meinen Träumereien hatte ich mit ihr gespielt wie mit einem lieben Schwesterlein; nun aber fiel es mir plötzlich schwer aufs Herz, daß sie nichts von mir wußte, daß ich für sie ein fremder Mensch war, dessen Gruß sie vielleicht kaum annehmen und erwidern würde, ja, daß sie mich vielleicht sogar in einem schlimmen, unfreundlichen Andenken habe. Und so lag ich einen Tag um den andern in Gedanken mit ihr beschäftigt und wußte doch nichts von ihr, als wie sie aussah und die paar Worte, die ich an jenem Abend von ihr gehört hatte.
Einige kleine Ereignisse unterbrachen zwischenhinein für eine kurze Weile diesen sonderbar einseitigen Gedankenverkehr mit der Unbekannten. Zunächst kam ein Brief von meiner Mutter, den ich mit eigentümlichen Empfindungen las, da sie von meinem Kranksein nichts wußte. Sie antwortete vielmehr treuherzig auf meine letzten unwahren und prahlerischen Berichte, so daß ich mich selber und mein voriges Unwesen wie in einem Spiegel sah. Wie fern war ich ihr nun, da ich inzwischen am Tode vorbeigestreift und in leiblichem Kranksein eine innere Genesung erlebt hatte! Beschämt steckte ich den Brief unter mein Kopfkissen und

beschloß, bei der ersten Gelegenheit meine früheren Unwahrheiten gutzumachen oder wenigstens zu beichten.

Alsdann erreichte mich eine Nachricht von meinem Arbeitsherrn, die man mir eine Woche lang vorenthalten hatte. Er hatte mir den kleinen Rückstand an Lohn, den ich noch anzusprechen hatte, überschickt und mich zugleich meines Pöstleins entlassen. Diese Nachricht ließ mich ruhig, wenn auch die Art, wie ich weiterhin mein Brot erwerben würde, mir noch verborgen war. Das Gefühl, einem elenden und seelenlosen Lebensabschnitt gewaltsam entrissen worden zu sein, war in mir so stark und freudig, daß die leibliche Sorge keine Macht über mich gewann.

Weiter begab es sich, daß eines Tages zur Besuchsstunde eine Dame mit Hut und Sonnenschirm den Krankensaal betrat, in der ich mit Verwunderung die Frau Direktor Gelbke erkannte. Sie trug Blumen in der Hand und wurde von der Pflegerin begrüßt. Da ich mich schämte und nicht erkannt sein wollte – denn ich nahm an, sie besuche irgendeinen anderen Kranken –, steckte ich den Kopf unter die Linnen und hielt mich verborgen. Aber sie schritt geradewegs auf meine Bettstelle zu und blieb da stehen. Als ich hörte, wie sie die Pflegerin fragte: »Schläft er?«, drehte ich mich um und streckte ihr die Hand hin. Ich sah, daß sie über mein Aussehen betroffen war, und als sie nun mit gütigem Mitleid mich fragte und mir Vorwürfe machte, daß ich ihr keine Nachricht von meinen schlimmen Umständen gegeben habe, da tat es mir doch wunderlich wohl, daß ein Mensch nach mir fragte und an meinem Ergehen teilnahm. Nun schenkte sie mir einige wunderschöne Rosen, was freilich eine zweischneidige Wohltat war, denn mit dem Duft dieser Blumen drang die Erinnerung an alle guten Dinge da draußen plötzlich auf mich ein. Von dieser Stunde an dachte ich wieder mit Sehnsucht an die Welt und wartete auf die Stunde meiner Befreiung wie ein Gefangener.

Zugleich mit dem Erwachen meines Interesses für die Mitwelt begann ich auch eine Gemeinschaft mit meinen Leidensbrüdern zu empfinden und mich mehr nach den Saalgenossen und Bettnachbarn umzuschauen. Einer von ihnen, mein Nachbar zur Linken, ist mir im Gedächtnis geblieben und ist es wert, daß ich seiner nicht vergesse. Wahrscheinlich ist er längst im Spital begraben, und sein humoristisch klingender Name steht nur noch auf den verschollenen und vergilbten Krankenzetteln von damals. Er hieß Eustachius Zizibin und war ein wandernder Schneider oder

war es vielmehr gewesen, denn seinen Wanderungen war ein Ziel gesetzt, und er hat jenes Bett und jenen Saal schwerlich anders verlassen als tot. Er wußte wohl, wie es um ihn stand, ohne jedoch darum traurig zu sein, worauf seine Natur nicht eingerichtet war. Woran er litt, weiß ich nicht mehr und habe es wohl nie gewußt, da er nie von seiner Krankheit redete. Er konnte wenig über vierzig Jahre alt sein, doch hatte der Freund Hein ihn gezeichnet, und sein magerer Kopf sah schon einem Totenschädel ähnlich. Sein Gemüt aber war unbefangen und in einer frohmütigen Kindlichkeit verblieben, und es schien mir oft, als sei diesem Menschen nur Heiteres begegnet oder als habe er für andere als heitere Dinge kein Verständnis.
»Mir hat's niemals pressieren wollen«, sagte er einmal schlau, »und jetzt stirb' i halt auch ein bissel langsam.«
Seine Heimat war, glaube ich, in Schlesien, doch hatten auf zwanzigjähriger Wanderschaft alle Mundarten der deutschen Lande ein wenig an ihm abgefärbt, wie man es manchmal an Mausefallenhändlern und Kesselflickern, an eigentlichen Handwerkern aber seltener wahrnehmen kann. Häufig fing er in seinem Bette an, still vor sich hin zu kichern, und wenn man ihn fragte, was er zu lachen habe, begann er: »Da ist mir was eingefallen«, und erzählte von einem sonderbaren Meister in Landshut, bei dem er einst in Arbeit gestanden, oder von einem Handwerksburschenabenteuer im Harz oder von dem Papagei einer Witwe in Bruchsal, bei welcher er, da sie in ihn verliebt war, einst eine Weile gewohnt hatte. Dieser Papagei freute ihn besonders und fiel ihm häufig ein, und wenn er von ihm erzählte und die zähe, eigentümlich nasale Stimme des Vogels nachahmte, war es ein Vergnügen, seine harmlose Lust mit anzusehen. Damals lachte ich viel über ihn und mit ihm, später aber mußte ich, in Zeiten des Leidens, an ihn oft mit Bewunderung, ja mit Verehrung denken, wie er sein Schicksal gelassen trug und wie er, der fast schon Sterbende, uns Genesende mit seiner guten Laune unterhalten und getröstet hat.
Er war auch die Veranlassung, daß ich gelegentlich über den Tod meditierte, was ich nie zuvor getan hatte. Es galten auch jetzt meine Betrachtungen weniger dem Tode selber als dem schönen Rätsel des Lebens. Es kam mir zum erstenmal ein Bewußtsein dessen, wie merkwürdig unsereiner an der lichten Oberfläche des leiblichen und geistigen Daseins schwimmt, aus dem Dunkel ge-

wesener Generationen emporgetaucht und dazu bestimmt, bald in dasselbe Dunkel wieder zurückzukehren. Dabei plagte es mich wenig, ob ich diesem Dunkel den Namen Nichts oder Ewigkeit geben müsse; die bloße Tatsache des Lebendigseins beschäftigte mich genug, denn ich hatte aufgehört, dasselbe für selbstverständlich zu halten, und sah darin vielmehr einen dankenswerten Glücksfall. Das entsprach ja auch dem Zustande eines Genesenden und eines Liebenden, und ich fühlte mich aufgelegt und fähig, von jetzt an mit meinem Pfunde zu wuchern und sorgfältiger als bisher auf den Wert der Stunden zu achten. Es schien mir rühmlich und weise, sich durch den Gedanken an das Ende vom Genuß der gegenwärtigen Stunde so wenig abhalten zu lassen wie der vergnügte Schneidergeselle Zizibin, und ich nahm mir vor, in künftigen ärgerlichen Augenblicken seinen Namen auszusprechen, als eine Mahnung an die Gebote einfachster Lebenskunst. Doch habe ich mit allen Entschlüssen meine Natur nicht zu ändern vermocht, ich blieb in meiner Haut stecken, und es ging mit meinen schönen Absichten so, wie es mit allen guten Vorsätzen zu gehen pflegt.

Immerhin halfen derartige Gedankenspiele und Vorsätze mir je und je über ungeduldige Stunden weg, deren ich jetzt viele hatte. Hätten mich nach der Genesung altgewohnte Verhältnisse erwartet, so wäre ich schwerlich so ungeduldig geworden. So aber ging ich wirklich einem neuen Leben entgegen, ich mußte von neuem Arbeit und Brot suchen und war außerdem verliebt. Erstaunt nahm ich wahr, wie sehr ich mich in der kurzen Zeit seit meiner Erkrankung innerlich verändert habe. Früher hatte ich mir eingebildet, gar freisinnig und unabhängig zu sein, da ich mich von ländlicher Herkunft und frommer Überlieferung her zu Unglauben und bewußter Verstandesherrschaft hindurchgelesen und -gezweifelt hatte. Nun fühlte ich, daß auch diese bei aller Bescheidenheit recht selbstbewußte Philosophie mir wertlos geworden war, und an ihre Stelle war nicht ein neues Dogma gerückt, sondern ein befreites Gefühl von der Unzulänglichkeit jedes Bekenntnisses und eine lebhafte, innig dürstende Neugier auf das, was in diesem wunderlichen Leben weiter noch mit mir geschehen und aus mir werden möchte.

Da ich in meinem Bette diese neuen Gesinnungen nicht wohl betätigen konnte, ließ ich Gefühle und Gedanken laufen und einander jagen, und endlich schrieb ich mit Bleistift und noch unfester

Hand einen sehr langen Brief an meine gute Mutter, worin ich alles auszudrücken glaubte, was zur Zeit in mir vorging. Als ich die verunglückte Schreiberei andern Tages wieder durchlas und der Pflegerin zum Abschicken übergeben wollte, trat mir mit einemmal das Bild der Mutter deutlich vor den Sinn. Ich sah sie, eine große, magere Frau mit noch kaum ergrauten Haaren, in unserem Hause ihre Arbeit tun, Futter schneiden und in der schweren Bütte Wasser vom Brunnen hertragen, ich sah sie in der Stube absitzen, meinen Brief mit einer Stricknadel öffnen und ihn nahe an die strengen, hellblauen Augen halten. Da kamen mir meine ausgeklügelten und doch unklaren Worte töricht und unnütz vor, und ich riß meinen Brief in kleine Stücke.

Ich durfte nun schon wieder aufstehen und einige Stunden im Spitalgarten sein, und beim Anblick der über die Mauer ragenden Dächer, des Himmels, der flatternden Vögel und ziehenden Wolken stiegen Erwartung und Ungeduld bis zur Pein. Hinter der Mauer war die Stadt und die Freiheit, dort waren die Gassen, in denen ich mit neuer Freude um mein Leben zu kämpfen dachte und in denen irgendwo in einem unbekannten Hause vermutlich das schmale, liebe Mädchen wohnte.

Mittlerweile wurde ich vom Arzt und von der Pflegerin mit Mahnungen und Lebensregeln versehen. Es wurde mir nicht verhehlt, daß mein Inwendiges zwar vorerst geheilt, aber der früheren sorglosen Gesundheit verlustig gegangen sei, und wenn ich nicht streng auf mich hielte, so könne man für nichts einstehen. Ich hörte diese Einschränkungen meiner nahen Freiheit mit einigem Verdruß an, doch war mir mein Magen und mein Darm im Augenblick nicht sonderlich ehrwürdig, und als ich endlich entlassen wurde und durch die sonnig sommerlichen Straßen in meine alte Wohnung wandelte, war es in mir so feiertäglich und glänzend wie jemals in den sorglosen Jünglingstagen.

Mein Geld reichte gerade hin, um die aufgelaufene Miete zu bezahlen. In meiner Kammer sah mich alles neu und hoffnungsfreudig an. Ich begriff nicht, daß ich hier so trostlose Zeiten hatte verbrüten können. Auch meine Papiere und Zeichnungen hatten das mutlose Aussehen verloren. Ich zweifelte nicht, daß meine Erfindung mir doch noch gelingen müsse, und wenn diese nicht, dann eine andere.

Am nächsten Tage zog ich mich sauber an und ging zum Direktor Gelbke. Der gute Herr empfing mich freundlicher als je, fragte

besorgt nach meiner Gesundheit und meinen übrigen Umständen und bot mir seine Hilfe an. Ich war jedoch nicht willens, mir von irgend jemand helfen zu lassen, meine Mutter ausgenommen, und stellte dem gütigen Herrn meine Verhältnisse in den besten Farben dar. Ich berichtete ihm meinen Entschluß, alsbald zu meiner Mutter heimzureisen, und in meiner Schilderung sah diese Reise mehr wie eine hübsche Vergnügungsfahrt aus als wie der Rückzug eines Brotlosen zur alten Heimat.
»Meinetwegen«, sagte der Direktor lächelnd, »aber ehe Sie heimreisen, besuchen Sie uns noch einen Abend! Wir haben morgen ein paar Hausfreunde da. Wollen Sie kommen?«
Im Gedanken an mein schönes Mädchen sagte ich mit Eifer zu und verließ das Haus mit schwebenden Schritten wie ein Kind den Konditorladen. Den Tag bis morgen konnte ich, wenn auch mein Geld zu Ende war, mich wohl noch in der Stadt halten, und nachher gedachte ich den Heimweg zur Mutter auf alte Handwerkerart ohne weitere Kosten zu Fuß zurückzulegen. Zunächst ging ich nun in meine Wohnung und schrieb meiner Mutter, daß ich in Bälde kommen und eine Weile bei ihr bleiben würde. Dann spazierte ich vor die Stadt hinaus und legte mich, zum erstenmal seit längeren Zeiten, am Ufer in das blühende Gras. Der Wald trat dort dicht bis an den Strom, und der breite, hellgrüne Rhein zog meilenweit an seinem Rande hin; seit einigen Jahren sind aber Wehre und Kaimauern dort errichtet worden. In der schönen Wildnis nahm ich ein Bad, ruhte einige Stunden im Grase unter den schattigen Buchen, verzehrte dazwischen mein mitgebrachtes Brot und sog mit erneuten Sinnen Licht und Waldgerüche in mich ein. Auch erbat ich in meiner frohen Ungeduld ein Zeichen vom Schicksal, indem ich Zweige ins Wasser warf und aus der Richtung ihres Hinwegtreibens meine Zukunft lesen wollte. Die Zweige trieben aber weder nach rechts noch links, sondern stracks geradeaus, und nun beschloß ich, mein Glück an ein höheres Zeichen zu binden. Wenn morgen abend meine Hoffnung sich erfüllen und das schöne Fräulein wieder da sein würde, so wollte ich das als eine Versicherung dafür nehmen, daß ein guter Stern über meinem neuen Leben stehe.
Nach diesem Pakt mit meinem Geschick verließ ich den kühlen Ort und kehrte in die Stadt zurück, wo ich den folgenden Tag mit kleinen Reisezurüstungen und nichtigem Zeitverderb in unruhiger Erwartung hinbrachte, bis die ersehnte Abendstunde

schlug. Da ging ich langsam und befangen nach dem Direktorhause hinaus.

Wieder trat mir im Garten zwischen den hohen Gebüschen ein mildes Halbdunkel entgegen, in dem Rondell stand aber nur ein einziger Tisch. Ich war der erste Gast und schritt mit dem Hausherrn im Gespräch die Wege auf und ab. Bald ging die Torglocke wieder, und es kam ein junger Student, den ich schon kannte, und ihm folgte in Bälde ein Vetter des Direktors mit seiner Frau, und kaum hatten sich diese begrüßt, da erschien in einem leichten, weiß und hellbraun punktierten Kleide meine Schöne. Bei ihrem Anblick, den ich wochenlang an jedem Tage mir so vielmals vor Augen gerufen hatte, geriet ich in eine heftige Verwirrung, und als ich sie grüßte und ihr die Hand gab und als sie meine Hand kühl und flüchtig nahm und mir leicht zunickte, fiel es mir unversehens aufs Herz, daß ich in sonderbarer Verblendung mir unserer Begegnung ganz anders vorgestellt hatte. Mit der ich in Gedanken halbe Tage lang Umgang gepflegt hatte und vertraut geworden war, die stand nun als eine Fremde vor mir, und dennoch machte ihre sichtbare Gegenwart mir das Herz wärmer und seliger, als die schönsten Träume es getan hatten.

Wir waren nun vollzählig, auf der Tafel wurde die große Lampe angezündet und ein Imbiß aufgetragen. Ohne eine Aufforderung abzuwarten, hatte ich mich neben die Schlanke gesetzt, und ihr erstes Wort, das sie mir gönnte, war gütig und zeigte, daß sie sich meiner noch erinnerte.

»Sie haben sich verändert«, sagte sie, »ich sehe es erst jetzt beim Lampenlicht.«

»Ich bin ein wenig krank gewesen«, sagte ich vergnügt. Aber die Hausfrau, die mir gegenüber saß, rief dazwischen: »Ein wenig, sagt er! Und dabei wäre er uns ums Haar weggestorben, ohne uns ein Wort zu sagen.«

»Sie hätten es schon erfahren«, sagte ich.

»War es denn so schlimm?« fragte das Mädchen, und als ich mich bemühte, mein Mißgeschick als unbedeutend darzustellen und das Gespräch davon abzulenken, stellte es sich heraus, daß das Fräulein einst ein Jahr lang als freiwillige Pflegerin in einem Krankenhaus gedient habe.

»Da muß man viel mit ansehen«, meinte die Hausfrau, und meine Nachbarin nickte, sagte aber sogleich: »Gewiß, aber auch manches Vergnügliche! Im Anfang hat es mich ganz niedergedrückt,

so viel Schmerzen und Leid sehen zu müssen, aber später war ich oft erstaunt, wie viel Menschen ertragen können und wie seelenruhig manche dabei bleiben. Ist Ihnen nicht auch Ähnliches aufgefallen?«
Da erzählte ich von dem schlesischen Schneider Zizibin und wurde warm dabei und wunderte mich, wie leicht und schnell mir die Rede von den Lippen lief, nur weil meine Nachbarin mit lebhaften Mienen und leisem Lachen zuhörte. Während der Unterhaltung, da die Wirtin öfter teilnahm und das Fräulein anredete, erlauschte ich auch ihren Namen, der mir wie eine süße Musik durchs Ohr ins Herz schlüpfte, wo ich ihn als einen lang gesuchten Schatz bewahrte. Sie hieß Elisabeth Chevalier, und der deutsche Rufname schien mir mit dem welschen Familiennamen erstaunlich schön und lieb zusammenzuklingen.
An derselben Stelle, wo ich vor einigen Wochen einen ärgerlichen Abend in kränklicher Verstimmung hingebracht hatte, saß ich nun verwandelt als ein fröhlicher und lebhafter Tischgenosse, und es drückte mich wenig, daß diese Leute neben mir wohlhabend und besser als ich gekleidet waren und nicht wissen durften, daß ich morgen auf Handwerksburschenart den weiten Weg zu meiner Mutter antreten würde. Der Gedanke, daß ich morgen für ungewisse Zeit die Stadt verlassen müsse, regte sich nur mit einem leisen, milden Vorgefühl von Abschied und Heimweh. Wie in einem Traume sah ich durch die Zweige der Bäume und des Gesträuchs den nachtblauen Himmel mählich sich mit Sternen füllen und atmete die weiche Sommernachtluft, während mein Mund muntere und gleichgültige Worte redete und mein Herz in einem warmen Sturm von Glück und Sehnsucht schwankte. Neben mir ruhte im Lichtschein der feine Kopf und das helle, schmale Gesicht Elisabeths, und sooft sie sprach, schaute ich hinüber und betrachtete ihre freie, weiße Stirn, ihr dunkelblondes Haar und die Wölbung der Brauen, ihre ruhigen Augen und ihre auf dem Tisch liegende Hand, die fast kindlich schmal und doch gar reif und persönlich von Form war.
Man erhob sich, um ein paar Schritte zu lustwandeln, bis der Tisch abgeräumt wäre. Und ich trat an der Seite Elisabeths in die stille Dämmerung der Gartenpfade, sah am Saume ihres fließenden Kleides die kleinen Füße bei jedem Schritt erscheinen und verschwinden, erzählte ihr Geschichten aus der Heimat und frühen Jugendzeit und schaute mit Bewunderung zu, wie sie auf der zier-

lich feinen Gestalt den Nacken und Kopf so aufrecht und energisch trug und wie ihr gleichmäßig elastischer Schritt mit den Bewegungen der Arme und dem Wenden und Neigen des Halses zusammenklang. Die Erde schien mir ein wohlbestellter Lustgarten und das Menschenleben ein leichtfüßiges Gehen darin zu sein. Mein dünner und flüssiger gewordenes Blut wallte warm, und jeder Herzschlag war ein kleines Jauchzen.

Dem Mädchen war ich vielleicht nicht lieber und nicht leider als der Student oder der Vetter oder irgendein anderer Mann es ihr gewesen wäre. Doch fühlte sie jedenfalls meine selige Bewunderung, die sie wie eine wärmere Luft umgab, und wurde selber wärmer und gewann an Liebreiz, so daß die Worte, die wir sprachen, mehr und mehr an Gewicht und Wert verloren, indessen das Gefühl vertrauteren Naheseins stetig wuchs. Mir war es, wie wenn in einem Kelch eine kostbare Flut höher und höher stiege und am Rande erschäumend in leisen, schweren Tropfen überquelle, und als ob wir beide diese seligen Tropfen aus dem Born des Glückes mit stillem Erschauern kosteten.

Als das Ehepaar aufbrach, schlossen auch wir Jungen uns an. Der Direktor verabschiedete mich liebenswürdig und trug mir Grüße an die Mutter auf, seine Frau wünschte mir gute Reise, wir traten auf die Straße hinaus, und als Elisabeth mich fragte, ob ich sie begleiten werde, hatte ich dies innerlich längst mit Zuversicht erhofft. Ein paar Straßen weit ging der Student noch mit, dann empfahl er sich, und ich lief mit Elisabeth allein durch die schlafende Stadt dahin.

Sie schritt leicht und schnell wie ein Reh, und wir hatten beide, als wir über die Brücke kamen, unsere Freude an dem rauschenden Wasser und an den unruhig spiegelnden Laternenlichtern. Da sie danach fragte, gab ich über meine morgige Heimreise Auskunft und schilderte mein Heimattal und unser Dorf. Doch vergaß ich nicht beizufügen, daß ich in gar nicht langer Zeit zurückzukehren gedenke, und sie sagte ruhig: »Dann sehe ich Sie wohl bei Gelbkes wieder. Es soll mich freuen.« Schneller als ich wünschte, hatten wir den Weg durchlaufen; sie bog in eine ziemlich dunkle, alte Straße ein und hielt vor einer Haustüre an, wo sie die Glocke zog und sich von mir verabschiedete. Diese Abschiedsworte schienen mir wieder plötzlich seltsam kühl zu klingen, und mit einem Anflug von Trauer sah ich Elisabeth in der Pforte verschwinden, hinter der ich einen Augenblick lang einen tiefen Fliesengang und eine leuchtertragende Magd erschauen konnte. Dann trat ich in die Mitte der Gasse zurück und betrachtete mir das Haus genau, das mit nur zwei Stockwerken und stark vorspringenden Fensterdachungen behaglich alt und patrizisch aussah. Da ich beim Tore ein kleines, ovales Messingschild gewahrte, ging ich nochmals hin, um etwas Wichtiges zu erfahren, doch stand darauf nichts als der Name Chevalier in kleinen Buchstaben eingraviert, die ich bei der Dunkelheit kaum entziffern konnte.

Ich schritt davon und wußte, daß mit diesem Hause und mit dieser Stadt mein Schicksal verknüpft sei, und als ich früh am nächsten Morgen zur Stadt hinaus marschierte, hatte ich mir geschworen, als ein fester Mann und Schmied meines Glückes wiederzukehren.

(1907)

Hinrichtung

Der Meister kam mit einigen seiner Jünger auf der Wanderung vom Gebirge herab gegen die Ebene und näherte sich den Mauern einer großen Stadt, vor deren Tore eine große Menge Volkes versammelt war. Da sie näher kamen, sahen sie ein Blutgerüst errichtet und die Henker an der Arbeit, einen von Gefängnis und Folter geschwächten Menschen vom Schindkarren zu zerren und zum Richtblock zu schleppen. Die Volksmenge aber drängte sich um das Schauspiel, verhöhnte und bespie den Verurteilten und sah seiner Enthauptung mit lärmender Freude und Begierde entgegen. »Wer ist dieser«, fragten die Jünger untereinander, »und was hat er wohl getan, daß die Menge seinen Tod so wild begehrt? Wir sehen keinen, der Mitleid hätte oder weinte.«

»Ich glaube«, sprach der Meister traurig, »es ist ein Häretiker.« Sie gingen weiter, und da sie an die Volksmenge stießen, erkundigten sich die Jünger teilnahmsvoll bei den Leuten nach dem Namen und Verbrechen dessen, den sie soeben am Block niederknien sahen.

»Es ist ein Ketzer«, riefen die Leute zornig, »hallo, da senkt er den verfluchten Kopf! Nieder mit ihm! Wahrlich, der Hund hat uns lehren wollen, die Stadt des Paradieses habe nur zwei Tore, und wir wissen doch, daß es zwölfe sind!«

Verwundert wendeten sich die Jünger zum Meister und fragten: »Wie hast du dies erraten können, Meister?«
Er lächelte und ging weiter.
»Es war nicht schwer«, sagte er leise. »Wäre er ein Mörder gewesen oder ein Dieb oder ein Verbrecher irgendeiner Art, so hätten wir beim Volk Mitleid und Teilnahme gefunden. Viele hätten geweint, manche seine Unschuld beteuert. – Wer aber einen eigenen Glauben hat, den sieht das Volk ohne Mitleid schlachten, und sein Leichnam wird vor die Hunde geworfen.« (ca. 1908)

Vom Naturgenuß

In unsrer gebildeten Zeit des allgemeinen Schwindels haben die Künstler, noch mehr aber die Kunstliteraten, einen erstaunlichen Einfluß auf die Stadtbewohner bekommen. Beispielsweise ist es zur Mode und Pflicht geworden, Landschaften »malerisch« zu betrachten. Der Sommerfrischler oder Tourist freut sich, im Farbenspiel der Wolken ein Lila oder Grau zu entdecken, das ihn an bestimmte Bilder oder Stickereien erinnert, und er findet das Graugrün des Kiefernwaldrandes wundervoll auf den zartblauen Himmel und den feuchtbraunen Acker »abgestimmt«. Ist er noch raffinierter, so streitet er sogar über »Tonwerte« in der Natur und sucht zu ergründen, ob der Himmel oder eine beleuchtete Hauswand »heller im Ton« stehe. Er glaubt in diesen Gedanken- und Wortübungen die Natur recht innig und durchtrieben zu erfassen und zu genießen. Er lacht über den Bauern, der sich nur um naß und trocken, warm oder kalt bekümmert, er lacht über den Botaniker, der Pflanzen, und über den Genüßling, der Schwammerln einsammelt. Und doch tut auch er nichts andres, als eine an sich wertlose Spezialistenkunst ausüben. Er sieht die Natur an entweder, als sei sie ein gemaltes Bild, oder als müßte er sie abmalen, und als wäre sie eigens und vor allem dazu da. Er glaubt fein und überlegen zu sein und steht doch nicht höher als der Bauer. Dieser beschränkt sich auf praktische Witterungskunde und sieht dabei sehr vieles, was der Städter nie sieht, und der Städter treibt angewandte Ästhetik und sieht dabei allerdings wieder vieles, wofür der Bauer keinen Sinn hat. Aber beide sind darin gleich naiv und gleich unkultiviert, daß sie eine unendlich vielseitige Sache einseitig betrachten und auf einen beschränkten Leisten zu passen versuchen. Beide lachen übereinander, und beide haben den Stolz und die geistige Enge dessen, der nur als Egoist zu sehen und zu denken gewohnt ist. Es ist Egoismus, bei einem Regenwetter nur an seinen Kartoffelacker zu denken, und es ist ebenso Egoismus, dem Meer oder Wald gegenüber sich an einer (oft wohlfeil erworbenen) ästhetischen Kritik zu vergnügen und vor sich selbst oder andern den feinen Genießer zu spielen.

Gewiß kann man von den Malern im Sehen vieles lernen, und die Maler haben das gute Recht, nach ihrer Art und für ihre Zwecke zu schauen. Aber die landschaftliche Natur lediglich als ein Objekt für die Malerei oder gar wie ein Gemälde anzusehen, – dazu liegt für Nichtmaler kein Grund vor. Das »malerische« Betrachten, von Nichtmalern ausgeübt, ist meines Erachtens einfach eine Mode und steht an sich nicht höher als die Betrachtung vom Standpunkt des Bauern, Jägers, Manöveroffiziers oder Geologen aus. Übrigens soll das Landschaftssehen des Dichters, soweit es nur im Sehen und Wählen des in Worten Darstellbaren besteht, selbstverständlich auch um nichts höher eingeschätzt werden.

Wer nämlich auf solche Weise schaut, kritisiert stets die Natur und sucht sie irgendwelchen, einerlei ob praktischen oder ästhetischen oder wissenschaftlichen, Zwecken dienstbar zu machen. Und das ist, von einem höheren Standpunkt aus, falsch und kleinlich. Wir sollen die Natur nicht nur fruchtbar und nützlich, sondern auch schön finden, aber wieder nicht nur schön, sondern auch unergründlich und über schön und häßlich erhaben. Wir sollen nicht suchen, sondern finden; wir sollen nicht urteilen, sondern schauen und begreifen, einatmen und das Aufgenommene verarbeiten. Es soll vom Wald und von der Herbstweide, vom Gletscher und vom gelben Ährenfeld her durch alle Sinne Leben in uns strömen, Kraft, Geist, Sinn, Wert. Das Wandern in einer Landschaft soll das Höchste in uns fördern, die Harmonie mit dem Weltganzen, und es soll weder ein Sport noch ein Kitzel sein. Wir sollen nicht mit irgendwelchen Interessen den Berg und den See und den Himmel beschauen und begutachten, sondern uns zwischen ihnen, die gleich uns Teile eines Ganzen und Erscheinungsformen einer Idee sind, mit klaren Sinnen bewegen und heimisch fühlen, jeder mit den ihm eigenen Fähigkeiten und mit den seiner Bildung zugehörigen Mitteln, der eine als Künstler, der andre als Naturwissenschaftler, der dritte als Philosoph.

Wir sollen unser eigenes Wesen und nicht nur das körperliche dem Ganzen verwandt und eingeordnet fühlen. Erst dann haben wir wirkliche Beziehungen zur Natur.

Es ist zum Beispiel das »malerische« Naturgenießen schon darum arm und einseitig, weil es einzig nur auf den Gesichtssinn gestellt ist. Gar oft ist aber der stärkste und eigenartigste Eindruck eines Ganges oder Aufenthaltes im Freien kein Gesichtseindruck. Es gibt Stunden und Orte, wo alles dem Auge Erreichbare nichts ist im Vergleich mit dem, was das Ohr berührt, mit dem Grillenzirpen, dem Vogelgesang, dem Meeresbrausen, dem Tönen der Winde. Ein andres Mal hat der Geruchssinn die stärksten Eindrücke: Lindenblütenduft, Heugeruch, Geruch feuchter, frischgepflügter Äcker, Duft von Salzwasser, Teer und Seetang. Und schließlich sind vielleicht die stärksten Natureindrücke die des Gefühls, der Nerven: Schwüle, Elektrizität der Luft, Temperatur, Härte oder Weichheit, Trockenheit oder Nässe der Luft, Nebel. Diese Nerveneindrücke, denen übrigens oft sehr robuste Menschen stark unterliegen, spielen eine große, vielleicht dominierende Rolle in der Dichtung, schon weil sie großen und direkten Einfluß auf das seelische Befinden, die Gemütsstimmung, haben. (Mörike, Stifter, Storm.) Aber weder Dichtung noch Malerei können das Vielerlei und das Zusammenwirken dieser Eindrücke darstellen; sogar für die Darstellung des einzelnen reichen die Mittel nicht hin, es versagt zum Beispiel die ausgebildetste Sprache bei dem Versuch, in Worten deutliche Begriffe von Gerüchen zu geben.

Man hört manchmal Leute sagen, die »Natur« gebe ihnen nichts, sie hätten kein Verhältnis zu ihr. Dieselben Leute werden bei der Frühjahrssonne fröhlich, bei der Sommersonne träge, bei Schwüle schlaff und bei Schneewind frisch. Das ist immerhin schon ein Verhältnis, und man braucht dessen nur bewußt zu werden, so ist man schon reif zum Naturgenuß. Denn unter diesem verstehe ich nicht ein rechenschaftsloses Wohlbefinden, sondern im Gegenteil ein bewußtes Mitleben und Zusammenhängen mit der Natur. Ist dies einmal vorhanden, so spielt die sogenannte »Schönheit« der Gegend und des Wetters keine große Rolle mehr. Denn diese Schönheit ist zwar wohl vorhanden, aber sie ist lediglich aus Gesichtseindrücken abstrahiert, und diese sind nicht allein maßgebend. Die Natur ist überall schön oder nirgends. Aber dann brauchte man eigentlich nicht zu reisen und zu wandern? Allerdings nicht, wenn wir überall gesunde und ausgebildete Menschen wären. Da wir dies nicht sind, hat das Reisen uns immerhin viel zu bieten: körperlich den hygienischen, die Sinne anregenden Wert der Orts- und Luftveränderung, geistig den Reiz des Vergleichens und den Triumph des erobernden Sichanpassens. Vielleicht gibt es für jeden Menschen eine Art von Landschaft, in der er sich am wohlsten fühlt, und mancher kann rein körperlich das Meer, die Hochalpen, die Tiefebene nicht ertragen. Aber bedauernswert arm ist ein Mensch, dem jedes neue Stück Erde fremd und unverdaulich auf die Seele drückt. Ihm fehlt nicht nur das äußerliche, meinetwegen affenartige Anpassungsvermögen des Reisenden, sondern vor allem der höhere Standpunkt. Einer, der keine fremde Landschaft sich zu eigen machen, in keinem fremden Lande warm werden, nach keiner einmal flüchtig erfaßten Gegend später wieder eine Art Heimweh bekommen kann, – dem fehlt es im Innersten, und er steht nicht höher als der, der über die Kinderstube und Vetternschaft hinaus keine Menschen begreifen, behandeln und lieben kann. Der wertvolle Mensch fühlt sich nicht nur seiner Familie und Umgebung, sondern jedem Menschen- und Naturleben verwandt. Antipathien sind kein Beweis dagegen: sie beruhen auf Kenntnis, Ahnung, ja Teilnahme, nicht auf Gleichgültigkeit. Was mir zuwider ist, existiert für mich nicht minder als das, was ich liebe. Aber was ich nicht kenne und nicht kennen mag, was mir gleichgültig ist, was keine Beziehung zu mir, keinen Ruf an mich hat, das existiert für mich nicht, – und je mehr dessen ist, desto niedriger stehe ich selber.

Nun ist jedes Spezialistentum eine solche Verarmung, ein solcher Verzicht, und es ist traurig genug, daß im tätigen, beruflichen Leben das Vielseitigsein immer schwerer und seltener wird. Mancher ganz gute Maler ist so sehr nur Maler, daß er sich ohne Skrupel ein häßliches Haus bauen läßt, und mancher gute Architekt wieder so sehr Spezialist, daß er um sein schönes Haus herum einen geschmacklosen Gärtner wirtschaften läßt, und so weiter. Ist es nicht schade, wenn wir nun auch in den seltenen, schönen, freien Zeiten des Draußenseins und Wanderns, statt aufzugehen und groß zu werden, kleine Gesichtspunkte und Interessen pflegen? Der Wald gehört so wenig dem Maler wie dem Förster, die Wolke so wenig dem Wetterpropheten wie dem Luftschiffer, sondern der Natur gegenüber hat jeder so viel Rechte, wie er sich zu nehmen getraut, und für den Umgang mit ihr braucht sich niemand einen Lehrmeister zu suchen. Man kann vom Maler und Dichter lernen, aber ebenso vom Bauern und Förster. Und in jedem Menschen, er sei noch so einseitig gebildet, schlummert eine vergessene Brüderschaft mit Sonne und Erde. Sie braucht nur einmal zu erwachen, so lacht er über Dichter, Maler und Förster, öffnet seine Sinne und Seele weit und läßt den Atem der Schöpfung herein.

Das ist es, was wir von Spaziergängen und Ausflügen, Reisen und Sommerfrischen haben können, das ist mehr als Hygiene und mehr als Ästhetik. Wir sind im täglichen Leben gewohnt, einseitig zu leben, zu arbeiten und zu denken; aber vor der Natur sind wir frei und ganz, dürfen alle Sinne und alle Seelenkräfte spielen und arbeiten lassen, gleichzeitig und gleichberechtigt. Keiner kann es in jeder beliebigen Stunde, jeder hat Ketten nachzuschleppen; aber je öfter und intensiver wir uns, von allen Zwecken befreit, dem Weltganzen verwandt fühlen, desto lockerer werden die Ketten, und desto mehr geben uns Sonne und Sterne, Wald, Meer und Gebirge, Sturm und Frost, Vogel und Wild von ihrem Leben, desto kleiner wird der Kreis der Dinge, zu welchen wir ohne Beziehungen sind. Und damit allein können wir wachsen und unser Leben zu Bedeutung, Wert und Weite erheben. (1908)

Aus dem Briefwechsel eines Dichters

Hans Schwab an den Verlagsbuchhändler E. W. Mundauf

B., 15. April 06

Hochgeehrter Herr Verleger!

Dieses Paket enthält ein Werk von mir, den Roman »Paul Weigel«. Ich weiß nicht, ob die Bezeichnung »Roman« eigentlich recht paßt; das Buch ist weniger erzählend als idyllisch-lyrisch. Fürs große Publikum wird es keine Speise sein, und erhebliche Geschäfte werden sich nicht damit machen lassen; aber eine kleine bescheidene Leserzahl findet sich vielleicht doch zusammen, namentlich wenn das Buch in einem guten Verlage wie dem Ihren erscheint. Das wäre mir eine große Freude und Ehre. Ich habe bisher nur ein Bändchen Gedichte herausgegeben, die ganz unbeachtet geblieben sind.

Um ganz ehrlich zu sein, muß ich gestehen, daß das Manuskript bereits einem andern Verleger zur Prüfung vorgelegen hat. Ich sandte es an die Firma L. Biersohn und bekam die Antwort, die Arbeit sei brauchbar und habe Aussicht auf gute Aufnahme, doch sei Herrn Biersohn das Risiko des Druckes immerhin zu groß, und er schlage mir daher vor, drei Viertel der Druckkosten selber zu tragen. Ich war dazu nicht in der Lage und möchte das auch Ihnen im voraus mitteilen, falls Sie mir ähnliche Vorschläge zu machen gesonnen wären.

Auf Ihre Antwort bin ich nun sehr gespannt. Die Sonntage und stillen Nachtstunden, in denen das Büchlein entstanden ist, liegen hinter mir und sind mir fremd und wesenlos geworden, während das Manuskript daliegt und mich unglücklich anschaut, wie ein illegitim Geborenes den leichtsinnigen Vater. Auf alle Fälle möchte ich Sie herzlich bitten, mir über die Arbeit Ihr Urteil recht offen mitzuteilen; ich kann Kritik vertragen und bin, wie ich hoffe, ziemlich frei von Autoreneitelkeit.

In Hochachtung Ihr sehr ergebener
Hans Schwab

Hans Schwab an die Redaktion der Zeitschrift »Dichterlust«
B., 25. April 06

Hochgeschätzter Herr Redakteur!

Vor zwei Jahren waren Sie so freundlich, in Ihrem Blatt ein Gedicht von mir abzudrucken. Sie schrieben mir damals, daß Sie Gutes von mir erwarteten, und machten mir Hoffnung, ich könnte später etwa auch Honorar für meine Mitarbeit erhalten, während Sie jenes Gedicht als Talentprobe honorarlos abdrucken wollten.

Ich wagte es nicht, Sie schon bald wieder zu belästigen. Jetzt aber glaube ich, manche Fehler der Anfängerschaft überwunden zu haben und sicherer, namentlich aber einfacher und knapper in der Form geworden zu sein. Ich habe inzwischen eine Art von Roman geschrieben (er liegt zur Prüfung bei einem Berliner Verleger) und glaube durch die intensive Beschäftigung mit der Prosa und einer andern Kunstform etwas gelernt zu haben. Wenigstens bin ich, nachdem ich längere Zeit gar keine Verse mehr gemacht hatte, mit neuer Lust und hoffentlich bereichert zur Lyrik zurückgekommen.

Hier sind nun drei Gedichte, alle aus der letzten Zeit, die ich Ihnen anbieten möchte. Es würde mich freuen, wenn sie Ihren Beifall fänden. Doch möchte ich, falls Sie noch nicht geneigt sind, die Sachen zu honorieren, lieber um Rücksendung bitten, da ich in ziemlich mageren Umständen lebe und zur Zeit weniger auf Ehre als auf Geld bedacht sein muß. Auch ein bescheidenes Honorar wäre mir willkommen, da jede Mark für mich einen ersehnten und wertvollen Verdienst bedeutet.

In Hochschätzung ergebenst
Hans Schwab

Die Redaktion der »Dichterlust« an Hans Schwab

L., 4. Mai 06

Sehr geehrter Herr!
Anbei senden wir Ihnen die eingesandten Gedichte mit Dank zurück. Gerne hätten wir eines oder das andere davon zum Abdruck gebracht; doch sind wir nicht in der Lage, völlig unbekannten Verfassern Honorare für Lyrik zu bezahlen.
Etwaigen weitern Einsendungen bitten wir gefl. Rückporto beizufügen.
Ergebenst
Redaktion der »Dichterlust«

Die Redaktion der »Neuzeit« an Hans Schwab

München, 8. Mai 06

Werter Herr Schwab!
Danke für die freundlich eingesandte Novelle. Es hat uns interessiert zu hören, daß Sie sich neuerdings mehr der Prosadichtung widmen wollen. Doch sind wir unsererseits der Meinung, daß die Lyrik doch Ihr eigentliches Gebiet ist. Die eingesandte Novelle hat gewiß manche Reize, ist aber doch wohl allzu lyrisch und dürfte sich für unsern Leserkreis kaum eignen. Vielleicht versuchen Sie es damit anderwärts. Wir senden das Manuskript gleichzeitig eingeschrieben an Sie retour.
Honorar für Ihr letztes hübsches Gedicht folgt Anfang nächsten Monats. Wir würden uns freuen, wenn Sie uns bald wieder etwas Lyrisches zur Prüfung einsenden.
Ergebenst
Redaktion der »Neuzeit«

Der Verleger E. W. Mundauf an Hans Schwab
                                  Berlin, den 23. Juli 06
Sehr geehrter Herr Schwab!
Es hat etwas lange gedauert, bis wir Zeit fanden, Ihr im Frühjahr
uns eingesandtes Roman-Manuskript zu prüfen. Bitte die Verzögerung freundlichst zu entschuldigen.
Die Arbeit hat uns, trotz gewisser Mängel, die ja allen Erstlingsarbeiten anhaften, recht wohl gefallen, und wir machen uns ein
Vergnügen daraus, sie in unserem Verlage zu publizieren. Sie haben eine gewisse erdgeborene Kraft der Anschauung und des
Ausdrucks, die mit manchen technischen und formalen Mängeln
versöhnt, und es wäre nicht unmöglich, daß Ihr Buch einen guten
Erfolg fände. Jedenfalls werden wir uns Mühe geben, das unsere
zu tun. Über das Geschäftliche werden wir uns, denke ich, leicht
einigen. Ein Verlagskontrakt geht Ihnen dieser Tage zu. Sollte
Ihnen mit einem kleinen Vorschuß gedient sein, so bitte, sagen
Sie es nur offen.
So viel für heute. Die Drucklegung möchten wir gerne sogleich
beginnen und bitten sie daher, etwaige Vorschläge betreffs der
Ausstattung uns sofort mitzuteilen.
             Mit besten Grüßen ergebenst Ihr
                         Verlag E. W. Mundauf

Hans Schwab an den Verleger E. W. Mundauf
                                  B., den 30. Juli 06
Hochgeehrter Herr!
Danke herzlichst für Ihren freundlichen Brief und für den Verlagskontrakt, mit dem ich natürlich durchaus einverstanden bin,
und den ich hier unterschrieben beilege.
Es ist mir eine Ehre und Freude, nun zu den Autoren Ihres Verlags zu zählen. Hoffentlich erleben Sie keine allzu große Enttäuschung mit mir! Denn offen gestanden, ich kann an die Möglichkeit eines Erfolges bei der ganzen Art meines Buches nicht glauben. Auch plagen mich schon jetzt, da das Manuskript einige Monate aus meinen Händen ist, die vielen Fehler und Ungeschicklichkeiten, die darin stehen. Und doch könnte ich es, wenigstens
jetzt, nicht besser machen. Einige kleinere Korrekturen kann ich
wohl während des Drucks noch ausführen, der Hauptfehler des
Buches aber ist leider unkorrigierbar. Nun, ein Schelm gibt mehr
als er hat, wennschon das eine schlechte Ausrede ist.

Ihr Anerbieten, mir einen Vorschuß zu gewähren, nehme ich dankbar an. Die Höhe desselben sei Ihnen überlassen. Ich bin einigermaßen in Not und könnte etwa 50 bis 100 Mark wohl brauchen, falls das nicht zu unbescheiden ist.

Mit schönsten Grüßen und nochmaligem Dank
Ihr sehr ergebener
Hans Schwab

Der Verleger E. W. Mundauf an Hans Schwab
Berlin, den 1. September 06

Mein lieber Herr Schwab!
Danke für die rasche Erledigung der Korrekturen! Das Buch wird nun bald fertig gedruckt sein. Haben Sie irgendwelche besonderen Wünsche wegen der Versendung der Rezensionsexemplare? Falls Sie Bekannte bei der Presse haben, bitte uns die Adressen zu nennen.
Dann noch eine Frage. Sie schreiben sich einfach Hans Schwab. Haben Sie nicht Lust, das Hans, wie es jetzt bei Autoren Sitte ist, mit zwei »n«, also Hanns zu schreiben. Und haben Sie nicht ein gutes Porträt von sich, das wir in den Reklameprospekten reproduzieren könnten?
Ich verspreche mir, trotz Ihres Mißtrauens, einen schönen Erfolg von dem »Paul Weigel«. Die Presse beginnt schon, sich dafür zu interessieren, und ich glaube, wir werden mit der Kritik zufrieden sein können. Wahrscheinlich drucke ich gleich eine zweite Auflage. Machen Sie sich also wegen des kleinen Vorschusses keine Sorgen und sagen Sie es unbedenklich, wenn Sie einen weiteren brauchen sollten!

Mit besten Grüßen Ihr
E. W. Mundauf

Der Verleger E. W. Mundauf an Hans Schwab
Berlin, den 20. September 06

Lieber Herr Schwab!
Danke schön für Ihren Brief vom 4. h., der uns gefreut und belustigt hat. Natürlich haben wir nicht das Geringste dagegen, daß Sie Ihren Namen in der alten Weise schreiben, und vielleicht haben Sie recht, wenn Sie jene Sitte etwas hart als eine »dumme Interessantmacherei« bezeichnen. Daß Sie Ihr Porträt nicht hergeben wollen, tut mir leid. Vielleicht lernen Sie darüber mit der Zeit anders denken.

Von Ihrem »Paul Weigel« ist nun also die zweite Auflage im Druck. Ich schicke Ihnen heute als Drucksache vier Kritiken großer Blätter über die erste Auflage. Sie wird überall mit wahrer Begeisterung aufgenommen! Gewiß wird es nicht bei diesen zwei Auflagen bleiben. Wenn auch Sie selbst in übertriebener Selbstkritik sehr bescheiden von dem Werke denken, wir Fachleute sind andrer Ansicht und halten es für eine bedeutende, ja meisterhafte Leistung. Mit herzlichen Grüßen
E. W. Mundauf

Die Redaktion der »Dichterlust« an Hans Schwab
L., 28. November 06
Hochgeschätzter Herr Schwab!
Sie werden sich kaum mehr daran erinnern, daß vor bald drei Jahren ein sehr schönes Gedicht von Ihnen in unserer Zeitschrift stand. Wir forderten Sie damals auf, uns doch bald wieder Einsendungen zu machen, und heute möchten wir, da Sie uns vergessen zu haben scheinen, diese Aufforderung dringend wiederholen. Gewiß haben Sie manches schöne Gedicht, das sie uns senden könnten.
Wir freuen uns und sind stolz darauf, schon vor Jahren, als Sie noch unbekannt und noch nicht der berühmte Verfasser des »Paul Weigel« waren, unsern Lesern einen Beitrag aus Ihrer geschätzten Feder gebracht zu haben. Hoffentlich gestalten sich unsere Beziehungen nun zu recht guten und dauernden.
Soweit wir uns erinnern, blieb jenes Gedicht von Ihnen seinerzeit unhonoriert. Es sind eben wenige Blätter in der Lage, lyrische Beiträge von unbekannten Urhebern zu honorieren, so bedauerlich das auch sein mag. Es ist wohl unnötig zu bemerken, daß selbstverständlich jede Einsendung von Ihnen nicht nur mit Vergnügen angenommen und baldmöglichst gedruckt, sondern auch anständig honoriert werden wird.
In aufrichtiger Hochschätzung
Ihre sehr ergebene
Redaktion der »Dichterlust«

Schriftsteller Fedor Pappenau an Hans Schwab
Würstlingen, den 15. Dezember 06
Geehrter Herr!
Dieser Tage erhielt ich von Ihrem Verleger den Roman »Paul

Weigel« zur Rezension überschickt. Ich habe das Buch gelesen und muß sagen, ich war über die Ruhe und Kühnheit erstaunt, mit der Sie Gedanken und Stimmungen, ja sogar einzelne Figuren meines vor zwei Jahren im »Courier« erschienenen Romans »Sintflut« benützt haben.

Immerhin, Gedanken sind zollfrei, und es liegt mir ferne, kleinlich mit Ihnen rechten zu wollen, falls Sie sich geneigt zeigen, auch Ihrerseits mir entgegenzukommen. Die »Sintflut« erscheint soeben in Buchform bei dem Verleger Biersohn, der sie Ihnen zusenden wird. Ich denke, es wird Ihnen ein Leichtes sein, das Buch in einer größern Zeitung oder Zeitschrift empfehlend und ausführlich zu besprechen. Sobald dies geschehen sein wird, soll auch meinerseits im hiesigen »Beobachter« Ihr Roman eine eingehende Würdigung erfahren.

Ergebenst
Fedor Pappenau, Schriftsteller

Die Redaktion der »Neuzeit« an Hans Schwab

München, 18. Januar 07

Hochgeschätzter Herr Schwab!

Es ist schon manche Monate her, seit Sie uns zuletzt durch Einsendung von Gedichten erfreut haben. Dürfen wir hoffen, bald wieder solche von Ihnen zu erhalten? Sie werden uns wie immer willkommen sein.

Und dann haben wir diesmal einen neuen Vorschlag. Schon früher haben wir manchmal beim Lesen Ihrer Gedichte gedacht, Ihr bedeutendes Talent werde sich vermutlich auch auf dem Gebiet des Romans und der Novelle betätigen. Wie recht wir damit hatten, das beweist uns Ihr prächtiger Roman »Paul Weigel«, von dessen Lektüre wir eben kommen. Gewiß haben Sie auch andere, noch unveröffentlichte Erzählungen geschrieben, die Sie uns anbieten könnten. Bezüglich des Honorars sehen wir Ihren Vorschlägen entgegen.

In alter Verehrung ergebenst Ihre
Redaktion der »Neuzeit«

Die Redaktion des »Komet« an Hans Schwab

H., den 16. Februar 07

Sehr geehrter Herr!

Wir haben mit ungeteiltem Vergnügen Ihren Roman »Paul Weigel« gelesen und möchten Ihnen nun den Vorschlag machen, uns Ihre nächste Arbeit zum Vorabdruck zu überlassen. Für einen

neuen Roman von ähnlichem Umfang würden wir Ihnen ein Honorar von 3000 Mark anbieten.
In der Hoffnung, keine Fehlbitte getan zu haben, und mit dem Ausdruck aufrichtiger Hochachtung Ihre ergebene
Redaktion des »Komet«

Die Redaktion des »Familienonkel« an Hans Schwab
S., den 11. März 07
Verehrter Herr!
Wir haben mit ungeteiltem Vergnügen Ihren Roman »Paul Weigel« gelesen und möchten Ihnen nun den Vorschlag machen, uns Ihre nächste Arbeit zum Vorabdruck zu überlassen. Für einen Roman von etwa demselben Charakter und Umfang würden wir Ihnen ein Honorar von 4000 Mk. anbieten.
In der angenehmen Hoffnung, keine Fehlbitte getan zu haben, begrüßen wir Sie, verehrter Herr, als Ihre sehr ergebene
Redaktion des »Familienonkel«

Der Verleger E. W. Mundauf an Hans Schwab
Berchtesgaden, den 2. Juni 07
Lieber und verehrter Herr Schwab!
Aus der majestätischen Pracht des Hochgebirges sollen diese Zeilen Ihnen meine Grüße übermitteln. Ich muß Ihnen nämlich das Geständnis machen, daß ich Ihren herrlichen »Paul Weigel« erst hier gelesen habe. War ich auch nach dem Urteil meiner Herren Lektoren und nach dem überraschenden Erfolg des Buches – wir drucken eben die achtzehnte Auflage – von dem hohen Werte Ihrer Arbeit durchaus überzeugt, so hat die Lektüre mich doch ergriffen und zu Ihrem Bewunderer gemacht. Ich werde mich nun mit verdoppeltem Eifer für das Buch verwenden. Namentlich die prächtige Figur des alten Bauern hat mir imponiert!
Sie schrieben kürzlich, daß Sie an der Fertigstellung eines neuen Buches arbeiten. Darf ich Näheres erfahren? Wann? Welcher Umfang? Welches Genre? Wir würden die Novität wohl vorbereiten und im voraus Stimmung für das neue Werk machen können. Beste Grüße von Ihrem aufrichtig ergebenen
E. W. Mundauf

Hans Schwab an den Verleger E. W. Mundauf
                              B., den 10. Juni 07
Werter Herr Mundauf!
Danke schön für Ihre freundlichen Zeilen über den »Paul Weigel«. Es kommt zwar kein alter Bauer darin vor, doch ist ja daran wenig gelegen. Ich muß mich heute kurz fassen, meine Zeit wird immer knapper, namentlich nimmt mich die viele Korrespondenz sehr in Anspruch. Zwar sind die meisten Briefe verlogen und bezwecken nichts als ein Geschäft, doch mache ich gute Miene dazu und habe gelegentlich meinen Spaß an der merkwürdigen Beliebtheit, die ich gewonnen habe, und die mit den Auflagen des Weigel Schritt hält. Dabei ist der Erfolg des Buches mir immer noch ein Rätsel; der Roman ist weder gut noch auch schlecht genug für so viele Auflagen, und seine Beliebtheit kommt mir immer mehr wie ein Mißverständnis vor.
Genug davon. Mein neues Buch kriegt allmählich Form und Ordnung. Fertig ist es längst, doch macht die Anordnung und Durchsicht mir noch viel Arbeit. Es ist nämlich ein Band Gedichte. Ich glaube damit mein Bestes zu geben, jedenfalls weit mehr als mit dem Weigel, und hoffe, das Buch werde auch Sie nicht enttäuschen. Könnte man es etwa diesen Winter herausgeben? Den Umfang kann ich noch nicht recht schätzen, es werden wohl zehn Bogen werden.   Mit Grüßen ergebenst Ihr
                                                  Hans Schwab

Der Verleger E. W. Mundauf an Hans Schwab
                              Berchtesgaden, den 3. Juli 07
Lieber Herr Schwab!
Es tut mir leid zu hören, daß Sie gerade jetzt einen Band Gedichte herausgeben wollen. Natürlich mache ich mir ein Vergnügen und eine Ehre daraus, das Buch zu verlegen, falls Sie darauf bestehen wollen. Vorher aber möchte ich Sie bitten, sich das nochmals gut zu überlegen! Es wird Ihr Schade nicht sein, wenn Sie in dieser Sache fachmännischen Rat annehmen.
Der schöne Erfolg Ihres Romans ist, um ein Bild zu gebrauchen, ein Fundament, eine erste Stufe, auf der wir weiter bauen müssen. Nun wäre es sehr falsch, wenn wir das Publikum, dessen Vertrauen Sie sich eben erst erworben haben, durch eine so unerwartete und wenig hoffnungsvolle Publikation scheu machen würden. Bringen Sie bald wieder einen neuen Roman, am liebsten

ganz wieder im Genre des ersten, ich garantiere Ihnen einen noch größeren Erfolg als den bisherigen. Und später, sagen wir in fünf, sechs Jahren, wenn Sie Ihrer Gemeinde sicher sind und fest im Sattel sitzen, können Sie ja Gedichte oder was immer bringen, ohne damit etwas zu riskieren. Nur jetzt nicht! Überlegen Sie sich das, bitte, recht gut, und geben Sie mir ohne Eile Antwort.
In alter Hochachtung bestens grüßend Ihr
E. W. Mundauf
(1909)

Auf dem Eise

Damals sah mir die Welt noch anders aus. Ich war zwölfeinhalb Jahre alt und noch mitten in der vielfarbigen, reichen Welt der Knabenfreuden und Knabenschwärmereien befangen. Nun dämmerte schüchtern und lüstern zum ersten Male das weiche Ferneblau der gemilderten, innigeren Jugendlichkeit in meine erstaunte Seele.
Es war ein langer, strenger Winter, und unser schöner Schwarzwaldfluß lag wochenlang hart gefroren. Ich kann das merkwürdige, gruselig-entzückte Gefühl nicht vergessen, mit dem ich am ersten bitterkalten Morgen den Fluß betrat, denn er war tief und das Eis war so klar, daß man wie durch eine dünne Glasscheibe unter sich das grüne Wasser, den Sandboden mit Steinen, die phantastisch verschlungenen Wasserpflanzen und zuweilen den dunklen Rücken eines Fisches sah.
Halbe Tage trieb ich mich mit meinen Kameraden auf dem Eise herum, mit heißen Wangen und blauen Händen, das Herz von der starken, rhythmischen Bewegung des Schlittschuhlaufs energisch geschwellt, voll von der wunderbaren gedankenlosen Genußkraft der Knabenzeit. Wir übten Wettlauf, Weitsprung, Hochsprung, Fliehen und Haschen, und diejenigen von uns, die noch die altmodischen beinernen Schlittschuhe mit Bindfaden an den Stiefeln befestigt trugen, waren nicht die schlechtesten Läufer. Aber einer, ein Fabrikantensohn, besaß ein Paar »Halifax«, die waren ohne Schnur oder Riemen befestigt und man konnte sie in zwei Augenblicken anziehen und ablegen. Das Wort Halifax stand von da an jahrelang auf meinem Weihnachtswunschzettel, jedoch er-

folglos; und als ich zwölf Jahre später einmal ein Paar recht feine und gute Schlittschuhe kaufen wollte und im Laden Halifax verlangte, da ging mir zu meinem Schmerz ein Ideal und ein Stück Kinderglauben verloren, als man mir lächelnd versicherte, Halifax sei ein veraltetes System und längst nicht mehr das Beste.
Am liebsten lief ich allein, oft bis zum Einbruch der Nacht. Ich sauste dahin, lernte im raschesten Schnellauf an jedem beliebigen Punkte halten oder wenden, schwebte mit Fliegergenuß balancierend in schönen Bogen. Viele von meinen Kameraden benutzten die Zeit auf dem Eise, um den Mädchen nachzulaufen und zu hofieren. Für mich waren die Mädchen nicht vorhanden. Während andere ihnen Ritterdienste leisteten, sie sehnsüchtig und schüchtern umkreisten oder sie kühn und flott in Paaren führten, genoß ich allein die freie Lust des Gleitens. Für die »Mädelesführer« hatte ich nur Mitleid oder Spott. Denn aus den Konfessionen mancher Freunde glaubte ich zu wissen, wie zweifelhaft ihre galanten Genüsse im Grunde waren.
Da, schon gegen Ende des Winters, kam mir eines Tages die Schülerneuigkeit zu Ohren, der Nordkaffer habe neulich abermals die Emma Meier beim Schlittschuhausziehen geküßt. Die Nachricht trieb mir plötzlich das Blut zu Kopfe. Geküßt! Das war freilich schon was anderes als die faden Gespräche und scheuen Händedrücke, die sonst als höchste Wonnen des Mädleführens gepriesen wurden. Geküßt! Das war ein Ton aus einer fremden, verschlossenen, scheu geahnten Welt, das hatte den leckern Duft der verbotenen Früchte, das hatte etwas Heimliches, Poetisches, Unnennbares, das gehörte in jenes dunkelsüße, schaurig lockende Gebiet, das von uns allen verschwiegen, aber ahnungsvoll gekannt und streifweise durch sagenhafte Liebesabenteuer ehemaliger, von der Schule verwiesener Mädchenhelden beleuchtet war. Der »Nordkaffer« war ein vierzehnjähriger, Gott weiß wie zu uns verschlagener Hamburger Schuljunge, den ich sehr verehrte und dessen fern der Schule blühender Ruhm mich oft nicht schlafen ließ. Und Emma Meier war unbestritten das hübscheste Schulmädchen von Gerbersau, blond, flink, stolz und so alt wie ich.
Von jenem Tage an wälzte ich Pläne und Sorgen in meinem Sinn. Ein Mädchen zu küssen, das übertraf doch alle meine bisherigen Ideale, sowohl an sich selbst, als weil es ohne Zweifel vom Schulgesetz verboten und verpönt war. Es wurde mir schnell klar, daß

der solenne Minnedienst der Eisbahn hierzu die einzige gute Gelegenheit sei. Zunächst suchte ich denn mein Äußeres nach Vermögen hoffähiger zu machen. Ich wandte Zeit und Sorgfalt an meine Frisur, wachte peinlich über die Sauberkeit meiner Kleider, trug die Pelzmütze manierlich halb in der Stirn und erbettelte von meinen Schwestern ein rosenrot seidenes Foulard. Zugleich begann ich auf dem Eise die etwa in Frage kommenden Mädchen höflich zu grüßen und glaubte zu sehen, daß diese ungewohnte Huldigung zwar mit Erstaunen, aber nicht ohne Wohlgefallen bemerkt wurde.

Viel schwerer wurde mir die erste Anknüpfung, denn in meinem Leben hatte ich noch kein Mädchen »engagiert«. Ich suchte meine Freunde bei dieser ernsten Zeremonie zu belauschen. Manche machten nur einen Bückling und streckten die Hand aus, andere stotterten etwas Unverständliches hervor, weitaus die meisten aber bedienten sich der eleganten Phrase: »Hab' ich die Ehre?« Diese Formel imponierte mir sehr, und ich übte sie ein, indem ich zu Hause in meiner Kammer mich vor dem Ofen verneigte und die feierlichen Worte dazu sprach.

Der Tag des schweren ersten Schrittes war gekommen. Schon gestern hatte ich Werbegedanken gehabt, war aber mutlos heimgekehrt, ohne etwas gewagt zu haben. Heute hatte ich mir vorgenommen, unweigerlich zu tun, was ich so sehr fürchtete wie ersehnte. Mit Herzklopfen und todbeklommen wie ein Verbrecher ging ich zur Eisbahn, und ich glaube, meine Hände zitterten beim Anlegen der Schlittschuhe. Und dann stürzte ich mich in die Menge, in weitem Bogen ausholend, und bemüht, meinem Gesicht einen Rest der gewohnten Sicherheit und Selbstverständlichkeit zu bewahren. Zweimal durchlief ich die ganze lange Bahn im eiligsten Tempo, die scharfe Luft und die heftige Bewegung taten mir wohl.

Plötzlich, gerade unter der Brücke, rannte ich mit voller Wucht gegen jemanden an und taumelte bestürzt zur Seite. Auf dem Eise aber saß die schöne Emma, offenbar Schmerzen verbeißend, und sah mich vorwurfsvoll an. Vor meinen Blicken ging die Welt im Kreise.

»Helft mir doch auf!« sagte sie zu ihren Freundinnen. Da nahm ich, blutrot im ganzen Gesicht, meine Mütze ab, kniete neben ihr nieder und half ihr aufstehen.

Wir standen nun einander erschrocken und fassungslos gegen-

über, und keines sagte ein Wort. Der Pelz, das Gesicht und Haar des schönen Mädchens betäubten mich durch ihre fremde Nähe. Ich besann mich ohne Erfolg auf eine Entschuldigung und hielt noch immer meine Mütze in der Faust. Und plötzlich, während mir die Augen wie verschleiert waren, machte ich mechanisch einen tiefen Bückling und stammelte: »Hab' ich die Ehre?«
Sie antwortete nichts, ergriff aber meine Hände mit ihren feinen Fingern, deren Wärme ich durch den Handschuh hindurch fühlte, und fuhr mit mir dahin. Mir war zumute wie in einem sonderbaren Traum. Ein Gefühl von Glück, Scham, Wärme, Lust und Verlegenheit raubte mir fast den Atem. Wohl eine Viertelstunde liefen wir zusammen. Dann machte sie an einem Halteplatz leise die kleinen Hände frei, sagte »Danke schön« und fuhr allein davon, während ich verspätet die Pelzkappe zog und noch lange an derselben Stelle stehen blieb. Erst später fiel mir ein, daß sie während der ganzen Zeit kein einziges Wort gesprochen hatte.
Das Eis schmolz, und ich konnte meinen Versuch nicht wiederholen. Es war mein erstes Liebesabenteuer. Aber es vergingen noch Jahre, ehe mein Traum sich erfüllte und mein Mund auf einem roten Mädchenmunde lag. (1909)

Doktor Knölges Ende

Herr Doktor Knölge, ein ehemaliger Gymnasiallehrer, der sich früh zur Ruhe gesetzt und privaten philologischen Studien gewidmet hatte, wäre gewiß niemals in Verbindung mit den Vegetariern und dem Vegetarismus gekommen, wenn nicht eine Neigung zu Atemnot und Rheumatismen ihn einst zu einer vegetarischen Diätkur getrieben hätte. Der Erfolg war so ausgezeichnet, daß der Privatgelehrte von da an alljährlich einige Monate in irgend einer vegetarischen Heilstätte oder Pension zubrachte, meist im Süden, und so trotz seiner Abneigung gegen alles Ungewöhnliche und Sonderbare in einen Verkehr mit Kreisen und Individuen geriet, die nicht zu ihm paßten und deren seltene, nicht ganz zu vermeidende Besuche in seiner Heimat er keineswegs liebte.
Manche Jahre hatte Doktor Knölge die Zeit des Frühlings und Frühsommers oder auch die Herbstmonate in einer der vielen

freundlichen Vegetarierpensionen an der südfranzösischen Küste oder am Lago Maggiore hingebracht. Er hatte vielerlei Menschen an diesen Orten kennen gelernt und sich an manches gewöhnt, an Barfußgehen und langhaarige Apostel, an Fanatiker des Fastens und an vegetarische Gourmands. Unter den letzteren hatte er manche Freunde gefunden, und er selbst, dem sein Leiden den Genuß schwerer Speisen immer mehr verbot, hatte sich zu einem bescheidenen Feinschmecker auf dem Gebiete der Gemüse und des Obstes ausgebildet. Er war keineswegs mit jedem Endiviensalat zufrieden und hätte niemals eine kalifornische Orange für eine italienische gegessen. Im übrigen kümmerte er sich wenig um den Vegetarismus, der für ihn nur ein Kurmittel war, und interessierte sich höchstens gelegentlich für alle die famosen sprachlichen Neubildungen auf diesem Gebiete, die ihm als einem Philologen merkwürdig waren. Da gab es Vegetarier, Vegetarianer, Vegetabilisten, Rohkostler, Frugivoren und Gemischtkostler!
Der Doktor selbst gehörte nach dem Sprachgebrauch der Eingeweihten zu den Gemischtkostlern, da er nicht nur Früchte und Ungekochtes, sondern auch gekochte Gemüse, ja auch Speisen aus Milch und Eiern zu sich nahm. Daß dies den wahren Vegetariern, vor allem den reinen Rohkostlern strenger Observanz, ein Greuel war, entging ihm nicht. Doch hielt er sich den fanatischen Bekenntnisstreitigkeiten dieser Brüder fern und gab seine Zugehörigkeit zur Klasse der Gemischtkostler nur durch die Tat zu erkennen, während manche Kollegen, namentlich Österreicher, sich ihres Standes auf den Visitenkarten rühmten.
Wie gesagt, Knölge paßte nicht recht zu diesen Leuten. Er sah schon mit seinem friedlichen, roten Gesicht und der breiten Figur ganz anders aus als die meist hageren, asketisch blickenden, oft phantastisch gekleideten Brüder vom reinen Vegetarismus, deren manche die Haare bis über die Schultern hinab wachsen ließen und deren jeder als Fanatiker, Bekenner und Märtyrer seines speziellen Ideals durchs Leben ging. Knölge war Philolog und Patriot, er teilte weder die Menschheitsgedanken und sozialen Reformideen noch die absonderliche Lebensweise seiner Mitvegetarier. Er sah so aus, daß an den Bahnhöfen und Schiffhaltestellen von Locarno oder Pallanza ihm die Diener der weltlichen Hotels, die sonst jeden »Kohlrabiapostel« von weitem rochen, vertrauensvoll ihre Gasthäuser empfahlen und ganz erstaunt waren, wenn der so anständig aussehende Mensch seinen Koffer dem

Diener einer Thalysia oder Ceres oder dem Eselsführer des Monte Verità übergab.
Trotzdem fühlte er sich mit der Zeit in der ihm fremden Umgebung ganz wohl. Er war ein Optimist, ja beinahe ein Lebenskünstler, und allmählich fand er unter den Pflanzenessern aller Länder, die jene Orte besuchten, namentlich unter den Franzosen, manchen friedliebenden und rotwangigen Freund, an dessen Seite er seinen jungen Salat und seinen Pfirsich ungestört in behaglichen Tischgesprächen verzehren konnte, ohne daß ihm ein Fanatiker der strengen Observanz seine Gemischtkostlerei oder ein reiskauender Buddhist seine religiöse Indifferenz vorwarf.
Da geschah es, daß Doktor Knölge erst durch die Zeitungen, dann durch direkte Mitteilungen aus dem Kreise seiner Bekannten von der großen Gründung der Internationalen Vegetarier-Gesellschaft hörte, die ein gewaltiges Stück Land in Kleinasien erworben hatte und alle Brüder der Welt bei mäßigsten Preisen einlud, sich dort besuchsweise oder dauernd niederzulassen. Es war eine Unternehmung jener idealistischen Gruppe deutscher, holländischer und österreichischer Pflanzenesser, deren Bestrebungen eine Art von vegetarischem Zionismus waren und dahin zielten, den Anhängern und Bekennern ihres Glaubens ein eigenes Land mit eigener Verwaltung irgendwo in der Welt zu erwerben, wo die natürlichen Bedingungen zu einem Leben vorhanden wären, wie es ihnen als Ideal vor Augen stand. Ein Anfang dazu war diese Gründung in Kleinasien. Ihre Aufrufe wandten sich »an alle Freunde der vegetarischen und vegetabilistischen Lebensweise, der Nacktkultur und Lebensreform«, und sie versprachen so viel und klangen so schön, daß auch Herr Knölge dem sehnsüchtigen Ton aus dem Paradiese nicht widerstand und sich für den kommenden Herbst als Gast dort anmeldete.
Das Land sollte Obst und Gemüse in wundervoller Zartheit und Fülle liefern, die Küche des großen Zentralhauses wurde vom Verfasser der »Wege zum Paradiese« geleitet, und als besonders angenehm empfanden viele den Umstand, daß es sich dort ganz ungestört ohne den Hohn der argen Welt würde leben lassen. Jede Art von Vegetarismus und von Kleidungsreformbestrebung war zugelassen und es gab kein Verbot als das des Genusses von Fleisch und Alkohol.
Und aus allen Teilen der Welt kamen flüchtige Sonderlinge, teils um dort in Kleinasien endlich Ruhe und Behagen in einem ihrer

Natur gemäßen Leben zu finden, teils um von den dort zusammenströmenden Heilsbegierigen ihren Vorteil und Unterhalt zu ziehen. Da kamen flüchtig gegangene Priester und Lehrer aller Kirchen, falsche Hindus, Okkultisten, Sprachlehrer, Masseure, Magnetopathen, Zauberer, Gesundbeter. Dieses ganze kleine Volk exzentrischer Existenzen bestand weniger aus Schwindlern und bösen Menschen als aus harmlosen Betrügern im Kleinen, denn große Vorteile waren nicht zu gewinnen, und die meisten suchten denn auch nichts anderes als ihren Lebensunterhalt, der für einen Pflanzenesser in südlichen Ländern sehr wohlfeil ist.
Die meisten dieser in Europa und Amerika entgleisten Menschen trugen als einziges Laster die so vielen Vegetariern eigene Arbeitsscheu mit sich. Sie wollten nicht Gold und Genuß, Macht und Vergnügen, sondern sie wollten vor allem ohne Arbeit und Belästigung ihr bescheidenes Leben führen können. Mancher von ihnen hatte zu Fuß ganz Europa wiederholt durchmessen als bescheidener Türklinkenputzer bei wohlhabenden Gesinnungsgenossen oder als predigender Prophet oder als Wunderdoktor, und Knölge fand bei seinem Eintreffen in Quisisana manchen alten Bekannten, der ihn je und je in Leipzig als harmloser Bettler besucht hatte.
Vor allem aber traf er Größen und Helden aus allen Lagern des Vegetariertums. Sonnenbraune Männer mit langwallenden Haaren und Bärten schritten alttestamentlich in weißen Burnussen auf Sandalen einher, andere trugen Sportkleider aus heller Leinwand. Einige ehrwürdige Männer gingen nackt mit Lendentüchern aus Bastgeflecht eigener Arbeit. Es hatten sich Gruppen und sogar organisierte Vereine gebildet, an gewissen Orten trafen sich die Frugivoren, an anderen die asketischen Hungerer, an anderen die Theosophen oder Lichtanbeter. Ein Tempel war von Verehrern des amerikanischen Propheten Davis erbaut, eine Halle diente dem Gottesdienst der Neoswedenborgisten.
In diesem merkwürdigen Gewimmel bewegte sich Doktor Knölge anfangs nicht ohne Befangenheit. Er besuchte die Vorträge eines früheren badischen Lehrers namens Klauber, der in reinem Alemannisch die Völker der Erde über die Geschehnisse des Landes Atlantis unterrichtete, und bestaunte den Yogi Vishinanda, der eigentlich Beppo Cinari hieß und es in jahrzehntelangem Streben dahin gebracht hatte, die Zahl seiner Herzschläge willkürlich um etwa ein Drittel vermindern zu können.

In Europa zwischen den Erscheinungen des gewerblichen und politischen Lebens hätte diese Kolonie den Eindruck eines Narrenhauses oder einer phantastischen Komödie gemacht. Hier in Kleinasien sah das alles ziemlich verständig und gar nicht unmöglich aus. Man sah zuweilen neue Ankömmlinge in Verzückung über diese Erfüllung ihrer Lieblingsträume mit geisterhaft leuchtenden Gesichtern oder in hellen Freudentränen umhergehen, Blumen in den Händen, und jeden Begegnenden mit dem Friedenskuß begrüßend.

Die auffallendste Gruppe war jedoch die der reinen Frugivoren. Diese hatten auf Tempel und Haus und Organisation jeder Art verzichtet und zeigten kein anderes Streben als das, immer natürlicher zu werden und, wie sie sich ausdrückten, »der Erde näher zu kommen«. Sie wohnten unter freiem Himmel und aßen nichts, als was von Baum oder Strauch zu brechen war. Sie verachteten alle anderen Vegetarier unmäßig, und einer von ihnen erklärte dem Doktor Knölge ins Gesicht, das Essen von Reis und Brot sei genau dieselbe Schweinerei wie der Fleischgenuß und zwischen einem sogenannten Vegetarier, der Milch zu sich nehme, und irgend einem Säufer und Schnapsbruder könne er keinen Unterschied finden.

Unter den Frugivoren ragte der verehrungswürdige Bruder Jonas hervor, der konsequenteste und erfolgreichste Vertreter dieser Richtung. Er trug zwar ein Lendentuch, doch war es kaum von seinem behaarten braunen Körper zu unterscheiden, und er lebte in einem kleinen Gehölz, in dessen Geäste man ihn mit gewandter Hurtigkeit sich bewegen sah. Seine Daumen und großen Zehen waren in einer wunderbaren Rückbildung begriffen, und sein ganzes Wesen und Leben stellte die beharrlichste und gelungenste Rückkehr zur Natur vor, die man sich denken konnte. Wenige Spötter nannten ihn unter sich den Gorilla, im übrigen genoß Jonas die Bewunderung und Verehrung der ganzen Provinz.

Auf den Gebrauch der Sprache hatte der große Rohkostler Verzicht getan. Wenn Brüder oder Schwestern sich am Rande seines Gehölzes unterhielten, saß er zuweilen auf einem Aste zu ihren Häupten, grinste ermunternd oder lachte mißbilligend, gab aber keine Worte von sich und suchte durch Gebärden anzudeuten, seine Sprache sei die unfehlbare der Natur und werde später die Weltsprache aller Vegetarier und Naturmenschen sein. Seine nächsten Freunde waren täglich bei ihm, genossen seinen Unter-

richt in der Kunst des Kauens und Nüsseschälens und sahen seiner fortschreitenden Vervollkommnung mit Ehrfurcht zu, doch hegten sie die Besorgnis, ihn bald zu verlieren, da er vermutlich binnen kurzem, ganz eins mit der Natur, sich in die heimatliche Wildnis der Gebirge zurückziehen werde.
Einige Schwärmer schlugen vor, diesem wundersamen Wesen, das den Kreislauf des Lebens vollendet und den Weg zum Ausgangspunkt der Menschwerdung zurückgefunden hatte, göttliche Ehren zu erweisen. Als sie jedoch eines Morgens bei Aufgang der Sonne in dieser Absicht das Gehölz aufsuchten und ihren Kult mit Gesang begannen, erschien der Gefeierte auf seinem großen Lieblingsaste, schwang sein gelöstes Lendentuch höhnisch in Lüften und bewarf die Anbeter mit harten Pinienzapfen.
Dieser Jonas der Vollendete, dieser »Gorilla«, war unserem Doktor Knölge im Innersten seiner bescheidenen Seele zuwider. Alles, was er in seinem Herzen je gegen die Auswüchse vegetarischer Weltanschauung und fanatisch-tollen Wesens schweigend bewegt hatte, trat ihm in dieser Gestalt schreckhaft entgegen und schien sogar sein eigenes maßvolles Vegetariertum grell zu verhöhnen. In der Brust des anspruchslosen Privatgelehrten erhob sich gekränkt die Würde des Menschen und er, der so viele Andersmeinende gelassen und duldsam ertragen hatte, konnte an dem Wohnort des Vollkommenen nicht vorübergehen, ohne Haß und Wut gegen ihn zu empfinden. Und der Gorilla, der auf seinem Aste alle Arten von Gesinnungsgenossen, Verehrern und Kritikern mit Gleichmut betrachtet hatte, fühlte ebenfalls wider diesen Menschen, dessen Haß sein Instinkt wohl witterte, eine zunehmende tierische Erbitterung. Sooft der Doktor vorüber kam, maß er den Baumbewohner mit vorwurfsvoll beleidigten Blicken, die dieser mit Zähnefletschen und zornigem Fauchen erwiderte.
Schon hatte Knölge beschlossen, im nächsten Monat die Provinz zu verlassen und nach seiner Heimat zurückzukehren, da führte ihn, beinahe wider seinen Willen in einer strahlenden Vollmondnacht ein Spaziergang in die Nähe des Gehölzes. Mit Wehmut dachte er früherer Zeiten, da er noch in voller Gesundheit als ein Fleischesser und gewöhnlicher Mensch unter seinesgleichen gelebt hatte, und im Gedächtnis schönerer Jahre begann er unwillkürlich ein altes Studentenlied vor sich hin zu pfeifen.

Da brach krachend aus dem Gebüsch der Waldmensch hervor, durch die Töne erregt und wild gemacht. Bedrohlich stellte er sich vor dem Spaziergänger auf, eine ungefüge Keule schwingend. Aber der überraschte Doktor war so erbittert und erzürnt, daß er nicht die Flucht ergriff, sondern die Stunde gekommen fühlte, da er sich mit seinem Feinde auseinandersetzen müsse. Grimmig lächelnd verbeugte er sich und sagte mit so viel Hohn und Beleidigung in der Stimme, als er aufzubringen vermochte: Sie erlauben, daß ich mich vorstelle. Doktor Knölge.
Da warf der Gorilla mit einem Wutschrei seine Keule fort, stürzte sich auf den Schwachen und hatte ihn im Augenblick mit seinen furchtbaren Händen erdrosselt. Man fand ihn am Morgen, manche ahnten den Zusammenhang, doch wagte niemand etwas gegen den Affen Jonas zu tun, der gleichmütig im Geäste seine Nüsse schälte. Die wenigen Freunde, die sich der Fremde während seines Aufenthaltes im Paradiese erworben hatte, begruben ihn in der Nähe und steckten auf sein Grab eine einfache Tafel mit der kurzen Inschrift: Dr. Knölge, Gemischtkostler aus Deutschland. (ca. 1910)

Das Nachtpfauenauge

Mein Gast und Freund Heinrich Mohr war von seinem Abendspaziergang heimgekehrt und saß nun bei mir im Studierzimmer, noch beim letzten Tageslicht. Vor den Fenstern lag weit hinaus der bleiche See, scharf vom hügeligen Ufer gesäumt. Wir sprachen, da eben mein kleiner Sohn uns gute Nacht gesagt hatte, von Kindern und von Kindererinnerungen.
»Seit ich Kinder habe«, sagte ich, »ist schon manche Liebhaberei der eigenen Knabenzeit wieder bei mir lebendig geworden. Seit einem Jahr etwa habe ich sogar wieder eine Schmetterlingssammlung angefangen. Willst du sie sehen?«
Er bat darum, und ich ging hinaus, um zwei oder drei von den leichten Pappkästen hereinzuholen. Als ich den ersten öffnete, merkten wir beide erst, wie dunkel es schon geworden war; man konnte kaum noch die Umrisse der aufgespannten Falter erkennen.
Ich griff zur Lampe und strich ein Zündholz an, und augenblick-

lich versank die Landschaft draußen und die Fenster standen voll von undurchdringlichem Nachtblau.
Meine Schmetterlinge aber leuchteten in dem hellen Lampenlicht prächtig aus dem Kasten. Wir beugten uns darüber, betrachteten die schönfarbigen Gebilde und nannten ihre Namen.
»Das da ist ein gelbes Ordensband«, sagte ich, »lateinisch *fulminea,* das gilt hier für selten.«
Heinrich Mohr hatte vorsichtig einen der Schmetterlinge an seiner Nadel aus dem Kasten gezogen und betrachtete die Unterseite seiner Flügel.
»Merkwürdig«, sagte er, »kein Anblick weckt die Kindheitserinnerungen so stark in mir wie der von Schmetterlingen.«
Und, indem er den Falter wieder an seinem Ort ansteckte und den Kastendeckel schloß: »Genug davon!«
Er sagte es hart und rasch, als wären diese Erinnerungen ihm unlieb. Gleich darauf, da ich den Kasten weggetragen hatte und wieder hereinkam, lächelte er mit seinem braunen, schmalen Gesicht und bat um eine Zigarette.
»Du mußt mir's nicht übel nehmen«, sagte er dann, »wenn ich Deine Sammlung nicht genauer angeschaut habe. Ich habe als Junge natürlich auch eine gehabt, aber leider habe ich mir selber die Erinnerung daran verdorben. Ich kann es Dir ja erzählen, obwohl es eigentlich schmählich ist.«
Er zündete seine Zigarette über dem Lampenzylinder an, setzte den grünen Schirm auf die Lampe, so daß unsre Gesichter in Dämmerung sanken, und setzte sich auf das Gesimse des offenen Fensters, wo seine schlanke hagere Figur sich kaum von der Finsternis abhob. Und während ich eine Zigarette rauchte und draußen das hochtönige ferne Singen der Frösche die Nacht erfüllte, erzählte mein Freund das Folgende.

Das Schmetterlingssammeln fing ich mit acht oder neun Jahren an und trieb es anfangs ohne besonderen Eifer wie andre Spiele und Liebhabereien auch. Aber im zweiten Sommer, als ich etwa zehn Jahre alt war, da nahm dieser Sport mich ganz gefangen und wurde zu einer solchen Leidenschaft, daß man ihn mir mehrmals meinte verbieten zu müssen, da ich alles andere darüber vergaß und versäumte. War ich auf dem Falterfang, dann hörte ich keine Turmuhr schlagen, sei es zur Schule oder zum Mittagessen, und in den Ferien war ich oft, mit einem Stück Brot in der Botanisierbüchse, vom frühen Morgen bis zur Nacht draußen, ohne zu einer Mahlzeit heimzukommen.

Ich spüre etwas von dieser Leidenschaft noch jetzt manchmal, wenn ich besonders schöne Schmetterlinge sehe. Dann überfällt mich für Augenblicke wieder das namenlose, gierige Entzücken, das nur Kinder empfinden können, und mit dem ich als Knabe meinen ersten Schwalbenschwanz beschlich. Und dann fallen mir plötzlich ungezählte Augenblicke und Stunden der Kinderzeit ein, glühende Nachmittage in der trockenen, stark duftenden Heide, kühle Morgenstunden im Garten oder Abende an geheimnisvollen Waldrändern, wo ich mit meinem Netz auf der Lauer stand wie ein Schatzsucher und jeden Augenblick auf die tollsten Überraschungen und Beglückungen gefaßt war. Und wenn ich dann einen schönen Falter sah, er brauchte nicht einmal besonders selten zu sein, wenn er auf einem Blumenstengel in der Sonne saß und die farbigen Flügel atmend auf und ab bewegte und mir die Jagdlust den Atem verschlug, wenn ich näher und näher schlich und jeden leuchtenden Farbenfleck und jede kristallene Flügelader und jedes feine braune Haar der Fühler sehen konnte, das war eine Spannung und Wonne, eine Mischung von zarter Freude mit wilder Begierde, die ich später im Leben selten mehr empfunden habe.

Meine Sammlung mußte ich, da meine Eltern arm waren und mir nichts dergleichen schenken konnten, in einer gewöhnlichen alten Kartonschachtel aufbewahren. Ich klebte runde Korkscheiben, aus Flaschenpfropfen geschnitten, auf den Boden, um die Nadeln hineinzustecken, und zwischen den zerknickten Pappdeckelwänden dieser Schachtel hegte ich meine Schätze. Anfangs zeigte ich gern und häufig meine Sammlung den Kameraden, aber andere hatten Holzkästen mit Glasdeckeln, Raupenschachteln mit grünen Gazewänden und anderen Luxus, so daß ich mit meiner primitiven Einrichtung mich nicht eben brüsten konnte. Auch war mein Bedürfnis danach nicht groß und ich gewöhnte mir an, sogar wichtige und aufregende Fänge zu verschweigen und die Beute nur meinen Schwestern zu zeigen. Einmal hatte ich den bei uns seltenen blauen Schillerfalter erbeutet und aufgespannt, und als er trocken war, trieb mich der Stolz, ihn doch wenigstens meinem Nachbarn zu zeigen, dem Sohn eines Lehrers, der überm Hof wohnte. Dieser Junge hatte das Laster der Tadellosigkeit, das bei Kindern doppelt unheimlich ist. Er besaß eine kleine unbedeu-

tende Sammlung, die aber durch ihre Nettigkeit und exakte Erhaltung zu einem Juwel wurde. Er verstand sogar die seltene und schwierige Kunst, beschädigte und zerbrochene Falterflügel wieder zusammenzuleimen und war in jeder Hinsicht ein Musterknabe, weshalb ich ihn denn mit Neid und halber Bewunderung haßte.
Diesem jungen Idealknaben zeigte ich meinen Schillerfalter. Er begutachtete ihn fachmännisch, anerkannte seine Seltenheit und sprach ihm einen Barwert von etwa zwanzig Pfennigen zu; denn der Knabe Emil wußte alle Sammelobjekte, zumal Briefmarken und Schmetterlinge, nach ihrem Geldwert zu taxieren. Dann fing er aber an zu kritisieren, fand meinen Blauschiller schlecht aufgespannt, den rechten Fühler gebogen, den linken ausgestreckt, und entdeckte richtig auch noch einen Defekt, denn dem Falter fehlten zwei Beine. Ich schlug zwar diesen Mangel nicht hoch an, doch hatte mir der Nörgler die Freude an meinem Schiller einigermaßen verdorben und ich habe ihm nie mehr meine Beute gezeigt.
Zwei Jahre später, wir waren schon große Buben, aber meine Leidenschaft war noch in voller Blüte, verbreitete sich das Gerücht, jener Emil habe ein Nachtpfauenauge gefangen. Das war nun für mich weit aufregender als wenn ich heute höre, daß ein Freund von mir eine Million geerbt oder die verlorenen Bücher des Livius gefunden habe. Das Nachtpfauenauge hatte noch keiner von uns gefangen, ich kannte es überhaupt nur aus der Abbildung eines alten Schmetterlingsbuches, das ich besaß und dessen mit der Hand kolorierte Kupfer unendlich viel schöner und eigentlich auch exakter waren als alle modernen Farbendrucke. Von allen Schmetterlingen, deren Namen ich kannte und die in meiner Schachtel noch fehlten, ersehnte ich keinen so glühend wie das Nachtpfauenauge. Oft hatte ich die Abbildung in meinem Buch betrachtet, und ein Kamerad hatte mir erzählt: Wenn der braune Falter an einem Baumstamm oder Felsen sitze und ein Vogel oder anderer Feind ihn angreifen wolle, so ziehe er nur die gefalteten dunkleren Vorderflügel auseinander und zeige die schönen Hinterflügel, deren große helle Augen so merkwürdig und unerwartet aussähen, daß der Vogel erschrecke und den Schmetterling in Ruhe lasse.
Dieses Wundertier sollte der langweilige Emil haben! Als ich es hörte, empfand ich im ersten Augenblick nur die Freude, endlich

das seltene Tier zu Gesicht zu bekommen und eine brennende Neugierde darauf. Dann stellte sich freilich der Neid ein und es schien mir schnöde zu sein, daß gerade dieser Langweiler und Mops den geheimnisvollen kostbaren Falter hatte erwischen müssen. Darum bezwang ich mich auch und tat ihm die Ehre nicht an, hinüberzugehen und mir seinen Fang zeigen zu lassen. Doch brachte ich meine Gedanken von der Sache nicht los und am nächsten Tage, als das Gerücht sich in der Schule bestätigte, war ich sofort entschlossen, doch hinzugehen.

Nach Tische, sobald ich vom Hause wegkonnte, lief ich über den Hof und in den dritten Stock des Nachbarhauses hinauf, wo neben Mägdekammern und Holzverschlägen der Lehrerssohn ein oft von mir beneidetes kleines Stübchen für sich allein bewohnen durfte. Niemand begegnete mir unterwegs, und als ich oben an die Kammertür klopfte, erhielt ich keine Antwort. Emil war nicht da, und als ich die Türklinke versuchte, fand ich den Eingang offen, den er sonst während seiner Abwesenheit peinlich verschloß. Ich trat ein, um das Tier doch wenigstens zu sehen, und nahm sofort die beiden großen Schachteln vor, in welchen Emil seine Sammlung verwahrte. In beiden suchte ich vergebens, bis mir einfiel, der Falter werde noch auf dem Spannbrett sein. Da fand ich ihn denn auch: die braunen Flügel mit schmalen Papierstreifen überspannt, hing das Nachtpfauenauge am Brett, ich beugte mich darüber und sah alles aus nächster Nähe an, die behaarten hellbraunen Fühler, die eleganten und unendlich zart gefärbten Flügelränder, die feine wollige Behaarung am Innenrand der unteren Flügel. Nur gerade die Augen konnte ich nicht sehen, die waren vom Papierstreifen verdeckt.

Mit Herzklopfen gab ich der Versuchung nach, die Streifen loszumachen, und zog die Stecknadel heraus. Da sahen mich die vier großen merkwürdigen Augen an, weit schöner und wunderlicher als auf der Abbildung, und bei ihrem Anblick fühlte ich eine so unwiderstehliche Begierde nach dem Besitz des herrlichen Tieres, daß ich unbedenklich den ersten Diebstahl meines Lebens beging, indem ich sachte an der Nadel zog und den Schmetterling, der schon trocken war und die Form nicht verlor, in der hohlen Hand aus der Kammer trug. Dabei hatte ich kein Gefühl als das einer ungeheuren Befriedigung.

Das Tier in der rechten Hand verborgen, ging ich die Treppe hinab. Da hörte ich, daß von unten mir jemand entgegenkam, und in dieser Sekunde wurde mein Gewissen wach, ich wußte plötzlich, daß ich gestohlen hatte und ein gemeiner Kerl war, zugleich befiel mich eine ganz schreckliche Angst vor der Entdeckung, so daß ich instinktiv die Hand, die den Raub umschlossen hielt, in die Tasche meiner Jacke steckte. Langsam ging ich weiter, zitternd und mit einem kalten Gefühl von Verworfenheit und Schande, ging angstvoll an dem heraufkommenden Dienstmädchen vorbei und blieb an der Haustüre stehen, mit klopfendem Herzen und schwitzender Stirn, fassungslos und vor mir selbst erschrocken.

Alsbald wurde mir klar, daß ich den Falter nicht behalten könne und dürfe, daß ich ihn zurücktragen und alles nach Möglichkeit ungeschehen machen müsse. So kehrte ich denn, trotz aller Angst vor einer Begegnung und Entdeckung, schnell wieder um, sprang mit Eile die Stiege hinan und stand eine Minute später wieder in Emils Kammer. Vorsichtig zog ich die Hand aus der Tasche und legte den Schmetterling auf den Tisch, und ehe ich ihn wieder sah, wußte ich das Unglück schon und war dem Weinen nah, denn das Nachtpfauenauge war zerstört. Es fehlte der rechte Vorderflügel und der rechte Fühler, und als ich den abgebrochenen Flügel vorsichtig aus der Tasche zu ziehen suchte, war er zerschlissen und an kein Flicken mehr zu denken.

Beinahe noch mehr als das Gefühl des Diebstahls peinigte mich nun der Anblick des schönen seltenen Tieres, das ich zerstört hatte. Ich sah an meinen Fingern den zarten braunen Flügelstaub hängen und den zerrissenen Flügel daliegen, und hätte jeden Besitz und jede Freude gern hingegeben, um ihn wieder ganz zu wissen.

Traurig ging ich nach Hause und saß den ganzen Nachmittag in unsrem kleinen Garten, bis ich in der Dämmerung den Mut fand, meiner Mutter alles zu erzählen. Ich merkte wohl, wie sie erschrak und traurig wurde, aber sie mochte fühlen, daß schon dies Geständnis mich mehr gekostet habe als die Erduldung jeder Strafe.

»Du mußt zum Emil hinübergehen«, sagte sie bestimmt, »und es ihm selber sagen. Das ist das einzige, was du tun kannst, und ehe das nicht geschehen ist, kann ich dir nicht verzeihen. Du kannst ihm anbieten, daß er sich irgend etwas von deinen Sachen aussucht, als Ersatz, und du mußt ihn bitten, daß er dir verzeiht.«

Das wäre mir nun bei jedem anderen Kameraden leichter gefal-

len als bei dem Musterknaben. Ich fühlte im voraus genau, daß er mich nicht verstehen und mir womöglich gar nicht glauben würde, und es wurde Abend und beinahe Nacht, ohne daß ich hinzugehen vermochte. Da fand mich meine Mutter unten im Hausgang und sagte leise: »Es muß heut noch sein, geh jetzt!«
Und da ging ich hinüber und fragte im untern Stock nach Emil, er kam und erzählte sofort, es habe ihm jemand das Nachtpfauenauge kaputt gemacht, er wisse nicht, ob ein schlechter Kerl oder vielleicht ein Vogel oder die Katze, und ich bat ihn, mit mir hinaufzugehen und es mir zu zeigen. Wir gingen hinauf, er schloß die Kammertür auf und zündete eine Kerze an, und ich sah auf dem Spannbrett den verdorbenen Falter liegen. Ich sah, daß er daran gearbeitet hatte, ihn wiederherzustellen, der kaputte Flügel war sorgfältig ausgebreitet und auf ein feuchtes Fließpapier gelegt, aber er war unheilbar, und der Fühler fehlte ja auch.
Nun sagte ich, daß ich es gewesen sei, und versuchte zu erzählen und zu erklären.
Da pfiff Emil, statt wild zu werden und mich anzuschreien, leise durch die Zähne, sah mich eine ganze Weile still an und sagte dann: »So so, also so einer bist du.«
Ich bot ihm alle meine Spielsachen an, und als er kühl blieb und mich immer noch verächtlich ansah, bot ich ihm meine ganze Schmetterlingssammlung an. Er sagte aber:
»Danke schön, ich kenne deine Sammlung schon. Man hat ja heut wieder sehen können, wie du mit Schmetterlingen umgehst.«
In diesem Augenblicke fehlte nicht viel, so wäre ich an die Gurgel gesprungen. Es war nichts zu machen, ich war und blieb ein Schuft, und Emil stand kühl in verächtlicher Gerechtigkeit vor mir wie die Weltordnung. Er schimpfte nicht einmal, er sah mich nur an und verachtete mich.
Da sah ich zum erstenmal, daß man nichts wiedergutmachen kann, was einmal verdorben ist. Ich ging weg und war froh, daß die Mutter mich nicht ausfragte, sondern mir einen Kuß gab und mich in Ruhe ließ. Ich sollte zu Bett gehen, es war schon spät für mich. Vorher aber holte ich heimlich im Eßzimmer die große braune Schachtel, stellte sie aufs Bett und machte sie im Dunkeln auf. Und dann nahm ich die Schmetterlinge heraus, einen nach dem andern, und drückte sie mit den Fingern zu Staub und Fetzen. (1911)

Spazierfahrt in der Luft

Man wird älter, und der Kreis dessen, was man von außen an Bereicherung, Freude und neuen Vergnügungen erwartet, zieht sich enger zusammen. Zu den Freuden und neuen Erfahrungen, auf die ich mich seit Jahren freute, und von denen ich mir besonders starke und schöne Eindrücke versprach, gehörte das Fahren in einem Luftschiff. Und nun liegt auch diese Erfahrung und Freude, die ich noch fern glaubte, schon hinter mir und ist Vergangenheit geworden.

Ich saß bei Büchern und studierte Sprachen für meine nächste Reise, als dieser Tage der Postbote einen Brief aus Friedrichshafen brachte, der mich zu einer Fahrt im neuen Luftschiff »Schwaben« einlud. Der Brief war lange unterwegs gewesen, und wäre er zwanzig Minuten später gekommen, so hätte ich seiner Einladung nicht mehr folgen können, denn das Luftschiff sollte nur noch den nächsten Tag am See bleiben, und in einer halben Stunde ging das letzte Schiff, mit dem ich Friedrichshafen noch erreichen konnte.

Ich segnete die Post, die täglich so viel Unnützes bringt und nun auch einmal im Guten sich bewährte, und bei brennender Hitze eilte ich, wie ich war, sofort zum Dampfschiff, erreichte in Konstanz den letzten Anschluß und fuhr an Meersburg und den schönen abendlichen Ufern vorüber durch die lange Dämmerung nach Friedrichshafen. Im ersten besten kleinen Gasthof bekam ich ein ordentliches und wohlfeiles Zimmer und war dadurch angenehm enttäuscht, denn man hatte mir erzählt, Friedrichshafen sei neuerdings unheimlich elegant und teuer geworden. Bald darauf, beim nächtlichen Schlendern durch das kleine alte Städtchen, sah ich nun allerdings an Neubauten und zweifelhaften Verschönerungen, daß immerhin ein bißchen Wahrheit in jenen Berichten gewesen war. Auch war großer Abendbetrieb in den Hotelgärten, und beim Kurhause ging es mit Militärmusik und Gesellschaft großartig her. Der alte Graf hatte eine große Offiziersgesellschaft eingeladen, und es war nicht leicht und kostete mehr als eine Stunde und mehr als ein Trinkgeld, bis es mir möglich wurde, jemand von der Zeppelingesellschaft zu finden und zu erfahren, ob und wann das Luftschiff morgen fahren werde. Dann hatte ich meinen Bescheid, zog mich zurück und sah im stillen noch eine Weile mit Vergnügen dem farbigfrohen Gartenleben zu. Ein

Tourist zog mich ins Gespräch, und wir redeten, wie das in Friedrichshafen unvermeidlich ist, vom Grafen Zeppelin und von seinen Luftschiffen. Dabei kamen wir auch auf die Angriffe zu sprechen, die Harden gegen den Grafen gerichtet hat, das heißt, der Fremde sprach davon, und ich hörte zu, denn ich verstehe von technischen Dingen recht wenig. Doch sah ich mir anderntags einen der Hardenschen Artikel näher an und war geneigt, ihn nicht ganz ernst zu nehmen, da er offenbar im einzelnen manche Irrtümer zu hegen schien. Unter anderm scheint er der Ansicht zu sein, die Luftschiffhüllen Zeppelins seien immer noch, wie vor Jahren, aus Aluminium, und er führt die Aluminiumhülle eigens als ein Beweisstück an, während doch die neueren Luftschiffe Hüllen aus Seidenstoff haben. Indessen mag es dahingestellt sein, wie weit diese Irrtümer gehen; mich gehen sie nichts an, und ich hatte meinen Spaß an dem Touristen, der zu den Leuten gehörte, die aus Mangel an einer eigenen Meinung sich der Gründlichkeit hingeben. Er wußte jede Kleinigkeit zu nennen, die für Harden sprach, und jede, die dem Grafen zugute kam, und so ging seine Belehrung mit »einerseits« und »anderseits«, mit »trotzdem« und »hingegen« weiter wie die Kritik eines fleißigen Rezensenten, der nicht Geschmack und Persönlichkeit genug hat, um ein Buch mit Klarheit zu loben oder zu tadeln, und statt dessen mit Vorsicht und viel Kenntnissen zwischen Ja und Nein hin und wider schwimmt.

Am Schlusse bekannte sich indessen der Fremde wenigstens ehrlich und eindeutig zu dem sehnlichen Wunsche, einmal in einem solchen Luftschiffe fahren zu dürfen, und seufzte resigniert darüber, daß dies einstweilen nur hohen Herrschaften oder reichen Leuten möglich sei. Da war es nun an mir, mich überlegen und bedeutend zu fühlen, und ich tat es auch, doch ohne dem Manne zu sagen, daß ich selber morgen im »Zeppelin« werde fahren dürfen. Ich wollte ihn nicht ohne Not neidisch machen, und auch dem Geschick nicht vorgreifen, denn im stillen mißtraute ich immer noch und war darauf gefaßt, daß möglicherweise Wetter und andre Umstände mich doch noch um die Fahrt betrügen könnten. Als ich indessen am nächsten Sonntagmorgen, nach Möglichkeit gebürstet und geglättet, auf der in aller Frühe schon heißen Fahrstraße zur Ballonhalle hinauswanderte, schnurrte über mir schon prächtig das Riesenspielzeug dahin, von seiner ersten Frühfahrt zurückkehrend, und es war ein merkwürdig erregender Anblick,

auf dem weiten, mit sonntäglichen Gästen erfüllten Felde das Ungeheuer niedersinken und endlich gefesselt zu sehen.
Es dauerte nicht lange, so konnten wir einsteigen, eine bequeme kleine Holztreppe hinan, und merkwürdigerweise war dabei gar kein neues und fremdes Gefühl, weder Erregung noch Bangen, sondern es war die einfachste und vergnüglichste Sache von der Welt, da einzusteigen und in der eleganten, luftigen Kabine auf den behaglichen Rohrstühlen Platz zu nehmen, wo man saß wie in einem sehr bequemen Speise- oder Aussichtswagen. Die Arbeiter waren emsig an den Seilen beschäftigt, die vielen Zuschauer drängten sich neugierig um das Schiff, Touristen mit Gemsbärten am Hut und sonntägliche Radfahrer betrachteten sich das Ereignis, und wir Passagiere saßen stolz und kühl in unsrer Kabine. Die Sonne brannte freudig auf den dürren Rasen und flimmerte auf den weiten See, gerade vor mir standen zwei Offiziere, die die letzte Fahrt mitgemacht hatten, und ihre Epauletten blitzten in der Sonne.
Aber plötzlich stieg das Schiff empor, und die beiden Offiziere wurden klein und begannen merkwürdig auszusehen, am Ende sah ich von ihnen nichts mehr als die runde Oberfläche der Mützen, die blanken Achselstücke und darunter die Spitzen der Schuhe, und als ich rasch aufstehend mich über die Brüstung beugte, entwich unter uns die Erde und ich hatte vom ersten Augenblick an nicht mehr das Gefühl, etwas mit ihr zu tun zu haben und zu ihr zu gehören. Die Menschenmenge wurde klein und komisch, die Stadt Friedrichshafen wurde erstaunlich übersichtlich und niedlich, auch die riesige Ballonhalle sank zu einem belanglosen Fleck zusammen. Dafür aber ging uns das Reich der Lüfte auf, und die Welt wurde erstaunlich groß und weit, wir sahen nahe und ferne Städte still um den See stehen, der auch an Größe verlor, und die großen Zusammenhänge der Landschaft, die Formen der Ufer, das Niedersinken der Berge von den Arlberger und Graubündner Alpen über die Vorberge und Uferhügel hinweg wurden klar, der Rhein war keine Vedute mehr, sondern in seiner Größe, Bedeutung und Geschichte zu übersehen, weit hinauf, und bis zur Mauer der hohen Gebirge hin ordnete sich und klärte sich die mir seit Jahren wohlvertraute Gegend so überraschend und einfach, wie manchmal einem Studierenden nach langer Kleinarbeit ganz plötzlich Gefüge und Zusammenhang der Dinge sichtbar wird.

Wir flogen mit einer Schnelligkeit, die wir nur am eilig dahinrasenden Schatten des Luftschiffes annähernd schätzen konnten, über den See gegen Bregenz hin, über Wasserburg, Bad Schachen und Lindau weg, und waren plötzlich schon in Bregenz. In der Kabine war trotz der weiten, nicht verglasten Fenster kaum eine Spur von Luftzug zu bemerken, sobald man indessen Kopf oder Hände aus dem Fenster steckte, brauste die Luft wie ein Sturmwind vorüber. Unter uns wich nun der See, mit seichtem, wildem Binsenufer und sumpfigen Öden, und wir fuhren über Land, sahen Dächer und Höfe, Menschen und Tiere in wunderlicher Verkürzung, an die sich doch das Auge seltsam rasch gewöhnte, und hörten und sahen die Begrüßungen, mit denen überall das sonntägliche Volk seine Neugierde, Freude und Verwunderung kundgab. Mir fiel auf (obwohl bei einer solchen ersten Fahrt kaum eine Beobachtung aufkommt, nur wohliges Dahinschweben und rechenschaftslose Reiselust), mir fiel auf, wie alle Tiere ohne Ausnahme auf das Luftschiff reagierten, und alle mit Schrecken und Furcht. Ein Feldhase rannte in wahnsinniger Angst davon, einerlei wohin, und beschrieb die seltsamsten Kurven und Ovale, bis er sich in einem Bohnengarten verkroch. Die Vögel, auch die Habichte, flohen ebenfalls geängstigt davon, die Hunde bellten wütend oder zogen die Schwänze ein, und die Hühner waren ganz außer sich. Wir in der Kabine fanden uns vom Lärm der Maschine gar nicht belästigt, hie und da bei seitlichem Wind ein flüchtiger Benzingasgeruch war alles, von Vibration kaum eine leise Spur.

Und während unsre Propeller schnurrten, fuhren wir durch das sonnige Rheintal hinauf, der Kamor und der Hohe Kasten und viele andre vertraute Berge standen mächtig im strahlenden Licht. Während unten im fruchtbaren Stromtal die Sonne glühend auf die Reben brannte, flogen wir kühl und gelassen in der Höhe dahin, blickten senkrecht in den Rhein, in Dörfer, Klöster, Städtchen hinab, schauten seitwärts in kühle grüne Waldtäler und steile, enge Felstäler hinein und fuhren in kaum einer Stunde bis über Feldkirch hinaus. In Feldkirch standen die alten Häuser mit den Lauben seltsam verkürzt, den schönen, alten Festungsturm sah ich so direkt von oben, daß nur das runde, braune Dach wie ein Teller zu sehen war, und eine kleine Kapelle auf einem Hügel im Felde war so in der Perspektive verkürzt, daß ich ihre Form nur an dem großen Schatten erkennen konnte, der lang und spitz wie der Zeigerschatten einer Sonnenuhr neben ihr lag.

Wenn der Deutsche sich sehr erhoben fühlt, so trinkt er Sekt, und Sekt war auch im Luftschiff zu haben und wurde hübsch und nett serviert, und er war auch sehr gut, aber ich fand diese Beigabe doch als das einzige Stillose und Entbehrliche an der Fahrt.
Die Rückfahrt ging noch rascher, mit drei Motoren, und es war mir und uns allen viel zu früh, als wir nach zwei Stunden wieder über die Halle schwebten und vom Ameisengewimmel der Arbeiter empfangen wurden, die die ausgeworfenen Seile fingen und festhielten. Dabei flogen wir dicht über den Wipfeln eines Föhrenwäldchens hin und scheuchten noch einen Bussard auf.
Ich verstehe nichts von der Technik, und ich weiß nicht, wie weit es Graf Zeppelin noch bringen wird. Ich schließe die Augen und fühle wieder das schwebend leichte, weiche Reisen durch die Luft, ich genieße wieder den Anblick der weit erschlossenen Landschaft und das Gefühl des Draußenseins aus allen irdischen Kleinigkeiten; und ich weiß gewiß: sobald ich wieder Gelegenheit finden werde, zu fliegen, werde ich es mit tausend Freuden tun.
(1911)

Im Flugzeug

Als ich vor einigen Jahren zum ersten Male auf der Frankfurter Ila einige Eindecker ihre schwachen Flugversuche machen sah, war mein sehnsüchtiger Gedanke: »Sobald das ein bißchen besser geht, mußt du mitfliegen!« Und als ich zwei Jahre später zum ersten Male in die Lüfte hinaufkam, in einem Zeppelinschen Luftschiff, da genoß ich wohl den wunderbaren Taumel der Höhe und die überraschend herrliche Aussicht und den neuen Aspekt der Landschaft, aber mein Flugverlangen war nur stärker erregt, und seitdem war es mein heimlicher Wunsch, nun bald einmal zu fliegen. Aber ich wohnte auf dem Lande und kam immer nur im Winter in große Städte, meine Freunde lachten mich aus und erklärten diese ganze Fliegerei für einen halsbrecherischen, selbstmörderischen Sport, mit dem sich höchstens ehemalige Rennfahrer und entgleiste Turfexistenzen abgäben, und waren der Meinung, ein einigermaßen höherstehender Mensch, welcher Pflichten habe und gar Familienvater sei, dürfe sich unter keinen Umständen »der bloßen Sensation wegen« so einem Satansmöbel anvertrauen.

Diese Reden konnten mein Verlangen nach Fliegeglück nicht kleiner machen, obwohl ich nicht widersprach. Ich las vom Simplonflug, las die Berichte von Pau und Paris und Dübendorf und den italienischen Aviatikern, und verheimlichte meiner Frau die wöchentlich in der Zeitung mitgeteilten Abstürze von Fliegern. Und hundertmal besann ich mich und phantasierte, wie es nun wohl eigentlich so einem Fliegenden zumute sein müsse. Die meisten waren ja abgebrühte Sportratten oder technische Spekulanten, für die gab es nur Windverhältnisse, Pferdekräfte, Umdrehungszahlen und Flugpreise. Aber viele davon waren doch gewiß wirkliche Abenteurer, solche, mit denen ein Dichter sich ohne weiteres eins fühlen oder doch verbrüdern konnte, es war in ihnen etwas von der großen Sehnsucht, die unsereinen zum Wandern und Reisen verlockt und einem das Stillsitzen so sauer macht, und die durch nichts zu stillen ist und durch jede Erfüllung nur tiefer und hungriger wird. Ohne Zweifel war diese Sehnsucht, wenn auch in ihren rohesten Formen, bei vielen dieser Flieger der heimliche Antrieb und Verführer, und die, welche hundert Meter hoch herunter fielen oder über Land geschleift wurden, die in der Luft verbrannten oder im Wasser umkamen, waren nicht Arbeitern gleichzustellen, die in ihrem armen, tapfern Kampf um den täglichen Groschen weggerafft wurden, sondern sie gehörten doch wohl zu der kleinern Schar derer, die als Sklaven jener geheimnisvollen großen Sehnsucht ihr Ende fanden, deren Knochen in Gletscherlöchern liegen oder die in den Wäldern von Afrika, am Südpol oder auf entlegenen Meeren umkommen. Darin bestärkte mich noch die Nachricht vom Tode Lathams, den ich in Frankfurt hatte fliegen sehen, der in den Kanal gefallen war und der schließlich sein Ende als Jäger in den Tropen fand.
Die Zeit verging, und das Fliegen blieb mir Wunsch und Rätsel. Zweimal fielen mir flott und gescheit geschriebene Artikel von Journalisten in die Hand, welche als Passagiere mitgeflogen waren. Ich las sie mit Eifer, aber es stand nichts darin. Diese Herren standen über der Sache, während ich so gern mitten in ihr drin gestanden wäre. Sie wußten Pferdekräfte und Umdrehungen zu zählen, kannten die Vorgeschichte ihres Aviatikers, die Firma, die seinen Motor gebaut hatte, sie wußten von dem Stolz unserer Zeit, von dem uralten Menschheitstraum und seiner Erfüllung durch Blériot zu erzählen. Vom Fliegen selber aber erfuhr man wenig oder nichts. Es standen in diesen Artikeln nur Dinge, die

man vorher wußte, oder die wenigstens der Autor schon vorher wissen konnte. Also mußte das Fliegen eigentlich wenig interessant sein; es war ein »stolzes, erhebendes Gefühl«, das erinnerte an Grundsteinlegungen und Jubiläen, man »fühlte sich vollkommen sicher, keine Spur von Angstgefühl oder Schwindel«, das war also ähnlich wie ein Spaziergang von München nach Nymphenburg. Entweder standen die Verfasser jener Artikel eben wirklich auf jenem unpersönlichen, allgemein kulturellen Standpunkt, den ihre Artikel betonten, oder aber es war ungemein schwierig, die eigentlichen Gefühle eines Fliegenden darzustellen. Ich glaube heute, die zweite Annahme war die richtige.
Um nun zur Sache zu kommen: ich bin gestern geflogen. Es kamen Flieger nach Bern, eines Morgens hörte ich über meinem Dach einen Apparat schnurren und sah einen schönen Eindecker so stolz und kühl und nobel über mich wegfahren, daß es mir das Herz umdrehen wollte. Am nächsten Tage bin ich mitgeflogen. Und nun will ich versuchen, einige meiner Eindrücke bei diesem ersten Flug meines Lebens mitzuteilen, soweit das möglich ist, und da die Geschichte vom »erfüllten uralten Menschheitstraume«, vom »Sieg der Intelligenz über die Materie« und alles das schon jedermann bekannt ist, will ich den undankbaren und schwierigen Versuch machen, die Kultur und Technik und alles das wegzulassen, und lediglich das zu notieren, was ich erlebt habe. Ich finde mich bei diesem Vorhaben durch eine tiefe Unwissenheit gestützt: ich weiß weder den Namen der Firma, die den Motor gebaut hat, noch die Zahl seiner Pferdekräfte, noch sein Gewicht, noch das Gewicht der Belastung. Ich weiß gar nichts, als daß ich nun endlich, endlich geflogen bin, und daß es mir gar nicht selbstverständlich und allgemein kulturell erschienen ist, sondern höchst abenteuerlich. Ich bin tatsächlich »der bloßen Sensation wegen« geflogen, und die Sensation hat mir eine unbändige Freude gemacht.

Gegen 3 Uhr an einem warmen, hell sonnigen Frühlingstag erschien ich auf dem Flugfelde, wo sich ein paar schwarze Menschenknäuel drängten und umeinander drehten. Mitten in einem dieser Knäuel sah ich den Apparat ragen, mit dem ich fliegen sollte und der mich erwartete. »Wenn es mir nur nicht übel wird!«, dachte ich, denn ich kann Menschenmengen schlecht vertragen.

Ich drängte mich vor, eine grüne Brille auf der Nase und eine gelbe Reisetasche in der Hand. Ich legte den Leuten die Hand auf die Schulter, schob sie leise beiseite, machte ein sachliches Gesicht und wurde durchgelassen, es ging über Erwarten gut. Das Schlimmste vom Fliegen war nun überstanden. Ich stand beim Apparat, begrüßte den Flieger und zündete eine Zigarre an. Ein französischer Monteur suchte mich über den Motor zu belehren, ich nickte dankend und kam erst jetzt auf den Gedanken, die Maschine näher anzusehen. Am Kopf des Vogelleibes saß die hölzerne Schraube, dahinter der Motor und Benzinvorrat, dann der Platz des Fliegers, dann mein Passagiersitz, hinter dem das leichte, hölzerne Bauwerk sich rasch verjüngte und dem hübschen Schwanzsteuer zustrebte. Als Spielzeug sah das Ganze entzückend aus, daß es aber zwei Menschen durch die Luft tragen sollte, schien wunderlich, so leicht und liebenswürdig japanisch sahen die Stänglein und Drähtchen aus, und auch die Flügel waren so spielerisch und dünn und luftig gebaut, daß man sie nicht anzufassen wagte.

»Nun«, dachte ich, »die Hauptsache ist ja der Motor, und den kann ich zum Glück nicht taxieren. Es wäre gut, wenn wir bald fahren würden.«

Da winkte mir der Flieger, ich möchte mich nun fertigmachen. Schnell machte ich meine gelbe Handtasche auf und nahm meine Sachen heraus, eine Ski-Mütze, ein Paar Handschuhe, ein wollenes Halstuch. Als ich die Mütze glücklich auf und unter dem Kinn zusammengeknöpft hatte, lächelte der französische Monteur mich freundlich an und sagte, so gehe das nicht, ich müsse die Mütze umgekehrt aufsetzen, mit dem Schirm nach hinten, sonst werde mir das Zeug alsbald vom Kopf gerissen werden. Die Volksmenge lachte und sah mit Interesse zu, wie ich meine Kleidung vollends in Ordnung brachte. Schließlich gab mir der Aviatiker noch einen Mantel und eine Automobilbrille; ich schwitzte in der wollenen Haube und sah so bestrickend aus, daß die Menge wieder aufs munterste lachte. Photographenapparate wurden auf uns gerichtet, und jemand rief mir zu, ich müsse jetzt noch die Nase zubinden, dann könne mir gewiß nichts mehr passieren.

Jetzt stieg der Flieger ein. Es war ernst mit dem Spielzeug, und als der schwere Mann mit seinem braunen Stiefel derb auf das fingerdünne Holzstänglein trat, brach es nicht zusammen, sondern hielt, und es trug auch mich, und nun saßen wir in unsern

Sitzen, im leinwandbekleideten Stangengerüste auf bequemen Sesseln, die Menschenmenge wich ein wenig zurück, die Luft wurde besser.
Herrgott, ich hatte meine Handschuhe liegenlassen. Aber nun mochte ich nimmer stören.
In diesem Augenblick begann der Motor zu surren, vor unsern Augen sauste die Flügelschraube ihren glänzenden Kreis, hinter uns spie der große Vogel Rauch und Gestank aus, schreiend floh zu beiden Seiten das Volk hinweg. Wir fuhren elastisch auf unseren beiden Rädchen über den Rasen, merkwürdig lind und wohlig, und plötzlich wurde mir in meiner Wollenhaube wieder wohl und wild gespannt. Wir fliegen, schrie mein Herz, jetzt gleich fliegen wir.
Da war der Rasen weg und wir stiegen schräg in die Höhe, und das war äußerst wohlig und beruhigend. Wir fliegen! Ja, es ist merkwürdig, aber ich hatte es mir aufregender gedacht.
Nein, ich nehme alles zurück. Es war aufregend genug. Als ich mich eben besann, ob jetzt wohl zehn Sekunden oder eine Stunde seit der Abfahrt vergangen seien, duckte sich der Herr Flieger, ich wurde in die Sitzlehne gedrückt und der Apparat machte einen Sprung in die Höhe. Da blieb er eine Weile, während der Luftstrom donnernd an meinen Ohren vorübersauste, und machte nun wieder einen Sprung, einen verfluchten, unerwarteten Sprung.
Ich tat einen Blick auf die kreisende Schraube. Wenn das Luder Launen hat, gehen wir kaputt, dachte ich einen Augenblick, aber mehr nur reproduktiv, ich glaubte nur halb daran, und vergaß es sogleich völlig, denn zufällig fiel mein Blick seitwärts auf die Erde und da sah ich erst, daß wir schon hoch, hoch waren. Der Motor sauste, der Wind schrie, meine Hände froren und meine Nase wurde kalt, und da neben mir, an der dünnen Holzlatte vorbei, sah ich die Stadt Bern und die krumme Aare und Fabriken und Kasernen und Reitplätze und Alleen liegen, drollig klein und schief und hingestreut, und es fiel mir ein, wie dieser Anblick des kleinen Getriebes und des zum Spielzeug gewordenen Menschenwesens mir einst vom Zeppelinschiff aus Spaß gemacht hatte.
Aber das war etwas anderes! Dort war es ein behagliches Zuschauen wie aus einer Loge gewesen. Hier waren die Blicke auf Stadt und Felder, die ganze verkürzte und flächenhaft gewordene

Welt durchaus nur zufällige Beigaben. Die Hauptsache war: Wir flogen. Und wie wir flogen! Wir stiegen in Wellenlinien hinan, immer höher, und je und je taten wir plötzlich, wie in einer Atempause, einen kurzen, lautlosen Fall, der Sitz schwand unter mir weg, mein Magen höhlte sich weit. Dann gleich wieder Trieb, Anstieg, Kraftgefühl. Dann wieder der kleine, unberechenbare Fall, Atempause, horchendes Schweigen im Magen.

Die Landschaft ist mir noch immer nicht klar geworden; ich sitze wie ein Knabe, vom Erleben hingenommen, und habe den Verstand daheim gelassen. Ich werfe, von Schauern seliger Bangigkeit unterbrochen, meine Blicke und Atemzüge wie Lieder und Seufzer in die Welt, ich schwebe atemlos mitgerissen in einer ungeheuern Musik durch die Räume, ich bin ganz Kind, ganz Knabe, ganz Abenteurer, ich trinke den berauschenden Wein des Losgerissenseins, der Gleichgültigkeit und Verachtung gegen alles Gestrige, der animalischen Erregung in tiefen Zügen, ich bin Drache und Wolke, Prometheus und Ikarus....

O Gott, was ist das? Was steht dort so groß, so wirklich und edel mitten in dieser lausigen Welt, die ich so tief verachte, die so schäbig und winzig und kleinlich eingeteilt zu meinen Füßen liegt? Am Rande der Welt, hinter all dem Gewimmel nichtiger Formen und irdischen Getändels, stehen wunderbar und groß die Berge. Ich sehe den riesigen Eiger streng und dunkel, das hohe Schreckhorn einsam und vornehm an seinem Orte stehen, und ich ahne beim Anblick des ungeheuer erweiterten Horizontes so etwas wie einen raschen Flug über die Erde hinweg: wie da die großen Gebirge, Wüsten, Meere einzig übrigbleiben, alles andere versinkt und sich als verwesende Moräne kundgibt.

Wir fallen tief, mein Magen hat sich daran gewöhnt, schon nach Minuten hat er sich angepaßt, und läßt das Kitzeln bleiben. Die Berge sind weg, wir hängen schräg nach links über, gegen einen feindlichen Wind, über die Flügel weg sieht man Jurazüge, senkrecht unter uns die Aare, gepflegten Wald, Höfe – am Ende der Kurve unvermutet einen Blick über die ganze Stadt, vom Bärengraben an aufwärts, wie sie auf ihren Felsen im Bogen der Aare liegt.

Wann werde ich über die Alpen fliegen, über das Meer? Ich muß das einmal bis zur Sättigung auskosten! Ich sehe ja nichts, ich ahne und fühle bloß, ich taumle entzückt und beängstigt durch eine andere, jäh vor mir aufgerissene Welt, nur langsam lerne ich

wieder denken. Die Welt ist Erhabenheit, erhaben ist Gebirge, Wüste, Meer. Der Mensch bringt den Humor hinein. Ich beginne sie wieder zu lieben, die Menschen, die da drunten so kleinlich und sonderbar wirtschaften, die den Wald frisiert und die Hälfte der Welt in kleine, umzäunte Landfetzchen zerrissen haben. Ich will nicht schwebende Wolke, treibende Schneeflocke, ziehender Vogel sein, ich will nicht die Berge lieben und die Menschen schmähen, deren schwächster ich bin – ich will mit aller Liebe, deren ich fähig bin, mich zu ihren Schwächen und zu ihrem Stolz bekennen. Das sind nicht die Pferdekräfte und nicht die genauen Rechnungen der technischen Wissenschaft, die mich und den Flieger und Blériot und Latham in die Höhe gerissen haben. Das ist die alte große Sehnsucht, das ist der aus Schwäche geborene Trotz, das ist Titanenerbe. Das hat uns fliegen gelehrt. Aber mit dem Fliegen ist keine Sehnsucht erfüllt, der Bogen ist nur stärker und wilder gespannt, die Kreise des Wunsches sind weiter gezogen, das Herz brennt trotziger.
Träume, Bruchstücke von Gedanken, Bruchstücke von großer Musik umgeben mich. Da weckt mich ein unsäglich bangfrohes, gespanntes, überraschtes, mißtrauisches Gefühl, das durch alle Nerven geht. Der Motor schweigt. Wir hängen in der Höhe, wir neigen uns, und nun kommt das Wunderbarste, wir gleiten auf der elastischen Luft, die uns zuweilen mit leiser Schwellung prellt, wir fahren wachsam und flink hinunter wie ein Automobil mit abgestelltem Motor einen Berg hinab und wie ein Skiläufer seine Halde hinunter gleitet. Dächer, Alleen, Schornsteine springen uns entgegen, größer und größer wird der kleine Rasenplatz, auf den wir zielen, und nun sehe ich, er ist das Flugfeld, und die paar trüben Trauben und Haufen schwärzlichen Gewimmels darauf sind die Menschenmenge. Herrgott, wir fahren mitten in sie hinein! Wir stürzen vorwärts wie rasend, immer dem schwarzen Haufen entgegen, ich sehe einzelne Gruppen und Figuren schon deutlich, sie sind schon dicht vor uns, Weiber schreien auf, Kindermägde rennen entsetzt und verzweifelt mit ihren Babywagen davon, Knaben laufen Galopp, fallen, geben es auf. Wir aber nehmen, es geschieht ohne mein Wissen und fährt mir nochmals, zum letzten Male wunderlich kitzelnd durch den Magen, wir nehmen einen kleinen Anlauf, machen einen Sprung und sind wieder in der Luft. Wir haben nur den Platz für die Landung gesucht und umfliegen das große Feld noch einmal im Kreise, niedriger und

niedriger streichend. Längst ist der große Horizont versunken, die Erde wallt zu uns herauf, die Menschenhaufen atmen uns entgegen. Nochmals fliehen sie vor unserer Maschine davon, eine Gasse entsteht, wir gleiten nieder.

»Noch nicht! O noch nicht!« will ich flehend rufen. Die kleinen Räder sind schon aufgeprallt, ein Ruck im Sitz, die Erde ist unter uns und nimmt uns auf, und da halten wir schon, tausend Menschen brüllen und stürzen sich auf den Apparat. Mit einem sonderbaren Gefühl von Kleinheit und Scham steige ich aus, klettere auf die Erde hinab, entkleide mich der Brille, der Mütze, des Mantels, gebe dem Flieger die Hand und gehe hinweg, durch das dichte Volk hindurch, keines Gefühls noch Gedankens sicher, aber in allem, was ich an Sehnsucht und Abenteuerbedürfnis und unbezwinglich triebhaftem Fernweh in mir habe, neu erregt und gestärkt und vertieft. (1912)

Poetische Grabreden

Vor Jahren führte mir der Zufall einmal ein drolliges Gedichtbuch aus der Urgroßvaterzeit in die Hände, das mir damals vielen Spaß gemacht hat und aus dem ich mir manche Verse notiert habe. Die Gedichte dieses originellen Buches waren so komisch und dabei so merkwürdig stilsicher, daß ich an jedem etwas zu lachen und etwas zu bewundern fand.

Das Buch ist gedruckt im Jahr 1839 und heißt: »Melpomene, oder Grablieder. Verfaßt und herausgegeben von Michael von Jung, Pfarrer in Kirchdorf bei Memmingen an der Iller.« Es ist nur das erste von zwei angekündigten Bändchen; ob das zweite je erschienen ist, konnte ich nicht ermitteln.

Hinter dem Titel kommt ein Kupferstich: Zwischen Gräbern, Kreuzen und Totenschädeln steht eine Muse und spielt Gitarre. Dann kommt das Vorwort, und hier lernen wir den düsteren Grabliedermann als einen freundlichen Optimisten und lieben besorgten Pfarrherrn kennen. Der Verfasser hat die meisten dieser Grablieder an Gräbern gesungen und schon seit 26 Jahren die Beobachtung gemacht, daß sie mit mehr Aufmerksamkeit angehört wurden als Leichenreden.

»Und sollten diese Grablieder auch nicht gesungen werden, so

verschaffen sie doch gewiß eine interessante Lektüre, und wer sie benützen will, wird sie gewiß nicht ohne Teilnahme lesen.«
»Am zweckmäßigsten scheinen sie von Werk- und Sonntagsschülern benützt zu werden, ihnen als Gegengift gegen die leichtsinnigen weltlichen Lieder zu dienen usw. Nicht minder enthalten sie Vorsichtsmaßregeln bei Krankheiten und Lebensgefahren, um durch die Beobachtung derselben nicht vor der Zeit des natürlichen Todes unter der Sense des Knochenmannes gewaltsam fallen zu müssen.«
Diese ehrliche Hochschätzung des menschlichen Lebens, die zwar etwas im Widerspruch steht mit vielen der Lieder selbst, wo stets der Tod als Erlöser und Eingang zur Seligkeit hoch gepriesen wird, diese warme Anhänglichkeit ans irdische Dasein ist des Pfarrers und Dichters innigstes Bekenntnis. Das geht gleich aus dem Eingangsgedicht hervor: »Der Verfasser an den Tod.« Hier zählt Pfarrer Jung beredt und dankbar alle die vielen merkwürdigen Fälle auf, wo er in Lebensgefahr oder doch in Todesängsten war. Man höre:

> Denn als am Nervenfieber hier
> Bei sechzig Menschen lagen,
> Wie bange hatte da vor dir
> Mein armes Herz geschlagen!
> Besonders als des Fiebers Wut
> Mir schon in Eingeweid und Blut
> Und in den Nerven tobte
> Allein da nahm ein Vomitiv
> Mir alle Fieberhitzen;
> Du ließest mich, als ich entschlief,
> Am ganzen Leibe schwitzen usw.

Allein damit sind die Gefahren noch nicht vorüber, denn:

> Nach diesem kam die Wassersucht
> Und ein Entzündungsfieber,
> Doch gnädigst nahmest du die Flucht
> Und gingest mir vorüber;
> Auch hat mich dir ein heiser Fluß
> Sechs Jahre lang an einem Fuß
> Gedroht zu überliefern

Auch bin ich einmal zwanzig Schuh
Im Turm herabgestürzet,
Doch ohne daß dabei mir du
Das Leben abgekürzet:
Zum Glücke war der Boden hohl,
Sonst hätte dieser Fall mir wohl
Den dummen Kopf zerschmettert.

Der gute, ängstliche Herr lobt nun den Tod, der schmeichelt ihm, er will sich durchaus gut mit ihm stellen:

Deswegen bin ich auch mit dir
Bisher sehr wohl zufrieden,
Nur bitt ich dich: erlaube mir,
Gesund zu sein hienieden usw.

Bei jenem schlimmen Nervenfieber, bei dem auch der Dichter selbst sich in Gefahr gefühlt hatte, starb ein Konrad Beck, ein durchziehender Soldat, und ihm ist eines der schönsten Grablieder gewidmet. Man sieht den Mann erkranken, sieht die Gefahr der Ansteckung für andere, sieht den Physikus, der gegen das Fieber Schlottermilch vorschreibt:

Er wollte so die Fieberhitz'
Durch ihre Kälte dämpfen
Und so des Übels ersten Sitz
Im Magen schon bekämpfen;
Doch bei dem teuren Konrad Beck
War dieser wohlgemeinte Zweck
In Bälde schon vereitelt.

Konrad Beck starb und hinterließ eine Seuche im Dorf:

Man mußte also eiligst auf
Die besten Mittel denken,
Den todgebärenden Verlauf
Zum Leben einzulenken,
Und durch den pünktlichsten Gebrauch
Derselben doch den Gifteshauch
Der Seuche zu ersticken.

> Dann drang man drauf mit Pünktlichkeit
> Die Kranken zu bedienen,
> Gab ihnen zur bestimmten Zeit
> Die besten Medizinen
> Und hielt sie reinlich früh und spät
> Und wich nicht ab von der Diät,
> Vom Arzte vorgeschrieben.

Nicht minder praktische und vernünftige Gesinnungen zeigt der Dichter bei Anlaß eines Duells, wobei der junge Graf von Illerfeld erstochen wurde. Seine Schilderungskunst ist auch diesem aufregenden Vorgang völlig gewachsen, treulich malt er alles aus bis zu dem verhängnisvollen Moment:

> Der Graf kam in die Defensive
> Und Fritz gewann die Oberhand,
> Durchbohrte seines Herzens Tiefe
> Und warf ihn mordend in den Sand.

Mit maßvollen, doch gerechten Worten verwirft der Wackere die Unsitte des Duells:

> Denn was beweisen die Duelle?
> Sie zeigen uns nichts andres an,
> Als wer mit mehr geübter Schnelle
> Und mehr Gewandtheit fechten kann.
> Daß aber der gewandtre Fechter
> Auch reicher sei an Tugendkraft,
> Hingegen der Besiegte schlechter,
> Bleibt allemal noch zweifelhaft.

Kann man das klarer und würdiger sagen? Es ist reinster Biedermeierstil, und gleich manchem guten Handwerker seiner Zeit ahnte auch der Dichter der Melpomene wahrscheinlich nicht, wie sehr seine Enkel sich am Stil seiner Verse einst erfreuen würden. Auch ein so schwerer Fall wie der, daß ein Mann mit einem Regenschirm erstochen wurde, findet den Grabdichter sattelfest. Er gibt alle Details mit Sorgfalt und schildert auch alle Anstalten zur Rettung des Verunglückten, die aber vergeblich waren:

Denn leider nahm die Hirnentzündung
Unwiderstehlich überhand,
Wodurch am Ende die Verbindung
Der Seele mit dem Leib entschwand.

»Bei dem Grabe eines vorzüglichen Schullehrers« findet er folgende Worte des Trostes, die zugleich von seinem loyalen Gemüt das beste Zeugnis geben:

Kein Wunder also, wenn wir ihn
So schmerzlich nun vermissen
Und sein Verlust uns alle hin
In tiefe Trau'r gerissen;
Es bleibt uns nur der Trost, daß ihn
Die höchste Schulbehörde
Durch einen Mann von gleichem Sinn
Und Wert ersetzen werde.

Die Stoffe scheinen einer geheimen Anziehungskraft des Poeten zu folgen; in seinem Dörflein passieren die wundervollsten Todesfälle. Kinder ersticken im Kohlendampf, was ihn zu der Folgerung reizt:

Die Kohlendämpfe taugen nicht
Zum Atmen für die Lungen ... usw.

Ein Bauer spießt unachtsam sein eigenes Kind auf die Heugabel:

Er zog die Gabel plötzlich
Aus dem durchbohrten Bauch,
Doch schon war unersetzlich
Des Kindes letzter Hauch.

Ein Mann stirbt an Auszehrung:

Denn schon vor sieben Vierteljahren
Verlor er seine Lebenskraft,
Und alle Medizinen waren
Von keiner Heilungseigenschaft.
Zwar schien es einmal gut zu werden,

> Allein es war und blieb nur Schein,
> In Bälde stellten die Beschwerden
> Nur größer noch sich wieder ein.

So geht er den Einzelheiten der Krankengeschichten nach, alles notierend. Von einer Wassersüchtigen berichtet er:

> Zwar des Arztes Hand punktierte
> Sie durch einen Lanzenstich,
> Was sie aber nicht kurierte,
> Wenn auch gleich das Wasser wich.

Eine Perle ist das Grablied für den Mann, der in der Betrunkenheit erfror:

> Schon seit dem 1. Februar
> War eine solche Kälte,
> Daß sie den Blutumlauf sogar
> In vielen Adern stellte;
> Sie stieg am Kältemesserstab
> Auf sechsundzwanzig Grad hinab,
> Wie jedermann bekannt ist.
> Wer also konnte, blieb zu Haus
> Beim warmen Ofen sitzen
> Und ging nicht in die Luft hinaus –

Nur der Unselige macht eine Ausnahme:

> Nicht so, der hier im Grabe ruht:
> Er suchte in der Schänke
> Zu widerstehn der Kälte Wut
> Durch geistige Getränke;
> Genoß jedoch von diesem Saft
> So viel, daß seiner Füße Kraft
> Ihn kaum noch tragen konnte.

So ereilte ihn denn sein Schicksal. Am Schlusse nimmt der Grabdichter zur Alkoholfrage Stellung:

Besonders ist der Branntewein
Zum Trunk nicht nur entbehrlich,
Er schläfert auch die Sinne ein
Und wird dadurch gefährlich,
Er schwächt die Leib- und Seelenkraft,
Und trocknet auf den Lebenssaft,
Anstatt ihn zu vermehren.

Die Psychologie eines Mörders verfolgt er mit Spürsinn bis in die Jugendzeit zurück:

Er war als Knab ein Glied geworden
Der ehrgeacht'ten Metzgerzunft
Und suchte also durch das Morden
Der Tiere seine Unterkunft.
Durch dieses war das Blutvergießen
Und Morden seine größte Lust,
Er sah das Blut mit Freuden fließen
Aus der durchstochnen Tiere Brust.

Es ist schwer, ein Ende zu finden. Meine kleine Auswahl gibt nur ein kärgliches Bild von der Menge der Situationen, denen der melpomenische Dichter sich gewachsen zeigt.
Mancher wird nun denken, ich mache mich da mit Unrecht über einen wohlmeinenden Mann lustig, der seit Jahrzehnten im Grabe ruht, das er so oft besungen hat. Aber ich halte seine Verse durchaus nicht für schlechter oder dümmer als die der heutigen Dilettanten, deren Gesäusel, auch wenn es noch so ästhetisch tönt, mir nicht halb so lieb ist als das Hausgeselchte unsres Pfarrers von Kirchdorf. (1912)

In Kandy

Kandy soll der hübscheste Ort auf der schönen Insel Ceylon sein, und die Eisenbahnfahrt dahin von Colombo aus ist eine tolle Folge von Überraschungen und Schönheiten. Kandy selbst aber ist der Rest einer sehr alten Königs- und Priesterstadt, und neuerdings ist es dem Gelde der Engländer gelungen, ein bequemes, sauberes, verdorbenes Hotel- und Fremdennest daraus zu machen. Trotzdem ist Kandy schön; denn mit allem Gelde und allem Zement der Welt läßt sich das strotzende Wachstum dieser Landschaft nicht kaputtmachen. Da sieht man an grünen Hügelhängen den ganzen überschwenglichen Busch- und Baumwuchs noch viel überschwenglicher von Schlingpflanzen überwachsen, abenteuerlich großblumige Winden und Klematis blühen und duften in ganzen Kaskaden ins Tal herab, wo der künstliche See unheilbar an seinem grotesk unorganischen Zuschnitt leidet. Mutige Engländer gehen an diesem See spazieren, wo alte Frauen mit rostigen Schwertern den Rasen abmähen, und die englischen Spaziergänger fühlen sich nicht belästigt von dem unablässigen Zudrängen der Kutscher, Rikschakulis, Händler und Bettler, die sich kriechend und schamlos anbieten; denn die Engländer sind reich und sind geniale Kolonisatoren, und es macht ihnen ein Hauptvergnügen, dem Untergang der von ihnen erdrückten Völker zuzuschauen. Denn dieser Untergang geht überaus human, freundlich und fröhlich vor sich, er ist kein Totschlagen und nicht einmal ein Ausbeuten, sondern ein stilles, mildes Korrumpieren und moralisches Erledigen. Immerhin, dieser englische Betrieb hat Stil, und Deutsche oder Franzosen würden es viel schlimmer und viel dümmer machen, wie ja überhaupt der Engländer der einzige Europäer ist, der draußen unter den Naturvölkern nicht komisch wirkt. Ich ließ mich denn auch nicht abschrecken, sondern versuchte gleich am ersten Tage möglichst viel von Kandy zu sehen. Leicht ist dies nicht, wenn man offene Ohren und ein etwas zartes Gemüt hat; denn ein Spaziergang durch die Stadt bedeutet ein anstrengendes und empörendes Spießrutenlaufen zwischen den Hyänen der Fremdenindustrie, wie man es auch in Europa nur an den vom englischen Gelde beglückten Fremdenplätzen erleben kann. Schließlich ist man froh, sich zu dem grinsenden Rikschakuli zu flüchten, der einem zwanzigmal mit seiner Wagendeichsel den Weg versperrt und den man zwanzigmal weggejagt hat; er hatte recht, er wußte genau, daß er und alle seine Kollegen jeden Versuch eines Neulings, in Kandy spazierenzugehen, stets mit der Flucht in einen Wagen enden lassen.

Nun, man kann sich an vieles gewöhnen. Ich hatte mich mit der Hitze von Singapore und Colombo, mit den Moskiten des Urwalds, mit indischen Mahlzeiten, mit Durchfall und Kolik abgefunden, so mußte es auch hier gehen. Ich lernte, an den schönsten kleinen Mädchen mit den traurigsten schwarzen Inderaugen vorbeizusehen, wenn sie bettelten, ich lernte die weißhaarigsten Urgroßväter, die wie Heilige aussahen, mit kalten Blicken zurückweisen, ich gewöhnte mich an ein treues Gefolge von käuflichen Menschen jeder Art, das ich durch feldherrnhafte Handbewegungen und grobe Zurufe in Schranken zu halten wußte. Ich lernte sogar, mich über Indien lustig zu machen, und ich schluckte die scheußliche Erfahrung, daß der seelenvolle, suchende Beterblick der meisten Inder gar nicht ein Ruf nach Göttern und Erlösung ist, sondern einfach ein Ruf nach Money.

Als ich aber beinahe so weit war, beging ich in meinem Übermut die Tollheit, eines Nachmittags mit meinem Schmetterlingsnetz in der Hand auszugehen. Daß das die Neugierde und vielleicht den Spott der Straßenjugend provozieren würde, hatte ich im voraus bedacht – dagegen war ich von den sonst so gutmütigen Malayen her abgehärtet – und wirklich riefen sämtliche Gassenbuben mit Gelächter mir etwas gurgelnd Singhalesisches nach. Ich fragte einen singhalesischen studierenden Jüngling, der mir mit Büchern unterm Arm begegnete, was der Ausruf bedeute; er lächelte höflich und sagte leise: »*Oh, master, they are telling that you are an Englishman who is trying to catch butterflies!*« Die Buben sahen freilich drein, als hätten sie weniger harmlose Sachen gerufen. Zufrieden ging ich weiter und war auch dadurch nicht zu überraschen, daß zahlreiche andere Jungen sich mir anschlossen, die mir gute Schmetterlingsplätze zeigen wollten, mich mit Eifer auf jede vorüberschwirrende Fliege aufmerksam machten und dabei jedesmal die Hand um einen Penny ausstreckten. Dies alles konnte mich kaum mehr stören, und als die Straße stiller wurde und ein naher, schmaler Waldweg Einsamkeit verhieß, schlug ich aufatmend mit einem Rest von Humor die letzten Peiniger in die Flucht und bog rasch in den rettenden Pfad ein.

So geht der Mensch verblendet seinen Weg und glaubt zu siegen, wo er der elend Geschlagene ist. Während ich stolz dahinschritt und mir einbildete, ich habe es wieder einmal sehr schlau gemacht, war schon das Verhängnis über mir und eine Angel nach mir ausgeworfen, die ich nicht ahnte und an der ich lange zu schlucken haben sollte. Die ganze Zeit her war dreißig Schritte hinter mir ein schöner stiller Mann oder Herr gegangen, mit krausem tiefschwarzem Haar, mit braunen traurigen Augen und einem schönen schwarzen Schnurrbart. Er hieß, wie ich später er-

fahren sollte, Victor Hughes, und es war mir vom Schicksal bestimmt, dieses Mannes Opfer zu werden.
Mit ehrerbietigem Gruße trat er zu mir heran, lächelte mit feiner Höflichkeit und erlaubte sich, mich in tadellosem Englisch darauf aufmerksam zu machen, daß dieser Weg in einen Steinbruch führe und daß hier keinerlei Ausbeute an Schmetterlingen zu hoffen sei. Dort drüben hingegen, mehr rechts, sei keine üble Gegend und dort südlich, auf der andern Talseite, sei einer der allerbesten Plätze. Ehe ich viel mehr als Ja und Nein und Dankeschön gesagt hatte, waren wir in einer Art von Konversation und persönlicher Verbindung; aus den klugen bekümmerten Augen des schönen Menschen sah mich ein altes, vornehmes, unterdrücktes Volkstum mit stillem Vorwurf an, aus seinen Worten und Gebärden sprach eine alte Kultur wohlgepflegter Höflichkeit und zarter buddhistischer Sanftmut. Ich begann alsbald diesen Mann mit einer Mischung von Mitleid und Hochachtung zu lieben. Als weißer Fremdling im Tropenhut war ich der Herr, der Master und Sahib, vor dem er als armer Eingeborener sich neigte; seine aristokratische Erscheinung aber, seine Orts- und Sachkenntnis und sein vortreffliches Englisch gaben ihm eine Überlegenheit, die ich alsbald empfand. Denn Victor Hughes verstand auch von Schmetterlingen unendlich viel mehr als ich; er nannte mit kollegialem Lächeln ganze Reihen von lateinischen Namen, die ich nie gehört hatte, zu denen ich aber gönnerhaft nickte, um meinen kindlichen Dilettantismus zu verbergen. Ich sagte auch ein paarmal zwischenhinein mit verlegen väterlichem Ton (dem Ton, den der Engländer dem Eingeborenen gegenüber eingeführt hat): »*Yes, yes, my dear man, I know all about Kandy-butterflies!*« Er sprach mit mir über indische Schmetterlinge, wie etwa der erfahrene Obergärtner eines Palmengartens mit einem fremden Besucher spricht, den er für einen Botaniker hält. Mein schlechtes Englisch, mit dem ich möglichst sparsam umging, ließ mich nicht zu Erklärungen kommen, so daß ich unversehens mich immer tiefer in die Lüge verstrickte und, fast ohne etwas zu sagen, mit stummem Spiel immer mehr die Rolle des Kenners und wissenschaftlichen Sammlers übernahm.
Als wir so weit miteinander waren, als ich Herrn Victor Hughes schweigend das Recht zuerkannt hatte, mich als eine Art von wenig höherstehendem Kollegen anzusehen und mir Interessen und Absichten zuzutrauen, die ich gar nicht hatte, da zauberte er, völ-

lig überraschend, aus seinen Gewändern plötzlich eine hübsche kleine Holzkiste hervor, auf seinem edeln Gesicht erschien, meinen sofort emporgeschnellten Argwohn bestätigend, ein schmeichelndes Hausiererlächeln, er öffnete die Truhe mit einer einladenden Gebärde, und ich sah auf weißem Grunde eine wundernette, tadellos präparierte Sammlung von Schmetterlingen und Käfern ausgebreitet, die er mir für die Kleinigkeit von fünfzehn Rupien zum Kauf anbot.
Ich sah sofort den ganzen Umfang der Gefahr; aber ich war wehrlos. Es war mir unmöglich, diesem höflichen und beinahe gelehrten Singhalesen gegenüber plötzlich den Standpunkt zu wechseln, ja, die Enthüllung seiner Absichten, seiner heimlichen Bedürftigkeit steigerte beinahe meine Sympathie oder mindestens mein Mitleid für ihn, und doch hatte ich keinerlei Lust zu kaufen, ich war sogar genötigt, mit dem Rest meiner Reisekasse sehr sparsam umzugehen.
So stimmte ich denn meinen Ton um einen Schatten kühler und erklärte bedauernd, daß ich zwar ein Sammler, nicht aber ein Käufer von Schmetterlingen sei, daß überdies fertig präparierte Exemplare für mich ganz ohne Interesse seien.
Mr. Hughes begriff das vollständig. Gewiß, solche Sammler wie ich kauften ja niemals aufgespannte Falter, er habe sich das gleich gedacht und mir nur eine kleine Probe zeigen wollen. Selbstverständlich würde ich nur frische Exemplare in Papiertüten kaufen, die er mir heute abend zu zeigen gedenke. Er wisse, daß ich im Queens Hotel wohne: ob ich dort um sechs Uhr zu finden sei?
Das wisse ich nicht, antwortete ich kurz, und jetzt sei es mein Wunsch, meinen Spaziergang ungestört fortzusetzen. In bester Form zog er sich zurück, und wieder glaubte ich entronnen zu sein und Ruhe zu haben.
Aber nun war Hughes zu meinem Schicksal geworden. Er stand am Abend in der Halle des Hotels, er begrüßte mich anspruchslos, und wir wechselten ein paar Worte übers Wetter, da zauberte er hinter einer Säule des Vestibüls hervor eine ganze Anzahl von Schachteln, Dosen und Kistchen, und ich sah mich im Augenblick von einer reichen, geschickt ausgebreiteten Schaustellung indischer Falter umgeben. Zuschauer kamen an den Tisch, Victor Hughes zeigte eine Reihe von englischen, amerikanischen, deutschen Anerkennungsschreiben und Bestellbriefen vor, und je mehr Publikum sich einfand, desto weniger mochte ich mich mit

meinem übeln Englisch zur Schau stellen. Ich stand plötzlich auf, als falle mir etwas Wichtiges ein, ließ Hut und Mantel liegen und eilte zum Lift, mit dem ich in das dritte Stockwerk entfloh. Mit dieser Flucht hatte ich das Heft vollends aus der Hand gegeben.
Von da an sah ich in Kandy nichts anderes mehr als meinen Herrn Hughes. Er stand an jeder Straßenecke, die ich zu Fuß passierte, er hob den Mantel auf, der mir vom Wagen glitt, er kannte meine Zimmernummer im Hotel und die Zeit meiner Ausgänge und Mahlzeiten. Wartete ich morgens mit dem Ausgehen bis acht Uhr, so stand er an der Treppe, verließ ich andern Tages das Haus schon um halb sieben, so war er auch da. Wenn ich sorglos in einem Kaufladen ausruhte und Ansichtskarten auswählte, erschien er lächelnd am Ladeneingang, eine kleine Kiste unterm Arm, und wenn ich draußen im Walde einen Fehlschlag mit dem Schmetterlingsnetz tat, so bog Hughes um die Ecke, deutete dem entkommenen Falter nach und nannte seinen lateinischen Namen. »Ich habe gute Exemplare davon, auch Weibchen; ich bringe sie um sieben Uhr ins Hotel!«
Nach einigen Tagen hatte er es erreicht, daß ich kein höfliches Wort mehr mit ihm sprach, ihm aber etwas für zehn Rupien abkaufte. Nun hatte ich mir das Recht erworben, ihn zu ignorieren, ihn anzuschnauzen, ihn mit barscher Gebärde von mir zu weisen. Er war aber immer da, war immer schön und höflich, blickte traurig aus braunen Augen, sprach mich freudig an und ließ ergeben die mageren braunen Hände sinken, wenn ich schalt, und immer trug er in der Tasche oder im Lendentuch verborgen ein Kästchen, eine Schachtel, eine Dose bei sich, früh und spät, und immer neue Sachen, bald einen riesigen Atlasfalter, bald ein »lebendes Blatt«, bald einen Goldkäfer oder Skorpion. Er trat aus dem Schatten eines Pfeilers hervor, wenn ich den Speisesaal verließ, er war verwandt mit dem Händler, bei dem ich Zahnpulver kaufte, und befreundet mit dem Wechsler, bei dem ich mein Geld wechselte. Er begegnete mir am See und beim Tempel, im Wald und auf der Gasse, er begrüßte mich frühmorgens nach dem Bade und stand spät abends, wenn ich vom Billardsaal herüberkam, müde und vorwurfsvoll im Vestibül, mit höflich geneigtem Kopf und stillen, wartenden Augen und mit irgendeinem verborgenen Schatz im Gewande. Ich gewöhnte mich daran, ihn von weitem im Gedränge der Straße zu erkennen und zu fliehen, ihn plötzlich nahen zu fühlen und meine Blicke zu versteinern, ich lernte auf

Ausflügen jeden Seitenpfad mit Mißtrauen nach seiner Gestalt absuchen und das Hotel heimlich, wie ein Zechpreller, verlassen. Er erschien mir mehrmals im Traum, und ich wäre nicht erstaunt gewesen, ihn abends unter meiner Bettstatt verborgen zu finden...
Niemals kann ich mehr an Kandy denken, ohne ihn zu sehen, sein Bild ist mir stärker eingeprägt als alle Palmen und Bambusse, Tempel und Elefanten. Und als ich Ceylon längst verlassen hatte und seit vielen Tagen auf dem Wasser war, passierte es mir noch gelegentlich, daß ich morgens beim Gang von der Kabine aufs Deck mit einem Gefühl von Bangigkeit und Beschämung um mich blickte, ob nicht an einer Türe, hinter einem Pfeiler, in einem Korridor Victor Hughes auf mich lauere... (1912)

Winterausflug

Von Bern, wo der Nebel drückte und mittags das Wasser von den Dächern rann, war ich für ein paar Ausruhtage nach Grindelwald geflohen und saß dort in einem schönen, bequemen Engländerhotel. Bei der Ankunft war ich nicht wenig enttäuscht gewesen, es lag kaum noch ein winziger Rest von Schnee, und ich wurde, als ich mit meinen Skiern auf dem Rücken durchs Dorf schritt, von jedermann mit Verwunderung und Mitleid betrachtet. Bald aber vergaß ich das und hatte nichts dagegen, meine Skier im Kellerdepot ruhen zu lassen. Das Wetter war glänzend, eine milde Sonnigkeit mit kalten Nächten, tagsüber windstill, aber offenbar in der Höhe föhnig, denn Tag für Tag sah man jene federfeinen zerblasenen Wölkchen, die stets auf Föhn deuten, in breiten parallelen Reihen und Streifen wie Pfauenflügel sich über den zartblauen Himmel ausbreiten.
Das wunderbare Grindelwalder Tal, das ich seit zehn Jahren nimmer gesehen hatte, lag in der Tiefe fast schneefrei, und an warmen Mittagen konnte man oberhalb des Dorfes den dünnen Schnee von den Steinen tropfen und auf jungem grünem Kraute glänzen sehen wie im Frühling. Daneben lagen Mulden und verwehte Tobel unergründlich voll Schnee, und es geschah beim Spazierengehen immer wieder, daß man unversehens in so einem Schneeloch verschwand und lange zum Wiederaufstehen

brauchte. Die herrliche Landschaft sprach wieder stark zu mir, es gibt wenig Alpentäler, wo auf so kleinem Raume sich so viel Größe und Schönheit entfaltet: das kühne, wuchtige Wetterhorn, der finstere, wilde, oben messerscharfe Eiger in seiner erdrückend nahen Riesigkeit, dahinter die wilde, verlassene und verrufene Welt bis zu den Fiescherhörnern und dem Finsteraarhorn und dazwischen die beiden Gletscher in ihrer rauhen, feindlichen Wüstheit und giftigen Bläue. Das alles liegt so nahe beieinander, daß man es mit einem einzigen Blick umfassen kann, und dabei steht man selbst in einem schönen, reichen Tal mit hübschen Hütten und üppigen Weidehängen, und jenseits auf der Sonnenseite liegen sanfte Höhen und Sättel und eine Reihe von kleineren, bequemen Gipfeln, vom Faulhorn bis zur Schynigen Platte. Steigt man zur Kleinen Scheidegg hinauf, so steht man zum Erschrecken nahe vor den gähnenden Gletscherwildnissen des Mönchs und der Jungfrau, deren schöner silberner Gipfel über dem Wust von Eis und Stein in der Bläue lacht. Und spaziert man zur Großen Scheidegg, so hat man zur Rechten die steile Riesenwand des Wetterhorns, ein paar tausend Meter weißen Granit, links das Profil des Schwarzhorns mit der langen, ernsthaften Nase, und vor sich das Tal und die fernen Berge der Zentralschweiz.

So gut es mir in meinem feinen Hotel erging, zuweilen zog ich es doch vor, ein Glas Wein oder einen Wermut in einer bewährten Dorfschenke zu nehmen und mir ein wenig von dem erzählen zu lassen, was in diesen zehn Jahren hier passiert war. Das wichtigste war der Tod des Pfarrers Straßer, der unter dem Namen des Gletscherpfarrers im ganzen Oberland berühmt und auch mir wohlbekannt gewesen war. Er hatte zu jedem Anlaß schwungvolle Gedichte hergestellt und war eine dekorative Figur gewesen, die man sich nicht wegdenken konnte, aber auch ein Mann, ein Freund und Helfer, auf den ein Verlaß war. Der ist also nicht mehr da. Als ich es hörte, fiel mir gleich der feine alte Friedhof von Grindelwald wieder ein, den ich damals, vor zehn Jahren, oft besucht hatte, und ich beschloß, nächstens einmal hinzugehen und unserm Freund Straßer einen dankbaren Besuch am Grabe zu machen.

Dazwischen wehte das bunte Winterleben an mir vorüber, der ganze liebe Jahrmarkt froher Menschlichkeit, alte Herren steif auf Schlittschuhen, mit Krämpfen in den Waden, alte Damen auf kleinen Schlitten, quiekend, schöne Jugend in farbigen Sportkleidern. Obenan die Engländer, würdig und bewußt in aller Beweglichkeit, sachlich beim Sport und Herrscher auf den Eisplätzen, die Deutschen unsicherer und weniger einheitlich, dazwischen die paar Italiener drollig und etwas affektiert in schreienden Kostümen, aber kaltschnäuzig und todesfrech auf der Bobsleighbahn.

Eines Morgens sah ich vom Hotel aus das Oberdorf so schön in der Sonne liegen, daß ich rasch hinaufging, einem frühlingshaften Blau entgegen. Da stand hell und sauber das alte hübsche Kirchlein, und kaum sah ich es, da fiel der verstorbene Pfarrer mir wieder ein, und ich trat in den kleinen, stillen, sonnigen Friedhof, um ihn zu besuchen. Da hatte er sich den schönsten Platz ausgesucht, so geschützt und warm und ab vom Wind, wie er für einen verdienten alten Herrn zum Ausruhen paßt, nahe an seiner Kirche, in der er so oft gepredigt und gesungen hat. Ein Fliederbaum malt übers Grab ein feines Schattennetz, und die Berge schauen oben herein. Er liegt gut, unser Freund, und wir wollen es ihm gönnen, auch wenn es uns einmal nicht so gut geht. Mich aber, wenn ich nicht durch Zufall auch einen solchen exemplarischen Winkel zum Ausruhen bekommen kann, mich soll man einmal nicht in so einen gottverlassenen Stadtfriedhof legen, wo an den Mauern die Trambahn vorbeisurrt und wo die Torheit und Eitelkeit der Leute sich in Stein und Glasperlen austobt. Dann viel lieber in einem schönen, raschen Feuer für immer verschwinden!

Das Kirchhöflein tröpfelte und sönnelte leise, kein Mensch war da, und nur ein paar Vögel raschelten in den Büschen. Leise ging ich durch die bescheidenen Gräber, wo die Namen der alten Familien sich auf den Kreuzen immer wiederholen, die Baumann, Bernet, Bohren, Brawand, und ich blieb bei einem großen, vornehmen Steingrabe stehen, wo vier Männer liegen, zwei Engländer und zwei Führer, die auf dem Gipfel des Wetterhorns der Blitz erschlagen hat. Sie ruhen schön an einem guten Platz, und nicht schlechter ruhen die Verschollenen, die zwischen Grindelwald und dem Berglistock oder dem Finsteraarhorn im Eis verlorengegangen sind. Dort über dem Gletscher und hinter den rauhen, vereisten Graten blaute der Himmel so warm und tief, daß es wie ein Gruß vom Land da hinten war, von Italien, von dem wir in Bern so entsetzlich weit entfernt und abgeschnitten sind, das wir aber nun bald, wenn die Lötschbergbahn fertig ist, in ein paar Stunden werden erreichen können. Es gibt nichts in der

Welt, worauf ich sehnlicher warte, als auf das Fertigwerden dieser Bahn.

Behaglich sah ich mir die Gegend wieder an, besuchte den oberen und unteren Gletscher, stieg zur Großen Scheidegg hinauf, durchstöberte das Tal oder fuhr die kleinen schneidigen Schlittwege hinab. Und schließlich machte ich mich eines Morgens auf den Weg, um auch die Kleine Scheidegg wieder einmal aufzusuchen. Ich war um Mittag oben und traf strahlende, warme Sonne an. Gegen die Wengeralp hin lag das schräg abfallende Tal tief und weich verschneit, sonst war auch hier der Schnee nicht sonderlich tief, und man sah die starrenden Gletscher dieser unvergleichlich wilden Gegend unter dünner Decke blaugrün und listig funkeln. Im vorigen Jahr ist ein bekannter Grindelwalder Führer über den ganzen Mönchsgletscher, zu dessen Traversierung man sonst bange Stunden braucht, auf Skiern in vier Minuten weggefahren. Jetzt könnte man da oben keine Skier brauchen, die kalten, blauen Eishöhlen und Spalten grinsen fast unverhüllt herüber.

Ich hatte oben etwas zu essen bekommen und sonnte mich nun eine gute Stunde lang. Ich hatte von Grindelwald einen kleinen Rodelschlitten mitgenommen, auf dem saß und lag ich nun ruhend ausgestreckt und atmete die reine Sonnenluft, bis es Zeit war, aufzubrechen. Ich hoffte, den Weg nach Grindelwald zurück zum größten Teil auf dem Schlitten zurücklegen zu können. Vergnügt zog ich die Handschuhe an, setzte mich und fuhr der Schräge nach gegen den Wald hinab. Das ging geschwinder als ein Schnellzug, aber gar nicht lange. Ich fuhr vielleicht hundert Meter hinunter, da brach ich mit den Beinen durch die gefrorne Schneekruste, blieb stecken, überschlug mich zweimal und kam schließlich ganz sanft im tiefen Schnee auf den Kopf zu stehen, während mein Schlitten wie ein fideler kleiner Hund munter den Berg hinunterrannte. Wütend stand ich auf und hatte lange zu tun, bis ich auf dem Boden des nächsten Bachtobels mein Schlittchen wiederfand, das ich von da an nimmer losließ. Die Fahrt ging nun weiter, bald im Hui über glatten Schnee und steile Halden weg, bald mühsam watend durch Wehen und Mulden, und oft war ich froh, mich ein paar Minuten an den braunen Zweigen der Alpenrosen festhalten zu können, die aus dem Schnee hervorschauten. Ich war falsch gefahren und verlor mich mehr und mehr dem Walde nach, bis ich einsah, daß ich so vor Nacht nimmer heimkommen könne. Es war bitter, aber ich mußte die ganze Höhe, die ich während einer guten Stunde teils geschlittelt, teils gewatet war, mühsam wieder zurücksteigen. Es geht nämlich eine Zahnradbahn von Grindelwald nach der Scheidegg, die zwar jetzt nicht im Betrieb ist, deren Schienen aber fast überall zutage liegen und sichtbar sind. Dieser Bahn beschloß ich zu folgen, sobald ich sie erreicht hätte. Es ging lange und war beschwerlich, und dann mußte ich erst noch eine lange Strecke meinen Schlitten den Geleisen entlang ziehen, denn die Trasse war eisig, und daneben fiel die Stützmauer zwanzig Meter hinab. Dann aber schien es praktikabler zu werden, ich setzte mich mit Gottvertrauen auf den Schlitten, mit dem ich gut vertraut bin, legte das linke Bein als Führung auf die fast überall offen liegende Schiene und fuhr nun ohne weiteren Aufenthalt im Tempo eines guten Rennwagens die ganze Bahnstrecke hinab. Zuweilen hörte ich dumpfe metallene Schläge, spürte einen Schmerz im rechten Bein und eine Erschütterung im Kopf; dann war ich über eine Weiche weggefahren. Und einmal, ich darf es nicht verschweigen, verlor ich auch die Führung und verschwand übers Mäuerchen, doch kostete es mich nichts als meine Brille und ein paar Hautfetzchen. Und schließlich, es war 6 Uhr abends und tiefe, blaue Nacht, fuhr ich über eine kleine Brücke wie der Teufel aus der Schachtel in Grindelwald ein. Die Viertelstunde Gehens bis zum Hotel fiel mir schwerer als alles Bisherige, aber die Knochen waren ganz, und eine Stunde später saß ich vor einer heißen Suppe und einem Glas Karthäuser, und wenn das auch ein edler Wein ist, so hat er mir doch noch nie so wunderbar geschmeckt wie damals.   (1913)

Ein Reisetag

Wie leicht Bergamo erreichbar ist, hatte ich längst gewußt und war wieder einmal diesen schönsten Weg vom Gotthard nach Italien gefahren. Wie schwer es aber werden kann, von Bergamo wieder wegzukommen, erfuhr ich erst dieses Mal. Zwischen meinem Entschluß zur Abreise und der Abfahrt selbst vergingen zweieinhalb Tage. Das eine Mal war nirgends in der Altstadt ein Fahrplan zu finden, das andre Mal war gerade nach starkem Regen das Wetter unversehens gut geworden, das dritte Mal wurde ich von einem alten Musiker zum Kaffee eingeladen, den seine schöne Tochter einschenkte, wieder einmal hielt mich mein Gastwirt mit der Ankündigung eines wunderbaren Geißbratens zurück. Auch hoffte ich immer, doch noch einmal in die berühmte Pinakothek zu kommen, was aber trotz tagelangen Aufenthaltes nicht glücken wollte. Kurz, es war in Bergamo sehr schön, vom Sarg des Colleoni bis zum Kinematographen, von den hübschen Cafés der Neustadt bis nach San Vigilio hinauf, und da das Reisen auch in Italien Enttäuschungen bringen kann, blieb ich gerne Tag um Tag und hieß alle die Schwierigkeiten, die sich meiner Weiterreise in den Weg stellten, heimlich willkommen.

Endlich aber, an einem laufeuchten Nachmittag, saß ich doch in der Eisenbahn. Mein Wirt hatte mir einen glänzenden Zug nach *Cremona* ausfindig gemacht, in weniger als zwei Stunden sollte ich schon dort sein. Der Zug fuhr ab, von den Hügeln weg in die mächtige, hellgrüne Ebene hinein, unter gewaltigen Gewitterwolken hin, und ich genoß wieder tief den Anblick dieses reichen, schweren Landes, wo alles in Fülle gedeiht, was frohe Menschen zum Leben und Fröhlichsein brauchen. Alles ließ sich gut an, wir waren pünktlich abgefahren und reisten in einem flotten Tempo. Nach einer guten halben Stunde waren wir schon in Treviglio, wo merkwürdig viele Leute ausstiegen. Ich blieb allein im Wagen und sah dem Getriebe mit Behagen zu, da rief mich ein Schaffner an, auch ich müsse aussteigen. Und ich erfuhr, daß dieser Zug nicht weiter gehe, und wenn ich nach Cremona wolle, so habe ich in drei Stunden Anschluß.

So trug ich denn meinen Koffer hinaus und gab ihn am Bahnhof ab. Ich war mißtrauisch gegen diesen Knotenpunkt, da ich früher einmal mit einer ähnlichen Haltestelle schlimme Erfahrungen gemacht hatte. Damals war ich in Fossato Vico ausgestiegen, in der Nähe von Foligno, und hatte mir gedacht, an einem so wichtigen Punkte, wo alle Züge halten und Aufenthalt machen, müsse wohl irgend eine gute, alte, wohlige Stadt liegen, die nicht im Bädeker steht, und vielleicht gäbe es ein kleines Rathaus mit etruskischen Sachen anzusehen oder Ähnliches. Es war aber kein Rathaus und überhaupt keine Stadt da, und ich mußte einen Nachmittag auf dem Bahnhof verbringen. Das fiel mir wieder ein, als ich nachdenklich von der Station weg gegen das Städtchen schlenderte, auf einer staubig sonnigen Straße an kleinen ärmlichen Neubauten hin, die wenig versprachen. Aber es gab wirklich ein Städtchen, und es war hübsch und still und verschlafen und hatte eine hübsche Martinskirche, in deren Vorhalle ein reizender heiliger Martin aus gotischen Zeiten an der Wand ritt, und im Ansichtskartenladen war eine alte Frau, die war in ihrer Jugend einmal einige Tage in Zürich gewesen, sie wußte noch ein paar schweizerdeutsche Worte und war närrisch vor Vergnügen, als ich sie verstand und beantwortete und über das seitherige Gedeihen von Zürich Auskunft gab.

Die erste Stunde war hingebracht, ich begab mich auf die stille Piazza, ließ mir ein Tischchen an die Sonne herausstellen und einen Kaffee geben und saß und rauchte und sah dem Leben einer winzigen Kleinstadt zu. Es wurde jemand beerdigt, und Kinder mit weißen Schärpen trugen die Kerzen, dazu sang vom hohen Turme ein leicht verstimmtes Glockenspiel. Dann wurde es wieder still, bis ein durchreisendes Automobil auf dem Platze hielt. Das gab wieder Leben, Kinder drängten sich her und ließen, während der Chauffeur Benzin einfüllte, die dumpfe Hupe spielen. Und als auch das vorüber war, weckte mich ein neuer Kinderschwarm aus dem Halbschlummer, die Schule war aus und die Jugend kam barfuß oder in Holzschuhen dahergestürmt, füllte den Platz mit heftigem Leben und turnte auf den weißen Prellsteinen vor der Kirche. Wieder war eine gute Stunde vergangen, ich verließ das Café und suchte einen Weg nach der Bahn zurück. Auf dem Sims eines Eckfensters standen vier vollbühende Hyazinthenstöcke in Topfscherben, ich sah hinauf und sah die Blumen an, die in der kellerig schattigen Gasse wächsern schimmerten, und hinter den Blumen saßen zwei junge Mädchen und nähten, und die eine war hübsch und tat, als sähe sie mich nicht. Als ich aber nach zwanzig Schritten wieder umkehrte und nochmals zu dem Fenster hinauf schaute, fing sie zu lachen an und begann ein drolliges Gespräch mit ihrer Schwester, mit kleinen Seitenblicken nach dem Fremdling und vielem Gelächter. Leider mußte ich gehen. Um ein Fenster voll Blumen und ein Mädchen dahinter, das eine Schwester bei sich hat, kann man nicht in Treviglio bleiben.

An der Station zeigte es sich, daß doch noch Zeit genug war, und unschlüssig blickte ich den grauen öden Weg nach dem Städtchen zurück. Dann trank ich in einem nagelneuen, vorzüglichen Wirtschäftchen einen guten Wein und war mit Treviglio zufrieden, als der Zug kam und mit mir durch das von tiefhängenden Wolken verdüsterte Land gegen Süden fuhr. Durch den Räderlärm hindurch hörte man Donnerschläge und bald brach ein schräger, klatschender Regen herab, dahinter blieb inmitten von Regen und Gewölk eine schmale bleiche Himmelsinsel in schüchternem Blau verheißungsvoll stehen. Als der Regen sich erschöpft hatte und still und leiser floß, drangen aus jenem bleichen Himmelsfenster je und je abendliche Lichter herein und verliefen sich in der unendlichen Ebene, deren rotbraune Ackererde intensiv nach Fruchtbarkeit duftete. Es war beinahe Nacht, als ich in Cremona ankam, und es war ein weiter Weg unterm Regenschirm bis ans andre Ende der Stadt, wo mein Gasthof lag. Es war einer von denen, in welchen italienische Geschäftsreisende und Priester verkehren, und ich hatte ihn mir in Bergamo empfehlen lassen. Des weiten Weges überdrüssig, wäre ich ihm beinahe untreu geworden: ich bereue es aber nicht, daß ich aushielt, der Gasthof erwies sich als einer von jenen, die man nur alten und bewährten Freunden im Vertrauen nennt, und als ich dort eine Gemüsesuppe und eine Forelle aus dem Gardasee mit gutem Wein genossen hatte, war ich so voll guter Reisestimmung, daß ich noch in der Nacht und trotz dem Regen ausging, um einen ersten neugierigen Blick in die Stadt zu tun.

Ich war nicht weit gegangen, da nahm mich ein stilles, im Regen plätscherndes Plätzchen mit schönen Arkaden auf, ich schloß den Schirm und ging zufrieden unter den Bögen weiter, übersprang rasch eine dunkle, schmale Quergasse, erreichte einige mächtige Steinstufen und kam erregt und voll Spannung in ein gewaltiges Gebäude, unter hohen Gewölben durch in einen Hof und jenseits in ein neues Gewölbe, mächtige Pfeiler spiegelten sich nach außen in einem neuen, regennassen Platz, ich trat ins Freie, blickte verwundert auf und sah mit einem einzigen, überraschten Blick den Domplatz vor mir liegen, eines der schönsten und kühnsten architektonischen Bilder der Welt. Übermächtig über der kleinen Piazza stieg die Fassade des Domes in bleicher Helligkeit empor, wunderbar abgewogen und in sich begnügt, über dem großen Portal undeutliches Skulpturenwerk und eine schöne, riesige Rosette, daneben leicht und elegant zwei edle Reihen kleiner Rundbogen auf lieblich lichten, feinen Säulchen, und oben als Giebellinie zwei ungeheure, leere, kühne Voluten. Das alles trat gleichzeitig vors Auge, voll Musik und köstlicher Abgestimmtheit, und daneben sprang ein unsäglich hoher Turm

stolz und beinahe fürchterlich in die Höhe, oben mit kleinen zarten Säulengalerien in die Nacht verlaufend.
Im Regen blieb ich stehen und sog den wunderbaren Anblick in mich ein, beglückt und erschüttert von der Größe und frechen Kühnheit dieser Bauten. Kein Zweifel, diese Riesenvoluten waren später entstanden als der Unterbau, sie waren in der Zeit der fröhlichsten Renaissance mit spielerischer Kühnheit da oben hingesetzt worden, und obwohl sie aus einer anderen Zeit und aus einer völlig anderen Welt stammten als der alte romanische Bau, saßen sie doch mit einer Sicherheit da, als müsse es so sein. Und so war alles auf diesem märchenhaften Platze, alles erschien kühn, riesig und abenteuerlich, und alles war dennoch schön, war voll Sinn und Maß, und der beinahe erschreckende erste Eindruck wurde sanfter und stiller und klang rein und froh in mir weiter, als alle Überrumpelung längst überwunden war. Wie schön würde es sein, morgen dies alles, und wer weiß wie viel ungesuchte andre Schönheiten dazu, in stiller Muße bei Tageslicht anzusehen!
Daheim im Gasthofzimmer saß ich lange auf dem Bett, die große reine Musik des Domplatzes klang in mir nach, dazwischen zeigten aufsteigende Erinnerungsbilder mir Bauten, Gärten, Menschen aus Bergamo, die weite ebene Landschaft der Bahnfahrt, den stillen sonnigen Steinplatz in Treviglio, was alles, vor Stunden erst gesehen, schon seltsam weit zurückzuliegen schien.

Und ich besann mich wieder einmal: was ist das nun eigentlich, was unsereinen auf Reisen treibt? Warum fahren wir Jahr um Jahr soviele hundert Meilen, da und dorthin, stehen dankbar und froh vor den Bauwerken und Bildern reicherer Zeiten, sehen neugierig und zufrieden dem Leben fremder Völker zu, die uns nichts angehen, plaudern in Eisenbahnzügen mit fremden Menschen und belauschen einsam das Straßengetriebe fremder Großstädte? Einst war mir das als eine Art von Lernbegier und Bildungsdrang erschienen, damals hatte ich mir Notizhefte voll über Freskenwände altitalienischer Kirchen geschrieben und mein am Essen abgespartes Geld für Photographien alter Skulpturen ausgegeben. Dann wieder war ich dessen müde geworden und hatte das Reisen in ärmeren Ländern vorgezogen, wo Landschaft und fremdes Volkstum allein mich interessierten, und da war mir dieser rätselhafte Reisetrieb als eine Art Abenteuerlust

erschienen. Es sind jedoch, genau genommen, keine Abenteuer, die man auf Reisen erlebt, es sei denn, daß man fehlgefahrene Koffer, gestohlene Mäntel, Zimmer mit Schlangen und Betten mit Moskitos als Abenteuer ansähe. Nein, das war auch nicht das Richtige. Heute, wo von Bildungsdurst kaum ein verblaßter Rest in mir verblieben ist, wo ich mir nichts daraus mache, ohne Bädeker und ohne Notizbuch durch italienische Städte zu bummeln und ganze Kirchen und Sammlungen voll der schönsten Bilder zu versäumen, während ich doch, was ich von dergleichen Dingen finde und sehe, intensiver und zarter als ehemals genieße – heute, wo auch der Glaube an die Abenteuerlichkeit des Reisens mir verlorengegangen ist, gehe ich nicht seltener und mit nicht kleinerem Drang und Bedürfnis auf Reisen als vor fünfzehn oder zehn oder fünf Jahren.
Mir scheint, das Unterwegsein auf Reisen ersetzt unsereinem jene Betätigung des rein ästhetischen Triebes, der unseren Völkern beinahe völlig abhanden gekommen ist, den die Griechen und die Römer und die Italiener der großen Zeiten hatten und den man noch etwa in Japan findet, wo kluge und keineswegs kindische Menschen es verstehen, am Betrachten eines Holzschnitts, eines Baumes oder Felsens, eines Gartens, einer einzelnen Blume die Übung, Reife und Kennerschaft eines Sinnes zu genießen, der bei uns selten und schwach ausgebildet erscheint. Das reine Schauen, das von keinem Zwecksuchen und Wollen getrübte Beobachten, die in sich selbst begnügte Übung von Auge, Ohr, Nase, Tastsinn, das ist ein Paradies, nach dem die Feineren unter uns tiefes Heimweh haben, und beim Reisen ist es, wo wir dem am besten und reinsten nachzugehen vermögen. Die Konzentration, die der ästhetisch Geübte jederzeit sollte hervorrufen können, glückt uns Ärmeren wenigstens in diesen Tagen und Stunden der Losgebundenheit, wo keine Sorge, keine Post, kein Geschäft aus der Heimat und dem Alltag uns nachlaufen kann. In dieser Reisestimmung vermögen wir, was wir daheim selten vermögen, stille, zwecklose, dankbare Stunden vor ein paar herrlichen Bildern hinzubringen, hingerissen und offen den Wohlklang edler Bauwerke zu vernehmen, innig und genießerisch den Linien einer Landschaft nachzugehen. Da wird uns zum Bilde, was uns sonst nur im trüben Netz unseres Wollens, unsrer Beziehungen, unsrer Sorgen erscheint: das Leben der Gasse und des Marktes, das Spiel der Sonne und Schatten auf Wasser und Erde, die Form eines

Baumes, Schrei und Bewegung eines Tieres, Gang und Betragen der Menschen. Und wer auf Reisen geht, ohne im Innern das zu suchen, der kommt leer zurück und hat höchstens seinen Bildungssack etwas belastet.
Allein hat dieser ästhetische Trieb zum reinen Sehen, zum selbstlosen Aufnehmen nicht doch eine höhere Beziehung? Ist er nur Sehnsucht nach dunklem Lustgefühl? Ist er nur rächende und mahnende Pein eines vernachlässigten Sinnes? Warum gibt mir dann doch der Anblick eines Mantegna mehr als der einer schönen Eidechse, warum ist mir eine Stunde in einer von Giotto ausgemalten Kapelle letzten Grundes doch mehr als eine, die ich am Meeresstrand verliege?
Nein, im Grunde ist es doch überall das Menschliche, was wir suchen und wonach uns dürstet. Ich genieße an einem schönen Berge nicht die zufällige Wirklichkeit, ich genieße mich selbst, ich genieße die Fähigkeit des Sehens, des Linienfühlens, ich laufe in einer schönen fremden Landschaft keineswegs der Kultur davon, sondern übe und liebe und genieße Kultur, indem ich meine Sinne und Gedanken an ihr übe. Darum kehre ich auch immer wieder dankbar und willig zu den Künsten zurück, darum gewährt mir ein kühner Bau, eine schön bemalte Wand, eine gute Musik, eine wertvolle Zeichnung schließlich doch mehr Genuß, mehr Befriedigung dunklen Suchens, als das Beobachten natürlicher Schönheiten. Ich glaube, das, worauf jener ästhetische Trieb hinausgeht, ist keineswegs ein Loskommen von uns selbst, sondern nur ein Loskommen von unseren schlechteren Instinkten und Gewohnheiten, und eine Bestätigung des Besten in uns, eine Bestätigung unsres heimlichen Glaubens an den Menschengeist. Denn wie ein wohliges Bad im Meere, ein frohes Ballspiel, eine tapfere Schneewanderung mein leibliches Ich bestätigt, ihm in seinen besten Gelüsten und Ahnungen recht gibt und durch Wohlbefinden auf sein Verlangen antwortet, so antwortet beim reinen Schauen der große Schatz menschlicher Kultur, geistiger Leistung auf unseren fordernden Glauben an die Menschheit überhaupt. Was soll mir die Freude an Tizian, wenn seine Bilder mir nicht Ahnungen wahr machen, Triebe bestätigen, Ideale erfüllen?
So, scheint mir, reisen wir und schauen und erleben die Fremde, im tiefsten Grunde als Sucher nach dem Ideal des Menschentums. Darin bestätigt uns und bestärkt uns eine Figur von Michelangelo, eine Musik von Mozart, ein toskanischer Dom oder grie-

chischer Tempel, und diese Bestätigung und Bestärkung unsres Verlangens nach einem Sinn, einer tiefen Einigkeit, einer Unsterblichkeit der menschlichen Kultur ist es, was wir auf Reisen besonders innig genießen, auch wenn wir nicht klar daran denken.

Lange saß ich noch und dachte nach, und die Gedanken flossen mit den Erinnerungen an hundert Reisen, seit der frühesten Jugend, zusammen, und es wurde mir klar: wieviel auch die Zeit wegnimmt, wie sehr man altern, ermüden, schwächer werden mag, jenes Erlebnis, das der Sinn unsres Reisedranges ist, wird nie seinen Glanz verlieren und wenn ich in zehn und zwanzig Jahren mit anderen Ansichten, anderen Erfahrungen, anderen Perspektiven als heute durch die Welt reisen werde, so wird es schließlich doch im selben Sinne geschehen wie heute, und es wird mir, über alle Verschiedenheit und reizvolle Gegensätzlichkeit der Länder und Völker hinweg, immer mehr und immer klarer der einheitliche Sinn alles Menschentums entgegentreten.

(1913)

Vor einer Sennhütte im Berner Oberland

Wieder steige ich im Morgenlicht durch den hohen Schnee hinan zwischen Hütten und Obstbäumen, die allmählich selten werden und zurückbleiben. Streifen von Tannenwald züngeln über mir den mächtigen Berg hinan bis zur letzten Höhe, wo kein Baum mehr wächst und wo der stille, reine Schnee noch bis zum Sommer liegen wird, in den Mulden tief und sammetglatt verweht, über Felshängen in phantastischen Mänteln und Wächten hängend.

Ich steige, den Rucksack und die Skier auf dem Rücken, in einem steilen Holzweg Schritt für Schritt bergan, der Weg ist glatt und manchmal eisig, und die stählerne Spitze meines Bambusstockes dringt knirschend und widerwillig ein. Ich werde im Gehen warm, und am Schnurrbart gefriert der Atem.

Alles ist weiß und blau, die ganze Welt ist strahlend kaltweiß und strahlend kühlblau, und die Umrisse der Gipfel stechen hart und kalt in den fleckenlosen Glanzhimmel. Dann trete ich in beengend dichten, finsteren Nadelwald, die Skibretter streifen spärli-

che Schneereste von lautlosen Zweigen, es ist bitter kalt, ich muß abstellen und den Rock wieder anziehen.
Überm Walde steile Schneehänge. Der Weg ist schmal und schlecht geworden. Ein paarmal breche ich bis zu den Hüften durch den Schnee. Eine launische Fuchsspur geht vom Walde her mit, jetzt rechts, jetzt links vom Pfad, macht eine feine spielerische Schleife und kehrt bergwärts um.
Hier oben will ich Mittagsrast halten. Die letzte Hütte steht auf schmalem Weidebord, Tür und Fensterluken sorgfältig verschlossen, davor nach Süden eine kleine Ruhebank, drüben ein Brunnen, tief unterm Schnee mit dunkel glasigen Tönen läutend. Ich zünde Spiritus an, fülle Schnee in die Kochpfanne, taste im vollen Rucksack nach dem Teepaket. Die Sonne blitzt grell im weißen Aluminium, überm Kochapparat zittert die Luft in blasig quirlenden Formen von der Wärme, der versunkene Brunnen gurgelt schwach unterm Schnee, sonst keine Regung und kein Ton in der weiß und blauen Winterwelt.
Rings um die Hütte, von dem vorstehenden Dach geschützt, läuft eine schneefreie Gasse, da liegen tannene Bretter, Stangen, Spaltklötze umher, sonderbar bloß und nackt mitten in der Schneeöde. Ruhe, tiefe Ruhe. Erschreckender Lärm für das verwaiste Gehör, wenn am Kocher ein Schneekorn verzischt, wenn von unten aus den spitzen Wipfeln ein Krähenschrei knarrt.
Aber plötzlich – ich hatte halbwach im Sitzen geträumt, ungewiß, ob Minuten oder Viertelstunden – klingt ein unendlich schwacher, unendlich zärtlich-weicher Ton, seltsam befremdend, zauberlösend, in mein Ohr. Unmöglich, ihn zu deuten, aber mit ihm ist alles anders geworden: matter der Schnee, gedehnter die Luft, süßer das Licht, wärmer die Welt. Und wieder der Ton – und wieder, und mit rasch verkürzten Pausen wiederholt – und jetzt erkenne ich ihn, und jetzt lächle ich und sehe, es ist ein Wassertropfen, der vom Dach zum Boden fällt! Und schon fallen drei, sechs, zehn zugleich, gesellig, plaudernd, arbeitsam, und die Starre ist gebrochen; es taut vom Dache. Im Panzer des Winters sitzt ein kleiner Wurm, ein kleiner Zerstörer und Bohrer und Mahner – tik, tak, tak...
Und am Boden glitzert breit ein Streifen Feuchtigkeit, und die paar hübschen, runden Pflastersteine fangen zu glänzen an, ein paar dürre Tannennadeln drehen sich schwimmend auf einer winzigen Pfütze, die kleiner ist als meine Hand. Und die ganze

Mittagsseite des Hüttendaches entlang fallen lässig die schweren Tropfen, einer in den Schnee, einer klar und kühl auf einen Stein, einer dumpf auf ein trockenes Brett, das ihn gierig schluckt, einer breit und satt auf die nackte Erde, die nur langsam, langsam saugen kann, weil sie so tief gefroren ist. Sie wird sich auftun, in vier, in sechs Wochen, und hier wird ein verblasener Grassame aufgehen, der jetzt unsichtbar schläft, klein und mastig, und zwischen den Steinen zwergiges Unkraut mit feinen Blumen, ein kleiner Hahnenfuß, eine Taubnessel, ein weiches Fünffingerkraut, ein struppiger Löwenzahn.

Wie ist der kleine Platz seit einer Stunde ganz verwandelt! Ringsum liegt immer noch mannshoch der Schnee und wird noch lange liegen. Aber im Bezirk der Hütte, wie atmet da entbundene Kraft begieriges Leben!

Vom Schneerand auf dem Bretterstoß rinnt sacht ein stiller Tropfen um den andern und verrinnt lautlos im saugenden Holz, und das Tauwasser klatscht freudig vom Dach, dessen Schnee doch nicht zu schwinden scheint, und vor der Schwelle dampft der feuchte Boden in der Mittagssonne dünne Wölkchen aus.

Ich habe gegessen und habe den Rock ausgetan und dann die Weste, und sonne mich und gehöre mit zu der kleinen Frühlingsinsel, und wenn ich auch weiß, daß dieser kleine, spiegelnde See zwischen meinen Schuhen und jeder von diesen glitzernden Tautropfen in wenig Stunden tot und Eis sein wird – ich habe doch den Frühling schon an der Arbeit gesehen.

Der arme karge Bergfrühling, der so viele Feinde und ein so bedrängtes Leben hat, er will doch leben und arbeiten und sich fühlen! Und solange nichts anderes zu tun und an kein Gras und keine Biene, an keine Schlüsselblume und keine kleinste Ameise zu denken ist, so lange spielt der Frühling, wie ein Knabe, begnügsam und eifrig mit dem wenigen, was da ist.

Und jetzt beginnt sein süßestes Spiel. Er hat nichts als die Hütte und ihren winzigen Umkreis, alles andere liegt noch tief begraben. Da hält er sich an das einzige Lebende, was da ist, an das Holz. Er spielt mit dem Holz der Balken und der Türe, mit den Brettern und Schindeln, mit den Hackblöcken und Wurzelstöcken unterm Bretterdach. Er tränkt sie mit Mittagssonne, daß sie durstig werden, er läßt sie Tauwasser trinken, er öffnet ihre verschlafenen Poren, und das Holz, das eben noch tot und ewig vom Kreislauf der Verwandlungen ausgestoßen schien, beginnt Leben zu spüren, Erinnerung an Baum und Sonne, an Wachstum und ferne Jugend. Es atmet schwach in seinem Traum, es saugt verlangend Feuchtigkeit und Sonne, es dehnt sich in erstarrten Fasern, knackt hier und dort und rührt sich träge. Und da ich mich auf die Bretter lege und einzuschlummern beginne, kommt mir aus den halbtoten Hölzern ein wunderbar leichter, inniger Duft entgegen, schwach und kindlich voll von der rührenden Unschuld der Erde, von Frühlingen und Sommern, von Moos und Bach und Tiernachbarschaft.

Und mir, dem einsamen Skiläufer, der an Menschen und Bücher und Musik und Gedichte und Reisen gewöhnt und der aus dem Reichtum des Menschenlebens mit Eisenbahnen und Postwagen, auf Schneeschuhen und zu Fuß hier heraufgekommen ist, mir rührt der leise kindliche Duft des erwarmenden Holzes in der Sonne stärker und bezwingender an die Seele, weckt Erinnerung an fernere, tiefere Kindheiten auf, als alles, was das Menschenreich mir seit langem gab. (1914)

Der Brunnen im Maulbronner Kreuzgang

Nach zweiundzwanzig Jahren fuhr ich zum erstenmal wieder mit der kleinen Bahn durch die sommerlichen Waldhügel der Maulbronner Gegend, stieg an der verschlafenen Haltestelle aus und wanderte durch den feuchten Wald nach Maulbronn hinüber. Ich roch den bitteren Laubgeruch, ich sah zwischen Buchenzweigen den Elfinger Berg und den runden Eichenhügel über Weinbergen und die Spielplätze meiner Schülerzeit liegen, ich sah im warmen Dampf des Tales hinter Lindenwipfeln die spitze Turmnadel erscheinen und ein Stück vom langen Kirchendach, und es strömte mir aus hundert plötzlich brechenden Dämmen unsagbares Gefühl des Wiedersehens entgegen, Erinnerung, Mahnung, Reue. Bangigkeit des Altgewordenen, tiefe Liebe, aufgeschreckte Sehnsucht auf flatternden Flügeln taumelnd. O Tal, o Wald, o Spielplatz bei der Eiche!

Und in der schwülen Hitze niedersteigend nahm ich mein Herz zusammen und schritt in festem Takt, an der alten Post vorüber durchs Tor hinein, auf den Klosterplatz und über ihn weg den

Linden, dem Brunnen und dem »Paradies« entgegen, sah Platz und Gebäude in seliger Halbwirklichkeit stehen, genau nach dem Bilde meiner Erinnerung gestaltet, hörte warm und dumpf in den blühenden Linden Bienenvölker sumsen, trat unterm hohen runden Bogen durch ins »Paradies«, stand überrascht von regungsloser Steinkühle umwittert, trank tief den ernsten Wohllaut der Fensterbogen und schlanken lebendigen Pfeiler, sog kalte Klosterluft in tiefem Zug und wußte plötzlich alles, alles wieder, jede Treppe und Tür, jedes Fenster, jede Stube, jedes Bett im Schlafsaal, den Geruch des Gartens und den der Klosterküche und den Ton der Morgenglocke!

Es war alles wieder da, es fehlte nichts, ich konnte hier blindlings weiter gehen und jeden Weg im Dunkeln finden wie vor zweiundzwanzig Jahren. Ich atmete befreit die süße Seltsamkeit – Heimatluft, dem Heimatlosen und Wanderer so selten, so ganz und gar neu! Als wäre eine längst zerbrochene und beiseit gestellte Kostbarkeit über Nacht wieder ganz und schön und mir zu eigen geworden. Als stünden liebe Tote neben mir und sähen mir in die Augen, lächelnd, daß ich sie tot geglaubt. Als wäre nun alles wieder vorhanden, was die fern und fabelhaft gewordene Jugend einst so vertrauensvoll und tröstlich und reich gemacht: ein Vaterhaus, eine Mutter, Kameraden, phantastisch lockende Zukunft.

Vom ersten Rausch genesen ging ich später weiter, dahin, dorthin, ohne Eile, kleine vertraute Gänge im Frieden der wohlbekannten Nähe. Überall lebendige Erinnerung, und hinter ihr, wie Reste alter Bilder hinter späterem Verputz, hier und dort Reste tieferer Erinnerung aufleuchtend, Bruchstücke unbewußten Seelenlebens von damals, überwuchertes Fortklingen tiefster Erlebnisse aus der sagenhaften Knabenzeit, da noch Unerhörtes zu erleben und Ungeheures zu erproben war. Wohin ist das alles? Was ist daraus geworden? Wenig, wenig.

Aber eins hatte ich vergessen, das kam erst zu seiner Stunde wieder hervor.

Da drehte ich, zur Zeit wo niemand sonst die verschlossenen Teile des Klosters betreten darf, leise den dicken Schlüssel in der schweren Tür und öffnete behutsam die Pforte zum Kreuzgang. Auch hier nichts, was nicht im Gedächtnis treulich vorgezeichnet lag: gotisches Gewölb und reiches Fensterwerk, rötliche und graue Steinfliesen mit gemeißelten Grabsteinen dazwischen,

Wappen und Abtstäbe, geheimnisvoll verwitterte Farbenflecke im alten Verputz, zwischen steinernen Fensterkreuzen in beruhigtem Licht das satte Grün der Gebüsche, zwei, drei Rosen dazwischen zärtlich und traurig leuchtend.

Nun aber, da ich gegen die Ecke schritt, klang mir eine selig seltsame Musik entgegen, leichte traumhafte Geistertöne mehrstimmig in versunkener Monotonie, nicht fern noch nah, wundersam und selbstverständlich, als klänge die Harmonie des Bauwerks ernst und innig in sich selbst wider.

Ich tat noch einen Schritt, und zwei, eh' der Klang mein Bewußtsein erreichte. Da stand ich still und mein Herz begann zu zittern, und wieder tat die Erinnerung feierliche Tore auf, höhere, heiligere als zuvor, und ich wußte wieder! Du Lied meiner Jugendzeit! Kein Ton der Welt, kein heimatliches Kirchengeläut und keine Menschenstimme von denen, die noch leben, spricht so zu mir wie du, Lied meiner Jugend, und dich hatte ich vergessen können! Verwirrt und beschämt trat ich dem Wunder näher, stand am Eingang der Brunnenkapelle und sah im klaren Schatten des gewölbten Raumes die drei Brunnenschalen übereinander schweben und das singende Wasser fiel in acht feinen Strahlen von der ersten in die zweite Schale, und in acht feinen klingenden Strahlen von der zweiten in die riesige dritte, und das Gewölbe spielte in ewig holdem Spiel mit den lebendigen Tönen, heut wie gestern, heut wie damals, und stand herrlich in sich begnügt und vollkommen als ein Bild von der Zeitlosigkeit des Schönen.

Viele edle Gewölbe haben mich beschattet, viele schöne Gesänge mich erregt und mich getröstet, viele Brunnen haben mir, dem Wanderer, gerauscht. Aber dieser Brunnen ist mehr, unendlich mehr, er singt das Lied meiner Jugend, er hat meine Liebe gehabt und meine Träume beherrscht in einer Zeit, da jede Liebe noch tief und glühend, da jeder Traum noch ein Sternhimmel voll Zukunft war. Was ich vom Leben hoffte, was ich zu sein und zu schaffen und zu dulden dachte, was von Heldentum und Ruhm und heiliger Künstlerschaft meine ersten Lebensträume erfüllte und bis zum Schmerz mit Fülle überquoll, das alles hat dieser Brunnen mir gesungen, das hat er belauscht und beschützt. Und ich hatte ihn vergessen! Nicht die Kapelle mit dem Sterngewölb und den überschlanken Fenstersäulen und nicht die Brunnenschalen und die lichte grüne Garteninsel inmitten der schweigenden Mauern. Aber das Brunnenlied, den süßen gleichschwe-

benden Zaubergesang der sanft herabfallenden Gewässer, den Hort und Schatz meiner frühesten und reinsten Jünglingssehnsucht, ihn hatte ich vergessen. Und stand nun still und traurig im vertrauten Heiligtum und fühlte jede Sünde und jeden Verderb in mir tief und unauslöschlich, und hatte nicht Heldentum noch Künstlerschaft erworben, die an jenen Träumen zu messen wäre, und wagte nicht, mich über den Rand zu beugen und mein eigenes Bild im dunkeln Wasser zu suchen. Ich tauchte nur die Hand ins kalte Gewässer, bis sie fror und hörte das Lied des Brunnens in die Gartenstille und in die langen, toten Steinhallen strömen, hold wie einst, für mich aber voll tiefer Bitternis.
»Es muß für dich ein wunderliches Gefühl sein«, sagte später mein Freund, »hier herumzugehen und an damals zu denken. Damals warst du ja voll von Sehnsucht nach der Welt und nach der Kunst, und voll Zweifel, du wußtest ja nicht, wie alles sich einmal erfüllen würde. Und jetzt kommst du zurück aus der weiten Welt, aus deiner Arbeit, aus einem Künstlerleben mit Reisen und Festen und Freunden...«
»Ja, es ist wunderlich«, konnte ich nur sagen.
Dann setzte ich mich noch einmal unter den hohen Linden nieder, stieg noch einmal zum alten Spielplatz bei der Eiche hinauf, schwamm noch einmal im tiefen See und reiste wieder, und wenn ich seither an Maulbronn denke, dann sehe ich wohl den Faustturm und das »Paradies«, den Eichenplatz und den spitzen Kirchturm wieder, aber es sind nur Bilder, und sie kommen nicht recht zu Glanz und Leben vor dem sanften Brunnengeläut in der Kreuzgangkapelle und vor jenen Erinnerungen, die hinter den anderen Erinnerungen stehen wie die Reste alter heiliger Malereien hinter der Tünche einer Kirchenwand. (1914)

Der Traum von den Göttern

Vorbemerkung

Es sind jetzt zehn Jahre her seit dem Beginn des Weltkrieges. Unter den vielen Erinnerungen, die an jene Zeit mahnen, finden sich in aller Welt auch sehr zahlreiche Fälle von Vorahnungen,

von Prophezeiungen, Wahrträumen, Visionen, die sich auf den Krieg bezogen. Es wird mit diesen Erlebnissen mancher Humbug getrieben, und mir liegt nichts ferner, als mich unter die vielen Vorauswisser und Propheten des Krieges einzureihen! Ich war im August 1914 ebenso überrascht und entsetzt von den Ereignissen wie jedermann. Und dennoch habe ich, ebenso wie Tausende von Menschen, die neue Katastrophe kurz vorher gefühlt. Wenigstens hatte ich, etwa acht Wochen vor dem Beginn des Krieges, einen sehr merkwürdigen Traum und habe diesen Traum noch Ende Juni 1914 aufgezeichnet. Allerdings ist diese Aufzeichnung keine aktenmäßige, wörtlich treue Darstellung des Traumes mehr, sondern es ist mir damals eine kleine Dichtung daraus entstanden. Das Wesentliche aber, die Erscheinung des Kriegsgottes und seines Gefolges, ist nicht von mir bewußt erfunden, sondern ist wirkliches Traumerlebnis gewesen.
Nicht der Kuriosität wegen, sondern weil sich für manchen ernste Gedanken daran knüpfen mögen, teile ich jene Aufzeichnungen vom Juni 1914 hier mit. (1924)

Ich ging allein und hilflos und sah es überall dunkel und gestaltlos werden und suchte und lief, um zu finden, wohin denn alle Helligkeit entflohen sei. Da stand ein neues Gebäude, dessen Fenster strahlten, und über den Türen brannte taghelles Licht, und ich ging durch ein Tor hinein und kam in einen erleuchteten Saal. Viele Menschen hatten sich hier versammelt und saßen schweigend und voll Aufmerksamkeit, denn sie waren gekommen, um bei den Priestern der Wissenschaft Trost und Licht zu suchen. Auf einem erhöhten Boden vor dem Volke stand ein Priester der Wissenschaft, ein schwarzgekleideter, stiller Mann mit klugen, ermüdeten Augen, und er sprach mit einer klaren, milden, bezwingend ruhigen Stimme zu den vielen Zuhörern. Vor ihm aber standen auf hellen Tafeln viele Abbilder von Göttern, und er trat soeben vor den Gott des Krieges und erzählte, wie einst in älteren Zeiten dieser Gott entstanden sei, aus den Bedürfnissen und Wünschen jener damaligen Menschen, welche noch nicht die Einheit aller Weltkräfte erkannt hatten. Nein, sie sahen stets nur das Einzelne und Augenscheinliche, jene früheren Menschen, und so brauchten und schufen sie je eine besondere Gottheit für das Meer und für das feste Land, für die Jagd und für den Krieg, für den Regen und für die Sonne. Und so war also auch der Gott

des Krieges entstanden, und der Diener der Weisheit erzählte fein und klar, wo seine ersten Bildnisse errichtet und wann ihm die ersten Opfer dargebracht worden seien, bis dann später mit dem Siege der Erkenntnis dieser Gott entbehrlich geworden wäre.
Und er bewegte die Hand, und der Gott des Krieges erlosch und fiel dahin, und es stand statt seiner auf der Tafel ein Bild des Schlafgottes, und auch dieses Bild wurde erklärt, o allzu rasch, denn gerne hätte ich von diesem holden Gott noch lange gehört. Sein Bild sank dahin, und nach ihm erschien der Gott der Trunkenheit und der Gott der Liebesfreude und die Göttinnen des Ackerbaues, der Jagd, der Häuslichkeit. Jede von diesen Gottheiten leuchtete in ihrer besonderen Form und Schönheit auf als ein Gruß und Widerschein aus den fernen Jugendaltern der Menschheit, und jede wurde erklärt und warum sie längst entbehrlich geworden sei, und ein Bildnis um das andere erlosch und sank dahin, und jedesmal zuckte in uns ein kleiner, feiner Triumph des Geistes auf und zugleich ein leises Mitleid und Bedauern im Herzen. Einige aber lachten immerzu und klatschten in die Hände und riefen »Weg damit!«, sooft wieder ein Götterbild vor dem Wort des gelehrten Mannes auslosch.
Auch Geburt und Tod, so erfuhren wir aufhorchend, bedurften keiner besonderen Sinnbilder mehr, nicht Liebe noch Neid, nicht Haß noch Zorn, denn die Menschheit war seit kurzem all dieser Götter satt geworden und hatte erkannt, daß es weder in der Seele des Menschen noch im Innern der Erde und Meere einzelne Kräfte und Eigenschaften gäbe, vielmehr nur ein großes Hin und Wider der einen Urkraft, deren Wesen zu erforschen nunmehr die nächste große Aufgabe des menschlichen Geistes sein werde. Mittlerweile war es im Saale, sei es durch das Erlöschen der Bildnisse, sei es aus anderen mir unbekannten Ursachen, immer dunkler und dämmernder geworden, sodaß ich sah, es strahle mir auch hier in diesem Tempel keine reine und ewige Quelle, und ich beschloß, aus diesem Hause zu fliehen und lichtere Orte zu suchen.
Aber ehe der Entschluß in mir zur Bewegung geworden war, sah ich die Dämmerung im Saal noch viel trüber werden, und die Menschen begannen unruhig zu werden, zu schreien und sich durcheinander zu drängen wie Schafe, wenn ein plötzlich ausbrechendes Gewitter sie erschreckt, und niemand wollte mehr auf

die Worte des Weisen hören. Eine gräßliche Angst und Schwüle war auf die Menge herabgesunken, ich hörte Seufzer und Schreie und sah die Menschen wütend zu den Toren drängen. Die Luft wurde voll Staub und so dick wie Schwefeldampf, es war ganz nächtig geworden, aber hinter den hohen Fenstern sah man eine unruhige Glut in trüber Röte flackern wie bei einem Brande.
Mir vergingen die Sinne, ich lag am Boden, und unzählige Flüchtlinge traten mit ihren Schuhen auf mich.
Als ich erwachte und mich auf blutenden Händen emporrichtete, war ich ganz allein in einem leeren und zerstörten Hause, dessen Wände zerfallend klafften und über mich zu stürzen drohten. In der Ferne hörte ich Lärm und Donner und wüsten Schall undeutlich toben, und der durch zerbrochene Wände scheinende Luftraum zuckte von Gluten wie ein schmerzvolles, blutendes Antlitz. Aber jene erstickende Schwüle war geschwunden.
Da ich nun aus dem zertrümmerten Tempel des Wissens hervorkroch, sah ich die halbe Stadt im Brand stehen und den Nachthimmel von Flammensäulen und Rauchfahnen durchweht. Erschlagene Menschen lagen hier und dort zwischen den Trümmern der Bauwerke, es war still umher, und ich konnte das Knistern und Blasen der entfernten Flammenmeere vernehmen, dahinter aber hörte ich, aus großer Ferne her, ein wildes und angstvolles Geheul, wie wenn alle Völker der Erde sich in einem unendlichen Schrei oder Seufzer erhöben.
Die Welt geht unter, dachte ich, und ich war so wenig darüber verwundert, als ob ich seit langem gerade darauf gewartet hätte. Mitten aus der brennenden und einstürzenden Stadt hervor aber sah ich jetzt einen Knaben kommen, der hatte die Hände in den Taschen stecken und hüpfte tänzelnd von einem Bein aufs andere, elastisch und lebensfroh, und dann blieb er stehen und stieß einen kunstvollen Piff aus, das war unser Freundschaftspfiff aus der Lateinschülerzeit, und der Knabe war mein Freund Gustav, der sich als Student erschossen hat. Alsbald war gleich ihm auch ich wieder ein Knabe von zwölf Jahren, und die brennende Stadt und der ferne Donner und das sausende Sturmgeheul von allen Ecken der Welt klang uns jetzt wunderbar köstlich in die wachen Ohren. Oh, jetzt war alles gut, und weg und versunken war der finstere Alptraum, in dem ich so viele verzweifelte Jahre gelebt hatte.
Lachend deutete mir Gustav auf ein Schloß und einen hohen

Turm, welche soeben drüben zusammenstürzten. Mochte das Zeug untergehen, es war nicht schade darum. Man konnte Neues und Schöneres bauen. Gott sei Dank, daß Gustav wieder da war! Jetzt hatte das Leben wieder einen Sinn.

Aus der riesigen Wolke, die sich über dem Zusammenbruch der Prachtgebäude erhoben hatte und die wir beide erwartungsvoll und schweigend anstarrten, aus der Staubwolke löste sich ein ungeheures Gebilde, reckte ein Götterhaupt und riesige Arme empor und schritt siegreich in die rauchende Welt. Es war der Gott des Krieges, genau wie ich ihn im Tempel der Wissenschaft hatte vorzeigen sehen. Aber er war lebendig und riesengroß, und sein flammenbestrahltes Gesicht lächelte stolz in frohem Knabenübermut. Wir waren alsbald ohne Worte einig, ihm zu folgen, und wir folgten ihm wie auf Flügeln rasch und stürmend über Stadt und Brand hinweg in die weite flatternde Sturmnacht, der unsere Herzen entzückt entgegenschlugen.

Auf der Höhe des Gebirges blieb der Kriegsgott jubelnd stehen und schüttelte seinen runden Schild, und siehe, von allen Enden des Erdkreises erhoben sich ferne große, heilige Gestalten und kamen ihm groß und herrlich entgegen: Götter und Göttinnen, Dämonen und Halbgötter. Schwebend kam der Gott der Liebe und taumelnd der Gott des Schlafes und schlank und streng die Göttin der Jagd gegangen und Götter ohne Ende; und da ich geblendet vor dem Adel ihrer Gestalten die Augen niederschlug, war ich nicht mehr allein mit meinem lieben Freunde, sondern mit ihm und mit mir beugte ringsum ein neues Menschenvolk in der Nacht seine Knie vor den heimkehrenden Göttern. (1914)

Musik

Wieder sitze ich auf meinem bescheidenen Eckplatz im Konzertsaal, der mir lieb ist, weil ich niemand hinter mir sitzen habe, und wieder rauscht der leise Lärm und glitzert das reiche Licht des vollen Saales mild und fröhlich auf mich ein, indes ich warte, im Programm lese und die süße Spannung fühle, die nun bald der klopfende Taktstock des Dirigenten aufs höchste treiben und die gleich darauf der erste schwellende Orchesterklang entladen und erlösen wird. Ich weiß nicht, wird er hoch und aufreizend schwirren wie hochsommerlicher Insektentanz in der Julinacht, wird er mit Hörnern einsetzen, hell und freudig, wird er dumpf und schwül in gedämpften Bässen atmen? Ich kenne die Musik nicht, die mich heute erwartet, und ich bin voll Ahnung und suchendem Vorgefühl, voll von Wünschen, wie es sein möge, und voll Vorgenuß und Zuversicht, es werde sehr schön sein. Denn Freunde haben mir das erzählt.

Vorn im großen weißen Saal haben sich die Schlachtreihen geordnet, hoch stehen die Kontrabässe aufgerichtet und schwanken leise mit Giraffenhälsen, gehorsam beugen sich die nachdenklichen Cellisten über ihre Saiten, das Stimmen ist schon fast vorüber, ein letzter probender Laut aus einer Klarinette triumphiert aufreizend herüber.

Jetzt ist der köstliche Augenblick, jetzt steht der Dirigent lang und schwarz gereckt, die Lichter im Saale sind plötzlich ehrfürchtig erloschen, auf dem Pult leuchtet geisterhaft, von unsichtbarer Lampe heftig bestrahlt, die weiße Partitur. Unser Dirigent, den wir alle dankbar lieben, hat mit dem Stäbchen gepocht, er hat beide Arme ausgebreitet und steht steil gespannt in drängender Bereitschaft. Und jetzt wirft er den Kopf zurück, man ahnt selbst von hinten das feldherrnhafte Blitzen seiner Augen, er regt die Hände wie Flügelspitzen, und alsbald ist der Saal und die Welt und mein Herz von kurzen, raschen, schaumigen Geigenwellen überflutet. Hin ist Volk und Saal, Dirigent und Orchester, hin und versunken ist die ganze Welt, um vor meinen Sinnen in neuen Formen wiedergeschaffen zu werden. Weh dem Musikanten, der es jetzt unternähme, uns Erwartungsvollen eine kleine, schäbige Welt aufzubauen, eine unglaubhafte, erklügelte, verlogene!

Aber nein, ein Meister ist am Werk. Aus der Leere und Versunkenheit des Chaos wirft er eine Woge empor, breit und gewaltig, und über der Woge bleibt eine Klippe stehen, ein öder Inselsitz, eine bange Zuflucht überm Abgrund der Welten, und auf der Klippe steht ein Mensch, steht der Mensch, einsam im Grenzenlosen, und in die gleichmütige Wildnis tönt sein schlagendes Herz mit beseelender Klage. In ihm atmet der Sinn der Welt, ihn erwartet das gestaltlose Unendliche, seine einsame Stimme fragt in die leere Weite, und seine Frage ist es, die Gestalt, Ordnung, Schönheit in die Wüste zaubert. Hier steht ein Mensch, ein Meister zwar, aber er steht erschüttert und zweifelnd überm Abgrund, und in seiner Stimme liegt Grauen.

Aber siehe, die Welt tönt ihm entgegen, Melodie strömt in das Unerschaffene, Form durchdringt das Chaos, Gefühl hallt in dem unendlichen Raume wider. Es geschieht das Wunder der Kunst, die Wiederholung der Schöpfung. Stimmen antworten der einsamen Frage, Blicke strahlen dem suchenden Auge entgegen, Herzschlag und Möglichkeit der Liebe dämmert aus der Öde empor, und im Morgenrot seines jungen Bewußtseins nimmt der erste Mensch von der willigen Erde Besitz. Stolz blüht in ihm auf und tiefe freudige Rührung, seine Stimme wächst und herrscht, sie verkündet die Botschaft der Liebe.

Schweigen tritt ein; der erste Satz ist zu Ende. Und wieder hören wir ihn, den Menschen, in dessen Sein und Seele wir einbegriffen sind. Die Schöpfung geht ihren Gang, es entsteht Kampf, es entsteht Not, es entsteht Leiden. Er steht und klagt, daß uns das Herz zittert, er leidet unerwiderte Liebe, er erlebt die furchtbare Vereinsamung durch Erkenntnis. Stöhnend wühlt die Musik im Schmerz; ein Horn ruft klagend wie in letzter Not, das Cello weint verschämt, aus dem Zusammenklang vieler Instrumente gerinnt eine schaudernde Trauer, fahl und hoffnungslos, und aus der Nacht des Leidens steigen Melodien, Erinnerungen vergangener Seligkeit, wie fremde Sternbilder in trauriger Kühle herauf.

Aber der letzte Satz spinnt aus der Trübe einen goldenen Trostfaden heraus. O, wie die Oboe emporsteigt und ausweinend niedersinkt! Kämpfe lösen sich zu schöner Klarheit, häßliche Trübungen schmelzen hin und blicken plötzlich still und silbern, Schmerzen flüchten sich schamvoll in erlösendes Lächeln. Verzweiflung wandelt sich mild in Erkenntnis der Notwendigkeit, Freude und Ordnung kehren erhöht und verheißungsvoller wieder, vergessene Reize und Schönheiten treten hervor und zu neuen Reigen zusammen. Und alles vereinigt sich, Leid und Wonne, und wächst in großen Chören hoch und höher, Himmel tun sich auf, und segnende Götter blicken tröstlich auf die ansteigenden Stürme der Menschensehnsucht nieder. Ausgeglichen, erobert und zum Frieden gebracht, schwebt die Welt einen süßen Augenblick, sechs Takte lang, selig in begnügter Vollendung, in sich beglückt und vollkommen! Und das ist das Ende. Noch vom großen Eindruck betäubt, suchen wir uns durch Klatschen zu erleichtern. Und in dem Getümmel erregter, beifallklatschender Minuten wird uns klar, wird uns jedem von sich selbst und vom andern bestätigt, daß wir etwas Großes und herrlich Schönes erlebt haben.

Manche »fachmännische« Musiker erklären es für falsch und dilettantenhaft, wenn der Hörer während einer musikalischen Aufführung Bilder sieht: Landschaften, Menschen, Meere, Gewitter, Tages- und Jahreszeiten. Mir, der ich so sehr Laie bin, daß ich auch nicht die Tonart eines Stückes richtig erkennen kann, mir scheint das Bildersehen natürlich und gut; ich fand es übrigens schon bei guten Fachmusikern wieder. Selbstverständlich mußte beim heutigen Konzert durchaus nicht jeder Hörer dasselbe sehen wie ich: die große Woge, die Klippeninsel des Einsamen und alles das. Wohl aber, scheint mir, mußte in jedem Zuhörer diese Musik dieselbe Vorstellung eines organischen Wachsens und Seins hervorrufen, eines Entstehens, eines Kämpfens und Leidens und schließlich eines Sieges. Ein guter Wanderer mochte ganz wohl dabei die Bilder einer langen und gefahrvollen Alpentour vor Augen haben, ein Philosoph das Erwachen eines Bewußtseins und sein Werden und Leiden bis zum dankbaren, reifen Jasagen, ein Frommer den Weg einer suchenden Seele von Gott weg und zu einem größeren, gereinigten Gotte zurück. Keiner aber, der überhaupt willig zugehört, konnte den dramatischen Bogen dieses Gebildes verkennen, den Weg vom Kind zum Manne, vom Werden zum Sein, vom Einzelglück zur Versöhnung mit dem Willen des Alls.

In satirischen und humoristischen Romanen oder Feuilletons habe ich manchmal erbärmliche und bedauernswerte Typen von Konzertbesuchern verhöhnt gefunden: den Geschäftsmann, der während des Trauermarsches der Eroica an Wertpapiere denkt, die reiche Dame, die in ein Brahmskonzert geht, um ihren Schmuck zu zeigen, die Mutter, die eine heiratsbedürftige Tochter unter den Klängen Mozarts zu Markte führt, und wie alle diese Figuren heißen mögen. Ohne Zweifel muß es solche Menschen geben, sonst kehrten ihre Bilder nicht so häufig bei den Schriftstellern wieder.

Mir aber sind sie trotzdem stets unglaublich erschienen und unbegreiflich geblieben. Daß man in ein Konzert gehen kann wie in eine Gesellschaft oder zu einem offiziellen Anlaß: gleichmütig und stumpf oder berechnend mit eigennützigen Absichten oder eitel und protzenhaft, das kann ich begreifen, das ist menschlich und belächelnswert. Ich selber bin, da ich die Musiktage ja nicht selber ansetzen kann, schon manchmal ohne gute und andächtige Stimmung ins Konzert gegangen, müde oder verärgert oder krank oder voll Sorgen.

Aber daß Menschen eine Symphonie von Beethoven, eine Serenade von Mozart, eine Kantate von Bach, wenn erst der Taktstock tanzt und die Tönewellen fluten, mit Gleichmut anhören können, unverändert in der Seele, ohne Ergriffenheit und Aufschwung, ohne Schrecken und Scham oder Trauer, ohne Weh oder Freudenschauer – das ist mir nie verständlich geworden. Man kann schwerlich vom technischen Apparat viel weniger verstehen als ich – kaum daß ich Noten lesen kann! – aber daß es in den Werken der großen Musiker, wenn überhaupt irgendwo in der Kunst, sich um höchstgesteigertes Menschenleben handelt, um das Ernsteste und Wichtigste für mich und dich und jedermann, das müßte doch auch der ärmste Laie noch fühlen können! Das ist ja das Geheimnis der Musik, daß sie nur unsere Seele fordert, die aber ganz, sie fordert nicht Intelligenz und Bildung, sie stellt über alle Wissenschaften und Sprachen hinweg in vieldeutigen, aber im letzten Sinne immer selbstverständlichen Gestaltungen stets nur die Seele des Menschen dar. Je größer der Meister, desto unbeschränkter die Gültigkeit und Tiefe seines Schauens und Erlebens. Und wieder: je vollkommener die rein musikalische Form, desto unmittelbarer die süße Wirkung auf unsere Seele. Mag ein Meister nichts anderes erstreben als den stärksten und schärfsten Ausdruck für seine eigenen seelischen Zustände oder mag er sehnsüchtig von sich selber weg einem Traume reiner Schönheit nachgehen, beidemal wird sein Werk ohne weiteres verständlich und unmittelbar wirken. Das Technische kommt erst viel später. Ob Beethoven in irgendeinem Stück die Geigernoten nicht sehr handgerecht gesetzt hat, ob Berlioz irgendwo mit einem Horneinsatz etwas ungewöhnlich Kühnes wagt, ob die mächtige Wirkung dieser und jener Stelle auf einem Orgelpunkt beruht oder nur klanglich auf einer Dämpfung der Celli oder auf was immer, das zu wissen ist schön und nützlich, aber es ist für den Genuß einer Musik entbehrlich.

Und ich glaube sogar, gelegentlich urteilt ein Laie über Musik richtiger und reiner als mancher Musiker. Es gibt nicht wenige Stücke, die am Laien als ein angenehmes, doch unwichtiges Spiel ohne großen Eindruck vorüberrauschen, während ihre technische Könnerschaft den Eingeweihten hoch entzückt. So schätzen auch wir Literaten manches Werk der Dichtung, das für Naive gar keine Zauber hat. Aber es ist mir kein großes Werk eines echten Meisters bekannt, das seine Wirkung nur auf Sachverständige übte. Und weiter sind wir Laien so glücklich, ein schönes Werk auch in teilweise mangelhafter Aufführung noch tief genießen zu können. Wir erheben uns mit feuchten Augen und fühlen uns in allen Gründen der Seele geschüttelt, ermahnt, angeklagt, gereinigt, versöhnt, während der Fachmann über eine Tempoauffassung streitet oder wegen eines unpräzisen Einsatzes alle Freude verloren hat.

Gewiß hat dafür der Kenner auch Genüsse, vor denen wir Unkundigen versagen. Indessen gerade die seltenen, klanglich einzigen Höchstleistungen: den Zusammenklang eines Streichquartetts von lauter alten, sehr köstlichen Instrumenten, den süßen Reiz eines seltenen Tenors, die warme Fülle einer außerordentlichen Altstimme, dies alles empfindet ein zartes Ohr, von allem Wissen unabhängig, ganz elementar. Das mitzufühlen ist Sache der sinnlichen Sensibilität, nicht der Bildung, obwohl natürlich auch das sinnliche Genießen geschult werden kann. Und ähnlich ist es mit den Leistungen der Dirigenten. Bei Werken von hohem Wert wird gar nie die technische Meisterschaft des Kapellmeisters allein den Rang seiner Leistung bestimmen, sondern weit mehr seine menschliche Feinfühligkeit, sein seelischer Umfang, sein persönlicher Ernst.

Was wäre unser Leben ohne Musik! Es brauchen ja gar nicht Konzerte zu sein. Es genügt in tausend Fällen ein Tippen am Klavier, ein dankbares Pfeifen, Singen oder Summen oder auch nur das stumme Sicherinnern an unvergeßliche Takte. Wenn man mir, oder jedem halbwegs Musikalischen, etwa die Choräle Bachs, die Arien aus der Zauberflöte und dem Figaro wegnähme, verböte oder gewaltsam aus dem Gedächtnis risse, so wäre das für uns wie der Verlust eines Organes, wie der Verlust eines halben, eines ganzen Sinnes. Wie oft, wenn nichts mehr helfen will, wenn auch Himmelsblau und Sternennacht uns nimmer erfreuen und kein Buch eines Dichters mehr für uns vorhanden ist, wie oft erscheint da aus Schätzen der Erinnerung ein Lied von Schubert, ein Takt von Mozart, ein Klang aus einer Messe, einer Sonate – wir wissen nicht mehr, wo und wann wir sie gehört – und leuchtet hell und rüttelt uns auf und legt uns Liebeshände auf schmerzliche Wunden ... Ach, was wäre unser Leben ohne Musik! (1915)

Der innere Reichtum*

Erst in üblen Lebenslagen tritt der Charakter eines Menschen unverhüllt zutage. So zeigt sich auch das Verhältnis des Einzelnen zum Geistigen oder Idealen, zu alledem, was man nicht schmecken und greifen kann, erst dann in seiner Echtheit und seinem wahren Wert, wenn die gewohnten Stützen seines äußeren Lebens gewichen oder erschüttert sind. Man kann in Zeiten großer Prüfungen die seltsame Erfahrung machen, daß es wohl mehr Menschen gibt, welche für ideale Güter zu sterben, als solche, die für sie zu leben wissen.

Kultur, im Gegensatz zur Natur, ist alles das, was der Mensch über die Bedürfnisse der Stunde und des nackten Lebens hinaus an geistigen Werten gefunden und geschaffen hat, obenan die Religionen, Künste und Philosophien. Auch das Volkslied des armen Mannes, die Freude des Wanderburschen an Wald und Wolken, die Liebe zum Vaterland und zu den Idealen der Partei – alles das ist »Kultur«, geistiger Besitz, Menschentum. Über alle Schwankungen der Weltgeschichte und der Völkerentwicklung hinweg hat dieser ideale Besitz der Menschheit sich erhalten, bewährt und gemehrt. Wer innerlich Teil an diesem Besitze hat, der gehört einer unzerstörbaren Gemeinschaft des Geistes an und besitzt etwas, das niemand ihm rauben kann. Wir können Geld, Gesundheit, Freiheit, Leben verlieren. Aber nur zugleich mit dem Leben kann uns das genommen werden, was wir an geistigen Werten wirklich erworben haben und besitzen.

In Zeiten der Not und des Leidens zeigt sich erst, was wirklich unser ist, was uns treu bleibt und nicht genommen werden kann. Es gibt viele, denen ein schöner Spruch aus dem Neuen Testament oder ein gedankenvoller Goethe-Vers in guten Zeiten lieb und wertvoll war, die gern einen guten Vortrag und eine gute Musik hörten, und denen doch von alledem nichts zu eigen bleibt, wenn Not, Hunger, Sorge ihr Leben beschatten. Wem es so geht, wer an den Werten der Kultur nur den Anteil des stillen Genießers hatte und sich in der Not von diesen Werten verlassen sieht, wem mit seiner Bibliothek die geistige Welt, mit seinem Konzert-Abonnement die Musik verloren geht, der ist ein armer Mann, und ohne Zweifel hat er zu jener schönen Welt des Geistigen schon vorher nicht das echte, richtige Verhältnis gehabt.

* Geschrieben für die Kriegsgefangenen

Denn das richtige Verhältnis zu diesen Dingen ist nicht das des Genießers, er sei noch so gebildet, noch so belesen, noch so kennerhaft bewandert. Der Genießer besitzt Kultur bloß so wie ein untätiger Reicher Geld besitzt – am Tage, wo er es verliert, ist er ärmer als der Bettler, dem es bei seiner Armut wohl sein kann.

Die Besitztümer der Kultur sind eben nicht unpersönliche Dinge, die man sich erwerben, die man einkaufen und benützen kann. Die Musik, die ein großer Künstler unter Kämpfen und tiefen Erschütterungen seines inneren Lebens geschaffen hat, kann ich mir nicht als behaglicher Zuhörer im Konzertsessel so leichthin zu eigen machen. Und das tiefe Wort eines Denkers oder Dulders, das aus Drang und Not geboren ist, kann ich mir nicht als träger Bücherleser im Lehnstuhl erwerben und zu eigen machen.

Im täglichen persönlichen Erleben macht jeder von uns die alte Erfahrung, daß keine Beziehung, keine Freundschaft, kein Gefühl uns treu bleibt und zuverlässig ist, dem wir nicht Blut vom eigenen Blut, dem wir nicht Liebe und Mitleben, Opfer und Kämpfe dargebracht haben. Jeder weiß und erlebt es, wie leicht es ist, sich zu verlieben, und wie schwer und schön es ist, wirklich zu lieben. Liebe ist, wie alle wirklichen Werte, nicht käuflich. Es gibt einen käuflichen Genuß, aber keine käufliche Liebe.

Die Erziehung, die wir vom Leben erfahren, fordert von jedem, der aus einem Kinde ein Mann werden soll, die Fähigkeit der Unterordnung und des Opferns, die Anerkennung von Zusammenhängen, deren Erhaltung und Pflege wir unsre eigene augenblickliche Lust und Begierde opfern müssen. Wir werden innerlich erwachsen und erzogen in der Stunde, wo wir diese Zusammenhänge anerkennen und uns ihnen nicht nur gezwungen, sondern freiwillig fügen. Darum ist der Verbrecher, der das niemals lernt, für unsere Erkenntnis ein Zurückgebliebener und Minderwertiger.

Ebenso wie die menschliche Gesellschaft den Einzelnen nur trägt und stützt, wenn er sie anerkennt und ihr Opfer bringt, so fordert die allen Menschen und Völkern gemeinsame Kultur von uns eine Anerkennung und Unterordnung, nicht bloß ein Kennenlernen, Benützen und Genießen. Sobald wir diese Anerkennung innerlich geleistet haben, erwerben wir den wahren Mitbesitz an den Gütern der Kultur. Und wer nur ein einziges Mal einen hohen Gedanken in sich zur Tat hat werden lassen, wer einer Erkenntnis

ein Opfer gebracht hat, ist aus dem Kreise der Genießer ausgetreten und gehört zu denen, welchen ihr geistiger Besitz in jeder Lage treu und eigen bleibt.
Kein Mensch ist so arm, daß er nicht einmal am Tage zum Himmel aufblicken und sich eines guten, lebendigen Gedankens erinnern kann. Und der Gefangene, der auf dem Gang zur Arbeit einen guten Vers im Geiste wiederholt oder eine schöne Melodie vor sich hin summt, kann diese schönen Dinge mit all ihrer Tröstlichkeit inniger besitzen als mancher Verwöhnte, der sich längst in lauter Schönheiten und süßen Reizen müde gewühlt hat.
Du, der Du traurig und fern von den Deinen bist, lies zuweilen einen guten Spruch, ein Gedicht, erinnere Dich einer schönen Musik, einer schönen Landschaft, eines reinen und guten Augenblickes in Deinem Leben! Und sieh, ob nicht, wenn es Dir ernst ist, das Wunder geschieht, daß die Stunde heller, die Zukunft tröstlicher, das Leben liebenswerter ist! (1916)

Der Maler

Ein Maler namens Albert konnte in seinen jungen Jahren mit den Bildern, die er malte, den Erfolg und die Wirkung nicht erreichen, nach denen er begehrte. Er zog sich zurück und beschloß, sich selbst genug zu sein. Das versuchte er Jahre lang. Aber es zeigte sich mehr und mehr, daß er sich nicht selbst genug war. Er saß und malte an einem Heldenbild, und während dem Malen fiel ihm je und je wieder der Gedanke ein: »Ist es eigentlich nötig, das zu tun, was du tust? Müssen eigentlich diese Bilder wirklich gemalt sein? Wäre es nicht für dich und für jedermann ebenso gut, wenn du bloß spazieren gehen oder Wein trinken würdest? Tust du eigentlich für dich selbst etwas anderes mit deinem Malen, als daß du dich ein wenig betäubst, ein wenig vergißt, dir die Zeit ein wenig vertreibst?«
Diese Gedanken waren der Arbeit nicht förderlich. Mit der Zeit hörte Alberts Malerei fast ganz auf. Er ging spazieren, er trank Wein, er las Bücher, er machte Reisen. Aber zufrieden war er auch bei diesen Dingen nicht.
Oft mußte er darüber nachdenken, mit welchen Wünschen und

Hoffnungen er einst die Malerei begonnen hatte. Er erinnerte sich: sein Gefühl und Wunsch war gewesen, daß zwischen ihm und der Welt eine schöne, starke Beziehung und Strömung entstehe, daß zwischen ihm und der Welt etwas Starkes und Inniges beständig schwinge und leise musiziere. Mit seinen Helden und heroischen Landschaften hatte er sein Inneres ausdrücken und befriedigen wollen, damit es ihm von außen her, im Urteil und Dank der Betrachter seiner Bilder, wieder lebendig und dankbar entgegenkomme und strahle.

Ja, das hatte er also nicht gefunden. Das war ein Traum gewesen, und auch der Traum war so allmählich schwach und dünn geworden. Jetzt, wo Albert durch die Welt schweifte, oder an entlegenen Orten einsam hauste, auf Schiffen fuhr oder über Gebirgspässe wanderte, jetzt kam der Traum häufiger und häufiger wieder, anders als früher, aber ebenso schön, ebenso mächtig lockend, ebenso begehrend und strahlend in junger Wunschkraft.

O, wie sehnte er sich oft danach – Schwingung zu fühlen zwischen sich und allen Dingen der Welt! Zu fühlen, daß sein Atem und der Atem der Winde und Meere derselbe sei, daß Brüderschaft und Verwandtschaft, daß Liebe und Nähe, daß Klang und Harmonie zwischen ihm und allem sei!

Er begehrte nicht mehr Bilder zu malen, in denen er selbst und seine Sehnsucht dargestellt wären, welche ihm Verständnis und Liebe bringen, ihn erklären, rechtfertigen und rühmen sollten. Er dachte an keine Helden und Aufzüge mehr, die als Bild und Rauch sein eigenes Wesen ausdrücken und umschreiben sollten. Er begehrte nur nach dem Fühlen jener Schwingungen, jenes Kraftstromes, jener heimlichen Innigkeit, in der er selbst zu nichts werden und untergehen, sterben und wiedergeboren werden würde. Schon der neue Traum davon, schon die neue, erstarkte Sehnsucht danach machte das Leben erträglich, brachte etwas wie Sinn hinein, verklärte, erlöste.

Die Freunde Alberts, soweit er noch welche hatte, begriffen diese Phantasien nicht gut. Sie sahen bloß, daß dieser Mensch mehr und mehr in sich hinein lebte, daß er stiller und sonderbarer sprach und lächelte, daß er so viel fort war, und daß er keinen Teil an dem hatte, was anderen Leuten lieb und wichtig ist, nicht an Politik noch Handel, nicht an Schützenfest und Ball, nicht an klugen Gesprächen über die Kunst, und an nichts von dem, woran sie

eine Freude fanden. Er war ein Sonderling und halber Narr geworden. Er lief durch eine graue kühle Winterluft und atmete hingegeben die Farben und Gerüche dieser Lüfte, er lief einem kleinen Kinde nach, das Lala vor sich hin sang, er starrte stundenlang in ein grünes Wasser, auf ein Blumenbeet, oder er versank, wie ein Leser in sein Buch, in die Linien, die er in einem durchschnittenen Stückchen Holz, in einer Wurzel oder Rübe fand.
Es kümmerte sich niemand mehr um ihn. Er lebte damals in einer kleinen ausländischen Stadt, und dort ging er eines Morgens durch eine Allee, und sah von da zwischen den Stämmen auf einen kleinen trägen Fluß, auf ein steiles, gelbes, lehmiges Ufer, wo über Erdrutschen und mineralischer Kahlheit Gebüsch und Dorngekräut sich staubig verzweigten. Da klang etwas in ihm auf, er blieb stehen, er fühlte in seiner Seele ein altes Lied aus sagenhaften Zeiten wieder angestimmt. Lehmgelb und staubiges Grün, oder träger Fluß und jähe Ufersteile, irgendein Verhältnis der Farben oder Linien, irgendein Klang, eine Besonderheit in dem zufälligen Bilde war schön, war unglaublich schön, rührend und erschütternd, sprach zu ihm, war ihm verwandt. Und er fühlte Schwingung und innigste Beziehung zwischen Wald und Fluß, zwischen Fluß und ihm selbst, zwischen Himmel, Erde und Gewächs, alles schien einzig und allein da zu sein, um in dieser Stunde so vereinigt in seinem Auge und Herzen sich zu spiegeln, sich zu treffen und zu begrüßen. Sein Herz war der Ort, wo Fluß und Kraut, Baum und Luft zueinander kommen, einswerden, sich aneinander steigern und Liebesfeste feiern konnten.
Als dieses herrliche Erlebnis sich wenigemal wiederholt hatte, umgab den Maler ein herrliches Glücksgefühl, dicht und voll wie ein Abendgold oder ein Gartenduft. Er kostete es, es war süß und schwer, aber er konnte es nicht lange dabei aushalten, es war zu reich, es wurde in ihm zu Fülle und Spannung, zu Erregung und beinahe zu Angst und Wut. Es war stärker als er, es nahm ihn hin, riß ihn weg, er fürchtete, darin unterzusinken. Und das wollte er nicht. Er wollte leben, eine Ewigkeit leben! Nie, nie hatte er so innig zu leben gewünscht wie jetzt!
Wie nach einem Rausche fand er sich eines Tages still und allein in einer Kammer. Er hatte einen Kasten mit Farbe vor sich stehen und ein Stückchen Karton ausgespannt – nach Jahren saß er nun wieder und malte.
Und dabei blieb es. Der Gedanke »Warum tue ich das?« kam

nicht wieder. Er malte. Er tat nichts mehr als sehen und malen. Entweder ging er draußen an die Bilder der Welt verloren oder er saß in seiner Kammer und ließ die Fülle wieder abströmen. Bild um Bild dichtete er auf seine kleinen Kartons, einen Regenhimmel mit Weiden, eine Gartenmauer, eine Bank im Walde, eine Landstraße, auch Menschen und Tiere, und Dinge, die er nie gesehen hatte, vielleicht Helden oder Engel, die aber waren und lebten wie Mauer und Wald.

Als er wieder zu Menschen kam, wurde es bekannt, daß er wieder male. Man fand ihn ziemlich verrückt, aber man war neugierig, seine Bilder zu sehen. Er wollte sie niemand zeigen. Aber man ließ ihm keine Ruhe, man plagte ihn und zwang ihn. Da gab er einem Bekannten den Schlüssel zu seinem Zimmer, er selber aber reiste weg und wollte nicht dabei sein, wenn andere Leute seine Bilder ansahen.

Die Leute kamen, und es entstand ein großes Geschrei, man habe ein Mordsgenie von einem Maler entdeckt, einen Sonderling zwar, aber einen von Gottes Gnaden, und wie die Sprüche der Kenner und Redner alle heißen.

Der Maler Albert war inzwischen in einem Dorfe abgestiegen, hatte ein Zimmer bei Bauern gemietet und seine Farben und Pinsel ausgepackt. Wieder ging er beglückt durch Tal und Berge, und strahlte später in seine Bilder zurück, was er erlebt und gefühlt hatte.

Da erfuhr er durch eine Zeitung davon, daß alle Welt zu Hause seine Bilder angesehen habe. Im Wirtshause bei einem Glas Wein las er einen langen, schönen Artikel in der Zeitung der Hauptstadt. Sein Name stand dick gedruckt darüber, und überall troffen feiste Lobwörter aus den Spalten. Aber je weiter er las, desto seltsamer wurde ihm.

»Wie herrlich leuchtet in dem Bild mit der blauen Dame das Gelb des Hintergrundes – eine neue, unerhört kühne, bezaubernde Harmonie!«

»Wunderbar ist auch die Plastik des Ausdrucks in dem Rosenstilleben. – Und gar die Reihe der Selbstbildnisse! Wir dürfen sie den besten Meisterwerken psychologischer Porträtkunst an die Seite stellen.«

Sonderbar, sonderbar! Er konnte sich nicht erinnern, je ein Rosenstilleben gemalt zu haben, noch eine blaue Dame, und nie hatte er seines Wissens ein Selbstporträt gemacht. Dagegen fand

er weder das Lehmufer noch die Engel, weder den Regenhimmel noch die anderen ihm so lieben Bilder erwähnt.
Albert reiste in die Stadt zurück. Im Reisekleid ging er nach seiner Wohnung, die Leute gingen dort aus und ein. Ein Mann saß unter der Tür, und Albert mußte eine Karte lösen, um eintreten zu dürfen.
Da waren seine Bilder, wohlbekannt. Jemand aber hatte Zettel an sie gehängt, auf denen stand allerlei, wovon Albert nichts gewußt hatte. ›Selbstbildnis‹ stand auf manchen und andere Titel. Eine Weile stand er nachdenklich vor den Bildern und ihren unbekannten Namen. Er sah, man konnte diese Bilder auch ganz anders nennen, als er es getan hatte. Er sah, in der Gartenmauer hatte er etwas erzählt, was anderen eine Wolke schien, und die Klüfte seiner Steinlandschaft konnten für andere auch ein Menschengesicht bedeuten.
Schließlich lag nicht viel daran. Aber Albert zog es doch vor, still wieder fortzugehen und abzureisen und nicht mehr in diese Stadt zurückzukehren. Er malte noch viele Bilder und gab ihnen noch viele Namen, und war glücklich dabei; aber er zeigte sie niemandem.
(1918)

Die Stimmen und der Heilige

Heut nacht träumte ich sehr viel, ohne doch etwas Deutliches davon noch im Gedächtnis zu haben. Nur das weiß ich noch, daß die Erlebnisse und Gedanken dieser Träume in zwei Richtungen liefen: die einen waren ganz beschäftigt und erfüllt mit allerlei Leid, das mir widerfuhr – die andern waren voll Sehnsucht und Streben, dieses Leides durch vollkommenes Verständnis, durch Heiligkeit Herr zu werden.
So zwischen Elend und Selbstbesinnung, so zwischen Jammer und innigstem Streben liefen stundenlang bis zur schmerzlichen Ermüdung meine Gedanken, Wünsche und Phantasien sich an steilen Wänden wund, sie verwandelten sich zuzeiten in halbdunkle körperliche Gefühle: seltsam genau umschriebene, äußerst differenzierte Zustände von Trauer, von Qual, von Herzensmüdigkeit stellten sich in Bildern und Anklängen sinnlich dar, und gleichzeitig traten in einer andern Schicht der Seele Re-

gungen von mehr geistiger Energie auf: Mahnung zu Geduld, zu Kampf, zur Fortsetzung des Weges, der kein Ende hat. Einem Seufzer hier entsprach ein mutiger Schritt dort; ein Qualgefühl auf der einen Stufe fand Antwort in einer Mahnung, einem Antrieb, einer Selbstbesinnung auf der andern Stufe.
Wenn es überhaupt einen Sinn hat, bei solchen Erlebnissen zu verweilen und sich lauschend über den Rand von Wassern und Schluchten zu bücken, die man in sich trägt, dann kann dieser Sinn sich nur ergeben, wenn wir möglichst treu und genau den Regungen unserer Seele zu folgen suchen – viel weiter und viel tiefer, als Worte reichen. Wer das aufzuzeichnen versucht, der tut es mit dem Gefühl, mit dem man in fremder, kaum flüchtig erlernter Sprache über zarte, heikle, persönliche Dinge reden würde.
Mein Zustand und Erlebniskreis war also dieser: einerseits Erleben schweren Leides, anderseits bewußtes Streben nach Überwindung des Leides, nach reinem Einklang mit dem Schicksal. So etwa urteilte mein Bewußtsein oder doch eine erste Stimme in meinem Bewußtsein. Eine zweite Stimme, leiser, doch tiefer und nachtönender, stellte die Lage anders dar. Diese Stimme (die ich gleich der ersten im Schlaf und Traum deutlich, doch ferne hörte) gab nicht dem Leiden unrecht, und dem energischen Streben nach Vervollkommnung recht, sondern verteilte Recht und Unrecht auf beide. Diese zweite Stimme sang von der Süßigkeit des Leidens, sie sang von seiner Notwendigkeit, sie wollte nichts von Überwindung oder Abschaffung des Leidens wissen, sondern von seiner Vertiefung und Beseelung.
Die erste Stimme sagte, grob in Worte übersetzt, etwa so: »Leid ist Leid, daran ist nicht zu markten. Es tut weh. Es peinigt. Es gibt Kräfte, die das Leid überwinden können. Also suche diese Kräfte, pflege sie, übe sie, rüste dich mit ihnen! Du wärest ein Narr und Schwächling, wenn du ewig weiter leiden und leiden wolltest.«
Die zweite Stimme aber sagte, grob übersetzt, etwa so: »Leid tut nur weh, weil du es fürchtest. Leid tut nur weh, weil du es schiltst. Es verfolgt dich nur, weil du vor ihm fliehst. Du mußt nicht fliehen, du mußt nicht schelten, du mußt nicht fürchten. Du mußt lieben. Du weißt ja alles selbst, du weißt in deinem Innersten ganz wohl, daß es nur einen einzigen Zauber, eine einzige Kraft, eine einzige Erlösung und ein einziges Glück gibt und daß es Lieben

heißt. Also liebe das Leid! Widersteh ihm nicht, entflieh ihm nicht! Koste, wie süß es im Innersten ist, gib dich ihm hin, empfange es nicht mit Widerwillen! Nur dein Widerwille ist es, der weh tut, sonst nichts. Leid ist nicht Leid, Tod ist nicht Tod, wenn nicht du sie dazu machst! Leid ist herrlichste Musik – sobald du sie anhörst. Aber du hörst sie ja niemals an, du hast ja immer eine andere, eine eigene, eigensinnige Musik und Tonart im Ohr, die du nicht loslassen willst und zu der die Musik des Leides nicht stimmt. Höre mich! Höre mich und erinnere dich: Leid ist nichts, Leid ist Wahn. Nur du selbst schaffst es, nur du selbst tust dir weh!«

Und so lagen, außer dem Leid und dem Erlösungswillen selbst, auch noch die beiden Stimmen beständig in Widerstreit und Reibung. Die erste, näher dem Bewußtsein, hatte vieles für sich. Sie setzte dem dumpfen Reich des Unbewußten ihre Klarheit entgegen. Auf ihrer Seite waren die Autoritäten, waren Moses und die Propheten, war Vater und Mutter, war die Schule, war Kant und Fichte. Die zweite Stimme klang ferner, klang wie aus dem Unbewußten und aus dem Leide selber heraus. Sie schuf nicht eine trockene Insel im Chaos, sie schuf nicht ein Licht in der Finsternis. Sie war selbst dunkel, sie war selbst Urgrund.

Unmöglich ist es nun, auszudrücken, wie das Konzert der beiden Stimmen sich entwickelte. Jede von den beiden anfänglichen Stimmen nämlich teilte sich, und jede neue Unterstimme teilte sich wieder, und zwar nicht so, daß einfach zwei Chöre geworden wären, die einander gegenüberstanden, etwa ein heller und ein dunkler, ein hoher und ein tiefer, ein männlicher und ein weiblicher oder wie immer. Nein, sondern jede neue Stimme enthielt etwas von beiden Oberstimmen, enthielt Schwingungen des Chaos und Schwingungen des gestaltenden Willens, enthielt Tag und Nacht, Männlich und Weiblich in neuer, eigener Mischung. Überall hatte jede Stimme den gegensätzlichen Charakter jener Stimme, deren Kind und Teilung sie zu sein schien. Eine neue Unterstimme der chaotischen Mutterstimme klang immer mehr männlich und klar, wollend und beschränkend und umgekehrt. Aber jede war eine Mischung, jede war entstanden aus Sehnsucht nach dem andern Prinzip.

So entstand eine Polyphonie und Vielfältigkeit, in der mir die ganze Welt mit sämtlichen Millionen Möglichkeiten enthalten schien. Sie hielten alle einander die Waage; es schien die ganze

Welt unter beständigem leisem Schmerz sich in meiner träumenden Seele abzuspielen. Es war Kraft und Schwung in ihrem Ablauf, aber auch viel Reibung, Gegensätzlichkeit und schmerzvolle Hemmnis. Die Welt drehte sich, sie drehte sich schön und leidenschaftlich, aber die Achse knarrte und rauchte.
Wie gesagt, weiß ich nichts mehr von dem, was ich träumte. Die Noten sind weg, nur die Vorzeichen der Tonarten und Stimmen stehen noch in mir aufgeschrieben. Ich weiß nur: ich erlebte viel Schlimmes, und an jedem neuen Schmerz entzündete sich neu der sehnliche Gedanke an Befreiung und Erlösung. So war ein ewiger Ablauf gegeben, ein Kreis von Antrieb und Empfänglichkeit, von Formung und Duldung, von Tun und Leiden, ohne Ende.
Ich empfand mich dabei nicht wohl. Das Ganze schmeckte mehr nach Schmerz als nach Lust, und wo die Traumzustände sich in Körpergefühlen äußerten, waren es peinliche; ich fühlte Kopfweh, Schwindel, Bangigkeit.
Mannigfach war, was mir widerfuhr, und auf jedes neue Erlebnis oder Leid gab eine neue Stimme Antwort, auf jeden Ansturm folgte eine innere Mahnung. Vorbilder tauchten auf, unter andern sah ich den Staretz Sossima aus den »Brüdern Karamasoff« als Vorbild und Lehrer auftreten. Aber jene mütterliche Urstimme, ewig und immer neu gestaltet, widersprach jedesmal, vielmehr sie widersprach nicht, sondern es war, als wende ein teures Wesen sich von mir ab und schüttle schweigend den Kopf. »Nimm kein Vorbild!« schien diese Stimme zu sagen. »Vorbilder sind etwas, was es nicht gibt, was du dir nur selber schaffst und vormachst. Vorbildern nachstreben ist Tuerei. Das Rechte kommt von selber. Leide nur, mein Sohn, leide nur und trink den Becher aus! Je mehr du dich um ihn zu drücken suchst, desto bitterer schmeckt der Trank. Schicksal trinkt der Feige wie Gift oder wie Medizin, du aber sollst es wie Wein und Feuer trinken. Dann schmeckt es süß.«
Aber es schmeckte bitter, und die ganze lange Nacht hindurch rollte das Weltrad ächzend auf rauchender Achse. Hier war die blinde Natur, dort der sehende Geist – aber der sehende Geist verwandelte sich immer wieder in blinde, tote, öde Dinge: in Moral, in Philosophie, in Rezepte, und die blinde Natur tat immer da oder dort wieder ein Auge auf, ein wunderbares feuchtes Seelenauge, scheu und hell. Nichts blieb seinem Namen treu. Nichts blieb seinem Wesen treu. Alles war nur Name, alles war »nur«

Wesen, und hinter allem wich das Lebensheiligtum und Sendungsgeheimnis in immer neue, fernere, bangere Spiegeltiefen zurück. So mochte meine Welt sich rauchend weiterdrehen, solange die Achse hielt.

Als ich erwachte, war die Nacht schon fast ganz vergangen. Ich sah nicht nach der Uhr – soweit wach war ich nicht, aber ich hielt kurze Zeit die Augen offen und sah bleiches Morgenlicht auf dem Sims, auf dem Stuhl und auf meinen Kleidern liegen. Ein Ärmel des Hemdes hing lose und etwas verdreht herab und forderte zu gestaltenden Phantasiespielen auf – nichts in der Welt ist ja fruchtbarer und anregender für unsere Seele als die Dämmerung: ein zerfließender Fleck Weiß im Finstern, ein zerrinnendes System von grauen und schwarzen Dunkelheiten auf nebelhaftem Grund.

Aber ich folgte der Anregung nicht, aus dem hangenden weißen Fleck schwebende Tänzerinnen, kreisende Milchstraßen, Schneegipfel und heilige Standbilder zu formen. Ich lag noch im Bann der langen Traumfolge, und mein Bewußtsein tat nichts weiter als feststellen, daß ich wach und der Morgen nahe sei, daß ich Kopfweh habe und hoffentlich nochmals werde schlafen können. Der Regen trommelte sanft auf Dach und Fensterbrett. Trauer, Schmerz und Nüchternheit erhoben sich in mir, fliehend schloß ich die Augen und kroch in die Nähe des Schlafs und der Träume zurück.

Doch fand ich sie nicht völlig wieder. Ich blieb in einem dünnen, gebrechlichen Halbschlaf, in dem ich weder Müdigkeit noch Schmerz empfand. Und jetzt erlebte ich wieder etwas, etwas wie Traum und nicht Traum, etwas wie Gedanken und doch kein Denken, etwas wie Vision, etwas wie flüchtiges Beleuchten des Unbewußten mit Strahlenwellen des Bewußtseins.

In meinem leichten Morgenhalbschlaf erlebte ich einen Heiligen. Halb war es so, daß ich selbst der Heilige war, seine Gedanken dachte und seine Gefühle empfand; halb auch war es, als sähe ich ihn als einen Zweiten, von mir getrennt, aber von mir durchschaut und innigst gekannt. Es war, als sähe ich ihn, und es war auch, als höre oder läse ich von ihm. Es war, als erzähle ich mir selbst von diesem Heiligen, und es war zugleich auch so, als erzähle er mir von sich oder als lebe er mir etwas vor, das ich wie mein Eigenstes empfand.

Der Heilige – einerlei nun, ob er ich war oder wer sonst – der

Heilige erlebte ein großes Leid. aber ich kann das nicht schildern, als wäre es einem andern als mir selbst begegnet, ich selbst erlebte und fühlte es. Ich fühlte: das Liebste war mir genommen, meine Kinder waren gestorben oder starben soeben unter meinen Augen. Und sie waren nicht nur meine leibhaftigen, wirklichen Kinder, mit ihren Augen und Stirnen, ihren kleinen Händen und Stimmen – es waren außerdem meine geistigen Kinder und Besitztümer, die ich da sterben und von mir gehen sah, es waren meine eigensten, persönlichsten Lieblingsgedanken und Gedichte, es war meine Kunst, mein Denken, mein Augenlicht und Leben. Mehr konnte mir nicht genommen werden als dies. Schwereres und Grausameres konnte ich nicht erleben, als daß diese lieben Augen erloschen und mich nicht mehr kannten, daß diese lieben Lippen nicht mehr atmeten.

Dies erlebte ich – oder erlebte der Heilige. Er schloß die Augen und lächelte, und in seinem kleinen Lächeln war alles Leid, das sich irgend ersinnen läßt, war das Eingeständnis jeder Schwäche, jeder Liebe, jeder Verwundbarkeit.

Aber es war schön und still, dieses kleine schwache Lächeln des Schmerzes, und es blieb unverändert und schön in seinem Gesicht stehen. So sieht der Baum aus, wenn in der Herbstsonne ihn die letzten goldenen Blätter verlassen. So sieht die alte Erde aus, wenn in Eis oder Feuer ihr bisheriges Leben untergeht. Es war Schmerz, es war Leid, tiefstes Leid – aber es war kein Widerstreben, kein Widerspruch. Es war Einverstandensein, Hingebung, Zuhören, es war Mitwissen, Mitwollen. Der Heilige opferte, und er pries das Opfer. Er litt, und er lächelte. Er machte sich nicht hart und blieb doch am Leben, denn er war unsterblich. Er nahm Freude und Liebe und gab sie hin, gab sie zurück – aber nicht einem Fremden, sondern dem Schicksal, das sein eigenes war. Wie ein Gedanken im Gedächtnis untersinkt und eine Gebärde in der Ruhe, so sanken dem Heiligen seine Kinder und alle Besitztümer seiner Liebe dahin, unter Schmerzen dahin – aber unverloren, aber ins eigene Innere. Sie waren verschwunden, nicht getötet. Sie waren verwandelt, nicht vernichtet. Sie waren ins Innere zurückgekehrt, ins Innere der Welt und in das des Dulders. Sie waren Leben gewesen und waren Gleichnisse geworden, wie alles Gleichnis ist und einmal unter Schmerzen erlischt, um als neues Gleichnis ein anderes Kleid zu tragen. (1918)

Heimat

Zwischen Bremen und Neapel, zwischen Wien und Singapore habe ich manche hübsche Stadt gesehen, Städte am Meer und Städte hoch auf Bergen, und aus manchem Brunnen habe ich als Pilger einen Trunk getan, aus dem mir später das süße Gift des Heimwehs wurde.

Die schönste Stadt von allen aber, die ich kenne, ist Calw an der Nagold, ein kleines, altes, schwäbisches Schwarzwaldstädtchen. Wenn ich jetzt etwa wieder einmal nach Calw komme, dann gehe ich langsam vom Bahnhof hin abwärts, an der katholischen Kirche, am Adler und am Waldhorn vorbei und durch die Bischofstraße an der Nagold hin bis zum Weinsteg oder auch bis zum Brühl, dann über den Fluß und durch die untere Ledergasse, durch eine der steilen Seitengassen zum Marktplatz hinauf, unter der Halle des Rathauses durch, an den zwei mächtigen alten Brunnen vorbei, tue auch einen Blick hinauf gegen die alten Gebäude der Lateinschule, höre im Garten des Kannenwirts die Hühner gackern, wende mich wieder abwärts, am Hirschen und Rößle vorüber, und bleibe dann lang auf der Brücke stehen. Das ist mir der liebste Platz im Städtchen, der Domplatz von Florenz ist mir nichts dagegen.

Wenn ich nun von der schönen steinernen Brücke aus dem Fluß nachblicke, hinab und hinauf, dann sehe ich Häuser, von denen ich nicht weiß, wer in ihnen wohnt. Und wenn aus einem der Häuser ein hübsches Mädchen blickt (die es in Calw stets gegeben hat), dann weiß ich nicht, wie sie heißt.

Aber vor dreißig Jahren, da saß hinter allen diesen vielen Fenstern kein Mädchen und kein Mann, keine alte Frau, kein Hund und keine Katze, die ich nicht gekannt hätte. Über die Brücke lief kein Wagen und trabte kein Gaul, von dem ich nicht wußte, wem er gehöre. Und so kannte ich alles, die vielen Schulbuben und ihre Spiele und Spottnamen, die Bäckerläden und ihre Ware, die Metzger und ihre Hunde, die Bäume und die Maikäfer und Vögel und Nester darauf, die Stachelbeersorten in den Gärten.

Daher hat die Stadt Calw diese merkwürdige Schönheit. Zu beschreiben brauche ich sie nicht, das steht fast in allen Büchern, die ich geschrieben habe. Ich hätte sie nicht zu schreiben brauchen, wenn ich in diesem schönen Calw sitzen geblieben wäre. Das war mir nicht bestimmt.

Aber wenn ich jetzt (wie es bis zum Krieg alle paar Jahre einmal geschah) wieder eine Viertelstunde auf der Brückenbrüstung sitze, über die ich als Knabe tausendmal meine Angelschnur hinabhängen hatte, dann fühle ich tief und mit einer wunderlichen Ergriffenheit, wie schön und merkwürdig dies Erlebnis für mich war: einmal eine Heimat gehabt zu haben! Einmal an einem kleinen Ort der Erde alle Häuser und ihre Fenster und alle Leute dahinter gekannt zu haben! Einmal an einem bestimmten Ort dieser Erde gebunden gewesen zu sein, wie der Baum mit Wurzeln und Leben an seinen Ort gebunden ist.

Wenn ich ein Baum wäre, stünde ich noch dort. So aber kann ich nicht wünschen, das Gewesene zu erneuern. Ich tue das in meinem Träumen und Dichten zuweilen, ohne es in der Wirklichkeit tun zu wollen.

Jetzt habe ich hie und da eine Nacht Heimweh nach Calw. Wohnte ich aber dort, so hätte ich jede Stunde des Tags und der Nacht Heimweh nach der schönen alten Zeit, die vor dreißig Jahren war und die längst unter den Bogen der alten Brücke hinweggeronnen ist. Das wäre nicht gut. Schritte, die man getan hat, und Tode, die man gestorben ist, soll man nicht bereuen.

Man darf nur zuweilen einen Blick dort hinein tun, durch die Ledergasse schlendern, eine Viertelstunde auf der Brücke stehen, sei es auch nur im Traum, und auch das nicht allzu oft.

(1918)

Die Frau auf dem Balkon

Als ich neulich bei der großen Hitze in der Gegend von Mailand unterwegs war, fiel es mir wieder ein. Es ist nun schon manche Jahre her.

Es war im Spätsommer des Jahres 1911, ich war in der weiß lodernden Hitze jenes brennenden Sommers an vielen ausgetrockneten Flußbetten vorübergefahren, belästigt von der Hitze, aber unbelästigt vom Strom der Reisenden, der sonst diese Gegenden zu überschwemmen pflegt. Auf den Feldern war kein Mensch zu sehen, die Bahnhöfe waren wie ausgestorben. In meinem Zug aber saß ein älterer Herr aus Norddeutschland, mit dem traf ich seit zwei Tagen da und dort bei kleinen Anlässen immer wieder zusammen. Er reiste in der ersten Klasse, ich in der dritten, aber wir fanden uns im Speisewagen und an anderen Orten doch immer wieder zusammen, seine kühlkluge, etwas gallige Konversation gefiel mir. Er mochte etwa so alt sein, wie ich heute selber bin, und ich kam mir neben ihm wie ein Knabe vor.

Mailand lag verödet; kein Lärm am Bahnhof, niemand in den Straßen, kaum eine Droschke zu sehen. Hinter staubigen Jalousieläden sah man Menschen in Hemdärmeln sich träg und schattenhaft bewegen.

Der alte Herr, den ich vor zwei Stunden im Speisewagen wieder getroffen hatte, stieg richtig auch aus; ein Hoteldiener nahm sein Gepäck in Empfang. Der Herr nickte mir flüchtig zu, rief »Auf Wiedersehen!« und verschwand in einem der eleganten Hotels an den Anlagen, während ich auf die Trambahn stieg und das alte Logierhaus aufsuchte, das ich seit meiner ersten Italienreise jedesmal zu besuchen pflegte.

Die Gasse war ausgestorben, und vor meinem verräucherten Gasthöfchen war kein Mensch zu sehen als ein alter verlumpter Miserabile, der mit einem Stäbchen gebückt und mißmutig im weißen dicken Straßenstaub nach Zigarrenresten angelte. Der Padrone meiner Herberge zeigte sich nicht, ein Hausknecht führte mich in mein Stübchen, wo ich mich entkleidete und wusch und den ganzen Nachmittag hinter geschlossenen Läden im Hemde mit Lektüre und einer Limonade zubrachte. Abends aber, obwohl es noch kaum kühler geworden war, strömte das Volk, und ich mit ihm, nach den Anlagen und Promenaden, Zeitungsverkäufer brüllten ihr Lied, Orangenhändler und Hausierer mit feuchten Melonenscheiben belebten die Straße. Herrschaftskutscher, deren Herren in der Sommerfrische waren, führten in schönen Equipagen ihre Freundinnen und Freunde spazieren. Automobile sah man damals noch wenige.

Von einer schlaflosen Nacht geschwächt und um nichts vergnügter geworden, fuhr ich am Nachmittag des nächsten Tages weiter. Hitze, Staub und Müdigkeit lagen schwer auf mir. Aber wenigstens wollte ich vor der Rückreise nach Deutschland noch einmal eine Nacht richtig schlafen und einen Abend lang italienische Luft atmen. So beschloß ich, in Como auszusteigen. Ich tat es, und als ich kaum den sonnigen Bahnhof verlassen hatte und mit meiner Reisetasche in der Hand in das Städtchen eingebogen war, nickte mir aus einem Zweispänner mein Bekannter von vorgestern zu.

»Er beginnt unvermeidlich zu werden«, dachte ich, aber im Grunde hatte ich nichts dagegen, meinen alten Herrn hier wieder anzutreffen. Einstweilen fuhr er in seinem weich federnden Wägelchen rasch um die Ecke, während ich gegen den Dom und dann gegen den hübschen kleinen Platz am See zusteuerte, um mir eine Schlafgelegenheit zu suchen. Das war bald getan, Como war leer und Platz genug in jedem Gasthause.

Wie nun die Sonne sich neigte und ein reicher, üppiger Abend aus dem See stieg und die fernen Ufer mit violettem Staub überflog, da wurde mir wohl, und ich freute mich, vor der Heimkehr noch einmal italienischen Sommer zu atmen. Dankbar wanderte ich durch das hübsche Städtchen, wo aus den abendlichen Häusern die verschlafene Menschheit hervorkroch. Frauen wandelten zum Dom und blinzelten gegen die Sonne, die wohlhabende Jugend fuhr mit Geräusch in Einspännern vor die Stadt hinaus oder bummelte in Strohhüten und weißen Beinkleidern, mit gelben Schuhen, eine Nelke im Knopfloch und eine Virginia im Mundwinkel, durch die erwachenden Gassen. Eine Mundharmonika klang auf, ein Stiefelputzer bezog seinen jetzt schattig gewordenen Stand und fand Zulauf, die kleinen Cafetiers zogen ihre Markisen hoch und wischten die Marmortischchen vor ihren Buden ab. In einer Viertelstunde war die ganze schläfrige Stadt verändert und zu Leben erwacht, Kellner balancierten Eisportionen und Wermutflaschen zwischen besetzten Tischen, Mädchen zogen in langen lachenden Reihen durch die Straßen, bald einmütig in herausforderndem Hochmut, bald verschämt und flüchtig vor der männlichen Jugend. Und plötzlich kam an einer Ecke der Piazza ein Drehklavier aufgefahren, und zu dem grellen Geklimper tanzten schöne junge Menschen schön und prahlend.

Dies alles war für mich eine Wiederkehr wohlbekannter Bilder und Gefühle, das einsame Schlendern auf der Schattenseite abendlich-froher Straßen, der Tanz an der Straßenecke, der Wermut am staubigen Marmortischchen, der Anblick schöner Mädchen und der Klang ihrer Stimmen, wenn sie den Vers eines Tanzliedchens kühn und erwartungsvoll in den Abend hineinsangen. Das sind die Stunden, wo der junge Reisende aus dem Norden verträumt und selig durch die Gassen bummelt, den Mädchen nachsieht und den Tänzen zuschaut, bis die Fülle und Verlockung bitter zu schmecken beginnt, bis der junge Mann sich einsam fühlt und viel dafür gäbe, für eine Stunde daheim und ein Mitberechtigter und Zugehöriger auf dem kleinen frohen Markt der Eitelkeit und der Liebe zu sein. Der junge Deutsche pflegt sich dann früh in eine stille Pinte zurückzuziehen, mit Wehmut ein Risotto zu essen und den Abend nachdenklich bei einer großen Flasche Landwein hinzubringen.

Ich kannte das alles, und ich wandelte durch das hübsche, erregende Getriebe mit lächelnder Überlegenheit, vieler ähnlicher Abende eingedenk. Und schließlich setzte ich mich in eine Osterie, aß ein Risotto und trank ein paar Gläser Landwein. Dann fühlte ich mich stark genug, dem Abendleben wieder als wunschloser Beobachter beizuwohnen, und setzte mich vor das Café an der Ecke des reizenden Platzes am See. Ich trank langsam ein Glas Eiswasser, sah den See in Dämmerung sinken und die Berge kühlblau werden, rauchte eine Brissago und wehrte mich gegen die süße Verlockung, die von der flanierenden Menge, den trällernden Mädchen, vom heißen Lachen der Tänzer ausging.

»Guten Abend«, sagte jemand neben mir, und der alte Herr stand da, dem ich nun schon sooft begegnet war. Er trug einen hellen Sommeranzug und rauchte eine schöne, solide, importierte Zigarre, und sprach sein kühlklares nördlich gefärbtes Deutsch, und ich freute mich wahrhaftig, ihn da zu haben. Er setzte sich zu mir. Er bestellte eine Limonade, und ich ließ mir eine Flasche Rebbiolo geben. Bald waren wir im Gespräch. Dieser kluge alte Herr hatte alles, was ich erlebt und gedacht, längst auch erlebt und auch gedacht, nur klüger, kühler und bestimmter.

»Gewiß haben Sie in Italien auch schon Liebesabenteuer gehabt«, sagte er wohlwollend. »Das gehört ja dazu.«

Ich sagte langsam und träumerisch: »Nun ja ––.«

Und er lächelte wieder und sagte: »Nicht wahr? Es ist leider immer dasselbe. Da streicht man an diesen schönen Abenden so hinter den italienischen Mädeln her, und jede ist zum Verlieben, und wenn es je einmal glückt und man eine in den Arm bekommt, dann merkt man plötzlich, daß es eine ist, die Geld will. Ja, es ist schade.«

Ich schwieg bekümmert. Dieser Mann war kein Freund der Illusionen. Ich trank von dem guten Wein und blickte über den abendlichen Platz hinweg, und da sah ich mir gegenüber im obe-

ren Stockwerk eines Hotels, eine Frau auf den schmalen Balkon treten, eine weißgekleidete große Gestalt mit blassem Gesicht und dunklen Haaren, schon von der Dämmerung halb verwischt. Sie trat mit kleinem Schritt vor und legte beide Arme auf die eiserne Brüstung, und sie tat es mit einer großzügigen edlen Bewegung, die mich packte.
»Ist der Wein gut?« fragte der alte Herr freundlich. Ich empfahl ihn sehr und ließ ein Glas für ihn bringen. Er probierte einen Schluck und lobte das Getränk, ich füllte sein Glas, und eben während ich das tat, sah ich, daß auch er auf die Frau am Balkon blickte. Doch sagte er nichts, und nun taten wir eine Weile nichts als in den Stühlen lehnen und dort hinaufschauen, wo die einsame schlanke Gestalt weiß im zunehmenden Dunkel stand.
»Die ist auch ganz allein«, sagte der alte Herr. Ich gab keine Antwort. Wir blickten beide da hinauf, und nahmen dazwischen hie und da einen Schluck von dem guten Wein.
»Ja«, fing er wieder an, »da sollte man nun hinaufgehen und sich ein bißchen um die Frau Mühe geben, nicht? Für einen hübschen jungen Kerl müßte es selbstverständlich sein, daß eine junge schöne Frau nicht des Willens ist, den ganzen Abend allein auf einem Balkon im dritten Stock zu stehen und zuzusehen, wie unten getanzt wird.«
Ich trank ein Glas Wein. Die Flasche war leer. Ich ließ eine neue kommen und füllte unsere Gläser. Es war Nacht geworden, und der Platz wurde stiller, die Tische vor den Cafés waren noch alle besetzt, aber es tanzten draußen nur noch wenige Paare. Oben auf dem Balkon stand immer noch weiß und allein die fremde Frau.
Bedächtig leerte der alte Herr sein Glas. »Der Wein ist wirklich gut«, sagte er mit seiner klaren Sprache, die jeder kleinsten Wahrheit erst die letzte Weihe und Bestätigung gab. Ich begann, ihn zu hassen, den alten Kibitz.
Da legte er mir plötzlich eine Hand auf die Schulter, in der unverschämt wohlwollenden Art, durch die sich alte Leute an jungen dafür rächen, daß sie selber nicht mehr jung sind.
»Ich will heimgehen«, sagte er. »Es wird nun wohl kühl genug zum Schlafen sein.«
»Ja«, sagte ich gedankenlos.
»Gewiß. Und Sie werden ja wohl noch eine Weile sitzen bleiben und Ihren Wein trinken und da hinaufstarren, nicht wahr? Viel

Glück! Die Frau sieht gut aus, das muß wahr sein. – Aber wissen Sie, mein lieber Freund, ich bin alt genug, ich kann trotzdem vortrefflich schlafen. Es war nicht immer so. Als ich jünger war, war ich genau wie Sie. Sehen Sie, ich habe Sie diesen Abend beobachtet, und ich muß sagen, Sie haben mich fabelhaft an meine eigene Jugend erinnert. Wir beide gehören nicht zu den Männern, die auf Abenteuer ausgehen und Frauen erobern. Wir gehören zu denen, die an Balkonen hinaufschauen und unten traurig sind und Wein trinken. Sie wissen das vielleicht selbst noch nicht so recht. Aber glauben Sie mir, das wird nicht mehr anders, ich habe das oft beobachtet. In der allerfrühesten Jugend könnte man vielleicht noch etwas dagegen tun, durch Erziehung, wenn wir Erzieher hätten, die uns wirklich zum Glücklichsein erziehen wollten. Nachher bleibt man, wie man ist, und Sie werden morgen und später vor anderen Balkonen nicht anders sitzen als heute vor diesem. Es ist mir ebenso gegangen. Als ich noch jung war, glaubte ich, meine Schüchternheit komme davon, daß ich arm sei. Aber ich wurde reich, und nichts hat sich geändert. – Nun, ich gehe jetzt, gute Nacht!«

Da ging er hin, der verfluchte Kerl. Ich hatte ihn zehnmal unterbrechen und mir seine Weisheit verbitten wollen, aber ich war nicht dazu gekommen, ich war wie gelähmt und gebannt gewesen. Der Satan! Ich rief den Kellner her. Der alte Herr hatte seine paar Soldi für die Limonade pünktlich bezahlt; die zwei Flaschen Wein waren meine Sache.

Als ich aufstand, ging mein Blick wider meinen Willen nochmals zu dem Balkon hinauf. Er hing klein und wesenlos an der dunklen Fassade. Die Frau war hineingegangen. (1913)

Gang im Frühling

Jetzt stehen wieder die kleinen klaren Tränen an den harzigen Blattknospen, und erste Pfauenaugen tun im Sonnenlicht ihr edles Samtkleid auf und zu, die Knaben spielen mit Kreiseln und Steinkugeln. Die Karwoche ist da, voll und übervoll von Klängen und beladen mit Erinnerungen, an grelle Ostereierfarben, an Jesus im Garten Gethsemane, an Jesus auf Golgatha, an die Matthäuspassion, an frühe Begeisterungen, erste Verliebtheiten, erste Jünglingsmelancholien. Anemonen nicken im Moos, Butterblumen glänzen fett am Rand der Wiesenbäche.

Einsamer Wanderer, unterscheide ich nicht zwischen den Trieben und Zwängen meines Innern und dem Konzert des Wachstums, das mich mit tausend Stimmen von außen umgibt. Ich komme aus der Stadt, ich bin nach sehr langer Zeit wieder einmal unter Menschen gewesen, in einer Eisenbahn gesessen, habe Bilder und Plastiken gesehen, habe wunderbare neue Lieder von Othmar Schoeck gehört. Jetzt weht der frohe leichte Wind mir übers Gesicht, wie er über die nickenden Anemonen weht, und indem er Schwärme von Erinnerungen in mir aufweht wie Staubwirbel, klingt mir Mahnung an Schmerz und Vergänglichkeit aus dem Blut ins Bewußtsein. Stein am Weg, du bist stärker als ich! Baum in der Wiese, du wirst mich überdauern, und vielleicht sogar du, kleiner Himbeerstrauch, und vielleicht sogar die rosig behauchte Anemone.

Einen Atemzug lang spüre ich, tiefer als je, die Flüchtigkeit meiner Form und fühle mich hinübergezogen zur Verwandlung, zum Stein, zur Erde, zum Himbeerstrauch, zur Baumwurzel. An die Zeichen des Vergehens klammert sich mein Durst, an Erde und Wasser und verwelktes Laub. Morgen, übermorgen, bald, bald bin ich du, bin ich Laub, bin ich Erde, bin ich Wurzel, schreibe nicht mehr Worte auf Papier, rieche nicht mehr am prächtigen Goldlack, trage nicht mehr die Rechnung des Zahnarztes in der Tasche, werde nicht mehr von gefährlichen Beamten um den Heimatschein gequält, schwimme Wolke im Blau, fließe Welle im Bach, knospe Blatt am Strauch, bin in Vergessen, bin in tausendmal ersehnte Wandlung getaucht.

Zehnmal und hundertmal noch wirst du mich wieder einfangen, bezaubern und einkerkern, Welt der Worte, Welt der Meinungen, Welt der Menschen, Welt der gesteigerten Lust und der fiebernden Angst. Tausendmal wirst du mich entzücken und erschrecken, mit Liedern am Flügel gesungen, mit Zeitungen, mit Telegrammen, mit Todesnachrichten, mit Anmeldeformularen und all deinem tollen Kram, du Welt voll Lust und Angst, holde Oper voll melodischem Unsinns! Aber niemals mehr, gebe es Gott, wirst du mir ganz verloren gehen, Andacht der Vergänglichkeit, Passionsmusik der Wandlung, Bereitschaft zum Sterben, Wille zur Wiedergeburt. Immer wird Ostern wiederkehren, immer wieder wird Lust zu Angst, Angst zu Erlösung werden, wird ohne Trauer mich das Lied der Vergänglichkeit auf meinen Wegen begleiten, voll Ja, voll Bereitschaft, voll Hoffnung.

(1920)

Kirchen und Kapellen im Tessin

Zu den Zaubern des Südens, die den protestantischen Nordländer in den Gegenden südlich der Alpen begrüßen, gehört auch der Katholizismus. Mir ist es unvergeßlich, wie auf meiner ersten jugendlichen Italienfahrt dies auf mich wirkte, den Sohn eines streng protestantischen Hauses, wie erstaunt und bezaubert ich das mit ansah, dies selbstverständliche, naive Wohnen eines Volkes in seinen Tempeln, in seiner Religion, diese Zentralkraft Kirche, von welcher beständig ein Strom von Farbe, Trost, Musik, von Schwingung und Belebung ausstrahlte. Mag der Katholizismus in Italien und in den Alpenländern auch im Rückgang begriffen sein (im Tessin ist er es sichtlich, und die Mehrzahl der schönen alten Kirchenbauten wäre heute nicht mehr möglich), so ist doch immer noch, im Vergleich mit dem Norden, die Kirche in ihrer Sichtbarkeit vorhanden und mächtig-mütterlicher Mittelpunkt des Lebens. Und nichts wirkt auf den in Protestantismus und Gewissensplage aufgewachsenen Menschen stärker und rührender als der Anblick naiver, sich zeigender, sich schmückender Frömmigkeit. Einerlei, ob in einem Tempel Ceylons oder Chinas oder in einer Kapelle des Tessins, immer wirkt dieser Anblick auf unsereinen wie eine Erinnerung an verlorene Kindheiten der Seele, an ferne Paradiese, an eine selige Primitivität und Unschuld des religiösen Lebens, und nichts fehlt uns geistig unersättlichen Europäern mehr als eben diese Lust und Unschuld.
Beim Übergang über die Alpen fand ich mich jedesmal, wie vom Anhauch des wärmeren Klimas, den ersten Lauten der klangvolleren Sprache, den ersten Rebenterrassen, so auch vom Anblick der zahlreichen, schönen Kirchen und Kapellen zart und mahnend berührt, wie von Erinnerung an einen sanfteren, milderen, mutternahen Zustand des Lebens; an kindlicheres, einfacheres, frömmeres, froheres Menschentum. Und mehr und mehr wurde

es mir unmöglich, im Gefühl die katholische Frömmigkeit von der antiken zu trennen. Genau ebenso wie die uralte, römisch-mittelländische Art der Bodenkultur, der Terrassenbau mit Wein, Maulbeere, Olive, unzerstört in den alten, festen Formen hier unten weiterbesteht, so besteht etwas vom heidnisch-frommen, augenfrohen, bildergläubigen, gesunden Kult und Glauben der Antike in den Ländern südlich der Alpen noch heute fort. Wo in Römerzeiten ein Tempel stand, steht jetzt eine Kirche, wo damals die kleine primitive Steinsäule für einen Feldgeist oder Waldgott stand, steht jetzt ein Kreuz, wo damals das kleine ländliche Heiligtum einer Nymphe, einer Quellgöttin, eines Flurgottes stand, steht heute der Bildstock oder die Nische eines Heiligen. Wie vor Alters spielen vor dieser Nische die Kinder, wie vor Alters schmücken sie sie mit Blumen. Wanderer und Hirt rastet an diesem Ort, eine Cypresse oder Eiche steht dabei, und irgendeinmal an einem Sommersonntag kommt im schönen Zug mit blau und goldenen Kleidern der Bischof vorbei und segnet und weiht das kleine Heiligtum, daß es nicht vergessen werde, daß weiterhin Trost und Freude, Mahnung an das Göttliche und Erinnerung an unsre höchsten Ziele von diesem Ort ausgehen möge.

Im Tessin habe ich das immer besonders stark empfunden. Daß man am Südfuß der Alpen ist, daß man das Land der Sonne und der ältesten europäischen Kultur betritt, davon spricht nicht nur die Wärme der Sonne, der Klang der schönen Sprache, der kluge Terrassenbau der Weinberge, sondern ebensosehr all die frommen Bauten, alte und neue, all die Kirchen, Kapellen, Bildstöcke. Alle sind schön, ganz ohne Ausnahme, denn die Tessiner sind vorzügliche Architekten und Maurer von Alters her und haben ja auch in Italien manche der größten Bauten errichten helfen. Schön ist auch immer und ausnahmslos der Standort einer Kirche, man denke an Lugano, an Tesserete, an Ronco, an St. Abbondio bei Gentilino, an Breganzona, an die Madonna del Sasso. Schön und wohlüberlegt ist auch immer der Zugang zum Heiligtum. Straße oder Brücke führt zwischen Mauern mit sanftem Zwang auf die Kirche zu, und immer empfängt uns vor dem Eintritt ein Vorplatz, man kommt nicht atemlos vom Steigen, oder rennend vom Bergablaufen, in eine Kirche hinein, erst nimmt ein ebener, wenn auch noch so kleiner Vorplatz den Pilger auf, ein paar Bäume stehen da, und meistens überschattet und schützt den Eingang eine Vorhalle. Von weitem schon ruft und ladet oft diese

Vorhalle, mit drei oder fünf Bögen, schattig und ehrwürdig herüber.
Wie alle Gebäude in diesem steinreichen und holzarmen Lande sind die Kirchen und Kapellen ganz aus Stein. In kleinen Bergdörfern steht das Kirchlein roh und unverputzt, nackte Mauern, auch das Dach aus rohen Gneisplatten, ausgezeichnet nur durch den Giebel und den Glockenturm. An andern Orten ist der Bau verputzt und bemalt, nicht selten wunderschön, obwohl das Klima den Wandmalereien an Außenwänden nicht eben günstig ist. Man sieht wohl arme und schlichte Kirchen, aber kaum jemals eine verfallene.
Wie nun inmitten einer Stadt oder eines Dorfes die Kirche den stärksten Akzent bildet und der Campanile die Silhouette stempelt, so strahlt uralte Frömmigkeit überall ins Land und bis in verlassene und schwer zugängliche Täler und Berge hinein. Auch im entlegensten Gebiet, soweit noch Geißen weiden und Menschen ihren Unterhalt suchen, steht da und dort noch ein kleines Heiligtum, eine Kapelle an der Wegbiegung, unter deren Vordach die Straße durchläuft und wo sich im Regen rasten läßt, ein Bildstock kindlich und hübsch, zwischen altem Gemäuer unterm Steindach eine winzige Bildwand, bemalt mit alten, verblaßten Farben. Im Frühling steht vor jedem ein Glas, ein Becher, eine alte Blechbüchse, von Kindern mit Blumen gefüllt.
Auch ohne je eines der Gotteshäuser zu betreten, findet man sich doch überall an sie gemahnt. Wer am steinigen Bergkamm eine Rast halten will, wer von brennender Landstraße in den Schatten begehrt, der genießt dankbar diese Bauten. Rein als Schmuck der Landschaft, als Rastorte, als Wegweiser, als Ruhepunkte des Auges im Auf und Ab des bergigen Landes kommen sie jedem zugute, sind jedem willkommen. Im Innern aber sind sie oft reich an schönen und seltenen Dingen. Von den Luini-Bildern in Lugano bis in unbekannte kleine Bergkapellen findet man überall in den Tessiner Kirchen irgendein Bild, ein Fresko, ein Altar-Relief, einen Taufstein, eine Stuckfigur, die vom innigen Zusammenhang dieses Berglandes mit der Kultur des klassischen Italien reden und von der alten Begabung der Tessiner für die bildende Kunst. Ich könnte hundert Beispiele nennen, aber ich möchte mit diesen Zeilen nicht auf dies und jenes Einzelne hinweisen und den Führer spielen. Es ist viel schöner, ohne Führer zu gehen, und wer im Tessin wandert, wird bald die beglückende Erfahrung ma-

chen, wie überall mitten in den herrlichsten Landschaften noch stille, köstliche Funde an alter Kunst zu machen sind.
Liebe Kirchen im Tessin, liebe Kapellen und Kapellchen, wie viel gute Stunden habt ihr mich bei euch zu Gast gehabt! Wie viel Freude habt ihr mir gegeben, wie viel guten kühlen Schatten, wie viel Beglückung durch Kunst, wie viel Mahnung an das, was not tut, an eine frohe, tapfere, helläugige Lebensfrömmigkeit! Wie manche Messe habe ich in euch gehört, wie manchen Gemeindegesang, wie manche farbige Prozession sah ich aus euren Portalen quellen und in die lichte Landschaft sich verlieren! Ihr gehört zu diesem Lande wie Berge und Seen, wie die tiefgeschnittenen wilden Täler, wie das launisch spielerische Geläut eurer Glockentürme, wie der schattige Grotto im Wald und der alte Roccolo auf dem Hügel. Es lebt sich gut in eurem Schatten, auch für Menschen anderen Glaubens.

(1920)

Tanz*

Grotto, Bäume, Regen, Dämmerung,
innen Licht, Wirt, Musik, zart, ländlich, Tanz,
gesehen durchs Gegitter von Buchsbäumen,
Maria tanzt im roten Kleid.

Nach langer Glut und Dürre ist ein Regen gekommen, Donner hat gekracht, ein paar Hagelkörner haben geknallt, nach dem ersten erstickend schwülen Dampf hat sanfte Kühle sich verbreitet, weithin riecht es nach Erde, Steinen und bittrem Laub, es ist Abend geworden.
Im Wald, an der Schattenseite des Berges, liegen die Grotti und Weinkeller des Dorfes, ein kleines zwerghaft phantastisches Märchendorf im Wald, lauter Stirnseiten kleiner steinerner Häuser, die keine Rückseite haben, denn Dach und Haus verliert sich im Berg, und tief in den Berg hinein sind die Keller gebohrt. Da liegt der Wein in großen Fässern, Wein vom vorigen Herbst, und auch noch vom vorvorigen, älteren gibt es nicht. Es ist ein sanfter traubiger Rotwein, er schmeckt kühl und sauer nach Fruchtsaft

* Das Manuskript ist nur mit dem Untertitel versehen.

und Traubenschalen, die dicken Schalen der kalifornischen Trauben geben ihm den sauern Geschmack, an den man gewöhnt sein muß, um ihn zu schätzen.

Wir sitzen bei einem Grotto, am steilen Waldhang auf kleiner Terrasse, die man auf ungefügen Stufen erklimmt, die Platz für zwei Tische hat. Ungeheuer steigen die Stämme der Bäume empor, alte riesige Bäume, Kastanie, Platane, Akazie. Oben regnet es stetig mit holder Melodie, aber kaum ein Tropfen kommt zu uns herab, alles verliert sich im dichten Laubdach und rinnt an den dunklen Stämmen nieder. Wir sitzen im Dunkel, in kleinen irdenen Tassen, weiß und blau, steht der rosige Wein.

Unter unsrer kleinen Terrasseninsel, senkrecht unter uns, schimmert rötliches Licht in der Vorhalle des Kellers, durchs dichte Laubgitter alter Buchsbäume blicken wir hinab. Messing blinkt freudig im Lampenlicht: ein Horn liegt auf den Knien eines Mannes, der die kleine Weintasse vor sich stehen hat. Er setzt das Horn an. Einer neben ihm, nur halb sichtbar, nimmt die Baßtrompete, und wie sie zu spielen anfangen, klingt noch eine dritte Stimme mit, ein zartes Holzinstrument, an das Fagott erinnernd. Sie spielen sachte, zurückhaltend, klug, wohl wissend, daß sie in kleiner, enger Vorhalle sitzen und wenig Zuhörer haben. Ihr Spiel ist ländlich, frohmütig, herzlich, nicht ohne Rührung und Humor, im Takt vollkommen sicher, ja beschwingt, die Stimmung nicht völlig rein. Diese Musik ist genauso wie der Wein, den wir trinken: gut, unschuldig, ländlich, zuverlässig, ohne Tücken und ohne heftige Reize.

Kaum haben die Klänge uns erreicht, kaum haben wir auf unsrem schmalen Bankbrett uns umgewendet, um hinabzuschauen, so sind schon Tänzer da. In dem Rest von Tageslicht, der auf dem Plätzchen vor dem Kellereingang noch zögert, in dem Rest von Lampenlicht, der aus der Vorhalle sickert, tanzen drei Paare. Wir sehen sie durch das dichte Gitter der Buchsbäume, das sie oft verdeckt.

Das erste Paar sind zwei kleine Mädchen, eine Zwölfjährige, eine Siebenjährige. Die große ist ganz schwarz, schwarze Schürze, schwarze Strümpfe, schwarze Schuhe. Die kleine ist ganz hell, weiße Schürze, bloße Beine, bloße Füße. Die Zwölfjährige tanzt sehr richtig, taktstreng und gewissenhaft, sie kann es gut, unfehlbar schreitet sie, eilt und zögert am rechten Ort, ernst ist ihr Gesicht, wie ein bleiches Blumenblatt schwimmt es, kaum kenntlich,

in der feuchten lauen Dunkelheit von Abend und Wald. Die Siebenjährige kann noch nicht richtig tanzen, sie will es erst lernen. Ihre Schritte sind feierlich lang, sie blickt unverwandt auf die Füße ihrer Partnerin, die sie leise unterweist, die volle Unterlippe hält sie leicht mit den Zähnen emporgezogen. Beide Mädchen sind von Ernst und Glück erfüllt, kindliche Würde atmet ihr Tanz.
Das andre Paar besteht aus zwei Jünglingen, zwanzigjährigen. Einer, der größere, ist barhaupt und hat kurze krause Locken, der andre trägt den Filzhut schief auf dem Kopfe. Beide lächeln ein wenig, beide geben sich dem Tanz mit etwas angestrengtem Willen hin und sind sehr bemüht, jede Bewegung nicht nur richtig zu machen, sondern sie auch mit dem irgend Möglichen an Ausdruck zu schmücken. Sie strecken die vereinten Hände weit von sich, sie legen die Köpfe in die Nacken, sie gehen zuweilen tief in die Knie, und beide machen den Rücken hohl und versuchen das Äußerste im Schweben und in der Freiheit. Ihr Tanz befeuert den Bläser des Holzinstrumentes, er spielt zarter, schmachtender. Beide Tänzer lächeln, der große hingegeben, selig und in sich selbst und seinen Tanz verliebt, der andre halb schelmisch, auch leicht verlegen, ebenso bereit, sich ein wenig belächeln zu lassen wie Lob zu ernten. Der Große wird glatter durchs Leben gehen.
Die zwei Mädchen, die das dritte Paar bilden, sind Luigina und Maria, ich habe sie beide vor zwei Jahren noch in die Schule gehen sehen. Luigina ist vom südlichen Typ, leicht, sehr schlank, sehr mager, ihre hohen zarten Beine und der lange dünne Hals sind voll herber Lieblichkeit. Viel schöner aber ist Maria, die ich vor kurzem noch geduzt habe und jetzt nicht mehr recht zu duzen wage. Sie hat ein kräftiges Gesicht von frischer Farbe, hellblaue stählerne Augen, braunes volles Haar, und ist schon voll und jungfrauenhaft in Formen und Bewegungen, scheint etwas träge, hat aber den Blick voll Kraft und Rasse. Wenn ich ein junger Bursch aus dem Dorf wäre, ich würde keine andre nehmen als Maria. Sie trägt ein rotes Kleid, immer trägt sie rot oder rosa. Maria tanzt mit Luigina, ihr rotes Kleid erscheint da und dort und verschwindet wieder hinterm Buchsbaumlaub. Diese beiden tanzen sehr schön, sie sind voll Glück, nicht mehr vom tiefen Ernst der Kindlichkeit gebannt, wie die Kleinen, noch nicht losgebunden und eitel wie die zwei Burschen. Zu diesen beiden, zu Maria

und Luigina, paßt am besten der holde zärtliche Ton des Bläsers, die frohe, an Vorschlägen und Kapriolen reiche Musik. Über ihre Scheitel spielt die grüne Walddämmerung, an ihren Stirnen glänzt ein kleiner Widerschein vom Lampenlicht der Halle, ihre Beine schreiten taktfest, eng und elastisch.
So ist das, dort unten; hinterm schwarzen Gewölk der Buchsbäume fließt noch Licht, dort fließt Musik, dort tanzen die jungen Menschen, und andre lehnen am Pfeiler der Halle, sehen zu, loben, nicken, lachen. Hier oben im Dunkeln aber sitzen wir, wir andern, wir Fremden und Künstler, in einem anderen Licht, in einer anderen Luft, von einer anderen Musik umflossen. Uns entzückt und begeistert, was jene dort nicht sehen: ein Blattschatten auf dem Stein, ein verschossenes Blau an der Bluse der Schnitterin. Wir ersehnen und beneiden, was denen drüben wertlos und selbstverständlich ist. Sie aber sehen bei uns kuriose Dinge und Sitten, die sie ebenso beneiden, und deren wir längst überdrüssig sind. Wir können, wenn wir wollen, zu jenen hinübergehen; es ist uns nicht verboten, uns unter sie zu mischen, uns zu ihrer Musik zu setzen, mit ihnen zu tanzen. Wir bleiben jedoch im Dunkel unter den alten Platanen sitzen, hören die Melodien der drei Bläser, beobachten das süße sterbende Licht auf den hellen Gesichtern, lauschen dem Rot Marias, wie es noch im einsinkenden Dunkel klingt und kämpft, atmen dankbar den Zauberhauch der Dämmerung und den holden Frieden einer kleinen ländlichen Welt, deren Spiel nur unser Auge berührt, deren Not nicht unsre ist, deren Glück nicht unsres ist.
Wir schenken rosigen Wein in die blauen Tonschalen, während unten die tanzenden Figuren mehr und mehr zu Schatten werden. Auch das rote Kleid Marias geht unter, ertrinkt in der Finsternis. Auch die hellen blumenblassen Gesichter löschen aus und sinken dahin. Nur das warme rote Licht in der Vorhalle atmet stärker, und wir gehen davon, ehe auch das zerrinnt. (ca. 1921)

Notizblatt von einer Reise

Es ist Aprilwetter, im Spiegel von nassen Straßen glänzt für Minuten Blau und Sonne auf, und wenn der Wind eine Weile ausbleibt, singen überall Amseln.

Ich bin in einem kleinen Jurastädtchen, es lehnt sich gegen den graufelsigen Gebirgszug und blickt über eine unendliche farbige Weite hinweg gegen die fernen Alpen.

Ich bin gestern abend hier angekommen, man hatte mich eingeladen, hier einer kleinen kunstfreundlichen Gesellschaft meine Gedichte vorzulesen. Wieder war mir, wie fast jedesmal bei solchen Unternehmungen, seltsam gemischt zumute, etwas beklommen und etwas traurig, und im Hintergrunde dieser Gefühle stand die Frage: »Wozu wohl dient dein heutiges Tun? Hat denn dein Gedichte-Vorlesen irgendeinen Sinn? Hast du die Reise hierher wirklich nur gemacht, um ein paar Menschen eine Abendstunde lang zu unterhalten? Und auch dein Dichten selber – hat es Sinn? Ist es anderes als flüchtige Unterhaltung, für dich und für die Leser?«

Ich habe dennoch gestern abend in dem kleinen Saale meine Vorlesung gehalten und mir Mühe gegeben, ihr einen Sinn zu geben, indem ich auch diesmal wieder mich weder um meine Dichtung noch um die Unterhaltung der Zuhörer bekümmerte, sondern mich ganz auf die Vorstellung konzentrierte: »Vielleicht sitzt in diesem Saal irgendein Mensch, vielleicht sogar zwei, und diesem Menschen ist es bestimmt, in dieser Abendstunde verwundet und vom Schicksal angerufen zu werden durch irgendein einzelnes Wort, das für ihn Anruf und Mahnung wird, das für ihn nicht mehr Unterhaltung, Literatur und Bildungsangelegenheit ist, sondern unmittelbar in ihn hineinfällt, ihm Schmerzen und Freuden bereitet und für eine Weile neuen Antrieb in das Werden und Kämpfen seiner Seele bringt.« So dachte ich und las meine Gedichte vor, nicht als seien es Gedichte und seien mein Werk, sondern als wären es Angeln, die ich auswürfe, um damit Menschen zu ködern. Und während ich angespannt und feierlich diese Gedichte ablas, nur das Geistige und Mahnende darin betonend, saß in mir ein Zweiter, lächelnd, und sah der Handlung zu, mit etwas Spott, mit etwas Mitleid, freundlich duldend. Und so ging der Abend gut vorüber; denn alles geht, alles ist möglich, alles hat Sinn, wenn dieser Zweite in uns dabei ist und zuschaut. Immerhin blieb ein Rest der Beklemmung und der Traurigkeit in mir zurück, ein Bedürfnis nach Rechtfertigung meines Tuns und meines Daseins, eine heimliche Leere. Bis spät in die Nacht saß ich noch mit einigen jungen Menschen bei meinem Gastgeber auf, versuchte ein Wort in die Gespräche zu werfen, fühlte mit

einiger Trauer und Ironie, daß von diesen Anwesenden keiner heute abend etwas anderes von mir empfangen habe als flüchtige Unterhaltung, schwieg dann, verabschiedete mich und ging zu Bett, habe aber nur wenig schlafen können.
Heute nun, an diesem launischen Aprilvormittag, blieb mir nach dem Frühstück noch eine Stunde Zeit, um durch den Ort zu schlendern. Ich ging mit dem Pfarrer des Städtchens, mit dem ich mich gestern ein wenig befreundet hatte, und als wir uns dem Bahnhof näherten, wo in einer halben Stunde mein Zug gehen sollte, erzählte er mir bedauernd, daß er mich nicht länger begleiten könne, da er jetzt eine Beerdigung zu vollziehen habe. Ich fragte, wer der Tote sei, und der Pfarrer sagte, es werde bei diesem Begräbnis kein Mensch zugegen sein als der Totengräber und der Landjäger; denn der Tote sei ein unbekannter Landstreicher, den man vorgestern am Flußufer tot gefunden habe, halb im Wasser, mit einer kleinen Schußwunde am Kopf und einer kleinen Revolverkugel im Gehirn; es sei bisher nicht gelungen, seinen Namen und seine Herkunft zu erfahren.
Nun wußte ich plötzlich, daß ich nicht ganz vergebens, mit meinen Gedichten in der Reisetasche, die Fahrt hierher unternommen habe. Eine kleine Aufgabe war mir zugefallen, die mir sogleich das Herz erwärmte, und ich ging alsbald mit dem Pfarrer zum Friedhof, und über die feuchte lehmige Erde stiegen wir watend zu dem nassen, frisch gegrabenen Grabe. Das letzte Grab daneben, das von gestern, war mit hochgetürmten Kränzen bedeckt, aus deren Dickicht weiße, goldbedruckte Schleifen naß und schlaff herabhingen. Ich ließ mir vom Landjäger alles erzählen, was er über den Toten wußte, auch nahm ich aus seinem derben ledernen Geldbeutel die kleine, lächerlich leichte und dünne Revolverkugel, und ich fühlte sie an. Dann ließen wir den Sarg mit unserm Namenlosen in das Loch hinunter, er bekam von mir einen grünen Zweig mit, den ich vom Friedhofhag gebrochen hatte, und vom Pfarrer einen Psalm, ein Vaterunser und das feierliche: »Erde zu Erde, Staub zu Staub, Asche zu Asche«. Und ich zweifelte nicht, daß wir da einen meiner Freunde von der Landstraße begraben hätten, einen von den Heimatlosen und Unbürgerlichen, zu denen ich zeitlebens einen Zug der Liebe und des Verständnisses in mir gehabt habe und denen ich näher stehe als den Seßhaften und Tadellosen. Ich lächelte dem Bruder einen Gruß in seine feuchte Höhle hinab und segnete ihn und hörte dem Pfar-

rer zu, wie er lieb und freundlich den Psalm sprach, während ihm um den bloßen Kopf Schneeschauer stob. Ich nahm Abschied vom Totengräber, vom Landjäger, vom Grabe und lief zum Bahnhof, kam noch in meinen Zug und fuhr davon, zufrieden mit meiner Reise, ein paar Verse des Psalmes im Gedächtnis und überzeugt, daß einmal auch an meinem Grab irgendeiner stehen und lächeln und mir einen grünen Zweig nachwerfen wird.

(1922)

Exotische Kunst

Vom Ende des siebzehnten Jahrhunderts an kam chinesische Kunst, namentlich Prozellan und Stickereien, nach Frankreich, wirkte rasch und wurde in den »Chinoiserien« des achtzehnten Jahrhunderts spielerisch von der damaligen Kunst und Mode Europas verarbeitet. Etwa um die Mitte des neunzehnten Jahrhunderts kam, diesmal von Japan her, eine neue Welle ostasiatischer Kunst herüber, ebenfalls via Paris, und wirkte von dort aus. Beide Male waren es Erzeugnisse später, schon manierierter klassizistischer Kunst, es war gerade jener Teil der Exotik, der durch Naturferne und eine gewisse Ermüdung in Europa am wenigsten befremdend wirken mußte. Bekannt ist ja das auffallend anpassungsfähige Verhalten des Impressionismus gegen den japanischen Holzschnitt und Stockdruck. Die übrige Kunst der exotischen Länder war für Europa nicht vorhanden, mindestens nicht als Kunst, höchstens als ethnographische Spezialität.

Inzwischen sind, in den letzten zehn Jahren mit höchst beschleunigtem Tempo, die Exoten in Europa zur Wirkung gelangt. Kaum war eine neue Hinwendung der Künstler und Kunstliebhaber zu Ägypten vollzogen, kaum waren die hochentwickelten Bildnereien von China, Indien, Siam, Java bei uns einigermaßen bekannt geworden, da brach eine ganz neue Woge herein, die eigentliche, die wilde Exotik, die Negerplastik, die Schnitzereien und Flechtereien Ozeaniens. Die Tanzmasken und Götzen, die primitiv-erotischen Bildnereien der Neger, die uralten Dämonenfiguren Chinas wurden uns bekannt, wurden uns merkwürdig, wurden uns wichtig.

Der siegreiche (übrigens prachtvolle, von mir mit Innigkeit begrüßte) Hereinbruch der bemalten Schädel, der behaarten Tanzmasken, der furchtbaren Chimären primitiver Völker und Zeiten in den stillen, sanften, etwas langweiligen Tempel der europäischen Kunstgegenstände und Kunstanschauungen ist sichtlich ein Zeichen von Untergang. Zwar nicht von jenem Untergang, den der bürgerliche Zeitungsleser sich vorstellt, wenn er über Spengler böse wird, sondern von jenem natürlichen, richtigen, gesunden Untergang, der zugleich Beginn der Wiedergeburt ist – von jener Art Untergang, die nichts andres ist als ein Ermüden überzüchteter Funktionen in der Seele des einzelnen wie der Völker, und ein zunächst unbewußtes Hinstreben nach dem Gegenpol. In Zeiten solcher Untergangsstimmungen kommen stets seltsame neue Götter auf, die mehr wie Teufel aussehen, das bisher Vernünftige wird sinnlos, das bisher Verrückte wird positiv, wird hoffnungsvoll, scheinbar wird jede Grenze verwischt, jede Wertung unmöglich, es kommt der Demiurg herauf, der nicht gut noch böse, nicht Gott noch Teufel ist, sondern nur Schöpfer, nur Zerstörer, nur blinde Urkraft. Dieser Augenblick scheinbaren Unterganges ist derselbe, der im einzelnen zum erschütternden Erlebnis, zum Wunder, zur Umkehr wird. Es ist der Moment des erlebten Paradoxen, der aufblitzende Augenblick, wo getrennte Pole sich berühren, wo Grenzen fallen, wo Normen schmelzen. Es gehen dabei unter Umständen Moralen und Ordnungen unter, der Vorgang selbst aber ist das denkbar Lebendigste, was sich vorstellen läßt.

So empfinde ich den Aufmarsch der exotischen Kunst aus Brasilien, aus Benin, aus Neukaledonien, aus Neuguinea. Sie zeigt Europa sein Gegenbild, sie atmet Anfang und wilde Zeugungskraft, sie riecht nach Urwald und Krokodil. Sie führt zurück in Lebensstufen, in Seelenlagen, die wir Europäer scheinbar längst »überwunden« haben. Wir werden sie auch auf der Stufe der Ozeanier nicht wieder aufnehmen. Aufnehmen aber, nicht mit dem Verstande und der Wissenschaft, sondern mit Blut und Herz müssen wir alle diese Teufel und Götzen erbarmungslos. Was wir in unsern Künsten, in unsrer Geistigkeit, in unsern Religionen gewonnen, kultiviert, verfeinert und allmählich verdünnt und verflüchtigt haben, alle unsere Ideale, alle unsere Geschmäcke, damit haben wir eine Seite des Menschen großgezogen, auf Kosten der Gegenseite, haben einem Lichtgotte gedient, unter Verneinung

der finstern Mächte. Und so wie Goethe in seiner Farbenlehre das Dunkel nicht als Nichts, sondern als schöpferischen Gegenpol des Lichtes besingt, so steht jetzt (nur nicht mit Goethes Bewußtheit) die Künstlerschaft und Geistigkeit Europas vor den Gebilden aus Borneo und Peru, staunt und muß anerkennen, ja anbeten, was vor kurzem noch Greuel und Gespenst war. Und plötzlich denkt man auch daran, wie die stärksten Menschen in der Kunst des späten Europa, Dostojewskij und van Gogh, diesen wilden, fanatischen Zug ins Unheimliche haben, diesen Geruch nach Verbotenem, diese Verwandtschaft mit dem Verbrecherischen.
Der Weg ist längst beschritten, keine Mehrheitsbeschlüsse werden das Rad zurückrollen. Der Weg Fausts zu den Müttern. Er ist nicht bequem, er ist nicht lieblich; aber er ist notwendig.

(1922)

Das verlorene Taschenmesser

Gestern habe ich ein Taschenmesser verloren und habe dabei die Erfahrung gemacht, daß meine Philosophie und Schicksalsbereitschaft auf schwachen Füßen stehen, denn der kleine Verlust hat mich unverhältnismäßig betrübt, und ich bin auch heute noch mit meinen Gedanken bei jenem verlorenen Messer, nicht ohne mich selbst wegen solcher Sentimentalitäten auszulachen.
Es ist ein schlechtes Zeichen, daß der Verlust dieses Messers mich so betrüben konnte. Es gehört zu meinen Schrulligkeiten, die ich wohl kritisieren und bekämpfen, nicht aber völlig abtun kann, daß ich an Dingen, die ich eine Weile besessen, mit großer Anhänglichkeit festhalte, und es ist mir jedesmal ein Unbehagen, zuweilen sogar ein kleiner Schmerz, wenn ich mich von einem lang getragenen Kleide oder Hut oder Stock trennen muß oder gar von einer Wohnung, in der ich lange gewohnt habe, um von schlimmeren Trennungen und Abschieden ganz zu schweigen. Und jenes Messer gehörte nun zu den ganz wenigen Gegenständen, die bisher die Veränderungen meines Lebens überdauert und mich durch alle Wechsel jahrzehntelang begleitet haben.
Zwar besitze ich noch einigen geheiligten Trödel aus fernerer Vergangenheit, einen Ring meiner Mutter, eine Uhr meines Vaters, ein paar Photographien und Andenken aus meiner frühen

Kinderzeit, aber alle diese Dinge sind ja eigentlich tot, sind Museum, liegen im Schrank und werden kaum alle Jahre einmal betrachtet. Das Messer aber ist viele Jahre lang ein beinahe täglich gebrauchtes Ding gewesen, ich habe es viele tausend Male in meine Tasche gesteckt, aus der Tasche gezogen, es zu Arbeit und Spielerei benützt, habe es hundertmal mit dem Abziehstein nachgeschliffen, habe es in früheren Zeiten mehrmals verloren und wiedergefunden. Es war mir lieb, dies Messer, und es ist wohl eines Klageliedes wert.

Es war kein gewöhnliches Taschenmesser – deren habe ich in meinem Leben sehr viele besessen und verbraucht. Es war ein Gartenmesser, eine einzige, sehr starke, halbmondförmig gebogene Klinge in festem, glattem Holzgriff, kein Gegenstand des Luxus und der Spielerei, sondern eine ernste, solide Waffe, ein gediegenes Werkzeug von uralter, bewährter Form. Diese Formen stammen aus den Erfahrungen der Väter, aus hundert und tausend Jahren her, und sie widerstehen oft lange dem Ansturm der Industrie, welche den Ehrgeiz hat, an Stelle dieser bewährten Formen unbewährte, neue, sinnlose und spielerische zu setzen, denn die Industrie baut ihre Existenz darauf, daß der moderne Mensch die Gegenstände, mit denen er arbeitet und spielt, nicht mehr liebt und sie leicht und häufig wechselt. Wenn, wie in alten Zeiten, jeder Mann ein einzigesmal in seinem Leben sich ein starkes, gutes, edles Messer kaufen und es sorgfältig bis zu seinem Tode bewahren würde, wo blieben da die Messerfabriken? Nein, heute wechselt man Messer und Gabel, Manschettenknopf und Hut, Spazierstock und Schirm alle Augenblicke, es ist der Industrie gelungen, alle diese Dinge der Mode zu unterwerfen, und von diesen Modeformen, die für eine Saison berechnet sind, kann man ja wohl nicht verlangen, daß sie die Schönheit, Lebendigkeit und Richtigkeit der uralten, bewährten, echten Formen haben sollen.

Des Tages, an welchem ich den Besitz meines schönen sichelförmigen Gartenmessers antrat, kann ich mich noch wohl entsinnen. Ich war damals sehr auf der Höhe, in jeder Hinsicht und fühlte mich dementsprechend. Ich war seit kurzem verheiratet, ich war der Stadt und dem Gefängnis eines Brotberufes entronnen und saß unabhängig und nur mir selber verantwortlich in einem schönen Dorf am Bodensee, ich hatte Erfolg mit Büchern, die ich schrieb und die mir sehr gut schienen, ich hatte auf dem See ein

Ruderboot schwimmen, meine Frau erwartete ihr erstes Kind, und nun ging ich eben an eine große Unternehmung, deren Wichtigkeit mich ganz erfüllte: an den Bau eines eigenen Hauses und die Anlage eines eigenen Gartens. Der Boden war schon gekauft und die Maße abgesteckt, und wenn ich über das Grundstück ging, empfand ich manchmal feierlich die Schönheit und Würde dieses Tuns, es schien mir, daß ich da einen Grundstein für alle Zeiten lege und für mich, meine Frau und meine Kinder hier eine Heimat und Zuflucht gründe. Die Hauspläne waren fertig, und der Garten nahm in meiner Vorstellung allmählich Gestalt an, mit dem breiten langen Mittelweg, dem Brunnen, der Wiese mit den Kastanienbäumen.

Damals, ich mochte so gegen dreißig Jahre alt sein, kam eines Tages ein schweres Frachtstück für mich mit dem Dampfer an, und ich half es vom Landungssteg mit heraufschleppen. Es kam von einer Gartenbaufirma und enthielt lauter Gartenwerkzeuge: Spaten, Schaufeln, Pickel, Rechen, Hacken (unter denen namentlich die mit dem Schwanenhals mich sehr entzückte) und manche andere solche Dinge. Dazwischen lagen, sorgfältig in Lappen eingeschlagen, einige kleinere und zartere Gegenstände, die ich mit Freude enthüllte und besichtigte, und unter ihnen war auch das krumme Messer, das ich sogleich öffnete und prüfte. Blank funkelte mir sein neuer Stahl entgegen, hart und straff sprang die Rückenfeder, und die vernickelten Heftbeschläge blitzten. Damals war es ein kleines Anhängsel, ein winziges Nebenstück meiner Einrichtung. Ich dachte nicht, daß einmal dies Messer von all meinem schönen jungen Besitz, von Haus und Garten, Familie und Heimat das einzige kleine Stück sein würde, das noch mir gehörte und bei mir blieb.

Es dauerte nicht lange, so schnitt ich mir mit dem neuen Messer beinahe einen Finger ab, die Narbe trage ich noch heute. Und inzwischen war der Garten angelegt und bepflanzt, das Haus gebaut, und viele Jahre lang war das Messer mein Begleiter, sooft ich in den Garten ging. Ich habe mit ihm meine Obstbäume beschnitten und Sonnenblumen und Dahlien zu Sträußen abgeschnitten, habe Peitschenstiele und Pfeilbögen für meine kleinen Söhne damit geschnitzt. Täglich, mit Ausnahme kurzer Reisezeiten, brachte ich einige Stunden im Garten zu, den ich alle die Jahre hindurch selbst besorgt habe, mit Graben und Pflanzen, Säen und Begießen, Düngen und Ernten, und in den kühleren

Jahreszeiten hatte ich stets ein Feuerlein in einer Gartenecke brennen, wo Unkraut und alte Wurzelstöcke und Abfall jeder Art zu Asche gebrannt wurden. Meine Söhne waren gern dabei, steckten ihre Gerten und Schilfrohre ins Feuer, brieten Kartoffeln und Kastanien darin. Dabei fiel mir einmal das Messer ins Feuer, und am Heft entstand ein kleiner Brandfleck, den es von da an trug und an dem ich es aus allen Messern der Welt heraus gekannt hätte.

Es kam eine Zeit, da reiste ich viel, denn es war mir nicht mehr so sehr wohl in dem hübschen Hause am Bodensee. Ich ließ oft meinen Garten stehen und fuhr in der Welt herum, als hätte ich irgendwo die Hauptsache liegen lassen und vergessen, ich fuhr bis nach dem hintersten Südosten von Sumatra und sah die großen grünen Schmetterlinge im Dschungel schimmern. Und als ich zurückkam, da wurde meine Frau mit mir einig, daß wir unser Haus und Dorf verlassen wollten. Es zeigte sich, daß für die heranwachsenden Söhne Schulen nötig waren und manches andere, und wir sprachen viel darüber. Aber darüber sprach ich mit niemand, daß das Hierbleiben eben seinen Sinn verloren hatte und daß mein Traum von Glück und Behagen in diesem Hause ein falscher Traum gewesen war und begraben werden mußte.

In einem herrlichen alten Garten mit gewaltigen uralten Bäumen, nahe bei einer schönen Schweizer Stadt, mit dem Blick auf die nahen feierlichen Schneeberge, zündete ich meine gewohnten Herbst- und Frühlingsfeuer wieder an, und wenn das Leben mir weh tat und auch an diesem neuen Ort vieles so schwierig ging und so verstimmt klang, dann suchte ich die Schuld bald hier, bald dort, oft auch im eigenen Herzen, und wenn ich mein starkes Gartenmesser betrachtete, dachte ich an Goethes vorzügliche Anweisung für sentimentale Selbstmörder, sich den Tod nicht allzu bequem zu machen, sondern ihn sich durch Heroismus zu verdienen und sich zumindest mit eigener Hand das Messer ins Herz zu stoßen. Und das konnte ich so wenig wie Goethe.

Es kam der Krieg, und nun dauerte es nicht mehr lange, bis ich die Gründe meiner Unzufriedenheit und Melancholie nicht mehr weit zu suchen brauchte, sondern sie klar erkannte und wußte, daß da nichts zu heilen war und daß die Hölle dieser Zeit zu durchleben trotz allem eine gute Kur gegen eigensüchtige Schwermut und Enttäuschung sei. Es kamen Zeiten, wo ich mein

Messer wenig mehr brauchte, es war allzuviel andere Arbeit zu tun. Und es kam so allmählich alles ins Rutschen, zuerst das Deutsche Reich und sein Krieg, dem vom Auslande her zuzuschauen damals eine Qual ohnegleichen war. Und als der Krieg zu Ende war, da war auch in meinem Leben allerlei gewendet und verändert, ich besaß keinen Garten und kein Haus mehr und mußte mich auch von der Familie trennen und mußte Jahre der Einsamkeit und Besinnung antreten und durchkosten. Da saß ich oft, in den langen, langen Wintern der Verbannung, im kalten Zimmer vor dem kleinen Kamin, verbrannte Briefe und Zeitungen und schnitzelte mit meinem alten Messer am Holz herum, ehe ich es ins Feuer steckte, und sah in die Flammen, und sah mein Leben und meinen Ehrgeiz und mein Wissen und mein ganzes Ich allmählich verbrennen und zu reinlicher Asche werden. Und wenn auch das Ich, der Ehrgeiz, die Eitelkeit und der ganze trübe Lebenszauber mich nachher wieder und wieder einspann, so war doch eine Zuflucht gefunden, eine Wahrheit erkannt, und die Heimat, die zu gründen und zu besitzen mir im Leben nie hatte glücken wollen, begann mir im eigenen Herzen zu wachsen. Wenn ich nun das Gartenmesser, das mich diesen langen Weg begleitet hat, so sehr vermisse, so ist das weder heroisch noch weise. Ich will aber heute nun einmal weder heroisch noch weise sein, dazu ist morgen wieder Zeit.

(1924)

Was der Dichter am Abend sah

Der südliche Julitag sank glühend hinab, die Berge schwammen im blauen Sommerdunst mit rosigen Gipfeln, im Gefilde kochte schwül das schwere Wachstum, strotzend stand der hohe fette Mais, in vielen Kornfeldern war das Korn schon geschnitten, in den lauen, mehlig satten Staubgeruch der Landstraße flossen aus Feldern und Gärten süß und überreif die vielen Blumendüfte. Im dicken Grün hielt die Erde noch die Tageswärme zurück, die Dörfer strahlten aus goldenen Giebeln warmen Nachglanz in die beginnende Dämmerung.

Von einem Dorfe zum andern ging auf der heißen Straße ein Liebespaar, ging langsam und ziellos, den Abschied verzögernd, manchmal lose Hand in Hand, manchmal umschlungen, Schulter an Schulter. Schön und schwebend gingen sie, in leichten Sommerkleidern schimmernd, auf weißen Schuhen, barhaupt, gezogen von Liebe, im leisen Abendfieber, das Mädchen mit weißem Gesicht und Halse, der Mann braun verbrannt, beide schlank und aufrecht, beide schön, beide im Gefühl der Stunde Eins geworden und wie aus einem Herzen genährt und getrieben, beide doch tief verschieden und weit voneinander. Es war die Stunde, in der eine Kameradschaft zur Liebe und ein Spiel zum Schicksal werden wollte. Beide lächelten sie, und waren beide ernst bis fast zur Traurigkeit.

Kein Mensch ging zu dieser Stunde die Straße zwischen den beiden Dörfern, die Feldarbeiter hatten schon Feierabend. Nahe einem Landhaus, das hell durch Bäume schien, als stünde es noch in der Sonne, blieben die Liebenden stehen und umarmten sich. Sanft führte der Mann das Mädchen zum Rand der Straße, da lief eine niedere Mauer hin, auf die setzten sie sich, um noch beisammen zu bleiben, um nicht ins Dorf und zu Menschen zu müssen, um nicht den Rest des gemeinsamen Weges schon zu verbrauchen. Still saßen sie auf der Mauer, in Nelken und Steinbrech, Reblaub über sich. Durch Staub und Duft kamen Töne vom Dorf her, Kinderspiel, Ruf einer Mutter, Männergelächter, ein altes Klavier fern und schüchtern. Stille saßen sie, lehnten aneinander, sprachen nicht, fühlten gemeinsam Laub über sich dunkeln, Düfte um sich irren, warme Luft in erster Ahnung von Tau und Kühle schauern.

Das Mädchen war jung, war sehr jung und schön, schlank und herrlich kam aus dem leichten Kleide der hohe lichte Hals, schlank und lang aus weiten kurzen Ärmeln die hellen Arme und Hände. Sie liebte ihren Freund, sie glaubte ihn sehr zu lieben. Sie wußte viel von ihm, sie kannte ihn so gut, sie waren lange Zeit Freunde gewesen. Oft hatten sie, einen Augenblick lang, sich auch ihrer Schönheit und ihres Geschlechts erinnert, hatten einen Händedruck zärtlich verzögert, hatten sich kurz und spielend geküßt. Er war ihr Freund gewesen, auch ein wenig ihr Ratgeber und Vertrauter, der Ältere, der Wissendere, und nur manchmal, für Augenblicke, war ein schwaches Wetterleuchten über den Himmel ihrer Freundschaft gezuckt, kurze holde Erinnerung, daß zwischen ihnen nicht bloß Vertrauen und Kameradschaft bestand, daß auch Eitelkeit, auch Machtbegierde, auch süße Feind-

schaft und Anziehung der Geschlechter spielte. Nun wollte das reif werden, nun brannte dies andere auf.
Schön war auch der Mann, doch ohne die Jugend und innige Blüte des Mädchens. Er war viel älter als sie, er hatte Liebe und Schicksal gekostet, Schiffbruch und neue Ausfahrt erlebt. Streng stand Nachdenken und Selbstbewußtsein in seinem magern braunen Gesicht geschrieben, Schicksal in Stirn und Wangen gefaltet. An diesem Abend aber blickte er sanft und hingegeben. Seine Hand spielte mit der Mädchenhand, lief leise und schonend über Arm und Nacken, über Schultern und Brust der Freundin, kleine spielende Wege der Zärtlichkeit. Und während ihr Mund ihm aus dem stillen dämmernden Abendgesicht entgegen kam, innig und wartend wie eine Blume, während Zärtlichkeit in ihm aufwallte und aufsteigender Hunger der Leidenschaft, dachte er doch immerzu daran und wußte davon, daß viele andere Geliebte ebenso mit ihm durch Sommerabende gegangen waren, daß auf anderen Armen, auf anderen Haaren, um andre Schultern und Hüften seine Finger dieselben zarten Wege gegangen waren, daß er Gelerntes übte, daß er Erlebtes wiederholte, daß für ihn das ganze strömende Gefühl dieser Stunde etwas anderes war als für das Mädchen, etwas Schönes und Liebes, aber nicht mehr Neues, nicht mehr Unerhörtes, nicht mehr Erstes und Heiliges.
Auch diesen Trank kann ich schlürfen, dachte er, auch er ist süß, auch er ist wunderbar, und ich kann diese junge Blüte vielleicht besser lieben, wissender, schonender, feiner als ein junger Bursch es könnte, als ich selber es vor zehn, vor 15 Jahren gekonnt hätte. Ich kann sie zarter, klüger, freundlicher über die Schwelle der ersten Erfahrung heben als irgend ein andrer, ich kann diesen holden edlen Wein edler und dankbarer kosten als irgend ein Junger. Aber ich kann ihr nicht verbergen, daß nach dem Rausch die Sattheit kommt, ich kann ihr nicht über den ersten Rausch hinaus einen Liebenden vorspielen, wie sie ihn träumt, einen nie Ernüchterten. Ich werde sie zittern und weinen sehen und werde kühl und heimlich ungeduldig sein. Ich werde mich vor dem Augenblick fürchten, fürchte mich jetzt schon vor dem Augenblick, da sie mit erwachenden Augen die Ernüchterung kosten muß, da ihr Gesicht keine Blume mehr sein und im aufzuckenden Schreck über das verlorene Mädchentum sich verziehen wird.
Sie saßen schweigend auf der Mauer im blühenden Gekräut, aneinander geschmiegt, hin und wieder von Wollust überschauert

und enger aneinander getrieben. Sie sprachen nur selten ein Wort, ein lallendes, kindisches Wort: Lieber – Schatz – Kind – hast Du mich lieb?
Da kam aus dem Landhause, dessen Schein im Laubdunkel nun auch zu erblassen begann, ein Kind gegangen, ein kleines Mädchen, vielleicht zehn Jahre alt, barfuß, auf schlanken bräunlichen Beinen, im kurzen dunklen Kleid, mit dunklem langem Haar überm bleichbräunlichen Gesicht. Spielend kam sie daher, unschlüssig, etwas verlegen, ein Springseil in der Hand, lautlos liefen die kleinen Füße über die Straße. Sie kam spielerisch daher, schrittwechselnd, gegen den Ort, wo die Liebenden saßen. Sie ging langsamer, als sie zu ihnen kam, als ginge sie ungern vorüber, als zöge etwas hier sie an, wie einen Abendfalter die Phloxblume anzieht. Leise sang sie ihren Gruß »buona sera«. Freundlich nickte das große Mädchen von der Mauer herüber, freundlich rief der Mann ihr zu: »Ciao, cara mia.«
Das Kind ging vorüber, langsam, ungern, und zögerte mehr und mehr, blieb nach 50 Schritten stehen, kehrte um, zögernd, kam wieder näher, ging nah an dem Liebespaar vorüber, blickte verlegen und lächelnd her, ging weiter, verschwand im Garten des Landhauses.
»Wie hübsch sie war!« sagte der Mann.
Wenig Zeit verging, wenig hatte die Dämmerung sich vertieft, da kam das Kind von neuem aus der Gartenpforte hervor. Es blieb einen Augenblick stehen, äugte heimlich die Straße entlang, erspähte die Mauer, das Reblaub, das Liebespaar. Dann begann das Kind zu rennen, lief in schnellem Trab auf nackten federnden Sohlen die Straße heran, am Paar vorbei, kehrte rennend um, lief bis zum Gartentor, machte eine Minute halt, und rannte nochmals und noch zweimal, dreimal ihren stillen einsamen Trab.
Schweigend sahen die Liebenden ihr zu, wie sie lief, wie sie umkehrte, wie der kurze dunkle Rock um die schlanken Kinderbeine schlug. Sie fühlten, daß dies Traben ihnen galt, daß Zauber von ihnen ausstrahlte, daß dies kleine Mädchen in seinem Kindertraum die Ahnung von Liebe und schweigendem Rausch des Gefühls empfinde.
Der Lauf des Mädchens wurde nun zu einem Tanz, schwebend kam sie näher, wiegend, schrittwechselnd. Einsam tanzte die kleine Gestalt im Abend auf der weißen Straße. Ihr Tanz war eine Huldigung, ihr kleiner Kindertanz war ein Lied und Gebet an die

Zukunft, an die Liebe. Ernst und hingegeben vollzog sie ihr Opfer, schwebte her, schwebte davon, und verlor sich am Ende in den dunkeln Garten zurück.

»Sie war von uns bezaubert«, sagte die Liebende. »Sie spürt Liebe.«

Der Freund schwieg. Er dachte: Vielleicht hat dies Kind in seinem kleinen Tanzrausch von der Liebe Schöneres und Volleres genossen als es je erleben wird. Er dachte: Vielleicht haben auch wir beide von unsrer Liebe das Beste und Innigste nun schon genossen, und was noch kommen kann, ist schale Neige.

Er stand auf und hob seine Freundin von der Mauer.

»Du mußt gehen«, sagte er, »es ist spät geworden. Ich begleite Dich bis zum Kreuzweg.«

Eingeschlafen lag Landhaus und Garten, als sie am Tor vorübergingen. Granatblüten hingen übers Tor, noch in der einsinkenden Nacht klang hell ihr frohes Rot.

Umschlungen gingen sie bis zum Kreuzweg. Zum Abschied küßten sie sich heiß, rissen sich los, gingen auseinander, kehrten beide nochmals um, küßten sich nochmals, der Kuß gab kein Glück mehr, nur heißeren Durst. Das Mädchen begann rasch davon zu gehen, lange sah er ihr nach. Und auch in diesem Augenblick stand Vergangenheit bei ihm, sah ihm Gewesenes in die Augen: andre Abschiede, andre nächtliche Küsse, andre Lippen, andre Namen. Traurigkeit überfiel ihn, langsam ging er seine Straße zurück, Sterne kamen über den Bäumen hervor.

In dieser Nacht, die er nicht schlief, kamen seine Gedanken zu diesem Schluß:

Es ist nutzlos, Gewesenes zu wiederholen. Noch manche Frau könnte ich lieben, noch manches Jahr vielleicht ist mein Auge hell und meine Hand zärtlich, und mein Kuß den Frauen lieb. Dann muß Abschied genommen werden. Dann muß der Abschied, den ich heute freiwillig nehmen kann, in Niederlage und Verzweiflung genommen werden. Dann ist der Verzicht, der heut ein Sieg ist, nur noch schmählich. Darum muß ich heute schon verzichten, muß heut schon Abschied nehmen.

Viel habe ich heut gelernt, viel muß ich noch lernen. Von dem Kinde muß ich lernen, das uns mit seinem stillen Tanz entzückt hat. In ihm ist Liebe aufgeblüht, als es ein Liebespaar am Abend sah. Eine frühe Welle, eine bangschöne Vorahnung der Lust floß diesem Kind durchs Blut, und es begann zu tanzen, da es noch nicht lieben kann. So muß auch ich tanzen lernen, muß Lustbegierde in Musik verwandeln, Sinnlichkeit in Gebet. Dann werde ich immer lieben können, dann werde ich nie mehr Gewesenes unnütz wiederholen müssen. Diesen Weg will ich gehen.

(ca. 1924)

Die Fremdenstadt im Süden

Diese Stadt ist eine der witzigsten und einträglichsten Unternehmungen modernen Geistes. Ihre Entstehung und Einrichtung beruht auf einer genialen Synthese, wie sie nur von sehr tiefen Kennern der Psychologie des Großstädters ausgedacht werden konnte, wenn man sie nicht geradezu als eine direkte Ausstrahlung der Großstadtseele, als deren verwirklichten Traum bezeichnen will. Denn diese Gründung realisiert in idealer Vollkommenheit alle Ferien- und Naturwünsche jeder durchschnittlichen Großstädterseele. Bekanntlich schwärmt der Großstädter für nichts so sehr wie für Natur, für Idylle, Friede und Schönheit. Bekanntlich aber sind alle diese schönen Dinge, die er so sehr begehrt und von welchen bis vor kurzem die Erde noch übervoll war, ihm völlig unbekömmlich, er kann sie nicht vertragen. Und da er sie nun dennoch haben will, da er sich die Natur nun einmal in den Kopf gesetzt hat, so hat man ihm hier, wie es koffeinfreien Kaffee und nikotinfreie Zigarren gibt, eine naturfreie, eine gefahrlose, hygienische, denaturierte Natur aufgebaut. Und bei alledem war jener oberste Grundsatz des modernen Kunstgewerbes maßgebend, die Forderung nach absoluter »Echtheit«. Mit Recht betont ja das moderne Gewerbe diese Forderung, welche in früheren Zeiten nicht bekannt war, weil damals jedes Schaf in der Tat ein echtes Schaf war und echte Wolle gab, jede Kuh echt war und echte Milch gab und künstliche Schafe und Kühe noch nicht erfunden waren. Nachdem sie aber erfunden waren und die echten nahezu verdrängt hatten, wurde in Bälde auch das Ideal der Echtheit erfunden. Die Zeiten sind vorüber, wo naive Fürsten sich in irgendeinem deutschen Tälchen künstliche Ruinen, eine nachgemachte Einsiedelei, eine kleine unechte Schweiz, einen imitierten Posilipo bauen ließen. Fern liegt heutigen Unternehmern der absurde Gedanke, dem großstädtischen Kenner etwa ein Italien in der Nähe Londons, eine Schweiz bei Chemnitz, ein Sizilien am Bodensee vortäuschen zu wollen. Der Naturersatz, den der heutige Städter verlangt, muß unbedingt echt sein, echt wie das Silber, mit dem er tafelt, echt wie die Perlen, die seine Frau trägt, und echt wie die Liebe zu Volk und Republik, die er im Busen hegt.

Dies alles zu verwirklichen, war nicht leicht. Der wohlhabende Großstädter verlangt für den Frühling und Herbst einen Süden, der seinen Vorstellungen und Bedürfnissen entspricht, einen echten Süden mit Palmen und Zitronen, blaue Seen, malerische Städtchen, und dies alles war ja leicht zu haben. Er verlangt aber auch außerdem Gesellschaft, verlangt Hygiene und Sauberkeit, verlangt Stadtatmosphäre, verlangt Musik, Technik, Eleganz, er erwartet eine dem Menschen restlos unterworfene und von ihm umgestaltete Natur, eine Natur, die ihm zwar Reize und Illusionen gewährt, aber lenkbar ist und nichts von ihm verlangt, in die er sich mit allen seinen großstädtischen Gewohnheiten, Sitten und Ansprüchen bequem hineinsetzen kann. Da nun die Natur das Unerbittlichste ist, was wir kennen, scheint das Erfüllen solcher Ansprüche nahezu unmöglich; aber menschlicher Tatkraft ist bekanntlich nichts unmöglich. Der Traum ist erfüllt.

Die Fremdenstadt im Süden konnte natürlich nicht in einem einzigen Exemplar hergestellt werden. Es wurden dreißig oder vierzig solche Idealstädte gemacht, an jedem irgend geeigneten Ort sieht man eine stehen, und wenn ich eine dieser Städte zu schildern versuche, ist es natürlich nicht diese oder jene, sie trägt keinen Eigennamen, so wenig wie ein Ford-Automobil, sie ist ein Exemplar, ist eine von vielen.

Zwischen langhin gedehnten, sanft geschwungenen Kaimauern liegt mit kleinen, kurzen Wellchen ein See aus blauem Wasser, an dessen Rand findet der Naturgenuß statt. Am Ufer schwimmen unzählige kleine Ruderboote mit farbig gestreiften Sonnendächern und bunten Fähnchen, elegante hübsche Boote mit kleinen netten Kissen und sauber wie Operationstische. Ihre Besitzer gehen auf dem Kai auf und nieder und bieten allen Vorübergehenden unaufhörlich ihre Schiffchen zum Mieten an. Diese Männer gehen in matrosenähnlichen Anzügen mit bloßer Brust und bloßen braunen Armen, sie sprechen echtes Italienisch, sind jedoch imstande, auch in jeder anderen Sprache Auskunft zu geben, sie haben leuchtende Südländeraugen, rauchen lange, dünne Zigarren und wirken malerisch.

Längs dem Ufer schwimmen die Boote, längs dem Seerand läuft die Seepromenade, eine doppelte Straße, der seewärts gekehrte Teil unter sauber geschnittenen Bäumen ist den Fußgängern reserviert, der innere Teil ist eine blendende und heiße Verkehrsstraße, voll von Hotelomnibussen, Autos, Trambahnen und Fuhrwerken. An dieser Straße steht die Fremdenstadt, welche eine Dimension weniger hat als andere Städte, sie erstreckt sich nur in die Länge und Höhe, nicht in die Tiefe. Sie besteht aus einem dichten, stolzen Gürtel von Hotelgebäuden. Hinter diesem Gürtel aber, eine nicht zu übersehende Attraktion, findet der echte Süden statt, dort nämlich steht tatsächlich ein altes italienisches Städtchen, wo auf engem, stark riechendem Markt Gemüse, Hühner und Fische verkauft werden, wo barfüßige Kinder mit Konservenbüchsen Fußball spielen und Mütter mit fliegenden Haaren und heftigen Stimmen die wohllautenden klassischen Namen ihrer Kinder ausbrüllen. Hier riecht es nach Salami, nach Wein, nach Abtritt, nach Tabak und Handwerken, hier stehen in Hemdsärmeln joviale Männer unter offenen Ladentüren, sitzen Schuhmacher auf offener Straße, das Leder klopfend, alles echt und sehr bunt und originell, es könnte auf dieser Szene jederzeit der erste Akt einer Oper beginnen. Hier sieht man die Fremden mit großer Neugierde Entdeckungen machen und hört häufig von Gebildeten verständnisvolle Äußerungen über die fremde Volksseele. Eishändler fahren mit kleinen rasselnden Karren durch die engen Gassen und brüllen ihre Näschereien aus, da und dort beginnt in einem Hofe oder auf einem Plätzchen ein Drehklavier zu spielen. Täglich bringt der Fremde in dieser kleinen, schmutzigen und interessanten Stadt eine Stunde oder zwei zu, kauft Strohflechtereien und Ansichtskarten, versucht Italienisch zu sprechen und sammelt südliche Eindrücke. Hier wird auch sehr viel photographiert.

Noch weiter entfernt, hinter dem alten Städtchen, liegt das Land, da liegen Dörfer und Wiesen, Weinberge und Wälder, die Natur ist dort noch wie sie immer war, wild und ungeschliffen, doch bekommen die Fremden davon wenig zu sehen, denn wenn sie je und je in Automobilen durch diese Natur fahren, sehen sie die Wiesen und Dörfer genau so verstaubt und feindselig am Rand der Autostraße liegen wie überall.

Bald kehrt daher der Fremde von solchen Exkursionen wieder in die Idealstadt zurück. Dort stehen die großen, vielstöckigen Hotels, von intelligenten Direktoren geleitet, mit wohlerzogenem, aufmerksamem Personal. Dort fahren niedliche Dampfer über den See und elegante Wagen auf der Straße, überall tritt der Fuß auf Asphalt und Zement, überall ist frisch gefegt und gespritzt, überall werden Galanteriewaren und Erfrischungen angeboten. Im Hotel Bristol wohnt der frühere Präsident von Frankreich und im Parkhotel der deutsche Reichskanzler, man geht in elegante Cafés und trifft da die Bekannten aus Berlin, Frankfurt und München an, man liest die heimatlichen Zeitungen und ist aus dem Operetten-Italien der Altstadt wieder in die gute, solide Luft der Heimat getreten, der Großstadt; man drückt frischgewaschene Hände, lädt einander zu Erfrischungen ein, ruft zwischenein am Telefon die heimatliche Firma an, bewegt sich nett und angeregt zwischen netten, gutgekleideten, vergnügten Menschen. Auf Hotelterrassen, hinter Säulenbalustraden und Oleanderbäumen sitzen berühmte Dichter und starren mit sinnendem Auge auf den Spiegel des Sees, zuweilen empfangen sie Vertreter der Presse, und bald erfährt man, an welchem Werk dieser und jener Meister nun arbeitet. In einem feinen, kleinen Restaurant sieht man die beliebteste Schauspielerin der heimatlichen Großstadt sitzen, sie trägt ein Kostüm, das ist wie ein Traum, und füttert einen Pekinghund mit Dessert. Auch sie ist entzückt von der Natur und oft bis zur Andacht gerührt, wenn sie abends in Nr. 178 des Palace-Hotels ihr Fenster öffnet und die endlose Reihe der schimmernden Lichter sieht, die sich dem Ufer entlang zieht und träumerisch jenseits der Bucht verliert.

Sanft und befriedigt wandelt man auf der Promenade, Müllers aus Darmstadt sind auch da, und man hört, daß morgen ein italienischer Tenor im Kursaale auftreten wird, der einzige, der sich nach Caruso wirklich hören lassen kann. Man sieht gegen Abend die Dampferchen heimkehren, mustert die Aussteigenden, trifft wieder Bekannte, bleibt eine Weile vor einem Schaufenster voll alter Möbel und Stickereien stehen, dann wird es kühl, und nun kehrt man ins Hotel zurück, hinter die Wände von Beton und Glas, wo der Speisesaal schon von Porzellan, Glas und Silber funkelt und wo nachher ein kleiner Ball stattfinden wird. Musik ist ohnehin schon da, kaum hat man Abendtoilette gemacht, so wird man schon vom süßen, wiegenden Klang empfangen.

Vor dem Hotel erlischt langsam im Abend die Blumenpracht. Da stehen in Beeten zwischen Betonmauern dicht und bunt die blühendsten Gewächse, Kamelien und Rhododendren, hohe Palmen dazwischen, alles echt, und voll dicker, kühlblauer Kugeln, die fetten Hortensien. Morgen findet eine große Gesellschaftsfahrt nach -aggio statt, auf die man sich freut. Und sollte man morgen aus Versehen statt nach -aggio an irgendeinen anderen Ort gelangen, nach -iggio oder -ino, so schadet das nichts, denn man wird dort ganz genau die gleiche Idealstadt antreffen, denselben See, denselben Kai, dieselbe malerisch-drollige Altstadt und dieselben guten Hotels mit den hohen Glaswänden, hinter welchen uns die Palmen beim Essen zuschauen, und dieselbe gute weiche Musik und all das, was so zum Leben des Städters gehört, wenn er es gut haben will. (1925)

Ausflug in die Stadt

Wenn ein Einsiedler nach langen Jahren seine Klause verläßt und sich in eine Stadt und in die Nähe der Menschen begibt, dann hat er meistens für sein Tun vortreffliche Gründe anzuführen, das Ergebnis dagegen ist meistens ein lächerliches. Der Eremit soll Eremit bleiben wie der Schuster Schuster. Daß das Eremitentum kein Beruf sei oder ein minderwertiger, ebenso wie das Betteln, ist eine europäische Mode-Meinung, welche niemand ernst nehmen wird. Einsiedler ist ein Beruf, ebenso wie Schuster, ebenso wie Bettler, ebenso wie Räuber, ebenso wie Krieger, es ist ein viel älterer, wichtigerer, heiligerer Beruf als etwa solche Pseudo-Berufe wie Gerichtsvollzieher, Professor der Ästhetik und dergleichen. Und wenn ein Mensch aus seinem Beruf, aus seiner Maske und Rolle herausfällt, so mag er dies aus den begreiflichsten und liebenswürdigsten Gründen tun, es kommt doch gewöhnlich nur eine Dummheit dabei heraus.

So ging es auch mir, als ich, mit mir und meinem Leben unzufrieden, meine Klause am Berge hinter mir abschloß und für eine Weile unter die Menschen und in die Stadt ging. Ich tat es aus Neugierde und aus Lust nach neuen Erlebnissen und Beziehungen, ich tat es in der schwachen Hoffnung, vielleicht wieder ein wenig Freude, Spaß und Zufriedenheit zu erleben, nachdem ich lange nur Überdruß und Schmerz gekostet hatte. Ich hatte die Hoffnung, es möchte mir vielleicht glücken, mich wieder an anderen Menschen zu messen, die Menschen und mich selbst wieder ernst nehmen zu können. Ich war gewillt, die Stadt, die Menge, die Öffentlichkeit, die Kunst, den Handel, kurz alle Zauber dieser Welt auf mich wirken zu lassen, mich von der Schwere und eingebildeten Weisheit des Einsiedlers und Denkers zu befreien, wieder Mensch, wieder Kind zu werden, wieder an den Sinn und die Schönheit des Menschenlebens glauben zu können. Ein Mensch von meiner Art, der im Grunde an den Wert des Menschenlebens nicht glauben kann, dem aber auch die gewohnten Auswege der Naiven, in den Selbstmord und in den Wahnsinn, verbaut und unmöglich sind, der also eigens von der Natur dazu erfunden zu sein scheint, sich und den anderen an seinem Beispiel die Unsinnigkeit und Aussichtslosigkeit dessen zu erweisen, – was die Natur unternahm, als sie sich auf das Experiment ›Mensch‹ einließ, ein solcher Mensch hat natürlich ein etwas schwieriges Leben und fühlt daher von Zeit zu Zeit das Bedürfnis, ein andres Register zu ziehen und dies oder jenes an seinem Leben zu verändern, damit es vielleicht etwas erträglicher und hübscher werde.

So war ich also mit meinem Koffer in eine Stadt gereist und hatte mir dort, mitten zwischen den Menschen, ein Zimmer genommen. Es war nicht leicht, sich an das Leben hier zu gewöhnen. Zu erstaunlichen, unglaublichen Tageszeiten standen diese Leute in der Frühe auf, kamen in der Nacht nach Hause, spielten Klavier und Violine, nahmen Bäder, liefen auf und ab. Die meisten waren Geschäftsleute oder Angestellte von solchen, und alle hatten ganz irrsinnig viel zu tun. Die einen nämlich hatten in der Tat viel Arbeit, weil ihre Geschäfte schlecht gingen, waren überanstrengt durch die Bemühungen um deren Verbesserung. Überanstrengt waren sie alle, und beinahe alle fabrizierten Dinge oder trieben Handel mit Dingen, welche der Mensch zum Leben nicht braucht und welche lediglich erfunden wurden, um dem Hersteller und dem Händler Geld einzubringen. Ich versuchte manchen dieser Gegenstände aus Neugierde. Da ich in dem Lärm und Getriebe wenig schlafen konnte, tagsüber aber oft müde war und Langeweile hatte, kaufte ich von einem dieser Händler ein Schlafmittel, von einem andern einige Bücher, deren Zweck es war, den Leser angenehm zu unterhalten. Aber das Schlafmittel, statt mich schlafen zu machen, machte mich aufgeregt und nervös, und die Bücher, statt mich zu unterhalten, machten mich am hellen Tag einschlafen. Und so war es im Grunde mit allem. Es wurde da ein Spiel getrieben, das allen Mitspielern, Händlern wie Käufern, sichtlich großen Spaß machte, welches aber ernst zu nehmen niemand einfiel. Es war die Zeit vor einem großen jährlichen Feste, das den Sinn hat, einesteils die Industrie zu fördern und einige Wochen lang den Handel zu beleben, andererseits aber durch das Ausstellen von abgesägten jungen Bäumen in allen städtischen Wohnungen eine Art von Erinnerung an die Natur und den Wald zu erwecken und die Freuden des Familienlebens zu feiern. Auch dies war ein Spiel und Übereinkommen, das ich bald durchschaute. Weder gab es jemand, dem die Erinnerung an Natur und Wald ein Bedürfnis gewesen oder der doch so töricht gewesen wäre, diese Zimmertannen für ein geeignetes Mittel zur Pflege der Naturfreude zu halten, noch auch wurde Familie, Ehe und Kindersegen von der Mehrzahl des Volkes sehr verehrt, sondern nahezu allgemein als eine Last empfunden. Aber das Fest beschäftigte vier Wochen lang Millionen von Angestellten und machte zwei Tage lang der gesamten Bevölkerung sichtlichen Spaß. Sogar mir, dem Fremden, bot man süßes Backwerk an und wünschte frohe Feiertage, und einige Stunden lang wurden in Häusern, denen dies recht ungewohnt war, Orgien von Familienglück begangen.

In dieser Zeit sah übrigens die Stadt reizend aus. In den breiten Geschäftsstraßen strahlte Tag und Nacht Haus an Haus und Fenster an Fenster von Lichtüberfluß, von ausgestellten Waren, von Blumen, von Spielzeug, und es schien das ganze so schwere und ernste Arbeitsleben all der Millionen in der Tat ein witziges und gut ausgedachtes Unterhaltungsspiel zu sein. Störend freilich für den Fremdling war die Sitte der Gastwirte, auch an jenen Stätten der Betäubung, wo man Natur, Familie, Geschäft und alles für Stunden zu vergessen und in wohlschmeckenden Getränken wegzuspülen sucht – auch an diesen stillen Trink- und Rauchstätten Lichterbäume mit oder ohne Musik aufzustellen, welche hier noch mehr als in den Privathäusern einen Glanz und eine Sentimentalität ausstrahlten, in welcher das Atmen schwer wurde.

Eines Abends, noch ehe die Festtage begonnen hatten, saß ich bei einer Eierspeise und einem halben Liter Rotwein leidlich zufrieden in einem Wirtshause, da fiel mir die Ankündigung einer Zeitung ins Auge, die mich sofort fesselte. Es war da ein Hermann-Hesse-Abend von einem literarischen Verein veranstaltet, dessen Besuch sehr empfohlen wurde. Schleunigst ging ich hin, fand das Haus und den Saal und an der Saaltüre einen Kassier, den fragte ich, ob Herr Hesse selber auftrete. Er verneinte und suchte sich zu entschuldigen, aber ich beruhigte ihn mit der Bemerkung, daß ich nicht den mindesten Wert auf die Mitwirkung dieses Herrn lege. Ich bezahlte eine Mark und bekam ein Programm, und nachdem ich eine Weile gesessen und gewartet hatte, ging die Veranstaltung los. Da hörte ich eine Reihe von Dichtungen, die ich in meinen jüngeren Jahren geschrieben hatte. Ich hatte damals, als ich sie schrieb, noch die Neigungen und Ideale der Jugend, und es war mir mehr um Schwärmen und Idealismus zu tun als um Aufrichtigkeit; ich sah darum das Leben vorwiegend hell und bejahenswert, während ich es heute weder liebe noch verneine, sondern eben hinnehme. Es war mir daher merkwürdig, in diesen Dichtungen meine eigene Stimme aus der Jugendzeit her reden zu hören. Die Dichtungen waren zum Teil durch Komponisten in Musik gesetzt und wurden von hübsch gekleideten Damen vorgesungen, teils auch wurden sie deklamiert oder vorgelesen, und ich konnte zusehen, wie derjenige Teil der Zuhörerschaft, der jugendlich und sentimental fühlte, die Darbietungen einschluckte und dazu empfindsam lächelte, während ein anderer, kühlerer Teil der Hörer, zu dem auch ich zählte, unbewegt blieb und entweder ein wenig mißachtend lächelte oder einschlief. Und mitten in alldem Beobachten und in der Verwunderung über die hübsche Seichtigkeit dieser Dichtungen, die mir doch einst so wichtig und heilig gewesen waren, konnte ich in mir trotz allem ein gutes Stück Eitelkeit beobachten, denn ich war jedesmal enttäuscht und etwas verletzt, wenn Sängerin oder Vorleser, wie dies ja üblich ist, einzelne Worte in den Gedichten ausließen oder durch andere ersetzten. Indessen bekam diese ganze Abendunterhaltung mir nicht gut, ich konnte den Schluß nicht abwarten, weil ein trockenes und bitteres Gefühl in Kehle und Magen mich von dannen trieb, das ich dann mit Cognac und Wasser stundenlang vergeblich zu vertreiben suchte. Auch bei dieser literarischen Abendunterhaltung, wo ich doch gewissermaßen als Sachverständiger und Fachmann gelten konnte, bemerkte ich wieder diese Isolierung, die mich zum Eremiten bestimmt und welche darin besteht, daß ich in mir ein unergründliches Verlangen trage, das Menschenleben ernst nehmen zu können, während alle anderen es nach einer geheimen, mir unbekannten Spielregel als ein amüsantes Gesellschaftsspiel betrachten und vergnügt mitspielen.

Während nun alles, was ich sah und erlebte, mich nur weiter in diese Verlegenheit hineintrieb und das richtige Mitspielen mir nirgends gelingen wollte, kam inzwischen doch einmal auch ein Erlebnis, das mich nicht lächerlich machte, sondern bestätigte und stärkte. Ich mußte einen Freund beerdigen helfen, der plötzlich gestorben und keineswegs ein Einsiedler, sondern ein vergnügter und geselliger Mensch gewesen war. Als ich diesem Toten nun zum Abschied in das still gewordene Gesicht blickte, konnte ich darin weder Mißmut noch Schmerz darüber lesen, daß er aus dem hübschen Spiel des Lebens herausgerissen war, sondern nur ein tiefes Einverstandensein, eine Art von Genugtuung darüber, daß es ihm nun endlich geglückt und vergönnt war, das rätselhafte Menschenleben nicht mehr als ein Spiel hinter sich bringen, sondern es im tiefsten Grunde ernst zu nehmen. Dies Totengesicht sagte mir viel, und es machte mich nicht traurig, sondern froh.

Und so bummle ich weiter durch die Straßen, sehe mir die hübschen Frauen und die eiligen verärgerten Männer an, die alle ihr etwas verlegenes und gekünsteltes Festfreude-Gesicht inzwischen wieder abgelegt haben, und habe manchmal mein Leid, manchmal meinen Spaß an diesem Theater, hinter dessen geheime Spielregeln ich am Ende doch noch zu kommen hoffe.

(1925)

Abendwolken

An der Ostwand meines Wohn- und Arbeitszimmers ist eine schmale Balkontüre, die steht vom Mai bis tief in den September hinein Tag und Nacht offen, und davor hängt ein winziger Steinbalkon, einen Schritt breit und einen halben Schritt tief. Dieser Balkon ist mein bester Besitz. Seinetwegen habe ich mich vor manchen Jahren entschlossen, mich hier niederzulassen, seinetwegen kehre ich nach allen Reisen immer wieder mit einer gewissen Dankbarkeit hierher in meine Tessiner Wohnung zurück. Es ist immer mein Stolz und meine Kunst gewesen, schön zu wohnen und eine ausgesucht schöne, weite Aussicht vor meinen Fenstern zu haben; so schön wie hier aber ist kaum eine meiner früheren Aussichten gewesen. Mag dafür der Kalk von den Wänden bröckeln, die Tapete in Fetzen hängen, mag'es an vielen Bequemlichkeiten fehlen – dieser Aussicht wegen bleibe ich hier wohnen. Vor dem Balkon fällt ein alter, südlicher Baumgarten steil den Berg hinunter: Palmen mit dicken Fächerkronen, Kamelien, Rhododendren, Mimosen, Judasbaum, dazwischen einige hohe Eiben, von Glyzinien ganz überklettert, und schmale, schwebende Rosenterrassen. Dieser verschlafene alte Garten hängt zwischen mir und der Welt, er und ein paar stille Bachschluchten, mit Kastanienwald bestanden, auf dessen Wipfel ich hinabblicke. Ihre Kronen rauschen mir Tag und Nacht, aus ihnen tönt am Abend der traurige Eulenschrei herüber, sie schützen mich vor der Welt, vor den Häusern und Menschen, vor Lärm und Staub. So bin ich leidlich geschützt, wenn ich auch der Welt nicht ganz und gar entronnen bin, noch entrinnen will. Es kommt immerhin eine Straße zu unserem Dorf herauf, und auf ihr jeden Tag ein Postauto, das bringt viele entbehrliche Briefe und manche entbehrliche Besucher hier herauf, doch mitunter auch willkommene.

In den Stunden, in denen ich meine Haustür geschlossen halte, kann kein Anruf der Welt mich erreichen. Es sind die Stunden am Nachmittag, und meist auch die des Abends. Dann ist das Haustor geschlossen, eine Glocke ist nicht da, und wenn ich nun auf meinem Zwergbalkon sitze, die vielen Terrassen des Gartens unter mir, dann kann kein Mensch mich stören. Dann sehe ich, über Garten und Waldschlucht hinweg, den Salvatore und hinter ihm den Generoso stehen, sehe den blitzenden Seearm von Porlezza und die hohen Berge jenseits des Comersees, die bis weit in den Frühsommer hinein noch Schnee in ihren Scharten liegen haben.

Manchmal, wenn ich so am Abend sitze und zu den Abendwolken hinüberschaue, die drüben gerade in meiner Höhe schwimmen, dann bin ich nahezu zufrieden. Ich sehe die Welt da unten liegen und denke: du kannst mir gestohlen werden. Ich habe kein Glück in dieser Welt gehabt, ich habe nicht gut zu ihr gepaßt, und sie hat mir meine Abneigung reich erwidert und vergolten. Aber umgebracht hat sie mich nicht. Ich lebe noch, ich habe ihr Trotz geboten und habe mich gehalten, und wenn ich auch kein erfolgreicher Fabrikant oder Boxer oder Filmstern geworden bin, so bin ich doch das geworden, was zu werden ich mir als Knabe von zwölf Jahren in den Kopf gesetzt habe: ein Dichter, und ich habe unter anderem gelernt, daß die Welt, wenn man nichts von ihr will und sie nur still und aufmerksam mit seinen Augen betrachtet, uns manches zu bieten hat, wovon die Erfolgreichen, die Lieblinge der Welt nichts wissen. Zuschauenkönnen ist eine vortreffliche Kunst, eine raffinierte, heilsame und oft sehr vergnügliche Kunst.

Ich habe diese Kunst an den Abendwolken gelernt. Immer, wenn ich so am Abend meine Stunde auf dem Balkönchen sitze, habe ich es mit den Wolken zu tun, denn mein hochgelegenes Vogelnest blickt ja mitten in die Wolken hinein. Bei Regenwetter, bei den wilden leidenschaftlichen Unwettern dieses Klimas, kommen die Wolken bis in meine Stube herein, hängen in weißgrauen Fetzen am Balkongitter, kriechen mir bis um die Schuhe und winden sich draußen hinauf und hinab, in die grünen, triefenden Bergtäler, die bei jedem Blitz so erschrocken aufleuchten, in den frostigen, schwarzen See, in die blasse, saugende Himmelshöhe hinauf. Bei gutem Wetter aber, wenn der See blau blitzt und violette Abendschatten hat, wenn in den fernen Dörfern die Fensterscheiben golden aufbrennen und die Westkante der Berge wie aus durchscheinendem, rosigem Edelstein glüht, dann sind auch die Wolken sehr farbig und guter Laune und spielen stundenlang ihre absichtslosen, schweifenden Kinderspiele.

Einst, als Jüngling, hatte ich zu den Wolken ein frommes und etwas feierliches Verhältnis. Heute, im Altwerden, nehme ich sie nicht mehr so ernst, ohne sie doch weniger zu lieben. Sie sind Kinder, und Kinder werden nur von ihren Eltern ernst genommen, sonst von niemand. Die Großeltern, die Alten, die schon selbst wieder mit dem Kindwerden beschäftigt sind, nehmen die Kinder nicht ernst, so wenig als sie sich selber ernst nehmen. Pathos ist eine schöne Sache, und jungen Menschen steht es oft wundervoll. Für ältere Leute eignet sich besser der Humor, das Lächeln, das Nichternstnehmen, das Verwandeln der Welt in ein Bild, das Betrachten der Dinge, als seien sie flüchtige Abendwolkenspiele.

Um aber die Hauptsache nicht zu vergessen, wegen der ich die Feder zur Hand genommen habe – gestern abend, am ersten schönen, feuchtklaren Tag nach einer Regenzeit, da war es mit den Wolken geradezu närrisch. Eben noch waren sie in langen Bänken über dem Himmel gelegen, in Wülsten niedergehangen, langsam vom auffrischenden Winde in sich selber aufgerollt und zusammengedreht, so daß sie allmählich alle zu langen, still in sich arbeitenden Walzen wurden. Eben war dies noch gewesen, eben noch war der ganze Himmel, soweit er nicht schon vom scharfen, kühlen Grünblau des klaren Abends erobert war, ein System von Bändern und Wülsten gewesen, von langsam sich windenden, langsam an Körper und Dichtigkeit zunehmenden Riesenschlangen, – und nun plötzlich, ich hatte kaum eine Minute weggeschaut, war der ganze Himmel in der Höhe frei und blitzend kühlklar, und alle Wolken waren klein und belanglos geworden, an den Horizont gedrückt, oben weiß und golden, mit blauen Bäuchen, alle langgezogen, Figuren wie Luftschiffe und wie Walfische, alle sehr plastisch, sehr fest zusammengepreßt und formig. Gerade in dieser Minute verließ das letzte Rosenrot und Gold die edelsteinernen Berggipfel, und die ganze Erde war erloschen, nur am Himmel strahlte der Tag noch flüchtig nach. Die Wolkenschiffe lagerten, trotzdem ein scharfer Wind ging, scheinbar regungslos und unentschlossen dicht über den Bergrücken und hatten noch ein wenig Rot und Kupferbraun in ihre erkaltenden Farben gemischt, mit den Nasen gegen den Wind, aber man mußte sie gut im Auge behalten, um sie von Minute zu Minute noch wiederzuerkennen, denn während sie solide und träg zu sein und sich kaum zu rühren schienen, flossen von innen her ihre Formen immerzu um- und ineinander. Scheinheilig trieben sie ihren Feierabend-Schabernack, ganz wie die Knaben, die an der Schulmauer stehen und den Lehrer mit gezogenen Mützen grüßen, und kaum sieht er sich um, sind sie weg, und hinter den Zäunen schwirrt Gelächter.

Inzwischen war nun eine von den langen Wolken über die andern hinaufgeschwommen, schwebte (auch sie scheinbar regungslos und wie aus Metall gegossen) rosig allein im Himmelsgrün, ward plötzlich ganz und gar durchglüht, heller Zinnober, nahm gleichzeitig eine entzückende Fischform an und schwamm, ein riesiger, leuchtender Goldkarpfen mit einer kleinen bläulichen Bauchflosse, lächelnd und überaus vergnügt dem Tod entgegen, denn das Licht war im letzten Schwinden begriffen, und mein Goldfisch hatte keine Minute mehr zu leben. Schon wurde er vom Schwanze her brauner und schwerer, vom Bauche her blauer, schon brannte der lichte Zinnober und das Gold bloß noch am obersten Rande seines Rückens. Da zog er blitzschnell den Schwanz ein, blies den Kopf auf, daß er ganz rund wurde, und während er schon erlosch und sein letztes Gold verlor, ballte er sich zur Kugel zusammen, blies aus der Kugel heraus – als wollte er seine Seele ausblasen – zwei Fäden grauer Wolkenschleier, blies und blies, löste sich verwehend in die immer dünner werdenden Schleier auf, und war hinweg und verschwunden.

Nie hatte ich eine so witzige Art von Selbstmord gesehen. Duckt dieser Bursche von Goldfisch da sich zur Qualle zusammen, bläst seine eigene Seele, bläst seine eigene Substanz mit eigener Kraft durch einen Mund, durch einen Schlund, durch ein Loch, und bläst sich selber weg ins Wesenlose. Einst, als ich noch drunten in der Welt lebte und sie und mich ernst nahm, hatte ich mancherlei erlebt und mitangesehen, manches schwer zu Verstehende, manches schwer zu Erleidende, darunter einen Weltkrieg – aber etwas so Verblüffendes, so Kindisch-Spielerisches an Benehmen hatte ich noch nie an einem Menschen, einer Nation oder einem Parlament gesehen. Und es war doch nicht wenig, was ich einst, solang ich sie ernst nahm, draußen in der Welt gesehen hatte.

Fort war der Goldfisch, und meine Freude war für heute erloschen. Es wartete zwar drinnen ein schönes Buch auf mich, aber viel lieber wäre ich noch eine Stunde mit meinem Goldfisch geschwommen.

(1926)

Aquarell

Heute gegen Mittag sah und fühlte ich es schon, daß es heute einen Mal-Abend geben würde. Es war ein paar Tage windig gewesen, abends immer kristallklar, morgens bedeckt, und nun war diese weiche, etwas graue Luft gekommen, diese sanfte, träumende Verhüllung, oh, die kannte ich genau, und gegen Abend, wenn das Licht schräg fiel, würde es wunderschön werden. Es gab auch noch andere Mal-Wetter, natürlich, und schließlich konnte man bei jedem Wetter malen, schön war es immer, selbst bei Regen, selbst in der unheimlichen, glasigen Durchsichtigkeit eines Föhnvormittags, wenn man in einem Dorf, vier Stunden von hier, die Fenster zählen konnte. Aber Tage wie heute, das war etwas anderes und Besonderes, an diesen Tagen *konnte* man nicht malen, sondern *mußte* malen. Da blickte jedes Fleckchen Rot oder Ocker so klangvoll aus dem Grün, jeder alte Rebenpfahl mit seinem Schatten stand da so nachdenklich, schön und in sich versunken, und noch im tiefsten Schatten sprach jede Farbe klar und kräftig.

In meiner Kindheit kannte ich solche Tage in den Ferien. Da handelte es sich allerdings nicht ums Malen, sondern ums Angeln. Und auch angeln konnte man ja zur Not immer. Aber da gab es Tage mit einem gewissen Wind, einem gewissen Geruch, einer gewissen Feuchtigkeit, einer gewissen Art von Wolken und Schatten, da wußte ich schon gleich am Morgen genau und gewiß, daß es heute nachmittag am untern Steg Barben geben würde und daß am Abend bei der Walkmühle die Barsche beißen würden. Die Welt hat sich seither verändert, und mein Leben auch, und die Freude und satte Glücksfülle eines solchen Angeltages in der Knabenzeit ist etwas Sagenhaftes und kaum mehr Glaubliches geworden. Aber der Mensch selbst ändert sich wenig, und irgendeine Freude, irgendein Spiel will er haben, und so habe ich heute statt des Angelns das Aquarellmalen, und wenn die Wetterzeichen einen schönen, guten Maltag versprechen, dann spüre ich im altgewordenen Herzen wieder einen fernen, kleinen Nachklang jener Knaben-Ferienwonne, jener Bereitschaft und Unternehmungslust, und alles in allem sind das dann meine guten Tage, deren ich von jedem Sommer eine Anzahl erwarte.

So ging ich denn am Spätnachmittag aus, den Rucksack mit dem Malzeug auf dem Rücken, den kleinen Klappstuhl in der Hand, an den Platz, den ich mir schon um Mittag ausgedacht hatte. Es ist ein steiler Abhang über unserem Dorfe, früher von dichtem Kastanienwald bedeckt, im letzten Winter aber kahlgeschlagen, dort zwischen den noch ein wenig duftenden Baumstrünken hatte ich schon mehrmals gemalt. Von hier aus sah man die Ostseite unseres Dorfes, lauter dunkle, alte Dächer aus Holzziegeln, auch ein paar hellrote, neue, ein Gewinkel von nackten, unverputzten Mauern, überall Bäume und Gärtchen dazwischen, da und dort hing ein wenig weiße oder farbige Wäsche an der Luft. Jenseits die großen blauen Bergzüge, einer hinter dem andern, mit rosigen Spitzen und violetten Schattenzügen, rechts unten ein Stück See, jenseits winzig ein paar helle, schimmernde Dörfchen.

Nun hatte ich gegen 2 Stunden Zeit, während die Sonne langsam sank und das Licht über den Dächern und Mauern langsam wärmer, tiefer, goldener wurde. Ehe ich zu zeichnen begann, überblickte ich eine Weile das ganz vielfältige Tal bis zum See hinab, die fernen Dörfer, den Vordergrund mit den an der Schneide noch lichten Baumstümpfen, aus denen schon meterhohe, üppig grüne Seitensprossen trieben, dazwischen das rote, trockene Erdreich mit dem glimmerigen Gestein, mit den tief eingefressenen Wasserläufen aus der Regenzeit, und dann betrachtete ich unser Dorf, dies kleine, warme Genist von Mauern, Giebeln, Dächern, worin jede Linie und Fläche mir so lang und wohl bekannt ist, Formen, die ich manches Dutzendmal mit dem Auge studiert, mit dem Stift nachgezeichnet hatte. Ein großes Dach, früher Dunkelbraun, mit Caput mortuum zu malen, war neu gedeckt; es war das Haus von Giovanni, mit dem breiten, offenen Söller unterm Dach, wo im Herbst die goldgelben Maiskolben aufgehängt werden. Da hat er nun sein ganzes großes Dach neu decken lassen! Vor einigen Monaten ist sein Vater gestorben, der älteste Mann im Dorf, nun hat er geerbt und ist reich und legt sich ins Zeug, verbessert und baut, streicht und malt. Und weiter hinten das Häuschen des kleinen Cavadini ist neu angemalt, wenigstens auf einer Seite. Er will heiraten, der kleine Kerl, und gegen den Garten hat er eine Tür herausgebrochen.

Ja, es muß Leute geben, die Häuser haben und Häuser bauen, die heiraten und Kinder in die Welt setzen, die am Abend vor ihren Türen sitzen und rauchen, am Sonntag in die Grotti gehen und Boccia spielen, und in den Gemeinderat gewählt werden. Alle diese Häuser und Hütten gehören irgendjemand, sind von jemand gebaut, jemand wohnt darin, ißt und schläft und sieht die Kinder heranwachsen, verdient oder macht Schulden. Und auch alle die Gärtchen und jeder Baum und jede Wiese, jeder Weinberg und Lorbeerstrauch und jedes Stückchen Kastanienwald gehört irgendeinem, wird verkauft, wird geerbt, macht Freude, macht Sorgen. In das große, neue Schulhaus geht die Jugend, lernt das Notwendigste, hat im Sommer drei Monate Ferien und geht dann tapfer und hungrig auf das Leben los, baut, heiratet, reißt Mauern ein, pflanzt Bäume, macht Schulden, schickt neue Kinder ins Schulhaus.

Was diese Menschen an ihren Häusern und Gärten sehen, das sehe ich nicht oder wenig davon. Daß Wasser im Keller ist und der Speicher voll Ratten, daß der Kamin nicht zieht und daß im Garten die Bohnen zu viel Schatten haben, das sehe ich alles nicht, es freut mich nicht, es macht mir keine Sorgen. Aber das, was ich hier an unserem Dorfe sehe, das sehen nun wieder die Leute nicht. Keiner sieht, wie die bleiche, bröcklige Kalkwand dort hinten den Ton des Blau aus dem Himmel herüberzieht und auf Erden weiterschwingen macht. Keiner sieht, wie sanft und warm das verschossene Rosa jenes Giebels zwischen dem wehenden Grün der Mimosen lächelt, wie feist und prall das dunkle Okkergelb am Haus der Adamini vor dem schweren Blau des Berges steht, und wie witzig die Cypresse im Garten des Sindaco das Laubgekräusel überschneidet. Keiner sieht, daß die Musik dieser Farben gerade in dieser Stunde ihre reinste, bestgespannte Stimmung hat, daß das Spiel der Töne, die Stufenfolge der Helligkeiten, der Kampf der Schatten in dieser kleinen Welt zu keiner Stunde die gleichen sind. Keiner sieht, wie unten in der bläulichen Muschel des Tales der abendliche Goldrauch einen dünnen Streifen zieht und die jenseitigen Berge tiefer in den Raum zurücktreibt. Und wenn es Menschen geben muß, welche Häuser bauen, Häuser einreißen, Wälder pflanzen, Wälder abhauen, Fensterläden anstreichen und Gärten besäen, dann wird es wohl auch einen Menschen geben müssen, der dies alles sieht, der all diesem Tun und Treiben ein Zuschauer ist, der diese Mauern und Dächer in sein Auge und Herz einläßt, der sie liebt, der sie zu malen versucht.

Ich bin kein sehr guter Maler, ich bin ein Dilettant; aber es gibt keinen einzigen Menschen, der in diesem weiten Tal die Gesichter der Jahreszeiten, der Tage und Stunden, der die Falten des Geländes, die Formen der Ufer, die launigen Fußwege im Grün so kennt und liebt und hegt wie ich, der sie so im Herzen hat und mit ihnen lebt. Dazu ist der Maler mit dem Strohhut da, mit seinem Rucksack und seinem kleinen Klappstuhl, der zu allen Zeiten diese Weinberge und Waldränder abstreift und belauert, über den die Schulkinder immer ein wenig lachen und der die anderen Leute zuweilen um ihre Häuser und Gärten, Frauen und Kinder, Freuden und Sorgen beneidet.

Ich habe ein paar Bleistiftstriche auf mein weißes Blatt gemacht, die Palette herausgeholt und Wasser eingeschenkt. Und nun setze ich mit einem Pinsel voll Wasser und wenig Neapelgelb den hellsten Fleck meines Bildchens hin; es ist der bestrahlte Giebel dort zuhinterst über dem fetten, saftigen Feigenbaum. Und jetzt weiß ich nichts mehr von Giovanni und nichts von Mario Cavadini und beneide sie nicht und kümmere mich um ihre Sorgen so wenig wie sie sich um die meinigen, sondern kämpfe mich gespannt und angestrengt durch die Grün, durch die Grau, wische naß über den fernen Berg, tupfe Rot zwischen das grüne Laub, tupfe Blau dazwischen, sorge mich sehr um den Schatten unter Marios rotem Dach, mühe mich um das Goldgrün des runden Maulbeerbaumes über der schattigen Mauer. Für diese Abendstunde, für diese kurze, glühende Malstunde am Hang über unserem Dorf bin ich dem Leben der anderen kein Beobachter und Zuschauer mehr, beneide es nicht, beurteile es nicht, weiß nichts von ihm, sondern bin in mein Tun verbissen und in mein Spiel verliebt genauso hungrig, genauso kindlich, genauso tapfer wie die anderen in das ihre. (1926)

Winterferien

Nie geht es so, wie man es sich gedacht hat. Seit Jahren bemühe ich mich, mein Waldmenschenleben etwas mehr in Einklang mit dem zu bringen, was man in Berlin Kultur nennt, habe nun schon mehrere Winter in Städten gelebt, habe ein Absteigequartier in Zürich, wagte mich gelegentlich bis Stuttgart, bis Frankfurt, bis München vor, und je und je trug ich mich sogar ernstlich mit dem Gedanken, einmal heimlich und inkognito einen kurzen Besuch in Berlin zu machen, nur um zu sehen, ob denn tatsächlich meine Vorstellungen von dieser Metropole so rückständig und albern seien, wie man mir täglich sagt. Und nun sitze ich, statt in Berlin, achtzehnhundert Meter hoch im Graubündner Gebirge, in Arosa, wohin man mich aus freundlicher Rücksicht auf meine Gesundheit geschickt hat. Es sind aber nicht die Lungen, und ich bitte, mir weder Adressen von Ärzten noch Muster von Heilkräutertees zu schicken, es ist nicht dies, was mir mangelt.

Als sie mich hier hinauf in den Schnee schickten, haben meine Freunde, sofern sie nicht einfach den Wunsch hatten, mich für eine Weile loszuwerden, sich gedacht, daß es die reine, kalte Höhenluft sein werde, die mir fehle, daß ich vielleicht genesen werde, wenn statt der dicken Atmosphäre der Bahnhöfe, Studierzimmer, Ballsäle mich Sonne, Schnee und Sternenluft der Berge umgäbe. Und nun bin ich hier, in Arosa, seit mehr als zehn Jahren zum ersten Mal wieder in den Bergen. Statt der Großstadt Schnee, statt der »Kultur« Tannenwälder und Föhnstürme, statt Berlin Graubünden – so wurde ich, wider meinen Willen, diesmal geführt. Und, wie immer, erweist sich die Führung als vortrefflich, und außerdem geht es auch diesmal wieder so, daß sich mir im völligen Fehlschlagen eines Planes dennoch ein Teil dieses Planes ungesucht erfüllt. Denn ich habe hier oben, wenn auch nur einen Abend lang, Berlin und Berliner Luft gefunden und mich einige Stunden lang in meinen Vorübungen für das Großstadtleben vervollkommnen können.

Zunächst empfingen mich die Berge, die ich in meiner Jugend so sehr geliebt und so viel umworben und beschlichen, dann aber viele Jahre lang ganz und gar verlassen, vernachlässigt und beinah vergessen hatte, keineswegs sehr freundlich. Es gibt in der Natur keine Sentimentalitäten, und während ich im langsamen Emporsteigen nach Arosa, im Wiedersehen der eingeschneiten Tobel, der finstern Bachschluchten, der strahlenden weißen Gipfel mit Beklemmung und Rührung einen Teil meiner Jugend wieder in mir erwachen fühlte und von hundert wehmütigen Erinnerungen bestürmt war, erwiderten die Berge diese zärtliche Begrüßung mit der stillen, harten und etwas spöttischen Gelassenheit, mit der die Natur uns Menschen, ihre begabtesten und verlaufensten Kinder, stets empfängt. Sonderbare Gefühle machten mir das Atmen schwer, bei jedem Schritt wurde ich daran erinnert, daß ich kein Jüngling mehr sei, sondern ein beschädigter Rekonvaleszent, daß es sich für mich vorerst nicht um ein Wiederholen der Jugendzeiten handle, mit Ski-Touren über schweigsame Pässe und auf strenge mühsame Gipfel, sondern daß ich mich zunächst im Allerprimitivsten anzupassen und zu bewähren habe. Zwischen Schwitzen und Frieren, mit lästigen kleinen Fieberschaudern, mit beständig ängstlichem und leicht schmerzendem Herzen, schlaflos in den Nächten, mußte ich die erste Anpassung vollziehen, und Tage vergingen, ehe ich nur daran denken konnte, meine Skier anzuprobieren, geschweige denn auf ihnen zu fahren.

Ein vortreffliches Hotel kam mir zu Hilfe, ich lernte halbe und ganze Tage mit Nichtstun hinzubringen, im Bett, im Salon, im Liegestuhl. Aber so nach und nach wagte ich mich auch in den

Schnee hinaus, wo auf glattgefahrenen kleinen Übungshügeln die Kurgäste zu Hunderten auf Skiern herumturnen und sich von Lehrern oder von geübteren Kameraden das Skilaufen beibringen lassen. Ich sah, daß auch auf diesem Gebiet Fortschritte und Neuerungen in Menge erfunden worden waren. Man stöpselte nicht mehr, wie einst in meiner Jugend- und Skiläuferzeit, auf gut Glück den Berg hinan und hinunter, mit dem einzigen Ziel, baldmöglichst sich von Dorf und Hotel freizumachen und Gipfel zu erreichen, sondern man trieb sachlich und geordnet Sport um seiner selbst willen. Ich machte mich mit Zagen daran, schnallte meine alten Bretter an, ein Paar gute alte Norweger Skier, auf vielen kunstlosen Touren glatt und dünn gefahren. Die Jugend war nicht mehr da, es fehlte an Kraft und Atem, an Ehrgeiz und Unternehmungslust. Aber das, was ich vom Skilauf einst, vor zwölf und fünfzehn Jahren, gelernt hatte, das konnte ich alles sofort wieder.

Kaum hatte ich mich wieder ein wenig an die Bergluft gewöhnt und konnte eine Hoteltreppe oder einen Übungshügel ohne allzuviel Herzklopfen ersteigen, da wagte ich es auch, den Parkettboden der Kultur hier oben zu betreten, und hielt eines Abends im Kursaal eine Vorlesung. Es waren aus Berlin und dem übrigen Deutschland so viele schöne, vergnügte, hübsch angezogene Frauen und Mädchen da, daß ich gar nicht dazu kam, gegen besagtes Parkett die gewohnten Hemmungen zu empfinden, ich hatte eine Stunde lang sogar den Eindruck, mich diesmal mit dieser Welt der vergnügten, eleganten, sportlichen, großstädtischen Menschen vorzüglich verständigen zu können. Nun, die literarische Unternehmung nahm ihren Verlauf, und kaum war sie abgetan, so gingen wir zu weniger ernsten Unterhaltungen über, saßen bei Wein und Imbiß im Kursaal, hörten die Jazzkapelle spielen, sahen schöne, elegante Paare die neuen Tänze tanzen, und überall in dem strahlenden Saal herrschte jene frohe schneidige Lebensbejahung, jener gut gefederte Geselligkeitsapparat, jener strahlende und Problemen abgeneigte Optimismus des Nachkriegsmenschen, den ich so sehr anstaune und leider so gar nicht erlernen kann – kurz, ich war einen Abend in Berlin oder Paris, und mit Hilfe des guten Weines gelang es mir, mich beinahe wie ein Angehöriger dieser Welt zu benehmen, wenn auch nicht zu fühlen. Aber nachher sagte mir ein Katzenjammer, daß ich mich doch getäuscht habe, und daß das Parkett, der Salon und der

Tanzboden für mich weit gefährlicher und unbekömmlicher sei als der Übungshügel. Ich zog mich wieder zurück, um in meinem kleinen saubern Hotelzimmer mich mit Gedichten und kleinen Malereien zu beschäftigen. Draußen schneite es, schneite Tag und Nacht, die Arven bogen sich unterm Schnee, und als der Kulturkater überstanden war, merkte ich eines Morgens, daß die Natur, die mich hier oben so kühl und gelassen empfangen hatte, nur auf ein wenig Werbung und Liebe warte, um mir wieder wie vor Zeiten ihre vielen geheimnisvollen Gesichter zu zeigen. Konnte ich auch noch keine richtigen Touren machen, die Sinne waren mir doch erwacht, und so wie ich beim kühl rosigen Abendlicht mit den Augen die Schatten und Mulden der Berghänge ablas, so spürte ich, auf den Skiern, im Abfahren mit allen Gliedern und Muskeln, besonders aber mit den Kniekehlen, tastend die lebendige, wechselvolle Struktur der Hänge nach, wie die Hand eines Liebenden den Arm, die Schulter, den Rücken der Freundin erfühlt, seine Bewegungen erwidert, seinen Schönheiten tastend Antwort gibt.

Erst jetzt bin ich wieder in den Bergen, erst jetzt ist mir Schnee und Himmel, Arvenwald und Felszacke wieder vertraut und lieb. Ich sitze in der Mittagsstunde oben bei einer der Hütten am Tschuggen, packe mit Appetit mein Brot und Obst aus dem Rucksack, esse, strecke die Glieder, lege mich auf eine trockene Holzbank, fühle die heftige Sonne auf meinem schon rot gebrannten Gesicht glühen, höre vom Dach der Hütte das vertrauliche Geräusch des abtropfenden Tauwassers, das mitten in der Schneewüste wie ein schüchternes Lied von Vorfrühling, von kommenden Blumen klingt. Ich steige auf knirschenden Brettern einen der großen Hänge hinauf, wo der Wald zu Ende ist und nur Kuppe an Kuppe weiß und gefroren sich erhebt und mich an verwegene hohe Bergpässe in Tibet erinnert. Ich fahre einen der Hänge hinab, weich in den Knien, fühle die Form der hundert kleinen Terrassen und Wölbungen bis in den Kopf hinauf sich in mich einschreiben, musizieren, mich zu Abenteuern der Liebe und Vereinigung einladen. Ich erschrecke vor einem plötzlichen Absturz, an dessen Ende ein schwarzer offener Bach droht, oder vor einem kahl aus dem Schnee ragendem Steinklotz, suche ihm eilig auszuweichen, verliere die Herrschaft über meine Brettchen, falle heftig und doch weich gegen den Berghang, spüre Schnee am Hals und Nacken kitzeln, spüre Schreck und Erschütterung noch eine Minute nach, während ich mich wieder aufsammle und von neuem losfahre. Ich muß über einen Zaun steigen, ich streife mit den Hölzern über die rostigen Zweige von Alpenrosenstauden, die aus dem Schnee schauen, ich falle wieder, und jeder Anblick, jedes Abenteuer, jeder Fall erinnert mich an hundert vergessene Bilder, an hundert ähnliche kleine Erlebnisse aus früheren Jahren, an das Engadin, an das Prättigau, an den Gotthard und das Berner Oberland. Es sind kleine Anfängerausflüge, die ich da mache, und ich brauche zu einem Gang, den ein richtiger Skiläufer so nebenher in einer freien Stunde macht, einen halben Tag. Aber ich habe wieder gelernt, die Qualität des Schnees zu riechen, mich vom Berg tragen zu lassen, seine Neckereien mit dem Druck meiner Muskeln zu parieren.

Und ich erlebe diese kleinen Dinge anders, als ich sie einst in der Jugend erlebt habe, etwas dünner vielleicht und ohne Zweifel weniger lodernd und heftig, aber dafür tastender, zarter, schonender, erfahrener, so wie ein alternder Liebhaber der Frau statt blinder Jugendglut und Jugendkraft mehr Zartheit, mehr Verständnis, mehr Dankbarkeit entgegenbringt. So werbe ich um die Berge, die einstmals meine Freunde waren und die ich dann beinahe vergessen hatte, und sie gehen auf meine Werbung ein, nicht überschwenglich, nicht pathetisch, aber freundlich. Sie lassen ein wenig mit sich spielen, sie schenken mir manchen holden Blick, sie stellen mir dann wieder plötzlich ein Bein und erschrekken mich einen Augenblick mit einem ihrer dunklen, ihrer feindlichen Gesichter (beschneite Berge in der Abenddämmerung oder vor schwerem Schneefall können so schauerlich drohend, so tief feindlich, so tödlich blicken!).

In zwei Wochen muß ich eigentlich wieder fort, ich muß unten in einer Stadt eine Vorlesung halten, und dies und jenes tun. Ich habe die Absicht, diese Pflichten zu erfüllen. Aber wenn ich manchmal so im Schnee taumle und mich von einem Fall aufrichte, wünsche ich mir zuweilen, es möchte mir doch am letzten Tage vor der Abreise ein kleiner Unfall begegnen, nur so ein kleiner Ski-Unfall, der einen nicht umbringt und der doch genügen würde, um meine Ferien in Arosa um einige Zeit zu verlängern.

(ca. 1927)

Unzufriedene Gedanken

Da habe ich nun den ganzen Abend aufs angenehmste verbracht, in kleiner Gesellschaft an einem Tisch der beinah leeren Hotelhalle, bei guten Gesprächen und bei einem lobenswerten alten französischen Rotwein – und dennoch muß ich wie immer, wieder irgendeinen Fehler gemacht haben, denn wieder einmal warte ich seit bald zwei Stunden in meinem Bett vergeblich auf das Einschlafen. Auf dem Nachttisch brennt die soeben wieder angedrehte Lampe, von den Wänden blicken mich die freudigen Rosensträuße der Tapete freundlich an, an den geschlossenen Rolladen klatscht der nächtliche Regen, den ich so gern habe und der mir sonst meistens einschlafen hilft. Aber ich schlafe nicht ein, ich bin so wach, wie ich es den ganzen Tag über nicht war. Weiß Gott, an was ich es da wieder habe fehlen lassen! Vermutlich hat es mit jenem Rotwein zu tun, jenem vorzüglichen alten Bordeaux, der für Leute meines Alters so bekömmlich sein soll und der mir so wohl geschmeckt hat. Habe ich nun, so frage ich mich sorgenvoll, in meinem von der Lampe warm beschienenen Bett, habe ich nun von diesem edlen Wein zuviel getrunken oder zuwenig? Nie im Leben ist es mir gelungen, das rechte Maß zu finden, das haben mir schon vor 35 Jahren meine Schullehrer oft gesagt, und sie haben bitter recht behalten mit allen ihren nicht immer wohlwollenden Prophezeiungen: es ist nichts aus mir geworden, und trotz guter Gaben bin ich ein Fremdling und einsamer Irrgänger auf der Erde geblieben. Ach, mit den Jahren passiert es mir immer häufiger, daß ich mich plötzlich an irgendwelche Sachen erinnern muß, die ich einst in der Schule gelernt habe, deren Wahrheit und Wert ich damals wenig zu schätzen wußte, die nun aber unerbittlich wiederkehren und recht behalten. Sogar heute abend mitten in bester Unterhaltung beim besten Wein, kam unversehens so ein Brocken scheinbar vergessener Schulwissenschaft mir wieder in die Kehle. Es war ein Vers, eine Strophe aus einem ehrwürdigen Kirchenliede, das ich einst als Knabe hatte auswendig lernen müssen und dessen erster Vers mir damals, dem urteilslosen Knaben, recht absurd vorgekommen war und geschmacklos. Er lautete: »Oh, daß ich tausend Zungen hätte und einen tausendfachen Mund!« – und erst heute, nach Jahrzehnten, beim Schlürfen des guten alten Franzosen, klang dieser wunderliche Vers wieder in mir auf und hatte für den Augenblick einen zwar unfrommen, aber klaren Sinn. Wie es scheint, hat auch mein Zimmernachbar seine Gedanken und Sorgen, wenigstens geht er seit einer Viertelstunde unablässig in seiner Bude auf und ab. Es ist nicht sein nächtlich sorgenvoller Wandel, der mich am Schlafen hindert, denn er geht leise in Hausschuhen auf dem Teppich hin und her. Aber hören kann ich es doch und wundere mich, daß dieser Mann, dessen kräftige Gestalt und gutes volles Gesicht ich beim Abendessen von weitem betrachtet habe, seinem befriedigten Aussehen zum Trotz auch seine Beklemmungen und Schwierigkeiten zu haben scheint – warum liefe er sonst, statt zu schlafen oder noch im Kursaal zu sitzen, so lange in seinem engen Hotelzimmerchen herum, immer auf und ab, wie ein gefangenes, unruhiges Tier in seiner Zelle hinterm Gitter? Armer Bruder drüben, armer Wolf, armer Hirsch, ich kann dich verstehen. Aber nun hör' auf, Brüderlein, und lege dich nieder! Wohl ist es ein wenig tröstlich, auch andre, auch scheinbar Glückliche in Sorgen zu wissen; aber am Ende macht auch dies nicht satt.

Ich habe ein Buch auf dem Nachttisch liegen, ein ungewöhnlich schönes und aufregendes Kunstbuch mit wundervollen Bildern, aber auch ein Buch zum Lesen, denn es erzählt ein ungewöhnliches, rührendes Künstlerleben. Ich meine das Werk über Henri Toulouse-Lautrec von G. Jedlicka, im Verlag von Bruno Cassirer in Berlin. Immer habe ich diesen Toulouse-Lautrec geliebt, immer habe ich seine fabelhaften Zeichnungen bewundert, und verstand und teilte so sehr seine Liebe zu den Circusleuten, Tänzerinnen, Clowns und Seilspringern.

Aber zu dieser Stunde kann ich nicht lesen, auch dazu bin ich allzu wach. Ich muß an jene Schulerinnerungen denken und an die Gesellschaft von heute abend, und an den Bordeaux, und an meinen ruhelosen Nachbarn, und ebenso wie er in seinem Käfig auf und nieder steigt und kein Ende finden kann, so laufe ich rastlos und ängstlich immer wieder den Kreis meiner Gedanken ab – Gedanken ohne Bedeutung und Tiefe. Gedanken, welche eigentlich des Verweilens keineswegs würdig sind, die mich aber zwanghaft festhalten.

Kein Zweifel, ich hätte mehr von diesem guten Wein zu mir nehmen sollen, dann könnte ich jetzt schlafen. Niemand, auch nicht der böswilligste Beobachter, hätte heute abend von mir sagen können, daß ich betrunken gewesen sei, das ist mir ja überhaupt nur sehr selten im Leben passiert. Er hätte, im äußersten Falle,

vielleicht sagen können, ich sei ganz leicht angetrunken gewesen und schon dies wäre ein sehr krasser Ausdruck für meinen Zustand gewesen. Jeder anständige Reporter hätte mir nicht mehr als eine liebenswürdige Weinlaune zugebilligt. Aber war nicht vielleicht gerade dies der Fehler dieses Abends, der stets und tausendmal wiederholte Fehler meines Lebens, daß ich (nicht im Trinken nur, sondern in allem) zwar nicht eng und kleinlich war, aber doch bei einer gewissen Grenze zurückwich und moralisch wurde? War nicht unbedingte und fraglose Hingabe, Rücksichtslosigkeit gegen das eigene Ich diejenige Tugend, die ich besonders schätze? Und war es nicht ein Fehler und eine Jämmerlichkeit, daß auch mich, den scheinbar Hingegebenen, ein Rest von anerzogener Moral immer wieder lähmte?
Lächelnd blicken mich die frohen Rosensträuße der Tapete an, und der rote Plüsch des Lehnsessels schluckt wie mit Behagen tief die hellen Strahlen der kleinen Tischlampe ein. Als ich neulich dies Hotelzimmer bezog, schien es mir ein kalter, fremder Raum, notdürftige Unterkunft für eine kurze Weile. Nun, nach Tagen, die ich darin wohne, da meine Briefschaften den Tisch bedecken, meine Wäsche im Schrank liegt, eines meiner Aquarelle an die Wand gespießt hängt und mit den vergnügten Tapetenrosen im Streit liegt, ist dies Zimmerchen mir schon vertraut und lieb, ist meine kleine Heimat, und ich werde es ungern verlassen. Ist das nicht dumm und sentimental, ist es nicht das, was die heutigen Menschen rückständig und romantisch nennen? Sind nicht diese »modernen« Menschen mir weit überlegen, mit ihren Automobilen, ihrer Kaltschnäuzigkeit, ihren Ledermänteln, ihren unverwundbaren Amerikanergesichtern? Es mag sein. Obwohl ich den Fall erlebt habe, daß diese Herren der Erde, die ich so sehr beneide, trotz ihren cäsarischen Schnauzen und ihren Lederpanzern beim längeren Ausbleiben erwarteter Börsennachrichten und anderen kleinen Anlässen hinlänglich nervös und unbeherrscht werden können. Nein, ich will sie nicht zu sehr beneiden, vielleicht läuft mancher von ihnen, den ich für die Majestät und Gelassenheit selber hielt, jetzt in der Nacht gleich meinem Zimmernachbar auf und ab, fühlt sich von der Faust des Schicksals zusammengedrückt und atmet schwer beklemmt – und wenn es auch andere Dinge sind, um die er sich quält und die ihm zu Gespenstern werden, es geht ihm im Grunde doch nicht viel anders als mir auch. Und das, was mir meine Schullehrer so oft gesagt

und prophezeit haben, dies Leben ohne Stetigkeit, dies Leben unter beständig schwankendem Luftdruck, dies rastlose Erleiden eines Lebens, dem im tiefsten Grunde etwas Wesentliches fehlt – das hätten die Schulmeister mit Fug der ganzen heutigen Menschheit prophezeien können.

Ich habe eine Stunde lang im Dunkeln gelegen, dann die Lampe wieder angedreht, habe im hellen Lichtstrahl langsam mein Papier mit diesen Gedanken vollgekritzelt, habe dabei den Bleistift abgebrochen und mußte aufstehen und ein Messer suchen, um ihn wieder zu spitzen. Wie oft noch werde ich so in einem freundlich tapezierten Gastzimmer liegen, auf Schlaf warten, die Sinnlosigkeit meines Lebens fühlen und doch zugleich seinen mächtigen Zauber, werde einen unbekannten Nachbar unruhig nachtwandeln hören und, mein Papier auf den Knien, dies und jenes spielerische und wertlose Zeug aufschreiben?

Jetzt – es ist schon Morgen und die Ritzen des Rolladens schimmern bleich – erschreckt mich ein heftiger metallisch dröhnender Knall. Oh, denke ich, jetzt hat sich mein armer Nachbar totgeschossen! Ich hätte doch heute nacht jener Regung folgen sollen, die ich als allzu sentimental und kindlich gleich wieder unterdrückt habe – und ich hätte zu dem auf und ab Wandelnden hinübergehen, ihn besuchen und ihm zusprechen sollen. Es war meine einfache Christenpflicht. Nun hatte er es nicht mehr ausgehalten, nun war er tot, und ich hatte darum gewußt und war mitschuldig.

Aber nein, er hat sich nicht erschossen. Der Schuß nämlich wiederholt sich, und der Ort seiner Herkunft ist nicht das Nebenzimmer, sondern die eiserne Röhre der Dampfheizung, welche in allen Hotels angebracht ist und manchmal warm gibt und unter anderem dazu dient, dem einsamen Hotelgast seine Verbundenheit mit der Mitwelt wenigstens akustisch in Erinnerung zu bringen.

Da lösche ich mein Licht, drehe mich auf die Seite und probiere es noch einmal, einzuschlafen. So gegen Morgen glückt es ja meistens am ehesten.

(1927)

Sommerliche Eisenbahnfahrt

Wieder einmal mache ich eine kleine Reise, seit anderthalb Stunden sitze ich in der Eisenbahn, und es kommt mir vor, es sei seit der Abfahrt eine unermeßliche Zeit vergangen, so sehr langweile ich mich, so unbequem und zuwider ist mir das Bahnfahren. Vor einigen Jahren, so hörte ich erzählen, soll ein Amerikaner namens Lindwurm oder so ähnlich den Ozean überflogen haben und mehr als dreißig Stunden im Flugzeug gesessen sein. Diesem Manne muß am Ende seiner Fahrt ähnlich zu Mute gewesen sein wie mir. Aber nein, sein Flug ging ja durch die Luft und über das Weltmeer, er sah ja lauter schöne, echte, wirkliche, unverlogene Dinge: Wolken, Nebel, Sterne, er sah besonntes und nächtliches Meer, das mochte wohl dreißig Stunden auszuhalten sein. Dies hier aber, was mir die Zeit so lang und jede kleine Reise zur Qual machte, das war nicht Meer und Himmel, das war nicht die Zahl der Stunden oder der Kilometer, sondern es war die Gefangenschaft in einer mir fremden, mir feindlichen und verhaßten Welt, das Eingesperrtsein in einer von Zivilisation und Technik überfüllten Zone. Der Großstädter, ich weiß es, kann das kaum verstehen, er lebt ja Tag und Nacht und auch noch im Traum in dieser Zone. Für mich aber, für den Unzivilisierten, den Wilden und Nomaden, der die Freiheit liebt und auf manches andere pfeift, für mich ist diese Zone der Eisenbahn, der Großstädte, der Hotels, der Büros, der Ämter, der Fabriken tödlich wie der Aufenthalt im luftleeren Raum.

Über meinem Kopf an der lackierten Holzwand stand schwarz auf weißem Email eine Zahl gemalt, die Zahl 46, und sowohl die Vier wie namentlich die Sechs war auf eine Art geschrieben, wie sie sicher niemals ein Mensch mit seiner Hand schreiben würde, sondern wie sie nur auf einem staatlichen Büro von einem Scheinmenschen für Scheinmenschen ersonnen sein kann, so unmenschlich nüchtern, dumm und tot, so armselig abstrakt und steif. Und eine ebensolche Nummer stand über jedem Sitz, die Menschen numerierend und demütigend, und daneben hingen, sorgfältig angeschraubt, ähnliche eherne Tafeln mit Emailüberzeug: mit Verboten, mit Gesetzen und Ratschlägen. Das Rauchen war verboten, und das Hinausstecken des Kopfes aus dem Fenster, und auch das »mißbräuchliche« Ziehen des Notsignals war verboten.

Das Notsignal! Seit Kinderzeiten war für mich das Notsignal entschieden das Hübscheste und Verlockendste in einer Eisenbahn, und es gehörte zu den Schwächen meines Lebens, daß ich es niemals gewagt hatte, ein Notsignal zu ziehen. Auf hundert großen und kleinen Reisen hatte ich den Wunsch dazu empfunden, am stärksten als Knabe: am Handgriff reißen und den Zug zum Stehen bringen! Damit wäre man eine Minute lang König, wäre Herr über die Lokomotive, über den Maschinisten, den Zugführer, die Mitreisenden, den Fahrplan, über den Staat und seine Verbote, über diese ganze komplizierte Welt der Ordnung und der wohlgeregelten Langeweile! Man riß einfach tüchtig an dem ovalen Griff und brachte den ganzen Zauber zum Stehen, die Reisenden zum Erschrecken, die Beamten zur Aufregung, die Dampfmaschine zum Keuchen, die Wagen zum Schütteln, die Koffer im Gepäcknetz zum Schaukeln. Aber niemals hatte ich mir diesen Wunsch erfüllt, und auch heute, weiß der Teufel, brachte ich es nicht fertig! Daran gedacht hatte ich wohl, ach wie sehr! und hatte mir alles hübsch ausgemalt, und wie ich dem herbeistürzenden Schaffner auf seine Frage, warum ich die Notleine gezogen, antworten würde, daß es mir zu warm im Wagen sei und daß ich den Anblick dieser schwarzen Nummern auf Email und der Verbottafeln und das Gesicht jenes Herrn mit der Aktenmappe nicht länger ertragen könne und daher hier aussteigen müsse. Aber gezogen hatte ich die Leine nicht, feig hatte ich mit meinen Wünschen gespielt und zur Tat den Mut nicht aufgebracht. So feige war man.

Und wenn wenigstens bloß Zahlen und Verbottafeln an den Wänden gehangen hätten! Aber da hing auch noch ein Plakat, und es diente demselben Zweck wie alle Plakate der Welt, nämlich daß irgendwelche Leute damit Geld verdienen wollten. Und die Leute hier hatten es diesmal auf eine ganz besondere Weise probiert: sie hatten auf ihr verfluchtes Plakat den Heiland gemalt, den Heiland mit der Dornenkrone, an dessen Leiden und Tod sie auf irgendwelche Art hofften Geld verdienen zu können. Von allen Wänden blickte der leidende Christuskopf mich an. Vielleicht war es ein Erpressungsversuch, war so gemeint, daß jeder in diesem Zug fahrende Christ sich entsetzen und eine Summe hingeben sollte, damit diese Entheiligung des göttlichen Bildes wieder zurückgenommen würde? Aber nein, ich hatte mehrere Mitreisende darüber befragt, es war nicht so gemeint. Das Bild diente,

so sagte man, außer dem Geldverdienen auch noch künstlerischen Zwecken und war die Einladung zu einem Theaterspiel irgendwo in den Bergen. Lange dachte ich über das Tun dieser merkwürdigen Plakatleute nach. Auch Judas Ischariot hatte ja den Herrn verraten, gewiß, schon sehr oft war der Heiland verraten worden, er war vielleicht geradezu daran gewöhnt. Ob wohl die Leute mit ihrem Heilandplakat sehr viel Geld verdienen konnten? Gewiß mehr als Judas, der es um dreißig Silberlinge getan hatte. Aber der hatte sich wenigstens nachher aufgehängt! Ob wohl einer von diesen Plakatmenschen sich nachher, wenn er die Silberlinge bekommen hatte, aufhängen würde? Ich glaube nicht, ich traue ihnen nichts zu. Selten hört man heutzutage so etwas erzählen: die Sache mit Judas geschah noch in einer anderen Zeit, in einer anderen Welt, in einer Welt, in der auch die Bösen und Schufte noch irgendwie anständig waren und wußten, was sich gehört.
Ich schloß die Augen eine Weile. Ich hatte jetzt beschlossen, an der nächsten Station auszusteigen und wenn sie die Hölle selber wäre. Eigentlich hatte ich ja bis Freiburg reisen wollen, aber für den Augenblick schien nichts auf der Welt mir notwendiger, als diese blöde Fahrt zu unterbrechen. Ich machte meine Handtasche bereit, klappte sie auf, naschte mit den Augen an den Orangen, die zuoberst lagen, spielte ein wenig mit den paar neuen Büchern, die ich mit hatte. Denn mitten in dieser unbegreiflichen Zeit der Aktenmappengesichter und Heilandplakate drucken ja manche Verleger immer wieder die erfreulichsten und schönsten Sachen. Eins davon hatte ich schon zu Ende gelesen, die »Parallelen der Liebe« von A. Huxley (deutsch beim Inselverlag), ein höchst witziges, etwas kaltschnäuziges, aber amüsantes Buch.
Ein andres Buch, das ich mit mir führe, erinnert mich an einen Toten und leider auch an eine gestorbene Epoche, an jene kurze schöne Epoche, wo aus dem kriegsmüden, in Sinnlosigkeit und Hoffnungslosigkeit erstickenden Deutschland von 1918 eine auflodernd neue, humane, fanatisch weltbürgerliche Geistesstimmung auflodernde und zur geistigen Trägerin der Revolution wurde. Der stärkste Kopf dieser winzigen Minorität von wahrhaft geistigen Revolutionären war wohl Eisners Freund, Gustav Landauer – die paar Menschen dieser Art sind ja damals von der Gegenrevolution aufs Roheste totgeschlagen worden und zu den Märtyrern der deutschen Revolution (wenn auch keineswegs zu Heiligen der jungen Republik!) geworden. Einer, der diesen

Kreisen nahe stand, ihnen durch vielfache, persönliche und geistige Befreundung verbunden, war Ludwig Rubiner. Auch er ist längst gestorben. Eine hübsche Neuausgabe seiner Auswahl aus Tolstoi's Tagebüchern 1895 bis 1898 (im Verlag Rascher in Zürich) erinnert heute wieder an ihn. Die Art der Auswahl, die Rubiner getroffen hat, und sein bedeutendes Vorwort dazu, gehören mit zu jener kurzen, rasch wieder verflackerten Blüte jener revolutionären deutschen Geistigkeit um 1918.

Ich rücke die Bücher in der Handtasche zurecht, decke das Nachthemd über sie (weiß Gott, wo ich heute schlafen werde?) und habe noch eine Weile Geduld. Ich blicke dem Herrn mit der Aktenmappe ins Auge; es ist das kalte, siegreiche Auge eines erfolgreichen, weil phantasielosen Menschen. Ich drücke die Augen zu, wenn mein Blick auf die Emailschilder oder auf den Plakatchristus fallen will. Ich denke flüchtig daran, daß es in den vierziger Jahren, etwa zur Zeit, als mein Vater geboren wurde, einige Fürsten und Minister gegeben hat, die sich gegen die Einführung einer so gewaltsamen und geschmacklosen Erfindung wie der Eisenbahn heftig gewehrt haben. Ahnungsvolle Vorfahren, man sah euch damals für Trottel an – aber hättet ihr doch gesiegt! Aber ihr wart Träumer, wart Don Quijotes, niemand nahm euch ernst. Leute von eurer und meiner Art werden nie ernst genommen. Sogar der Heiland wird ja nicht mehr ernst genommen, auch er ist für die Heutigen ein Don Quijote oder, wie sie in ihrer Narrensprache sagen, ein »Romantiker«.

Jetzt fahren wir langsamer und werden gleich an einem kleinen Bahnhof halten, den ich nicht kenne und dessen Schild ich nicht lesen kann, der Maschinenrauch verdeckt ihn mir. Einerlei wie das Dorf heißen mag, ich steige aus, irgendwo in der Nähe werde ich gewiß einen Waldrand finden, wo ich mich hinlegen und die Wolken studieren kann. Irgendwo in der Nähe wird ein Bach zu finden sein, wo ich mir das Gesicht kühlen und den Forellen zusehen kann. Einmal vor Jahren habe ich bei einer solchen Reiseunterbrechung besonderes Glück gehabt, es war vor dem Tor eines kleinen verschlafenen Städtchens am Oberrhein: da hatte ich auf einer feuchten Wiese einen Wiedehopf mit seiner Frau den Hochzeitstanz tanzen sehen, wie nur Wiedehopfe ihn können.

Es pressiert. Ich stolpere mit meiner Handtasche aus dem Wagen, laufe über ein paar Geleise, sehe nahe einen kleinen Hügel, hübsch mit hohen Eschen bewachsen und laufe ihm entgegen. Erst als ich längst an der Station vorüber bin, fällt mir ein, daß ich den Namen des Ortes nicht weiß, an dem ich bin. Nun, schwerlich wird es Damaskus oder Tokio sein. Ich kann das ja dann am Abend in Erfahrung bringen. (1927)

Klage um einen alten Baum

Seit bald zehn Jahren, seit dem Ende des frischen, fröhlichen Krieges, hat meine tägliche Gesellschaft, mein dauernder vertraulicher Umgang nicht mehr aus Menschen bestanden. Zwar fehlt es mir nicht an Freunden und an Freundinnen, aber der Umgang mit ihnen ist eine festliche, nicht alltägliche Angelegenheit, sie besuchen mich zuweilen, oder ich besuche sie: das dauernde und tägliche Zusammenleben mit anderen Menschen habe ich mir abgewöhnt. Ich lebe allein, und so kommt es, daß im kleinen und täglichen Umgang an die Stelle der Menschen für mich mehr und mehr die Dinge getreten sind. Der Stock, mit dem ich spazieren gehe, die Tasse, aus der ich meine Milch trinke, die Vase auf meinem Tisch, die Schale mit Obst, der Aschenbecher, die Stehlampe mit dem grünen Schirm, der kleine indische Krischna aus Bronze, die Bilder an der Wand und um das Beste zuletzt zu nennen, die vielen Bücher an den Wänden meiner kleinen Wohnung, sie sind es, die mir beim Aufwachen und Einschlafen, beim Essen und Arbeiten, an guten und bösen Tagen Gesellschaft leisten, die für mich vertraute Gesichter bedeuten und mir die angenehme Illusion von Heimat und Zuhausesein geben. Noch sehr viele andere Gegenstände zählen zu meinen Vertrauten. Dinge, deren Sehen und Anfühlen, deren stummer Dienst, deren stumme Sprache mir lieb ist und unentbehrlich scheint, und wenn eines dieser Dinge mich verläßt und von mir geht, wenn eine alte Schale zerbricht, wenn eine Vase herunterfällt, wenn ein Taschenmesser verlorengeht, dann sind es Verluste für mich, dann muß ich Abschied nehmen und mich einen Augenblick besinnen und ihnen einen Nachruf widmen.

Auch mein Arbeitszimmer mit seinen etwas schiefen Wänden, seiner alten, ganz erblaßten Goldtapete, mit den vielen Sprüngen im Bewurf der Decke gehört zu meinen Kameraden und Freunden. Es ist ein schönes Zimmer, ich wäre verloren, wenn es mir genommen würde. Aber das Schönste an ihm ist das Loch, das auf den kleinen Balkon hinausführt. Von da aus sehe ich nicht nur den See von Lugano bis nach San Mamette hin, mit den Buchten, Bergen und Dörfern, Dutzenden von nahen und fernen Dörfern, sondern ich sehe, und das ist mir das Liebste daran, auf einen alten, stillen, verzauberten Garten hinab, wo alte, ehrwürdige Bäume sich im Wind und im Regen wiegen, wo auf schmalen, steil abfallenden Terrassen schöne, hohe Palmen, schöne, üppige Kamelien, Rhododendren, Magnolien stehen, wo die Eibe, die Blutbuche, die indische Weide, die hohe, immergrüne Sommermagnolie wächst. Dieser Blick aus meinem Zimmer, diese Terrassen, diese Gebüsche und Bäume gehören noch mehr als die Zimmer und Gegenstände zu mir und meinem Leben, sie sind mein eigentlicher Freundeskreis, meine Nächsten, mit ihnen lebe ich, sie halten zu mir, sie sind zuverlässig. Und wenn ich einen Blick über diesen Garten werfe, so gibt er mir – nicht nur das, was er dem entzückten oder gleichgültigen Blick jedes Fremden gibt, sondern unendlich viel mehr, denn dies Bild ist mir durch Jahre und Jahre zu jeder Stunde des Tages und der Nacht, zu jeder Jahreszeit und Witterung vertraut, das Laub jedes Baumes sowie seine Blüte und Frucht ist mir in jedem Zustande des Werdens und Hinsterbens wohlbekannt, jeder ist mein Freund, von jedem weiß ich Geheimnisse, die nur ich und sonst niemand weiß. Einen dieser Bäume zu verlieren, heißt für mich, einen Freund verlieren.

Wenn ich vom Malen oder vom Schreiben, vom Nachdenken oder vom Lesen müde bin, ist der Balkon und der Blick in die zu mir heraufblickenden Wipfel meine Erholung. Hier las ich neulich, mit Bedauern, daß das herrliche Buch schon ein Ende nahm. »Die chymische Rose« von Yeats (deutsch bei J. Hegner in Hellerau) diese zauberhaften Erzählungen aus der gälischen Welt, so voll von alter halbheidnischer Mythik, so geheimnisvoll und dunkelglühend. Hier durchblätterte ich Joachim Ringelnatzens »Reisebriefe eines Artisten« (bei Rowohlt), und freute mich an diesem Mann und seinem Humor, der so gar nicht golden ist, sondern echter Galgenhumor, schwebend zwischen Spaß und Not, zwischen Rausch und Verzweiflung. Sei gegrüßt, Bruder Ringelnatz! Und hier blättere ich auch zuweilen eine halbe Stunde in den zwei Bänden der »Sittengeschichte Griechenlands« von Hans Licht (bei P. Aretz in Dresden erschienen), wo zwischen all den erstaunlichen Bildern, und am meisten durch die Bilder selbst, viel Wissenswertes und viel Beneidenswertes vom Liebesleben der Griechen erzählt wird.

Im Frühling gibt es eine Zeit, da ist der Garten brennend rot von der Kamelienblüte und im Sommer blühen die Palmen, und hoch in den Bäumen klettern überall die blauen Glyzinien. Aber die indische Weide, ein kleiner, fremdartiger Baum, der trotz seiner Kleinheit uralt aussieht und das halbe Jahr zu frieren scheint, die indische Weide traut sich erst spät im Jahre mit den Blättern hervor, und erst gegen Mitte August fängt sie an zu blühen.

Der schönste jedoch von allen diesen Bäumen ist nicht mehr da, er ist vor einigen Tagen durch den Sturm gebrochen worden. Ich sehe ihn liegen, er ist noch nicht weggeschafft, einen schweren alten Riesen mit geknicktem und zerschlissenem Stamm, und sehe an der Stelle, wo er stand, eine große breite Lücke, durch welche der ferne Kastanienwald und einige bisher unsichtbare Hütten hereinschauen.

Es war ein Judasbaum, jener Baum, an dem der Verräter des Heilands sich erhängt hat, aber man sah ihm diese beklommene Herkunft nicht an, o nein, er war der schönste Baum des Gartens, und eigentlich war es seinetwegen, daß ich vor manchen Jahren diese Wohnung hier gemietet habe. Ich kam damals, als der Krieg zu Ende war, allein und als Flüchtling in diese Gegend, mein bisheriges Leben war gescheitert, und ich suchte eine Unterkunft, um hier zu arbeiten und nachzudenken und die zerstörte Welt mir von innen her wieder aufzubauen und suchte eine kleine Wohnung, und als ich meine jetzige Wohnung anschaute, gefiel sie mir nicht übel, den Ausschlag aber gab der Augenblick, wo die Wirtin mich auf den kleinen Balkon führte. Da lag plötzlich unter mir der Garten Klingsors, und mitten darin leuchtete hellrosig blühend ein riesiger Baum, nach dessen Namen ich sofort fragte, und siehe, es war der Judasbaum, und Jahr für Jahr hat er seither geblüht, Millionen von rosigen Blüten, die dicht an der Rinde sitzen, ähnlich etwa wie beim Seidelbast, und die Blüte dauerte vier bis sechs Wochen, und dann erst kam das hellgrüne Laub nach, und später hingen in diesem hellgrünem Laube dunkelpurpurn und geheimnisvoll in dichter Menge die Schotenhülsen.

Wenn man ein Wörterbuch über den Judasbaum befragt, dann

erfährt man natürlich nicht viel Gescheites. Vom Judas und vom Heiland kein Wort! Dafür steht da, daß dieser Baum zur Gattung der Leguminosen gehört und Cercis siliquastrum genannt wird, daß seine Heimat Südeuropa sei und daß er da und dort als Zierstrauch vorkomme. Man nenne ihn übrigens auch »falsches Johannisbrot«. Weiß Gott, wie da der echte Judas und der falsche Johannes durcheinander geraten sind! Aber wenn ich das Wort »Zierstrauch« lese, so muß ich lachen, noch mitten in meinem Jammer. Zierstrauch! Ein Baum war es, ein Riese von einem Baum, mit einem Stamm so dick, wie ich es auch in meinen besten Zeiten nie gewesen bin, und sein Wipfel stieg aus der tiefen Gartenschlucht beinahe zur Höhe meines Balkönchens herauf, es war ein Prachtstück, ein wahrer Mastbaum! Ich hätte nicht unter diesem Zierstrauch stehen mögen, als er neulich im Sturm zusammenbrach und einstürzte wie ein alter Leuchtturm.
Ohnehin schon war die letzte Zeit nicht sehr zu rühmen. Der Sommer war plötzlich krank geworden und man fühlte sein Sterben voraus, und am ersten richtig herbstlichen Regentag mußte ich meinen liebsten Freund (keinen Baum, sondern einen Menschen) zu Grabe tragen, und seither war ich, bei schon kühlen Nächten und häufigem Regen, nicht mehr richtig warm geworden und trug mich schon sehr mit Abreisegedanken. Es roch nach Herbst, nach Untergang, nach Särgen und Grabkränzen.
Und nun kommt da eines Nachts, als späte Nachwehe irgendwelcher amerikanischer und ozeanischer Orkane, ein wilder Südsturm geblasen, reißt die Weinberge zusammen, schmeißt Schornsteine um, demoliert mir sogar meinen kleinen Steinbalkon und nimmt, noch in den letzten Stunden, auch noch meinen alten Judasbaum mit. Ich weiß noch, wie ich als Jüngling es liebte, wenn in herrlichen romantischen Erzählungen von Hauff oder Hoffmann die Aequinoktialstürme so unheimlich bliesen! Ach, genauso war es, so schwer, so unheimlich, so wild und beengend preßte sich der dicke warme Wind, als käme er aus der Wüste her, in unser friedliches Tal und richtete da seinen amerikanischen Unfug an. Es war eine häßliche Nacht, keine Minute Schlaf, außer den kleinen Kindern hat im ganzen Dorf kein Mensch ein Auge zugetan, und am Morgen lagen die gebrochenen Ziegel, die zerschlagenen Fensterscheiben, die geknickten Weinstöcke da. Aber das Schlimmste, das Unersetzlichste, ist für mich der Judas-

baum. Es wird zwar ein junger Bruder nachgepflanzt werden, dafür ist gesorgt: aber bis er auch nur halb so stattlich werden wird wie sein Vorgänger, werde ich längst nicht mehr da sein.
Als ich neulich im fließenden Herbstregen meinen lieben Freund begraben habe und den Sarg in das nasse Loch verschwinden sah, da gab es einen Trost: er hatte Ruhe gefunden, er war dieser Welt, die es mit ihm nicht gut gemeint hatte, entrückt, er war aus Kampf und Sorgen heraus an ein anderes Ufer getreten. Bei dem Judasbaum gibt es diesen Trost nicht. Nur wir armen Menschen können, wenn einer von uns begraben wird, uns zum schlechten Troste sagen. »Nun, er hat es gut, er ist im Grunde zu beneiden.« Bei meinem Judasbaum kann ich das nicht sagen. Er wollte gewiß nicht sterben, er hat bis in sein hohes Alter hinein Jahr für Jahr überschwenglich und prahlend seine Millionen von strahlenden Blüten getrieben, hat sie froh und geschäftig in Früchte verwandelt, hat die grünen Schoten der Früchte erst braun, dann purpurn gefärbt und hat niemals jemand, den er sterben sah, um seinen Tod beneidet. Vermutlich hielt er wenig von uns Menschen. Vielleicht kannte er uns, schon von Judas her. Jetzt liegt seine riesige Leiche im Garten und hat im Fallen noch ganze Völker von kleineren und jüngeren Gewächsen zu Tode gedrückt. (1927)

Bei den Massageten

So sehr auch ohne Zweifel mein Vaterland, falls ich wirklich ein solches hätte, alle übrigen Länder der Erde an Annehmlichkeiten und herrlichen Einrichtungen überträfe, spürte ich vor kurzem doch wieder einmal Wanderlust und tat eine Reise in das ferne Land der Massageten, wo ich seit der Erfindung des Schießpulvers nie mehr gewesen war. Es gelüstete mich, zu sehen, inwieweit dieses so berühmte und tapfere Volk, dessen Krieger einst den großen Cyrus überwunden haben, sich inzwischen verändert und den Sitten der jetzigen Zeit möchte angepaßt haben.
Und in der Tat, ich hatte in meinen Erwartungen die wackeren Massageten keineswegs überschätzt. Gleich allen Ländern, welche zu den vorgeschrittenern zu zählen den Ehrgeiz haben, sendet auch das Land der Massageten neuerdings jedem Fremdling, der sich seiner Grenze nähert, einen Reporter entgegen – abgesehen

natürlich von jenen Fällen, in denen es bedeutende, ehrwürdige und distinguierte Fremde sind, denn ihnen wird, je nach Rang, selbstverständlich weit mehr Ehre erwiesen. Sie werden, wenn sie Boxer oder Fußballmeister sind, vom Hygieneminister, wenn sie Wettschwimmer sind, vom Kultusminister, und wenn sie Inhaber eines Weltrekordes sind, vom Reichspräsidenten oder von dessen Stellvertreter empfangen. Nun, mir blieb es erspart, solche Aufmerksamkeiten auf mich gehäuft zu sehen, ich war Literat, und so kam mir denn ein einfacher Journalist an der Grenze entgegen, ein angenehmer junger Mann von hübscher Gestalt, und ersuchte mich, vor dem Betreten des Landes, einer kurzen Darlegung meiner Weltanschauung und speziell meiner Ansichten über die Massageten zu würdigen. Dieser hübsche Brauch war also auch hier inzwischen eingeführt worden.
»Mein Herr«, sagte ich, »lassen Sie mich, der ich Ihre herrliche Sprache nur unvollkommen beherrsche, mich auf das Unerläßlichste beschränken. Meine Weltanschauung ist diejenige des Landes, in welchem ich jeweils reise, dies versteht sich ja wohl von selbst. Was nun meine Kenntnisse über Ihr hochberühmtes Land und Volk betrifft, so stammen sie aus der denkbar besten und ehrwürdigsten Quelle, nämlich aus dem Buch ›Klio‹ des großen Herodot. Erfüllt von tiefer Bewunderung für die Tapferkeit ihres gewaltigen Heeres und für das ruhmreiche Andenken Ihrer Heldenkönigin Tomyris, habe ich schon in früheren Zeiten Ihr Land zu besuchen die Ehre gehabt, und habe diesen Besuch nun endlich erneuern wollen.«
»Sehr verbunden«, sprach etwas düster der Massagete. »Ihr Name ist uns nicht unbekannt. Unser Propagandaministerium verfolgt alle Äußerungen des Auslandes über uns mit größter Sorgfalt, und so ist uns nicht entgangen, daß Sie der Verfasser von dreißig Zeilen über massagetische Sitten und Bräuche sind, die Sie in einer Zeitung veröffentlicht haben. Es wird mir eine Ehre sein, Sie auf Ihrer diesmaligen Reise durch unser Land zu begleiten und dafür zu sorgen, daß Sie bemerken können, wie sehr manche unsrer Sitten sich seither verändert haben.«
Sein etwas finsterer Ton zeigte mir an, daß meine früheren Äußerungen über die Massageten, die ich doch so sehr liebte und bewunderte, hier im Lande keineswegs vollen Beifall gefunden hatten. Einen Augenblick dachte ich an Umkehr, ich erinnerte mich an jene Königin Tomyris, die den Kopf des großen Cyrus in einen

mit Blut gefüllten Schlauch gesteckt hatte und an andere rassige Äußerungen dieses lebhaften Volksgeistes. Aber schließlich hatte ich meinen Paß und das Visum, und die Zeiten der Tomyris waren vorüber.
»Entschuldigen Sie«, sagte mein Führer nun etwas freundlicher, »wenn ich darauf bestehen muß, Sie erst im Glaubensbekenntnis zu prüfen. Nicht daß etwa das Geringste gegen Sie vorläge, obwohl Sie unser Land schon früher einmal besucht haben. Nein, nur der Formalität wegen und weil Sie sich etwas einseitig auf Herodot berufen haben. Wie Sie wissen, gab es zur Zeit jenes gewiß hochbegabten Joniers noch keinerlei offiziellen Propaganda- und Kulturdienst, so mögen ihm seine immerhin etwas fahrlässigen Äußerungen über unser Land hingehen. Daß hingegen ein heutiger Autor sich auf Herodot berufe und gar ausschließlich auf ihn, können wir nicht zugeben. – Also bitte, Herr Kollege, sagen Sie mir in Kürze, wie Sie über die Massageten denken und was Sie für sie fühlen.«
Ich seufzte ein wenig. Nun ja, dieser junge Mann war nicht gesonnen, es mir leicht zu machen, er bestand auf den Förmlichkeiten. Hervor also mit den Förmlichkeiten! Ich begann:
»Selbstverständlich bin ich darüber genau unterrichtet, daß die Massageten nicht nur das älteste, frömmste, kultivierteste und zugleich tapferste Volk der Erde sind, daß ihre unbesieglichen Heere die zahlreichsten, ihre Flotte die größte, ihr Charakter der unbeugsamste und zugleich liebenswürdigste, ihre Frauen die schönsten, ihre Schulen und öffentlichen Einrichtungen die vorbildlichsten der Welt sind, sondern daß sie auch jene in der ganzen Welt so hochgeschätzte und manchen anderen großen Völkern so sehr mangelnde Tugend in höchstem Maße besitzen, nämlich gegen Fremde im Gefühl ihrer eigenen Überlegenheit gütig und nachsichtig zu sein und nicht von jedem armen Fremdling zu erwarten, daß er, einem geringeren Lande entstammend, sich selbst auf der Höhe der massagetischen Vollkommenheit befinde. Auch hierüber werde ich nicht ermangeln, in meiner Heimat wahrheitsgetreu zu berichten.«
»Sehr gut«, sprach mein Begleiter gütig, »Sie haben in der Tat bei der Aufzählung unserer Tugenden den Nagel, oder vielmehr die Nägel auf den Kopf getroffen. Ich sehe, daß Sie über uns besser unterrichtet sind, als es anfangs den Anschein hatte und heiße Sie aus treuem massagetischem Herzen aufrichtig in unserem

schönen Lande willkommen. Einige Einzelheiten in Ihrer Kenntnis bedürfen ja wohl noch der Ergänzung. Namentlich ist es mir aufgefallen, daß Sie unsre hohen Leistungen auf zwei wichtigen Gebieten nicht erwähnt haben: im Sport und im Christentum. Ein Massagete, mein Herr, war es, der im internationalen Hüpfen nach rückwärts mit verbundenen Augen den Weltrekord mit 11,098 erzielt hat.«

»In der Tat«, log ich höflich, »wie konnte ich daran nicht denken! Aber Sie erwähnten auch noch das Christentum als ein Gebiet, auf dem Ihr Volk Rekorde aufgestellt habe. Darf ich darüber um Belehrung bitten?«

»Nun ja«, sagte der junge Mann. »Ich wollte ja nur andeuten, daß es uns willkommen wäre, wenn Sie über diesen Punkt Ihrem Reisebericht den einen oder andern freundlichen Superlativ beifügen könnten. Wir haben zum Beispiel in einer kleinen Stadt am Araxes einen alten Priester, der in seinem Leben nicht weniger als 63 000 Messen gelesen hat, und in einer andern Stadt gibt es eine berühmte moderne Kirche, in welcher alles aus Zement ist, und zwar aus einheimischem Zement: Wände, Turm, Böden, Säulen, Altäre, Dach, Taufstein, Kanzel usw., alles bis auf den letzten Leuchter, bis auf die Opferbüchsen.«

Na, dachte ich, da habt ihr wohl auch einen zementierten Pfarrer auf der Zementkanzel stehen. Aber ich schwieg.

»Sehen Sie«, fuhr mein Führer fort, »ich will offen gegen Sie sein. Wir haben ein Interesse daran, unseren Ruf als Christen möglichst zu propagieren. Obgleich nämlich unser Land ja seit Jahrhunderten die christliche Religion angenommen hat und von den einstigen massagetischen Göttern und Kulten keine Spur mehr vorhanden ist, gibt es doch eine kleine, allzu hitzige Partei im Lande, welche darauf ausgeht, die alten Götter aus der Zeit des Perserkönigs Cyrus und der Königin Tomyris wieder einzuführen. Es ist dies lediglich die Schrulle einiger Phantasten, wissen Sie, aber natürlich hat sich die Presse der Nachbarländer dieser lächerlichen Sache bemächtigt und bringt sie mit der Reorganisation unseres Heerwesens in Verbindung. Wir werden verdächtigt, das Christentum abschaffen zu wollen, um im nächsten Krieg auch noch die paar letzten Hemmungen im Anwenden aller Vernichtungsmittel leichter fallenlassen zu können. Dies der Grund, warum eine Betonung der Christlichkeit unseres Landes uns willkommen wäre. Es liegt uns natürlich fern, Ihre objektiven Berichte im geringsten beeinflussen zu wollen, doch kann ich Ihnen immerhin unter vier Augen anvertrauen, daß Ihre Bereitschaft, etwas weniges über unsere Christlichkeit zu schreiben, eine persönliche Einladung bei unserm Reichskanzler zur Folge haben könnte. Dies nebenbei.«

»Ich will es mir überlegen«, sagte ich. »Eigentlich ist Christentum nicht mein Spezialfach. – Und nun freue ich mich sehr darauf, das herrliche Denkmal wiederzusehen, das Ihre Vorväter dem heldenhaften Spargapises errichtet haben.«

»Spargapises?« murmelte mein Kollege. »Wer soll das denn sein?«

»Nun, der große Sohn der Tomyris, der die Schmach, von Cyrus überlistet worden zu sein, nicht ertragen konnte und sich in der Gefangenschaft das Leben nahm.«

»Ach ja, natürlich«, rief mein Begleiter, »ich sehe, Sie landen immer wieder bei Herodot. Ja, dies Denkmal soll in der Tat sehr schön gewesen sein. Es ist auf sonderbare Weise vom Erdboden verschwunden. Hören Sie! Wir haben, wie Ihnen bekannt ist, ein ganz ungeheures Interesse für Wissenschaft, speziell für Altertumsforschung, und was die Zahl der zu Forschungszwecken aufgegrabenen oder unterhöhlten Quadratmeter Landes betrifft, steht unser Land in der Weltstatistik an dritter oder vierter Stelle. Diese gewaltigen Ausgrabungen, welche vorwiegend prähistorischen Funden galten, führten auch in die Nähe jenes Denkmals aus der Tomyris-Zeit, und da gerade jenes Terrain große Ausbeute, namentlich an massagetischen Mammutknochen, versprach, versuchte man in gewisser Tiefe das Denkmal zu untergraben. Und dabei ist es eingestürzt! Reste davon sollen aber im Museum Massageticum noch zu sehen sein.«

Er führte mich zum bereitstehenden Wagen, und in lebhafter Unterhaltung fuhren wir dem Innern des Landes entgegen.

(1927)

Schaufenster vor Weihnachten

Weihnachten ist eine Angelegenheit, von der ich eigentlich nicht gerne spreche. Einerseits weckt das schöne Wort so tiefe, heilige Erinnerungen aus dem Sagenbrunnen der Kindheit, flimmert so magisch im Schein jener blonden Lebensmorgenfrühe und ist so durchstrahlt von unzerstörbar heiligen Symbolen: Krippe, Stern, Heilandkind, Anbetung der Hirten und Könige und Weise aus dem Morgenland! Und anderseits ist »Weihnacht« ein Inbegriff, ein Giftmagazin aller bürgerlichen Sentimentalitäten und Verlogenheiten, Anlaß wilder Orgien für Industrie und Handel, großer Glanzartikel der Warenhäuser, riecht nach lackiertem Blech, nach Tannennadeln und Grammophon, nach übermüdeten, heimlich fluchenden Austrägern und Postboten, nach verlegener Feierlichkeit in Bürgerzimmern unterm aufgeputzten Baum, nach Zeitungsextrabeilagen und Annoncenbetrieb, kurz, nach tausend Dingen, die mir alle bitter verhaßt und zuwider sind, und die mir alle viel gleichgültiger und lächerlicher vorkämen, wenn sie nicht den Namen des Heilands und die Erinnerungen unserer zartesten Jahre so furchtbar mißbrauchten.

Nun, sprechen wir also nicht von Weihnachten – es kämen dabei ja doch lauter Verlegenheiten heraus, zum Beispiel, daß ich noch immer keine Ahnung habe, was ich meiner Freundin schenken soll, und ob zwanzig Mark für die Köchin richtig ist –, ach und wenn ich doch den Freund S. daran verhindern könnte, mir wieder ein so kostbares und dabei so jämmerlich unnützes Geschenk zu machen wie im letzten Jahr! Oder, falls es sich nicht ganz vermeiden läßt, an die Weihnacht zu denken, so laßt mich an jene wirkliche und echte Weihnachtsvorfreude denken, die ich auch heute noch, als enttäuschter und einsamer Mensch, zu empfinden vermag: an die Freude beim Herstellen jener Weihnachtsgeschenke, die ich auch heute noch, wie einst in den Knabenzeiten, für einige meiner Freunde mit eigener Hand herzustellen gewohnt bin, kleine Hefte mit neuen, handgeschriebenen Gedichten, Blätter mit Landschaftsaquarellen und dergleichen Dinge.

Nun, trotz allen widerstreitenden und beklemmten Gefühlen muß ich sagen: an manchen Abenden im Dezember, wenn es nach trübem, verschleiertem Nachmittag in den Geschäftsstraßen aufzuflammen beginnt, wenn alle die farbigen und grellen Schimmer aus den Schaufenstern auf den feuchten oder beschneiten Asphalt herausfallen und die Straße etwas festlich Belebtes bekommt, dann macht dieser verlogene, heftige Weihnachtsbetrieb mit seiner lichten Außenseite mir doch einigen Spaß, und ich kann dann eine Stunde lang gerade in jenem Stadtteil bummeln, den ich sonst vermeide, und kann eine Stunde lang verloren und gefesselt an den strahlenden Läden hinstreichen, ins Schauen verloren. Es träumt mir dann, ich sei ein Kalifensohn aus Bagdad und sei nach langer, abenteuerlicher Reise, aus Todesgefahr und bitterer Gefangenschaft entronnen, in eine leuchtende Stadt des fernen Ostens gelangt, und mische mich entzückt und neugierig in das Gewühl um die Basare der Händler.

Nachdenken verträgt sich schlecht mit dieser Stimmung, und das Schöne an dieser abendlichen Bummelstunde ist gerade das Erlöstsein vom Denkenmüssen. Aber wenn ich dabei doch je und je ein wenig gedacht und mich selber beobachtet habe, so machte ich dabei jedesmal mit einem gewissen (manchmal lachenden, manchmal eher peinlichen) Erstaunen die Entdeckung, daß ich, der rüstige Fünfziger mit dem leicht ergrauenden Scheitel und dem milden Brillengesicht, im Grunde meiner Seele ungewöhnlich infantil geblieben oder wieder geworden sein muß. Ich bemerke dies, wenn ich mir Mühe gebe darauf zu achten, wie eigentlich diese vollen, strahlenden Schaufenster auf mich wirken und welcherlei Gegenstände es sind, die mir auffallen und die mich zu Wünschen reizen. Ich mache alsdann die Wahrnehmung, daß die Sachen, die mir gefallen und die mich lüstern zu machen vermögen, beinahe alle noch dieselben sind wie in meiner Knaben- und frühen Jugendzeit.

In der Tat, inmitten dieses schreienden und etwas negerhaften Überangebotes von Waren sind es nur wenige, die ich für meine eigene Person zu begehren vermag, und alle die Errungenschaften der neueren Technik lassen mich schrecklich kalt. Ich sehe mit Erstaunen, daß auch vor solchen Schaufenstern neugierige und begehrende Menschen stehen, in die ich nicht ohne tiefe Langeweile zu blicken vermag und vor denen meinen Schritt zu verlangsamen mir niemals einfallen würde. Das sind zum Beispiel Läden mit Kodaks, mit Grammophonen, mit Sportgeräten, mit Radioapparaten – wenn ich einen Freibrief hätte, der mir erlaubte, aus allen diesen Läden alles zu wählen, was nur irgend zu besitzen mich gelüstete, ich würde den Freibrief wegwerfen und weitergehen. Raffinierte Chronometer, witzige Rasierapparate, blitzende Mikroskope, niedliche Zimmerkinematographen – nichts von allem wäre mir auch nur das Einwickelpapier wert.

Anders steht es mit den Auslagen der Buchhändler. Obwohl auf diesem Gebiet reichlich verwöhnt und überfüttert, bleibe ich vor einem guten Buchladen doch fast immer ein wenig stehen, und nicht nur der geistige Markt interessiert mich, die Namen der Kollegen, die Anpreisungen der Verleger, sondern mindestens ebensosehr interessiert und lockt mich das Materielle dieser Bücher: ein roter Lederrücken, eine schöne englische Leinwand, ein schön getöntes Pergament, ein derbes knotiges Segeltuch als Mappenumschlag. Nun, und es sind ja auch immer wieder manche freundliche Erscheinungen in der Bücherwelt zu entdecken, wenn auch das Niveau im ganzen recht bescheiden ist. Ich sehe mit Freude die sechs braunen Bände mit Rilkes gesammelten Werken stehen und Martin Bubers Chassidische Schriften in einem Bande und Knut Hamsuns »Landstreicher« (O, August, du Teufelskerl), ich freue mich darüber, daß es neue Bände von Josef Conrad gibt, ich blinzle dem Steppenwolf zu und grüße die »Gäste« von Georg Munk, und einmal gehe ich sogar in einen Laden hinein und lasse mir ein Bilderwerk vorlegen, das ich im Fenster sah, Glasenapps »Heilige Stätten Indiens«, stehe lang über die Tafeln gebeugt, nach Indien verirrt, ergriffen davon, daß auch diese so sehr fremden, so sehr exotischen Riesentempel, Höfe, Teiche und Höhlengrotten dieselbe immer gleiche Sprache sprechen wie die französischen Kathedralen und die süditalienischen Tempel, die Sprache des Glaubens und der Hingabe, der Begeisterung und seligen Verschwendung vor dem Göttlichen.

Erinnern mich diese Buchläden an viele Begeisterungen und Begierden der Jünglingszeit, so führen andere Bilder mich noch weiter in meine Vergangenheit, ja eigentlich hätte ich sie zuerst nennen sollen. Das mit den Büchern war zwar keineswegs gelogen, aber ein klein wenig Schönfärberei war doch wohl dabei. Denn siehe, es sind andere Schaufenster und Kaufläden, vor denen ich die stärksten Eindrücke, die wärmsten Erlebnisse, die kräftigsten Wünsche habe. Mit kindlicher Bewunderung und primitiver Lust betrachte ich die verlockenden Eßwaren, und zwar am meisten die kindlichsten, die Süßigkeiten. Dem reisenden Kalifensohn kommen heftige Kindheitsbegierden zurück, wenn er diese riesigen Kristallschalen voll großer Pralinen betrachtet, diese Berge von farbig verpackten Schokoladetafeln, die üppigen Platten voll Mèringues und Schokoladeschäumchen. Und in einem anderen Fenster, das unendlich viel poetischer aussieht als jene Ausstellungen von Kodaks und Lautsprechern, entzücken mich, obwohl ich seit undenklichen Zeiten keine Wurst mehr gegessen habe, die feisten glänzenden Wurstkränze, die still und trocken herabhängenden Salami, die in Stanniol gerollten, schräg angeschnittenen Leberwürste, von denen ich mir niemals eine kaufen werde, von denen ich die meisten gar nicht essen und verdauen könnte, denn Wurst ist eine Speise für Optimisten, deren Anblick mich aber dennoch bezaubert und mir eine Vorstellung von Reichtum und Wohlleben gibt. O, und ein kleiner zarter Rollschinken, ein Kleinod von einem hübschen Schinkchen, führt mich tatsächlich in Versuchung – weiß Gott, ob ich ihn mir nicht kaufen werde. Indessen stellt der nächste Laden mir noch Köstlicheres vor die Sinne: in zauberhaften Farben wie große fremde Edelsteine leuchtend sind da kandierte Früchte zu sehen, Birnen, Pfirsiche, Pistazien, Oliven, Ananas. Nichts davon werde ich mir kaufen, nichts davon könnte ich verdauen. Kandierte Früchte sind zwar keine Spezialspeise für Optimisten, o nein, aber doch mehr für Frauen und Jugendliche, jedenfalls aber nicht für schonungsbedürftige, magenzarte und etwas leidende Halbgreise. Taumelt weiter, entzückte Augen!

Es kommt ein Geschäft mit Thermosflaschen, Wärmkissen, Bauchbettflaschen und dergleichen Dingen, ein Geschäft, welchem ich Aufmerksamkeit zu schenken Grund hätte, aber ich gehe kalt vorüber. Eine richtige Apotheke hingegen fesselt mich jetzt; das ist ein Jahrmarkt, den ich gern sehe, und wenn auch mein Verstand die hier veranschaulichte Verbindung von Wissenschaft und Industrie im Zeichen des Mammons eher ironisch betrachtet, so lese ich doch auf diesen farbigen Flaschen, auf diesen hübschen seidigen Packungen und Schachteln mit Interesse und Vergnügen die vielversprechenden Namen, deren Mehrzahl in einem arg verdorbenen Griechisch erfunden sind. »Keine Gicht mehr!« verspricht eine ovale Glasdose, aber weder auf diese Dose noch auf das Plakat »Sind Sie nervös?« lasse ich mich ein, ich hasse solche zutäppischen Fragen. Dagegen sehe ich hier und dort in Glasröhren, in Fläschchen, in Paketen gute Freunde liegen, Mittel, die ich kenne und schätze, und von denen es gut ist, eine kleine Auswahl im Reisekoffer zu haben. Namen nenne ich nicht – noch nie hat eine chemische Fabrik mir Rezensionsexemplare geschickt.

Herrlich leuchten die festlichen Läden. Zwei Arten von Läden gibt es, vor denen ich manchmal stehenbleibe, jedoch nicht um die Auslagen, sondern um die von ihnen angezogenen Menschen

zu betrachten. Es sind die Läden, in denen man Kinderspielzeug kauft, und jene, in denen elegante Frauen für Kleidung, Schmuck, Haar und Haut, Nägel und Zehen das Nötige angeboten bekommen. Da sieht man schöne Augen, oft im prächtigen nackten Brand des primitivsten Begehrens glühend, und man stellt mit Freude fest, daß es Welten und Industriezweige gibt, deren Notwendigkeit man zwar nicht auf unmittelbarem, aber doch auf diesem indirekten Wege zu erkennen vermag.
Höchst unmittelbare Wege aber schlägt mein Begehren ein, wenn ich vor einem diskreten Fenster halte, wo ausgesuchte Marken alten Kognaks und edler Weine stehen und ebenso vor jenen blanken, schönen Fenstern, wo auf Glasscheiben die Tabake und Zigarren locken, die schweren dicken, in Stanniol gewickelten Importen, die schwarzen guten Brasilzigarren, die hübschen lichten Holländer, die köstlichen Manilas.
Und noch eine Art von Geschäften gibt es, die seit den frühesten Zeiten ihren Zauber für mich nicht verloren haben. Es sind die Läden mit Papier, mit Bleistiften, Federn, Farben, Aquarellkästen, Linealen, Zirkeln, Zeichenkohle. Da bleibe ich lange stehen, verliebt in eine Kollektion herrlicher Pariser oder Londoner Wasserfarben, in ein Bündel edler Kohinoorstifte, in eine Schachtel mit sibirischem Graphit, in Rollen und Lagen edler Papiere. So ein Hundert Bogen von einem zart-festen, soliden Büttenpapier, das wäre ein Geschenk, mit dem man mich ködern könnte!
Aber am Ende bekommt man kalte Füße, und zum Kaufen ist ja auch ein andermal noch Zeit. Ach, wenn mir nur Freund S. zu Weihnachten nicht einen Kodak oder einen Korb Orchideen schenkt! (1927)

Wiedersehen mit Nina

Wenn ich nach Monaten der Abwesenheit auf meinen Tessiner Hügel zurückkehre, jedesmal wieder von seiner Schönheit überrascht und gerührt, dann bin ich nicht ohne weiteres einfach wieder zu Hause, sondern muß mich erst umpflanzen und neue Saugwurzeln treiben, muß Fäden wieder anknüpfen, Gewohnheiten wiederfinden und da und dort erst wieder Fühlung mit der Vergangenheit und Heimat suchen, ehe das südliche Landleben wieder zu munden beginnt. Es müssen nicht bloß die Koffer ausgepackt und die ländlichen Schuhe und Sommerkleider hervorgesucht werden, es muß auch festgestellt werden, ob es während des Winters tüchtig ins Schlafzimmer geregnet hat, ob die Nachbarn noch leben, es muß nachgesehen werden, was sich während eines halben Jahres hier wieder verändert hat, und wieviel Schritte der Prozeß vorwärts gegangen ist, der allmählich auch diese geliebte Gegend ihrer lang bewahrten Unschuld entkleidet und mit den Segnungen der Zivilisation erfüllt. Richtig, bei der unteren Schlucht ist wieder ein ganzer Waldhang glatt abgeholzt, und es wird eine Villa gebaut, und an einer Kehre ist unsere Straße verbreitert worden, das hat einem zauberhaften alten Garten den Garaus gemacht. Die letzten Pferdeposten unserer Gegend sind eingegangen und durch Autos ersetzt, die neuen Wagen sind viel zu groß für diese alten, engen Gassen. Also nie mehr werde ich den alten Piero mit seinen beiden strotzenden Pferden sehen, wie er in der blauen Postillonsuniform mit der gelben Kutsche seinen Berg herunter gerasselt kommt, nie mehr werde ich ihn beim Grotto del Pace zu einem Glas Wein und einer kleinen außeramtlichen Ruhepause verführen. Ach, und niemals mehr werde ich über Liguno an dem herrlichen Waldrand sitzen, meinem liebsten Malplatz: ein Fremder hat Wald und Wiese gekauft und mit Draht eingezäunt, und wo die paar schönen Eschen standen, wird jetzt seine Garage gebaut.

Dagegen grünen die Grasstreifen unter den Reben in der alten Frische, und unter den welken Blättern hervor rascheln wie immer die blaugrünen Smaragdeidechsen, der Wald ist blau und weiß von Immergrün, Anemonen und Erdbeerblüte, und durch den junggrünen Wald schimmert kühl und sanft der See herauf. Ich habe die Koffer ausgepackt, habe mir die Dorfneuigkeiten erzählen lassen, habe der Witwe des verstorbenen Cesco kondoliert und der Ninetta zu ihrer schwarzäugigen Bambina Glück gewünscht, ich habe auch meine Malsachen herausgesucht und bereitgelegt, den Rucksack, das Stühlchen, das hübsche körnige Aquarellierpapier, die Bleistifte, die Farben. Das ist immer das hübscheste bei dieser Arbeit: alle die kleinen Vertiefungen meiner Palette mit den frischen, froh leuchtenden Farben anzufüllen, dem beglückenden Kobaltblau, dem lachenden Zinnober, dem zarten Zitrongelb, dem durchsichtigen Gummigutt. Das wäre nun getan. Aber mit dem Wiederbeginn des Malens ist es so eine Sache, ich schiebe es gern noch ein wenig hinaus, bis morgen, bis zum Sonntag, bis zur nächsten Woche. Wenn man nach sechs Monaten zum erstenmal wieder im Grünen sitzt und seinen Pinsel ins Wasser taucht und sich jetzt wieder daran machen will, ein Stück vom Sommer aufs Papier zu bringen, dann sitzt man mit dem entwöhnten Auge und der ungeübten Hand recht hilflos und traurig da, und Gras und Stein, Himmel und Gewölk sind schöner, als sie jemals waren, und unmöglicher und gewagter als je scheint es, sie malen zu wollen. Nein, ich warte damit noch ein wenig.

Immerhin, ein ganzer Sommer und Herbst liegt vor mir, noch einmal hoffe ich es ein paar Monate lang gut zu haben, lange Tage im Freien dahinzuleben, die Gicht wieder ein wenig loszuwerden, mit meinen Farben zu spielen und das Leben etwas fröhlicher und unschuldiger zu leben, als es im Winter und in den Städten möglich ist. Schnell laufen die Jahre weg – die barfüßigen Kinder, die ich vor Jahren bei meinem Einzug in dies Dorf zur Schule laufen sah, sind schon verheiratet oder sitzen in Lugano oder Mailand an Schreibmaschinen oder hinter Ladentischen, und die damaligen Alten, die Dorfgreise, sind inzwischen gestorben.

Da fällt mir die Nina ein – ob die noch am Leben ist? Lieber Gott, daß ich erst jetzt an sie denke! Die Nina ist meine Freundin, eine der wenigen guten Freundinnen, die ich in der Gegend habe. Sie ist 78 Jahre alt und wohnt in einem der hintersten kleinen Dörfchen der Gegend, an welches die neue Zeit noch nicht die Hand gelegt hat. Der Weg zu ihr ist steil und beschwerlich, ich muß in der Sonne einige hundert Meter den Berg hinab und jenseits wieder hinaufsteigen. Aber ich mache mich sofort auf den Weg und laufe erst durch die Weinberge und den Wald bergab, dann quer durchs grüne schmale Tal, dann steil jenseits bergan über die Hänge, die im Sommer voll von Zyklamen und im Winter voll von Christrosen stehen. Das erste Kind im Dorf frage ich, was denn die alte Nina mache. O, wird mir erzählt, die sitze am Abend noch immer an der Kirchenmauer und schnupfe Tabak. Zufrieden gehe ich weiter: sie ist also noch am Leben, ich habe sie noch nicht verloren, sie wird mich lieb empfangen und wird zwar etwas brummen und klagen, mir aber doch wieder das aufrechte Beispiel eines einsamen alten Menschen geben, der sein Alter, seine Gicht, seine Armut und Vereinsamung zäh und nicht ohne Spaß erträgt und vor der Welt keine Faxen und Verbeugungen macht, sondern auf sie spuckt und gesonnen ist, bis zur letzten Stunde weder Arzt noch Priester in Anspruch zu nehmen.

Von der blendenden Straße trat ich an der Kapelle vorbei in den Schatten des uralten finstern Gemäuers, das da verwinkelt und trotzig auf dem Fels des Bergrückens steht und keine Zeit kennt, kein anderes Heute als die ewig wiederkehrende Sonne, keinen Wechsel als den der Jahreszeiten, Jahrzehnt um Jahrzehnt, Jahrhundert um Jahrhundert. Irgendeinmal werden auch diese alten Mauern fallen, werden diese schönen, finstern, unhygienischen Winkel umgebaut und mit Zement, Blech, fließendem Wasser, Hygiene, Grammophonen und andern Kulturgütern ausgestattet sein, über den Gebeinen der alten Nina wird ein Hotel mit französischer Speisekarte stehen oder ein Berliner seine Sommervilla bauen. Nun, heute stehen sie noch, und ich steige über die hohe Steinschwelle und die gekrümmte steinerne Treppe hinauf in die Küche meiner Freundin Nina. Da riecht es wie immer nach Stein und Kühle und Ruß und Kaffee und intensiv nach dem Rauch von grünem Holz, und auf dem Steinboden vor dem riesigen Kamin sitzt auf ihrem niederen Schemel die alte Nina und hat im Kamin ein Feuerchen brennen, von dessen Rauch ihr die Augen etwas tränen, und stopft mit ihren braunen gichtgekrümmten Fingern die Holzreste ins Feuer zurück.

»Hallo, Nina, grüß Gott, kennt Ihr mich noch?«
»Oh, Signor poeta, caro amico, son content di rivederla!«
Sie erhebt sich, obwohl ich es nicht dulden will, sie steht auf und braucht lange dazu, es geht mühsam mit den steifen Gliedern. In der Linken hat sie die hölzerne Tabaksdose zittern, um Brust und Rücken ein schwarzes Wolltuch gebunden. Aus dem alten schönen Raubvogelgesicht blicken traurig-spöttisch die scharfen gescheiten Augen. Spöttisch und kameradschaftlich blickt sie mich an, sie kennt den Steppenwolf, sie weiß, daß ich zwar ein Signore und ein Künstler bin, daß aber doch nicht viel mit mir los ist, daß ich allein da im Tessin herumlaufe und das Glück ebenso wenig eingefangen habe wie sie selber, obwohl ohne Zweifel wir beide ziemlich scharf darauf aus waren. Schade, Nina, daß du für mich vierzig Jahre zu früh geboren bist. Schade! Zwar scheinst du nicht jedem schön, manchen scheinst du eher eine alte Hexe zu sein, mit etwas entzündeten Augen, mit etwas gekrümmten Gliedern, mit dreckigen Fingern und mit Schnupftabak an der Nase. Aber

was für eine Nase in dem faltigen Adlergesicht! Was für eine Haltung, wenn sie sich erst aufgerichtet hat und in ihrer hagern Größe aufrecht steht! Und wie klug, wie stolz, wie verachtend und doch nicht böse ist der Blick deiner schöngeschnittenen, freien, unerschrockenen Augen! Was mußt du, greise Nina, für ein schönes Mädchen, was für eine schöne, kühne, rassige Frau gewesen sein! Nina erinnert mich an den vergangenen Sommer, an meine Freunde, an meine Schwester, an meine Geliebte, die sie alle kennt, sie späht dazwischen scharf nach dem Kessel, sieht das Wasser sieden, schüttet gemahlenen Kaffee aus der Lade der Kaffeemühle hinein, stellt mir eine Tasse her, bietet mir zu schnupfen an, und jetzt sitzen wir am Feuer, trinken Kaffee, spucken ins Feuer, erzählen, fragen, werden allmählich schweigsam, sagen dies und jenes von der Gicht, vom Winter, von der Zweifelhaftigkeit des Lebens.

»Die Gicht! Eine Hure ist sie, eine verfluchte Hure! Sporca puttana! Möge sie der Teufel holen! Möge sie verrecken. Na, lassen wir das Schimpfen! Ich bin froh, daß Ihr gekommen seid, ich bin sehr froh. Wir wollen Freunde bleiben. Es kommen nicht mehr viele zu einem, wenn man alt ist. Achtundsiebzig bin ich jetzt.«

Sie steht nochmals mit Mühen auf, sie geht ins Nebenzimmer, wo am Spiegel die erblindeten Photographien stecken. Ich weiß, jetzt sucht sie nach einem Geschenk für mich. Sie findet nichts und bietet mir eine der alten Photographien als Gastgeschenk an, und als ich sie nicht nehme, muß ich wenigstens noch einmal aus ihrer Dose schnupfen.

Es ist in der verrauchten Küche meiner Freundin nicht sehr sauber und gar nicht hygienisch, der Boden ist vollgespuckt, und das Stroh am Stuhl hängt zerrissen herunter, und wenige von Euch Lesern würden gern aus dieser Kaffeekanne trinken, dieser alten blechernen Kanne, die schwarz von Ruß und grau von Aschenresten ist und an deren Rändern seit Jahren der vertrocknete eingedickte Kaffee eine dicke Kruste gebildet hat. Wir leben hier außerhalb der heutigen Welt und Zeit, etwas ruppig und schäbig zwar, etwas verkommen und gar nicht hygienisch, aber dafür nahe bei Wald und Berg, nahe bei den Ziegen und Hühnern (sie laufen gackernd in der Küche herum), nahe bei den Hexen und Märchen. Der Kaffee aus der krummen Blechkanne schmeckt wundervoll, ein starker tiefschwarzer Kaffee mit einem leisen, aromatischen Anflug vom bittern Geschmack des Holzrauches, und unser Beisammensitzen und Kaffeetrinken und die Schimpfworte und Koseworte und das tapfere alte Gesicht der Nina sind mir unendlich viel lieber als zwölf Tee-Einladungen mit Tanz, als zwölf Abende mit Literaturgespräch im Kreise berühmter Intellektueller – obwohl ich gewiß auch diesen hübschen Dingen ihren relativen Wert nicht absprechen möchte.

Draußen geht jetzt die Sonne weg, Ninas Katze kommt herein und ihr auf den Schoß gesprungen, wärmer leuchtet der Feuerschein an den gekalkten Steinwänden. Wie kalt, wie grausam kalt muß der Winter in dieser hohen, schattigen, leeren Steinhöhle gewesen sein, nichts drin als das winzige offene Feuerchen, im Kamin flackernd, und die alte einsame Frau mit der Gicht in den Gelenken, ohne andere Gesellschaft als die Katze und die drei Hühner.

Die Katze wird wieder fortgejagt. Nina steht wieder auf, groß und gespenstisch steht sie im Zwielicht, die hagere knochige Gestalt mit dem weißen Schopf über dem streng blickenden Raubvogelgesicht. Sie läßt mich noch nicht fort. Sie hat mich eingeladen, noch eine Stunde ihr Gast zu sein und geht nun, um Brot und Wein zu holen.

(1927)

Gegensätze

Es ist hoher Sommer, und seit Wochen schon steht der große Sommermagnolienbaum vor meinen Fenstern in Blüte; er ist ein Sinnbild des südlichen Sommers in seiner scheinbar lässigen, scheinbar gleichmütig langsamen, in Wirklichkeit aber rapiden und verschwenderischen Art zu blühen. Von den schneeweißen, riesigen Blütenkelchen stehen immer nur ein paar, höchstens acht oder zehn, zugleich offen, und so zeigt der Baum während der zwei Monate seiner Blüte eigentlich im Großen immer den gleichen Anblick, während doch diese herrlichen Riesenblüten so sehr vergänglich sind: keine von ihnen lebt länger als zwei Tage. Aus der bleichen, grünlich angeflogenen Knospe öffnet sich diese Blüte meist am frühen Morgen, rein weiß und zauberhaft unwirklich schwebt sie, das Licht wie schneeiger Atlas widerspiegelnd, aus den dunkelglänzenden, harten, immergrünen Blättern,

schwebt einen Tag lang jung und glänzend, und beginnt dann sachte sich zu verfärben, an den Rändern zu gilben, die Form zu verlieren, und mit einem rührenden Ausdruck von Ergebung und Müdigkeit zu altern, und auch dies Altern dauert nur einen Tag. Dann ist die weiße Blüte schon verfärbt, sie ist hell zimtbraun geworden, und die Blütenblätter, gestern wie Atlas, fühlen sich heute an wie feines, zartes Wildleder: ein traumhafter, wunderbarer Stoff, zart wie ein Hauch und doch von fester, ja derber Substanz. Und so trägt mein großer Magnolienbaum Tag für Tag seine reinen, schneeigen Blüten, und es scheinen immer dieselben zu sein. Ein feiner, erregender, köstlicher Duft, an den von frischen Zitronen erinnernd, aber süßer, weht von den Blüten herüber in mein Studierzimmer. Der große Sommermagnolienbaum (nicht zu verwechseln mit der auch im Norden bekannten Frühlingsmagnolie) ist nicht immer mein Freund, so schön er auch sei. Es gibt Jahreszeiten, in denen ich ihn mit Bedenken, ja mit Feindschaft ansehe. Er wächst und wächst, und in den zehn Jahren, in denen er mein Nachbar war, hat er sich so gestreckt, daß die spärliche Morgensonne in den Herbst- und Frühlingsmonaten meinem Balkon verloren geht. Ein Riesenkerl ist er geworden, oft kommt er mir in seinem heftigen, saftigen Wuchs so vor wie ein derber, rasch empor geschossener, etwas schlacksiger Junge. Jetzt aber, während seiner hochsommerlichen Blütezeit, steht er feierlich voll zarter Würde, klappert im Winde mit seinen steifen, glänzenden, wie lackierten Blättern und trägt behutsam Sorge um seine zarten, allzu schönen, allzu vergänglichen Blüten.
Diesem großen Baum mit seinen bleichen Riesenblüten steht ein andrer gegenüber, ein Zwerg. Er steht auf meinem kleinen Balkönchen, in einen Topf gepflanzt. Es ist ein gedrungener Zwergbaum, eine Zypressenart, keinen Meter hoch, aber schon bald vierzig Jahre alt, ein kleiner knorriger und selbstbewußter Zwerg, ein wenig rührend und ein wenig komisch, voll von Würde und doch kauzig und zum Lächeln reizend. Ich habe ihn erst neuerdings geschenkt bekommen, zum Geburtstag, und nun steht er da, reckt seine charaktervollen, wie von jahrzehntelangen Stürmen geknorrten Äste, die aber nur fingerlang sind, und schaut gleichmütig zu seinem Riesenbruder hinüber, von welchem zwei Blüten genügen würden, um den würdigen Zwerg zuzudecken. Ihn stört das nicht, er scheint den großen feisten Bruder Magnolie garnicht zu sehen, von dem ein Blatt so groß ist wie bei ihm ein

ganzer Ast. Er steht in seiner merkwürdigen kleinen Monumentalität, tief nachdenklich, ganz in sich versunken, uralt aussehend, so wie auch die menschlichen Zwerge oft so unsäglich alt oder zeitlos aussehen können.

Bei der gewaltigen Sommerhitze, die uns seit Wochen belagert, komme ich sehr wenig hinaus, ich lebe in meinen paar Zimmerchen, hinter geschlossenen Läden, und die beiden Bäume, der Riese und der Zwerg, sind meine Gesellschaft. Die Riesenmagnolie erscheint mir als Sinnbild und Lockruf alles Wachstums, alles triebhaften und naturhaften Lebens, aller Sorglosigkeit und geilen Fruchtbarkeit. Der schweigsame Zwerg dagegen, daran ist nicht zu zweifeln, gehört zum Gegenpol: er braucht nicht so viel Raum, er vergeudet nicht, er strebt nach Intensität und nach Dauer, er ist nicht Natur, sondern Geist, er ist nicht Trieb, sondern Wille. Lieber kleiner Zwerg, wie wunderlich und besonnen, wie zäh und uralt stehst du da!

Gesundheit, Tüchtigkeit und gedankenloser Optimismus, lachende Ablehnung aller tiefern Probleme, feistes feiges Verzichten auf aggressive Fragestellung, Lebenskunst im Genießen des Augenblicks – das ist die Parole unsrer Zeit – auf diese Art hofft sie die lastende Erinnerung an den Weltkrieg zu betrügen. Übertrieben problemlos, imitiert amerikanisch, ein als feistes Baby maskierter Schauspieler, übertrieben dumm, unglaubhaft glücklich und strahlend (»smiling«), so steht dieser Mode-Optimismus da, jeden Tag mit neuen strahlenden Blüten geschmückt, mit den Bildern neuer Filmstars, mit den Zahlen neuer Rekorde. Daß alle diese Größen Augenblicksgrößen sind, daß alle diese Bilder und Rekordzahlen bloß einen Tag dauern, danach fragt niemand, es kommen ja stets neue. Und durch diesen etwas allzu hochgepeitschten, allzu dummen Optimismus, welcher Krieg und Elend, Tod und Schmerz für dummes Zeug erklärt, das man sich nur einbilde, und nichts von irgendwelcher Sorge oder Problematik wissen will – durch diesen überlebensgroßen, nach amerikanischem Vorbild aufgezogenen Optimismus wird der Geist zu ebensolchen Übertreibungen gezwungen und gereizt, zu verdoppelter Kritik, zu vertiefter Problematik, zu feindseliger Ablehnung dieses ganzen himbeerfarbenen Kinder-Weltbildes, wie es die Modephilosophien und die illustrierten Blätter spiegeln.

So zwischen meinen beiden Baum-Nachbarn, der wundervoll vitalen Magnolie und dem wunderbar entmaterialisierten und ver-

geistigten Zwerge, sitze ich und betrachte das Spiel der Gegensätze, denke darüber nach, schlummere in der Hitze ein wenig, rauche ein wenig und warte bis es Abend wird und etwas kühle Luft vom Walde weht.
Und überall in dem, was ich tue, lese, denke, überall begegnet mir derselbe Zwiespalt der heutigen Welt. Täglich kommen ein paar Briefe zu mir, Briefe von Unbekannten meistens, wohlmeinende und gutherzige Briefe meistens, manchmal zustimmende, manchmal anklagende, und alle handeln vom gleichen Problem, alle sind sie entweder von einem hahnebüchenen Optimismus und können mich, den Pessimisten, nicht genug tadeln oder auslachen oder bedauern – oder sie geben mir Recht, geben mir fanatisch und übertrieben Recht, aus tiefer Not und Verzweiflung heraus.
Natürlich haben beide recht, Magnolie und Zwergbaum, Optimisten und Pessimisten. Nur halte ich erstere für gefährlicher, denn ich kann ihr heftiges Zufriedensein und sattes Lachen nicht sehen ohne mich an jenes Jahr 1914 zu erinnern und an jenen angeblich so gesunden Optimismus, mit welchem damals ganze Völker alles herrlich und entzückend fanden, und jeden Pessimisten an die Wand zu stellen drohten, der daran erinnerte, daß Kriege eigentlich ziemlich gefährliche und gewaltsame Unternehmungen seien, und daß es vielleicht auch betrüblich enden könnte. Nun, die Pessimisten wurden teils ausgelacht, teils an die Wand gestellt, und die Optimisten feierten die große Zeit, jubelten und siegten jahrelang, bis sie sich und ihr ganzes Volk gründlich müde gejubelt und müde gesiegt hatten und plötzlich zusammenbrachen, und nun von den einstigen Pessimisten getröstet und zum Weiterleben ermuntert werden mußten. Ich kann jene Erfahrung nie ganz vergessen.
Nein, natürlich haben wir Geistigen und Pessimisten nicht Recht, wenn wir unsre Zeit nur anklagen, verurteilen oder belächeln. Aber sollten nicht am Ende auch wir Geistigen (man nennt uns heute Romantiker, und meint damit nichts Freundliches) ein Stück dieser Zeit sein, und ebenso gut das Recht haben, in ihrem Namen zu sprechen und eine Seite von ihr zu verkörpern, wie die Preisboxer und die Automobilfabrikanten? Unbescheiden bejahe ich mir diese Frage.
Die beiden Bäume in ihrem wunderlichen Gegensatz stehen, wie alle Dinge der Natur, unbekümmert um Gegensätze, jeder seiner

selbst und seines Rechtes sicher, jeder stark und zäh. Die Magnolie schwillt vor Saft, ihre Blüten duften schwül herüber. Und der Zwergbaum zieht sich tiefer in sich selbst zurück. (1928)

Wenn es Herbst wird

Schon wieder ist ein Sommer hingewelkt, der tägliche Bogen der Sonne ist kleiner geworden und aus den Nachtnebeln des Tales tauchen jeden Morgen die Wälder ein wenig gelber, ein wenig kahler auf. Da und dort steht noch mitten im gelben Kastanienwald ein blau gehauchter Fleck, dunkel und sommerlich anzusehen: das sind Akazien auf feuchtem Boden, die halten sich lange grün. Dafür welken sie dann, wenn es auch sie trifft, erschreckend rasch ab, über Nacht werden die kleinen, zu zwei und zwei gereihten Blätter gelb und fallen schön und müde, wehende Goldtropfen, ins große Grab.
Das ist die Zeit, in der für mich das Reisen beginnt. Vom Frühling bis zu den ersten kalten Nächten sitze ich fest, da vermag mich nichts von meinem ländlichen Wohnort wegzulocken, da lebe ich in Wald und Gebirge, sehe den Blumen und den Eidechsen zu, belausche die Schmetterlinge und die Schlangen, zeichne die alten Tessiner Dörfer und male die blauen Seeblicke hinter den vielfarbigen, raupig feisten Waldrücken. Die braune Mauereidechse und die große blaugrüne Smaragdeidechse mit dem tiefblau schillernden Pfauenhals sind mir vertraut, und die glasflügeligen Libellen, die kleine zimtbraune Würfelnatter am Bach und die dicke lange Äskulapnatter im Steingeröll der sonnigen Abhänge, ich weiß, wo die Häher nisten und die Grünspechte, und kenne die Lieblingsorte der Schwalbenschwänze, der Nachtpfauenaugen, der »spanischen Flaggen«. Wandernd, rastend, malend, müßiggängerisch und doch fleißig, habe ich Jahr um Jahr dieses schöne Land, von dem die Fremden auf ihren dummen, nutzlosen Massenreisen nichts zu sehen bekommen als die Ansichtskartenseite, recht gut kennengelernt, von Monat zu Monat, den Wald ebenso wie die Felder und Weinberge, die Menschen ebenso wie die Wiesenblumen. Aber mit den Jahren wurden mir die Winter hier im Süden unerträglich, trotz der

schönen lieben Sonne. Die Regenzeiten sind bedrückend; in vier durchgefrorenen Wintern, während der Inflationszeit, habe ich hier vor einem winzigen Kaminfeuerchen gesessen und meine Gesundheit für immer verdorben. Seither und seit der Geldbeutel es wieder erlaubt, gehe ich über den Winter fort, nicht um schönere Gegenden zu sehen, denn die gibt es nicht, noch um Abwechslung zu suchen, denn Langeweile ist etwas, was die Natur nicht kennt, sie ist eine Erfindung der Städter – aber ich reise zu den warmen Bädern, ich reise in Städte, wo es gutschließende Türen und Fenster, warme Holzböden, gute Öfen, wo es einen Arzt und einen Masseur gibt, und während ich mit ihrer Hilfe die Winterschmerzen zu ertragen suche, fällt dies und jenes Schöne mir in den Schoß: Besuch bei Freunden, gute Musik, Stöbern in Bibliotheken und Galerien. Ich wohne dann in der Stadt, und es kommen da, obwohl ich schwer zu finden bin, allerlei Leute zu mir. Es kommen verkannte Maler mit Mappen voll toller Entwürfe, es kommen junge selbstbewußte Leute, die Philologie studiert haben und jetzt eine Doktorarbeit über mich machen wollen; sie machen sie auch, reißen mich und das, was ich in dreißig Jahren gearbeitet habe, unerschrocken in Fetzen und bekommen dafür von ihrer Fakultät den Doktorhut auf die klugen Köpfe gesetzt. Es kommen versoffene Kunstzigeuner, die oft gute Geschichten wissen und jedenfalls ergiebiger sind als alle »gute Gesellschaft«, und es kommen die Kometen und Exzentriker des Geistes, Genies mit Verfolgungswahn, Religionsgründer, Magier. Es kam, bis vor kurzem, je und je der liebe arme Dichter Klabund, voll von Geschichten, voll von Neugierde, mit dem jungen, immer ein wenig fiebrigen Gesicht, oder es erscheint, flüchtig und nur für Stunden, ohne Gepäck und mit der Bahn fehlgefahren, die blonde Fee Emmy Hennings, und früher zeigte sich manchmal auch der hagere Gnom Hans Morgenthaler, der wenig sprach, viel vor sich hin kicherte, zuweilen furchtbar verzweifelte Gedichte aus der Tasche zog und todkrank war, auch er ist dies Jahr gestorben. Für sie alle bin ich eine Art Onkel, wir haben einander gern, sie sehen mich mit Verwunderung scheinbar mitten im bürgerlichen Leben stehen und doch zugleich ihrer Welt angehören, sie rechnen mich nicht ganz zu sich, zur Zunft der Heimatlosen, und wissen doch, daß ich nicht nur Mozart und die Florentiner Madonnen liebe, sondern ebenso sehr die Entgleisten, die gehetzten Steppenwölfe. Wir tauschen Gedichte und Zeichnungen, geben einander Redaktionsadressen, leihen einander Bücher und trinken manche Flasche Wein miteinander. Manchmal lasse ich mich auch zu einer Reise in irgendeine schöne, bildungshungrige Stadt verleiten, jedes Jahr einmal, da bekomme ich Reisegeld und Honorar, werde von einem Kenner durch die Altertümer und Sehenswürdigkeiten der Stadt geführt und muß dafür einen Abend lang fremden Menschen in irgendeinem unsympathischen Saal meine Gedichte vorlesen, und tue es jedesmal mit dem Gefühl: »Nie wieder!«

Aber ehe dies Stadt- und Reise- und Zigeunerleben wieder beginnt, muß ich hier Abschied nehmen, muß die Wurzeln aus der Erde ziehen, muß Koffer packen, muß Natalina und Marie und Annunziata die Hand schütteln, muß mit dem Gepäck nach Lugano fahren und mich in einen Zug setzen, und auch dann noch bin ich zu Hause, bin gebunden und hörig, und erst wenn die letzten rosigen Berghänge verschwinden und die Tannenwälder zum Gotthard hinführen, ist plötzlich Fremde und Freiheit um mich, und ich bin wieder eine Pflanze ohne Wurzeln, ein Zigeuner.

Seit drei Tagen steht in meiner Stube, offen gähnend, der große Koffer, und ich soll wieder einmal packen. Es muß gut überlegt werden, denn es ist für mindestens sechs Monate. Kleider, Stiefel und Wäsche, das ist einfach, das zieht man aus den Laden, legt es in den Koffer, sitzt darauf und drückt zu. Aber alles andere, alle die kleinen Sachen, die man zum Arbeiten, zum Vergnügen braucht! Bücher muß man mitnehmen, und Malzeug und Skizzenbücher, und das eine oder andere Bild, um damit ein Hotelzimmer umzuzaubern, und so noch manches, und meistens nimmt man das Verkehrte mit. Man ist beim Packen immer viel zu praktisch und pedantisch.

Gerade auf die »praktischen« Sachen kommt es ja gar nicht an, die kriegt man überall und sie sind überall gleich. Aber dies und jenes Unpraktische, richtig ausgewählt, kann das ganze Gepäck sinnvoll und lustig machen: ein Talisman, ein ausgestopfter Vogel, ein Haufen alter Briefe. Emmy versteht das wunderbar, sie reist los und hat weder Schuhe noch Wäsche mit, wohl aber ein Madonnenbild und eine runde Spieldose, die hat drei Lieder auf der Walze und hat schon manchen hoffnungslosen Bruder für eine Stunde froh gemacht.

Ich nehme Abschied von Vielem. Ich räume die Bücher weg, die ich zuletzt gelesen habe: schöne Bücher diesmal! Es war »Der

arme Chatterton« von E. Penzoldt (»Insel«-Verlag), ein überaus liebenswertes Buch, ein Buch für Zigeuner und Zaungäste des Lebens. Es war des lieben Klabund nachgelassener Roman »Borgia« (»Phaidon«-Verlag, Wien), ein schönes Werk, wie alle Bücher Klabunds, eine gewisse strotzende Kraft vortäuschend, die aber in Wirklichkeit Fieber ist, die beständige Übertemperatur des Kranken, aber voll von seiner biegsamen spielenden Phantasie und melodiösen Sprachkunst. Sehr des Lesens wert schien mir auch »Jahrgang 1902« von Ernst Glaeser (Verlag Kiepenheuer), vielleicht mehr Zeitdokument als Dichtung, aber was liegt daran, das Buch trifft uns manchmal mitten ins Herz. Nun, alle diese Bücher, so schön sie sind, müssen hier bleiben. Ich nehme anderes mit, etwas von Hugo Ball, etwas von Stifter, einen Band Goethe. Dabei fällt mir der Kofferdeckel zu; er scheint genug zu haben, der alte Koffer. Er ist in manchen Ländern gewesen, er hat manche Sprache gehört, riesenstarke chinesische Lastträger haben ihn in den malayischen und indischen Häfen von Schiff zu Schiff, von Schiff zu Hotel getragen, auf kleinem Boot ist er tagelang einen der Urwaldströme in Holländisch-Indien hinaufgefahren. Hoffentlich hält er noch manches Jahr, ich möchte ihn nicht gern überleben.
Bald werde ich reisefertig sein. Hoffentlich finde ich in Zürich eine Mozart-Oper oder Othmar Schoecks »Penthesilea« auf dem Spielplan, dann bleibe ich ein paar Tage dort. Hoffentlich sind die Badehotels in Baden jetzt leer geworden, dann lasse ich mich für eine Weile dort nieder, lege mich in die Bäder, richte mir einen Tisch zum Malen und Schreiben ein und verdöse den Winteranfang hygienisch. Vielleicht finde ich jemand, der mir für die paar Wochen ein Glas mit Goldfischen leiht, damit ich Zeitvertreib habe und nicht so allein bin. Meine Freundin ist auf Reisen, dieser Tage muß sie aus Wien oder Krakau schreiben. Komm' bald wieder, lieber Zugvogel! Schon habe ich die Reiseunruhe in den Gliedern, ich mag nicht mehr in meinem Zimmer sitzen, ich mag nicht mehr spazieren gehen. In Gottes Namen stopfe ich all die Wäsche in den Koffer. Ein grünes Hemd ist dabei, das hat meine Freundin mir einmal geschenkt. Wohin wirst du mit mir reisen, grünes Hemdchen? Wir werden drauflosfahren, wir werden vergängliche Heimaten beziehen, in Hotels, in Mietzimmern, wir werden uns immer wieder ein bißchen aufrappeln und erneuern, mit etwas Waschen und Bügeln, bis eben die Falten brüchig wer-

den und unsere Form aus den Fugen geht. Dann werden wir uns verwandeln, mein Hemdchen, du wirst kein Hemd mehr sein, sondern ein Lumpen, und wirst vielleicht einmal ein schönes, weißes Stück Papier, auf dem schreibt ein Liebender seinem Mädchen aus der Fremde. Und ich werde kein reisender Patient und Literat mehr sein, sondern in anderen Kreisen mitkreisen, in andere Wirbel geweht werden. Vielleicht komme ich wieder, studiere Philologie und schreibe eine Dissertation oder treibe sonst irgendein Spiel. Vielleicht auch habe ich das Fegefeuer des Menschseins nun zu Ende erlitten und komme nicht mehr zurück oder komme als schlanker, roter Fuchs, als kluger, flinker Marder, als stille, dunkle Ringelnatter auf die Erde, die ich noch immer liebe. (1928)

Floßfahrt

Vermutlich laufen auch heute noch da und dort auf Erden Bäche und Ströme durch Gras und Wald, stehen frühmorgens an Waldrändern im betauten Laubwerk sanftblickende Rehe, vielleicht auch kommt den Kindern von heute ihr Bach mit seinen Zementufern und ihre Wiese mit dem Sportplatz und den Fahrradgestellen ebenso schön und ehrwürdig vor, wie uns Unzeitgemäßen einst, vor einem halben Jahrhundert, ein wirklicher Bach und eine wirkliche Wiese vorkam. Es hat keinen Sinn, darüber zu streiten, vielleicht ist tatsächlich die Welt inzwischen vollkommener geworden. Sei dem, wie ihm wolle, wir Ältern sind dennoch der Meinung, wir hätten vor vierzig bis fünfzig Jahren noch etwas eingeatmet, etwas gekostet und miterlebt, was seither vollends aus der vervollkommneten Welt entschwunden ist: den Rest einer Unschuld, den Rest einer Harmlosigkeit und Ländlichkeit, welche damals noch da und dort mitten in Deutschland anzutreffen war, während sie heute auch in Polynesien vergebens gesucht wird. Darum erinnern wir uns gern der Kindheit und genießen froh, dumm und egoistisch das Recht unseres Alters, die vergangenen Zeiten auf Kosten der heutigen zu loben. Eine Erinnerung an die sagenhaft gewordene Kindheit kam mir dieser Tage. Sei willkommen, schöne Erinnerung!

Durch meine Vaterstadt im Schwarzwald floß ein Fluß, ein Fluß, an dem damals nur erst ganz wenige Fabriken standen, wo es viele alte Mühlen und Brücken, Schilfufer und Erlengehölze, wo es viele Fische und im Sommer Millionen von dunkelblauen Wasserjungfern gab. Es ist mir unbekannt, wie sich die Fische und die Wasserjungfern zwischen dem zunehmenden Zementgemäuer der Ufer und den zunehmenden Fabriken gehalten haben, vielleicht sind sie noch immer da. Vermutlich längst verschwunden aber ist etwas, was es damals auf dem Flusse gab, etwas Schönes und Geheimnisvolles, etwas Märchenhaftes, etwas vom Allerschönsten, was dieser schöne sagenhafte Fluß besaß: die Flößerei. Damals, zu unseren Zeiten, wurden die Schwarzwälder Tannenstämme den Sommer über in gewaltigen Flößen alle die kleinen Flüsse bis nach Mannheim und zuweilen noch bis nach Holland hinunter auf dem Wasser befördert, die Flößerei war ein eigenes Gewerbe, und für jedes Städtchen war im Frühjahr das Erscheinen des ersten Floßes noch wichtiger und merkwürdiger als das der ersten Schwalben.

Ein solches Floß (das aber auf Schwäbisch nicht »das Floß« hieß, sondern »der Flooz«) bestand aus lauter langen Tannen- und Fichtenstämmen, sie waren entrindet, aber nicht weiter zugehauen, und das Floß bestand aus einer größeren Anzahl von Gliedern. Jedes Glied umfaßte etwa acht bis zwölf Stämme, die an den Enden verbunden waren, und an jedem Glied hing das nächste Glied elastisch, mit Weiden gebunden, so daß das Floß, war es auch noch so lang, mit seinen beweglichen Gliedern sich den Krümmungen des Flusses anschmiegen konnte. Dennoch passierte es nicht selten, daß ein Floß stecken blieb, eine aufregende Sache für die ganze Stadt und ein hohes Fest für die Jugend. Die Flößer, wegen ihres Mißgeschicks von den Brücken herab und aus den Fenstern der Häuser vielfach verhöhnt, waren wütend und hatten fieberhaft zu arbeiten, wateten schimpfend bis zum Bauch im Wasser, schrien und zeigten die ganze berühmte Wildheit und Rauhigkeit ihres Standes; noch ärgerlicher und böser waren die Müller und Fischer, und alles, was am Ufer sein Leben und seine Arbeit hatte, namentlich die vielen Gerber, rief den Flößern Scherzworte oder Schimpfworte zu. War das Floß unter einem offenen Schleusentor steckengeblieben, dann trabten und schimpften die Müller ganz besonders, und es gab dann zuweilen für uns Knaben ein besonderes Glück: das Flußbett rann eine

Strecke weit beinahe leer, und unterhalb der Wehre konnten wir dann die Fische mit der Hand fangen, die breiten, glänzenden Rotaugen, die schnellen, stachligen Barsche und etwa auch ein Neunauge.

Die Flößer gehörten offensichtlich zu den Unseßhaften, Wilden, Wanderern, Nomaden, und Floß und Flößer waren bei den Hütern der Sitte und Ordnung nicht wohlgelitten. Umgekehrt war für uns Knaben, sooft ein Floß erschien, Gelegenheit zu Abenteuern, Aufregungen und Konflikten mit jenen Ordnungsmächten. So wie zwischen Müllern und Flößern ein ewiger Krieg bestand, in dem ich stets zur Partei der Flößer hielt, so bestand bei unseren Lehrern, Eltern, Tanten eine Abneigung gegen das Flößerwesen, und ein Bestreben, uns mit ihm möglichst wenig in Berührung kommen zu lassen. Wenn einer von uns zu Hause mit einem recht unflätigen Wort, einem meterlangen Fluch aufwartete, dann hieß es bei den Tanten, das habe man natürlich wieder bei den Flößern gelernt. Und an manchem Tage, der durch die Durchreise eines Floßes uns zum Fest geworden war, gab es väterliche Prügel, Tränen der Mutter, Schimpfen des Polizisten. Eine schöne Sage, die wir Knaben über alles liebten, war die von einem kleinen Buben, der einst wider alle Verbote ein Floß bestiegen und damit bis nach Holland und ans Meer gekommen sei und erst nach Monaten sich wieder bei seinen trauernden Eltern eingefunden habe. Es diesem Märchenknaben gleichzutun, war jahrelang mein innigster Wunsch.

Weit öfter, als mein guter Vater ahnte, bin ich als kleiner Bub für kurze Strecken blinder Passagier auf einem Floß gewesen. Es war streng verboten, man hatte nicht nur die Erzieher und die Polizei gegen sich, sondern leider meistens auch die Flößer. Schöneres und Spannenderes gibt es für einen Knaben nicht auf der Welt, als eine Floßfahrt. Denke ich daran, so kommt mit hundert zauberhaften Düften die ganze Heimat und Vergangenheit herauf. Ein vorüberfahrendes Floß besteigen konnte man entweder vom Laufsteg eines Schleusentors, einer sogenannten »Stellfalle« aus – das galt für schneidig und forderte einigen Mut, oder aber vom Ufer aus, was oft gar nicht schwierig war, aber doch jedesmal mit einem halben oder ganzen Bad bezahlt werden mußte. Am besten noch ging es an ganz warmen Sommertagen, wenn man ohnehin sehr wenig Kleider und weder Schuhe noch Strümpfe anhatte. Dann kam man leicht aufs Floß, und wenn man Glück hatte und

sich vor den Flößern verbergen konnte, war es wunderbar, ein paar Meilen weit zwischen den grünen stillen Ufern den Fluß hinunterzufahren, unter den Brücken und Stellfallen hindurch.
Während des Fahrens aber, wenn nicht gerade ein Flößer freundlich war und einen auf einen Bretterstoß setzte, bekam man sehr bald auch die Unbilden des beneideten Flößerhandwerks zu kosten. Man stand unsicher auf den glitschigen Stämmen, zwischen denen das Wasser ununterbrochen heraufspritzte, man war naß bis auf die Knochen, und wenn es nicht sehr sommerlich war, fing man stets bald an zu frieren. Und dann kam der Augenblick näher, wo man das rasch fahrende Floß wieder verlassen mußte, es ging gegen den Abend, man schlotterte vor nasser Kühle, und man war bis in eine Gegend mitgefahren, wo man die Ufer nicht mehr so genau kannte wie zu Hause. Nun galt es eine Stelle zu erspähen und unverweilt mit raschem Entschluß zu benützen, wo ein Absprung ans Land möglich schien – meistens gab es in diesem letzten Augenblick nochmals ein Bad, auch war es oft gefährlich, und hie und da passierte ein Unglück; auch mir ist bei diesem Anlaß einst der Schauder der Todesgefahr bekannt geworden.
Und wenn man dann glücklich wieder an Land war, Erde und Gras unter den Füßen hatte, dann war es weit, zuweilen sehr weit nach Hause zurück, man stand in nassen Schuhen, nassen Kleidern, man hatte die Mütze verloren, und nun spürte man nach dem langen glitschigen Stehen auf den nassen Baumstämmen eine Schwäche in den Waden und Knien und mußte doch noch eine Stunde oder zwei oder mehr zu Fuß laufen, und alles nur, um dann von schluchzenden Müttern, entsetzten Tanten und einem todernsten Vater empfangen zu werden, welche dem Herrn dafür dankten, daß er wider Verdienst den entarteten Knaben hatte heil entrinnen lassen.
Schon in der Kindheit war es so: man bekam nichts geschenkt, man mußte jedes Glück bezahlen. Und wenn ich heute nachrechne, in was das Glück einer solchen Floßfahrt eigentlich bestand, wenn ich alle die Beschwerden, Anstrengungen, Unbilden abziehe, so bleibt wenig übrig. Aber dieses wenige ist wunderbar; ein stilles, rasch und erregend ziehendes Fahren auf dem kühlen, laut rauschenden Fluß, zwischen lauter spritzendem Wasser, ein traumhaftes Hinwegfahren unter den Brücken, durch dicke, lange Gehänge von Spinnweben, träumerische Augenblicke des

Versinkens in ein unsäglich seliges Gefühl von Wanderung, von Unterwegssein, von Entronnensein und Indiewelthineinfahren, mit der Perspektive zum Neckar und zum Rhein und nach Holland hinunter – und dies wenige, diese mit Nässe, Frieren, mit Schimpfworten der Flößer, Predigten der Eltern bezahlte Seligkeit wog doch alles auf, war doch alles wert, was man dafür geben mußte. Man war ein Flößer, man war ein Wanderer, ein Nomade, man schwamm an den Städten und Menschen vorbei, still, nirgends hingehörig, und fühlte im Herzen die Weite der Welt und ein sonderbares Heimweh brennen. O nein, es war gewiß nicht zu teuer bezahlt. (1928)

Einst in Würzburg

Es gibt Städte – zum Beispiel Weimar –, wo Dichter gelebt haben und gestorben sind. Man geht hindurch und liest die Gedenktafeln über den Haustüren, begrüßt den Goethe, den Wieland, den Herder, und zwischenein fällt es einem plötzlich auf, daß alle diese Dichter zwar richtig in dieser Stadt gestorben sind, daß aber kein einziger Dichter in ihr geboren worden ist. Wenn man dagegen in Stuttgart ist und auf einem Ausflug zwei, drei Nachbarstädtchen besucht, dann braucht man ganze Seiten im Notizbuch, um die Namen von allen den dort geborenen Dichtern aufzuschreiben.

Wenn ich ein zukünftiger Dichter und gerade mit der Wahl meines Geburtsortes beschäftigt wäre, dann würde ich die Stadt Würzburg am Main sehr mit in Erwägung ziehen. Diese schöne Stadt macht durchaus den Eindruck, als habe sie einem dort geborenen Dichter etwas mitzugeben.

Vom Gasthaus wegschlendernd, gelange ich ungewollt sehr bald vor den größten Bau der Stadt, die Residenz. Ich sehe einen weiten, sehr stillen gepflasterten Platz vor dem Gebäude liegen, sehe weit hinten Portale warten, sehe Gittertore einen Garten versprechen. Aber ich mag in einer fremden Stadt nicht gleich mit den Berühmtheiten anfangen, ich mag nicht gerne von ihr gerade das zuerst sehen, was ich aus Büchern und Bildern längst schon kenne. Darum lasse ich die Residenz vorerst liegen und wende mich wieder gegen das Innere der Stadt. Diese Stadt gehört, wie ich bald merke, zu den freundlichen und nahrhaften, es werden hier die materiellen Bedürfnisse des Menschen weder karg und asketisch abgetan noch hochmütig verborgen. Nein, es riecht hier überall froh und ahnungsvoll nach Brot und Käse, nach Wurst und Fischen, und in vielen Läden und Ständen liegen diese guten Dinge reichlich und schön ausgebreitet, sehr viele Brote, Wecken, Bretzeln und Kipfel von verschiedenen Formen, sehr viele Würste in allen Größen und Farben, dazwischen strahlen aus Buden und von Markttischen die frohen sanften Stilleben der Gemüse und Früchte, schöne gemütvolle Wirtsschilder lächeln daneben, und aus offenen Ladentüren duftet es zart nach Kaffee und Tabak, aus offenen Kellertüren nach Fässern und Wein, aus offenen Kirchentüren nach Weihrauch – es geht hier nicht nordisch, protestantisch und abstrakt zu, sondern durchaus südlich, katholisch, wohltemperiert. Weder hungrige Askese herrscht hier noch gierige Vergnügungssucht, sondern harmonische Lebensfreude. Hier haben die Leute noch ihre Freude daran, ihr Brot, ihren Fisch, ihr Pfund Kerzen beim Bäcker, beim Fischer, beim Lichtzieher einzukaufen, in vielen kleinen Läden, bei Handwerkern und Verkäufern, die sie persönlich kennen und mit denen sie beim Einkauf eine Weile plaudern, über die Grippe, über die Kinder und Schule, über den letzten Viehmarkt.

Langsam durchwanderte ich die Gassen und Plätze, herrliche Gassen, wunderbare Plätze! Gotische Kirchen langten mit dünnen eleganten Turmspitzen in den lichten Morgenhimmel, reiche schmucke Bürgerhäuser der alten Zeit standen am Weg, machten wohlhabende Gesichter und hielten sehr auf sich, über schattigen Brunnen turnten lebensfrohe, schwungvolle Gruppen von Barockfiguren ins Blaue hinauf. Und in mancher Gasse stand beinah über jeder Haustür, beinah unter jeder Laterne irgendeine Muttergottes. In dieser angenehmen Stadt, das konnte ich wohl sehen, liebte man die Madonna sehr, dies süßeste Seelenbild des Glaubens. Man betete nicht bloß zu ihr, man hatte sie auch bei sich, zu Hause, man stand vertraulich mit ihr, man rechnete sie zu den Seinen und ließ sie wohl auch einen Spaß mit anhören. Es gab da so viele Madonnenfiguren, geschnitzte, gegossene, gemeißelte und gemalte, gotisch-fromme und dralle des Barock, elegische von 1450 und schnippische aus dem 18. Jahrhundert, große und kleine, farbige und vergoldete, bäurische und feine, damenhafte und götzenhafte. In ihrem Schatten und Schutz lebte diese vergnügte Stadt, in ihrem frohen, frommen Schatten lebte und atmete auch ich einen sonnigen Reisetag lang.

Auf einem kühlen, feuchten, nach Stein und Wasser riechenden Plätzchen fand ich in Brunnentrögen und aufgestellten Bütten die Main-Fische zu Markt gebracht, fette Karpfen und hagere Hechte, dunkle geheimnisvolle Aale und träumerische, schlüpfrige Schleie standen glotzend mit den schönen goldenen Augen, Gefangene, im allzu seichten, allzu dicken Wasser. Liebe, stumme Brüder, ich grüße euch, ich weiß wie es ist, gefangen und aus seiner Welt gerissen zu sein, verurteilt zu einer Luft, die man nicht atmen, zu einem Licht, an dem man nur sterben kann.

Von der Hand der feisten Händlerin gepackt, schwebte ein langer, edler Fisch – es konnte eine Barbe sein – einen Augenblick dicht vor meinen Augen am Tageslicht, mit den goldenen, wehen Augen, entglitt mit einer verzweifelten Bewegung und sprang glitzernd über das nasse Steinpflaster hin. Ich floh davon. Wenn hier der Fischmarkt ist, dachte ich, dann kann der Main nicht weit weg sein, und überließ mich dem Gefühl von Feuchte und Schwere, den Lockungen des Wassermanns und der Fische, und richtig zog es mich bald durch eine dunkle Toreinfahrt, und jenseits floß der Main. Es war hier aber keineswegs feucht, dunkel, trübe und fischig, sondern blitzend hell. Blau und silbern floß in blanken Strähnen der breite Fluß, über ihm hing eine edle Brücke, deren Heiligenfiguren ihre Schatten hinab ins Wasser fallen ließen, es empfing mich ein erhöhtes, gemauertes Ufer nicht nur mit Sonne und blanken Spiegellichtern, sondern auch mit einem unerwarteten, heftigen Farbengetümmel. Da war nämlich eine Messe aufgebaut, ein Jahrmarkt, und es stand, auf den Abend und die Eröffnung wartend, eine lange Zeile verlockender Buden das Ufer entlang. Ein Karussell mit Schwänen und Pferden, eine Schiffschaukel, Zuckerbuden mit weiß und rotgestreiften Sonnensegeln, und Museen und Zauberkabinette mit starken, werbenden Malereien, mit schönen wilden Landschaften, kühn erfundenen Fabeltieren und wilden, flatterhaarigen, romantischen Mädchen- oder Feenfiguren zogen mich in das Reich der Kunst und Kultur zurück. Gern studiere ich diese Art von volkstümlichen Kunstwerken und wende ihnen dieselbe und stilkritische Behandlung zu, wie sie den Kathedralen und

Madonnen von den Kunsthistorikern zugewendet wird. Ich entdecke einen prachtvollen, fliegenden Löwen, noch unterm Einfluß der Rubens-Schule stehend (oder vielmehr fliegend), anscheinend gute Schülerarbeit aus dem ersten bis zweiten Jahrzehnt der Neuzeit, und finde eine heroische Landschaft mit Hyänen und speiendem Vulkan, Stil Douanier, vom Ende des Mittelalters.

Um diese Notizen bereichert, wandle ich über die Brücke, wo hübsche Wirtsschilder blaue und gebackene Fische versprechen, kaufe in einem Lädchen eine Zigarre und eine Ansichtskarte, und bleibe lang im Gespräch mit dem Kaufmann hängen, einem charaktervollen Manne von tüchtiger, etwas stark vereinfachter politischer Gesinnung, und gerate im Schlendern durch ein ausgestorbenes Gäßchen an die Hintertür einer Kirche. Ich trete ein, das Innere ist reich geschmückt, es glänzt viel Gold von Säulen und Altären, und vor einem der Altäre steht ein Glasschrank, und darin schimmern ein paar holde Farben, und winkt etwas wie Gebärde und Figur, und da ich in der Dämmerung näher trete, ist hinter dem Glas eine Madonna, eine traurigschöne Madonna mit langen Augenlidern und dünnen, eleganten Prinzessinnenhänden. Traumhaft blickt sie aus ihrem Glasgehäuse hervor, unserer Welt fern, einer anderen Welt und Luft bedürftig, die man ihr ersatzweise durch das dünne Glasgehäuse zu leihen versucht hat, in der Anmut und Vornehmheit ihrer Träume weit über uns heutige Menschen hinaus verfeinert, dennoch irgendwie hinter ihren leise spiegelnden Gläsern mich erinnernd an die Fische, an meine armen Brüder, an ihre bläulichen Silberfarben, an ihre traurigen Goldaugen, an ihr Gefangensein im Bottich, an ihr stummes Leid und Sterbenmüssen zwischen rotbackigen Fischerfrauen und feuchten Pflastersteinen. So sitzt und schweigt die schön bemalte Madonna mit den überzarten Fingern und den leidvoll schönen Augenlidern, führt ein Scheinleben in unserem Jahrhundert und in ihrem Glaskasten, und tröstet uns dennoch und stärkt jenen zarten, kränkelnden Sinn in uns, dessen Sinnbild sie ist, und der in unsrer heutigen Welt zum Sterben verurteilt scheint. Aber die Seele stirbt nicht. Sie erlischt in edlen, hinwehenden Farbenträumen, sie flüchtet sich hinter Glaskästen zu frommen Gebilden ferner Jahrhunderte, sie spricht zag und schwesterlich mit der leidenden Kreatur, und lebt doch weiter, und überdauert am Ende den Krieg und den Staat und die Maschinen und die Weltreiche, deren älteste neben ihr nur Kinder neben einer Urmutter sind. Vieles Schöne und vieles Drollige habe ich an diesem Tage noch zu sehen bekommen, bis ich am Nachmittag müde und mit Bildern überfüllt wieder auf dem großen verschlafenen Platz vor der Residenz anlangte. Da innen war ein ungefähr hundert Meter langes Fresko von Tiepolo, und sonst noch dies und jenes Bemerkenswerte. Aber es eilte mir nicht damit, es war nicht wichtig. Hinter dem gewaltigen Schlosse wartete auf mich ein großer, fürstlicher Garten, mit jungem Grün an den Zweigen und vielen Singvögeln im Geäst. Dort auszuruhen, dort auf einer Bank zu sitzen, mit geschlossenen Augen, den inneren Bildern hingegeben, in den Ohren das dünne, blitzende Töne-Netz der vielen Singvogelstimmen, auf den Knien und Händen die warme Sonne, auszuruhen und zu vergessen, in welcher Stadt und in welchem Jahrhundert ich hier denn sei – das war nicht das Schlechteste von all dem Guten, das jener Reisetag mir gebracht hat. (1928)

Luftreise

Wieder einmal hatte ich es mit dem Reisen probiert. Ich war nach Schwaben gefahren und war dort mit allerlei guten Sachen bewirtet worden: mit schwäbischem Wein und Kuchen, mit alten Rathäusern, Kapellen und Brücken, mit Frühlingsmorgenwolken über roter Erde und Abenddämmerungen über verschlafenen Flußtälern. Es ist keine Kunst, sich in Schwaben wohlzufühlen, selbst wenn man krank ist und Grund zu allerlei Unzufriedenheiten hat – und wenn man gar selber in Schwaben geboren ist und die Sprache dieser Leute, dieser roten Äcker und Weinberge, dieser alten Städtchen von Kind auf versteht, dann ist es ein Glück, solch eine kurze Heimkehr zu feiern und zu sehen, daß alle diese hübschen Dinge noch vorhanden sind. Auch hatten die Schwaben mir Treue gehalten, ich fand die alten Freunde unverändert, und fand unverändert auch die alte schwäbische Presse, welche auch heute noch, im Jahre 1928, nicht vergessen und nicht verzeihen kann, daß der Halbschwabe Hesse einst während des Krieges weder für den Kaiser noch für den Krieg geschwärmt hat, und mir bei jeder Rückkehr mit drohendem Finger zu verstehen gibt, daß man andres von mir erwartet hätte. Nun ja, auch dieser

Ton gehört zum schwäbischen Konzert und bedeutet für mich ein Stück Heimat und Wohligkeit.

Aber, wie es so gehen kann, dann hatte ich mich, trotz meiner alten Abneigung gegen die Eisenbahn (ich würde, wenn ich ein Potentat wäre, in meinem Lande noch heute die Einführung dieser rohen Maschinen verbieten) – trotz alledem hatte ich mich verleiten lassen, weiterzureisen und auch dem übrigen Deutschland meine Aufmerksamkeit zu schenken. Zu dieser mir im Grunde gar nicht zu Gesicht stehenden Reiselust lagen verschiedene Gründe vor. Zunächst der Grund, daß zu Hause, in meinem Winterquartier, seit 14 Tagen meine Post lag und auf mich wartete, Hunderte und Hunderte von Briefen, viele Dutzende von neuen Büchern und viel andres Papier, Einladungen zum Tee und Einladungen zum Steuerzahlen, und alle diese papierenen Dinge erledigten sich von selbst, wenn man gar nicht da war und sie ruhig zu Hause liegen und warten ließ. Ebenso stand es mit den vielen Besuchen, mit allen den unbeschäftigten Berlinern und Frankfurtern, die während ihrer Osterferien im Süden ihre Regennachmittage dazu benutzten, einen Besuch beim Dichter Hesse zu machen. Mochten sie kommen und an die Tür klopfen, ich war in Sicherheit. Aber noch andre, hübschere Gründe gab es für das Weiterreisen, unter andern den, daß eine schöne kluge Kameradin mich begleitete, welche nicht gesonnen war, mir nach dem Süden zu folgen, während sie dem Norden entgegen zu einigen Konzessionen bereit war. Obwohl ich also im Norden nichts zu suchen hatte, der Enttäuschung im voraus sicher war und auch voraus wußte, welche Nöte mir nachher das Zurückreisen bereiten würde, war ich leichtsinnig und setzte mich immer wieder in irgendeinen Zug, in einen dieser engen, unmenschlichen, überfüllten Eisenbahnwagen, wo die Luft so schlecht ist und aus deren Fenstern man stundenlang und tagelang nur Bahnhöfe und Fabriken zu sehen bekommt. Neben mir saß die Kameradin, und da und dort stiegen wir in hübschen alten Städtchen aus, schauten gotische Portale und Rokokogärten an, probierten Wein und Würstchen in kleinen Kneipen, schauten über Brückengeländer zu den grünen Flüssen und zu den dunkeln stillen Fischen hinunter, und kamen so unvermerkt allmählich immer weiter nach Norden, bis in Gegenden, in die ich mich freiwillig und allein nie verirrt hätte, in die ich mich nun aber am Faden reizender Zufälle und angenehmer Vergeßlichkeiten willig ziehen ließ.

Aber alles nimmt einmal ein Ende, und so war eines Tages auch diese etwas unüberlegte Nordlandreise zu Ende. Eines Tages stand ich, erwacht und ernüchtert, in einem norddeutschen Städtchen, ich glaube es gehörte zu Brandenburg, wenigstens war es von Sand und Kiefernwald umgeben, und es blies ein kalter Wind, und die Mundart der Leute klang mir fremd, und meine Kameradin war weitergefahren und schrieb mir schon Postkarten aus einem andern Land. Es war April, und der kühle Wind wehte Regen und Sonnenstreifen ineinander, und plötzlich wurde mir meine ganze Lage klar: daß ich da allein und verirrt in einem fremden, etwas unwirtlichen Lande stehe, ohne recht zu wissen, wie ich dahin geraten, daß inzwischen in meiner fernen kleinen Scheinheimat sich die Post und die andern Verpflichtungen und Versäumnisse von Tag zu Tag schlimmer häuften, und daß die Rückreise dorthin unzählige Stunden Eisenbahnfahrt erfordere – viel mehr Eisenbahnstunden und Eisenbahntage, als ich in meinem mitgenommenen Zustand hätte ertragen können. Wie gut wäre es jetzt, eine Lungenentzündung zu bekommen und rasch erlöst zu werden, oder aus Versehen einem jener zahlreichen Fememorde zum Opfer zu fallen, oder zaubern zu können, oder fliegen zu können! Halt, das war ein Gedanke: Fliegen! Mir fiel ein, daß ich das längst einmal hatte tun wollen, es sogar in frühern Zeiten, lange vor dem Krieg, als die Fliegerei noch in den Anfängen war, einmal probiert hatte. Schleunigst rief ich das nächste Büro der Lufthansa an und bestellte mir einen Platz, und dann erschien ich mit Handtasche, Regenschirm und Mundvorrat rechtzeitig auf dem Flugplatz, stieg nach Erfüllung einiger Zeremonien unter strenger Bewachung und Bevormundung durch zahlreiche Luftbeamte in das vortreffliche Fahrzeug und schnurrte zufrieden in die Luft hinauf.

Der Einfall bewährte sich. Gewiß, auch das Luftreisen hat Nachteile, es ist nicht zu leugnen, aber für Menschen von meiner Art ist es dennoch durchaus das Richtige. Schließlich füllen die Aufenthalte auf den öden leeren Flugplätzen und in den leeren, allzu neuen, allzu feierlichen, allzu sachlichen Flugbahnhöfen ja nur Viertelstunden aus, und alles andre ist sehr hübsch und bekömmlich. Ich flog also von dem nördlichen Breitegrad, an den ich mich verlaufen hatte, den langen Weg bis zu den mir bekömmlicheren Gegenden in wenigen Stunden ab und machte dabei die angenehmsten Entdeckungen.

Die erste und schönste Entdeckung war diese: das Deutschland, das man von den Eisenbahnzügen aus sah, dieses düstere, rauchende, aus Zement und Wellblech bestehende Deutschland war eine Fiktion! Deutschland war gar nicht so, wie die Eisenbahnreise es einem vorzutäuschen suchte! Es bestand weder aus Zement noch aus Blech, weder aus Fabriken noch aus Bahnhöfen, sondern aus lauter Wald und Erde, aus Äckern, Hügeln, Flüssen, aus zauberhaft rosig gefärbten Erdflächen, und all die großen und kleinen Städte, all die Fabriken, Bahnhöfe, Wellblecharchitekturen bedeckten in Wirklichkeit nur einen lächerlich kleinen Teil seiner Fläche, waren bloß ein paar winzige Narben auf seinem Leib. Diese Entdeckung tat mir unendlich wohl. Dies Berlin, dies Halle, dies Leipzig, sie waren kleine unwesentliche Entstellungen, sie waren kleine Sommersprossen auf dem Gesicht Deutschlands, alles andre bestand aus solider Erde, aus herrlichem Grün, schaute mit blauen sanften Seeaugen und stillblitzenden, bis in den Himmel verlaufenden Flußbändern zu mir herauf, schön und friedlich. Am Horizont klangen viele zarte kühle Farben ineinander, ein wechselndes Konzert, nicht zu unterscheiden, was Himmel und Wolke, was Gebirge, was Stadt oder Wasser sei. Weithin streckte sich der lichte Sandboden, von Wäldern durchzogen, kümmerte sich nicht um Berlin, nicht um die winzig kleinen Eisenbahnen, die ihn da und dort durchschlichen, nicht um Technik, Geld und Politik. Man brauchte nur ein paar hundert Meter Luft zwischen sich und die Erde, zwischen sich und das zwanzigste Jahrhundert zu bringen, dann wurden sie äußerst freundlich und friedlich, wußten nichts von Not, nichts von Krieg, nichts von Gemeinheit.

Bezahlen mußte man dies Glück einer tröstlichen Erfahrung mit dem irrsinnigen Lärm der Propeller. Dieser Lärm war der Tribut, den unser sonst so entzückendes Flugzeug an den Geist der Technik und der Neuzeit bezahlte, in diesem Lärm klang alles Pressieren, alles Sichwichtigmachen, alle Rücksichtslosigkeit, Roheit und Stumpfheit unsrer Zivilisation wider. Aber das andre überwog, der Lärm ließ sich ertragen, man stopfte sich die Ohren zu, und während das Ohr mißhandelt wurde, schwelgte das Auge. Es schwelgte auch das Körpergefühl, der Tastsinn, der Gleichgewichtssinn – im Schweben durch die Luft, deren Körperlichkeit man deutlich empfand, gab es eine Menge von feinen sinnlichen Sensationen.

Schon war die Erde nicht mehr so licht, schon hatte der Sand aufgehört und brauner Acker begann, und es stiegen Hügel und Berge auf, die wir überflogen, und langsam, gegen Süden zu, wurde das kahle Frühlingsland grüner und grüner. Und einmal, nach Stunden, sah ich von Ost nach West einen langen Flußlauf aufleuchten – konnte das schon der Neckar sein? Nein, es war der Main, und als ich mich vorbeugte, sah ich senkrecht unter mir klein und sauber den Main und die Stadt Würzburg liegen, dieselbe Stadt Würzburg, die ich vor kurzem mit meiner Kameradin so genau besichtigt hatte. Ich sah die Brücken, über die wir gegangen, sah die Kirchen, vor denen wir gestanden, sah die Wallfahrtskapelle, die Residenz und ihren großen Garten, wo wir den Vögeln zugehört hatten, sah die Straßenecke, wo man zum Bürgerspital abbiegt, um den guten Frankenwein zu trinken, schaute und schaute und war nach einer Minute schon nicht mehr dort, schwebte schon über neuen Bildern. Es kam Schwaben, es kam Alb und Schwarzwald, und ein Gewitter kam uns schwarz entgegen, wir entwichen nach oben und nach Osten, das Land meiner Jugend lag unter mir wunderlich entfaltet, sehr weit, sehr farbig, es schimmerte blaß der Bodensee, und der Hohentwiel steckte wie ein vom Riesen geworfener Kiesel in der Erde. Und schon war ich der sogenannten Heimat nahe, wo alle die Pflichten und Briefe warteten, und wäre lieber weitergeflogen. Aber die Technik, so hübsch sie ist, hat ihre Grenzen, es gab keinen Pardon, kein Weiterfliegen, an der Endstation mußte ich unweigerlich aussteigen. Sobald es Flugzeuge mit langen Dauerflügen geben wird, auf denen man wie auf einem Segelschiff Wochen und Monate lang leben kann, werde ich mich bei der Lufthansa nach den Bedingungen erkundigen. (1928)

Verregneter Sonntag

Da regnet es nun seit der grauen Morgenfrühe Stunde um Stunde diesen ganzen Sonntag durch. Lange bin ich im Bett geblieben, in meinem Eck- und Dachzimmer in dem alten stillen Hotel, wo ich schon so viele Sonnen- und Regentage erlebt habe. Ich versuchte mich darauf zu besinnen, wie ich in früheren Zeiten meines Lebens solche Regentage zugebracht habe. Eine gewisse Verlegenheit und Bedrückung, glaube ich, haben sie mir immer gebracht, auch in der Jugend schon, wo ich an einem solchen Sonntag zehn Stunden Nietzsche lesen und erst noch am Nachmittag drei Stunden Billard spielen konnte. Harmlos und freundlich waren solche Tage nur in der Kindheit, und da habe ich an Regentage ein paar Erinnerungen, im untersten, ältesten Vorrat: ich erinnere mich z. B. an einen alten Kamin, eine Art Höhle im Erdgeschoß des Vaterhauses, wo es finster war und beklemmend nach Ruß roch und nach feucht beschlagenem Sandstein. Wahrscheinlich war dieser Kamin, der seit Jahrzehnten kalt und leer und unbenutzt stand, früher ein Backofen gewesen. In ihm saß ich manchmal an einem Regentag, allein, im Finstern, weit von allen Menschen und unauffindbar für Magd und Eltern, kauerte da im Halbdunkel und starrte in den grauen tönenden Vorhang von Regen, der vor der Tür hing, und schwelgte bezaubert in einem Rausch von Einsamkeit, Regen, Stille, Dunkel und Geheimnis. Auch ist mir ein Regensonntag erinnerlich, an dem ich von meinem Vater in einer Dachkammer eingesperrt worden war, zur Bestrafung irgendeines soeben an den Tag gekommenen Verbrechens. Dort konnte ich vom Regen nichts sehen, wohl aber ihn hören, ich saß auf einer Kiste direkt unter dem klatschenden Ziegeldach. Aber ich achtete auf den Regen nicht, denn ich hatte schon bald nach meiner Verhaftung und Gefangensetzung die Entdeckung gemacht: erstens waren da unter allen den gewöhnlichen Ziegeln zwei gläserne, die waren zwar nicht durchsichtig, ließen aber doch Licht herein, und zweitens war eine von den vielen arg verstaubten Kisten, die da seit Urväterzeiten herumstanden, gefüllt mit einem Haufen vergilbter Schriften, lauter dünnen Heften und Broschüren, die ich junger Leser sogleich zu durchforschen unternahm. Die Enttäuschung war groß, es waren lauter fromme Erbauungsschriften, Erzählungen von scheußlich braven und blöden Knaben, die ihren Eltern gehorchten, ihre Lehrer liebten (»liebten!«), ihre erblindeten Mütter in Fahrstühlen herumfuhren und durch Vorlesen aus der Heiligen Schrift erbauten und dafür von Gott gesegnet wurden. Aber etwas tiefer in der Kiste erwischte ich doch etwas Lesenswertes, einen kleinen Schatz, die Lebensgeschichte eines Räuberhauptmanns in der Pfalz, der etwa zur Zeit meiner Urgroßväter lebte und dessen Taten, Leiden und Hinrichtung mit herrlicher Deutlichkeit beschrieben waren. Auch heute noch gehört das Lesen zu den Waffen, mit denen ich die Bedrücktheit eines finsteren Regentages bekämpfe, und eigentlich habe ich dazu heute drei schönere Bücher zur Verfügung als damals, aber leider schmecken auch die besten Bücher heute nicht mehr so wie damals der Räuberhauptmann. Es hat mir zum Beispiel der Inselverlag den »Pieter Breughel« von Felix Timmermanns geschickt, da erwähnt der geruhsame Flame das Leben seines großen Landsmanns in seiner satten, bilderbogenhaften, geduldigen, kindlich liebenswerten Weise, ich lese es gerne, wenn auch ohne Schauer und Spannung. Oder ich blicke in die »Stufen der Erkenntnis« von Kuno Fiedler (bei Georg Müller in München), da kämpft ein ungewöhnlicher, heftiger und rassiger Geist mit einem der lebendigsten Probleme, nämlich mit dem der Ungleichheit der Menschen. Er hat gemerkt (was in demokratischen und geistig saturierten Zeiten wie der unseren schon eine Entdeckung ist), daß es nicht einen Normalmenschen gibt, der die und die Eigenschaften hat und in dessen Denken sich die und die von Kant geforderten Kategorien vorfinden, sondern daß es inmitten der uninteressanten Normalmenschen zuweilen überwertige Menschen gibt, die oft nebenbei pathologisch sind, denen aber die Möglichkeit gegeben ist, die Wahrheit zu sagen, die Unerbittlichkeit der Lebensvorgänge und die Sinnbildlichkeit jedes Einzelseins für das Ganze. Fiedler versucht nun eine Hierarchie der Geister und Charaktere aufzustellen, eine Stufenleiter ihrer Werte, und tut damit etwas ebenso Unzeitgemäßes wie Notwendiges. Er tut es, wie es nicht anders sein kann, mit unzulänglichen Mitteln, wir können seine Sprache und seine Sinnbilder zur Not verstehen, sie aber nicht übernehmen und zur unseren machen. Dennoch ist sein Buch voll Leben und Geist, es sollte sehr beachtet werden. – Und derselbe Verlag Georg Müller hat mir auch eine neueste Ausgabe von Alfred Kubins Roman »Die andere Seite« geschickt, diesem unvergeßlichen Buch, einem der am meisten dichterischen der letzten Jahrzehnte, und diese neue Ausgabe enthält zu meiner Freude mehrere neue Zeichnungen von Kubin, die ich herzlich begrüße. Kubin gehört keineswegs zu dem Typus von Künstler, der mir am nächsten steht und den ich am meisten liebe, aber inmitten unserer blöden Unterhaltungs- und Industriekunst ist er einer von den wenigen, die ich als Brüder und meinesgleichen irgendwo verborgen sitzen weiß, an ihre Spiele verloren, leidend, aber fruchtbar, niemals käuflich, außerhalb des Tages und des Schwindels. Ich kann jedoch nicht mehr wie einst zehn Stunden am Tage lesen, und so fange ich an im Stübchen auf und ab zu gehen, bleibe am Fenster stehen, blicke auf den kleinen runden Platz mit dem Lindenbaum hinab und in die schmale enge Gasse, die aus lauter Wirtshäusern besteht, aus der Sense, dem Ochsen, dem Hörnli und der Blume, lauter alten Häusern mit hohen steilen Dächern, an denen der Regen niederrinnt. In der Blume sehe ich ein Zimmermädchen in einem Fenster erscheinen, ein schlankes angenehmes Mädchen in weißer Schürze, sie schüttelt ihren Kehrbesen aus und bleibt zwei Minuten träumerisch am Fenster stehen. Jetzt sieht sie mich, sie lächelt, ich nicke ihr zu, freundlich nickt sie wieder und zieht sich wieder zurück. Leider war sie allzu freundlich, von jener Freundlichkeit, wie junge hübsche Mädchen sie für gesetzte ältere Onkels haben, von denen nichts zu fürchten ist.

Es regnet ganz gewaltig, und gegenüber scheint eine Dachrinne sich verstopft zu haben, dort fällt aus schöner Höhe ohne Unterbrechung ein kleiner eifriger Wasserfall auf den gepflasterten Platz hinunter. An solchen Dachwasserfällen haben wir als Kinder verbotenerweise die Regenschirme unserer Mütter und Tanten ausprobiert, es war ein hübsches Spiel.

Im Fenster lehnend, wo es bei besserem Wetter um diese Stunde Sperlinge und Buchfinken zu füttern gäbe, sehe ich dem endlosen Sichergießen der himmlischen Wasser zu. Ich denke mir: wenn es nun so weiter regnen würde, heute und morgen und übermorgen, tagelang, wochenlang, monatelang immer weiter und weiter – was würde da werden? Da würde auf den Straßen eine angenehme Ruhe entstehen, die Automobile würden wegbleiben, mitten auf den lebensgefährlichsten Fahrdämmen würden die Regenmolche quaddeln. Es blieben dann allmählich auch die Eisenbahnen aus, und die Post, denn die Geleise wären überschwemmt und die meisten Tunnels würden einsinken und herunterbröckeln. Und zuletzt würde das Meer steigen, langsam steigen, und würde von der Küste aus sich das Land erobern. Es wäre schad um manches Fischerdorf, gewiß, und um manchen edlen Olivenbaum, der sich grau und wehend übers blaue Wasser beugt. Aber, so denke ich mir in meiner verregneten sonntäglichen Trägheit, es brauchte das Meer nur um wenige Dutzend Meter zu steigen, dann wäre alles das ausgelöscht und ersäuft, was den Lärm und Unfrieden in die Welt bringt. Es liegen nahezu sämtliche Weltstädte nur in sehr kleiner Erhöhung über dem

Meere, und wenn es zwanzig Jahre regnen müßte, damit der Jura und der Schwarzwald oder gar die Alpen ersäuft würden, so würde es für New York, London, Berlin usw. unendlich viel weniger Zeit brauchen. Wie sehr schade es darum sein würde, ist ja nicht auszudenken. Aber an einem Regentag mit diesem Gedanken zu spielen, ist merkwürdig befriedigend. (1928)

Rückkehr aufs Land

Gott sei Dank, ich bin der Stadt entflohen, ich habe das Kofferpacken und das Reisen hinter mir und bin wieder zu Hause, nach einer Abwesenheit von sechs Monaten. Es war hübsch, wieder durch den Gotthard zu fahren – ich mag diese Fahrt wohl mehr als hundertmal gemacht haben und kann sie noch immer genießen. Es war sehr hübsch, in Göschenen noch einmal tüchtig schneien zu sehen, in Airolo vom Schnee Abschied zu nehmen, in Faido die ersten Wiesenblumen, vor Giornico die ersten blühenden Aprikosenbäume und Birnbäume zu erblicken.
Die Ankunft in Lugano allerdings war nicht entzückend. Die Übervölkerung der Erde hat mir seit langem nicht mehr so übel entgegengeschrien wie hier, wo um die Zeit der Ostern sich die Fremden zusammenscharen wie die Heuschrecken. In dem kleinen Lugano sind ein Viertel der Einwohner von Berlin, ein Drittel von Zürich, ein Fünftel von Frankfurt und Stuttgart anzutreffen, auf das Quadratmeter kommen etwa zehn Menschen, täglich werden viele erdrückt, und dennoch spürt man keine Abnahme, nein jeder ankommende Schnellzug bringt 500 bis 1000 neue Gäste. Es sind selbstverständlich reizende Menschen, sie nehmen mit unendlich wenigem vorlieb, zu dreien schlafen sie in einer Badewanne oder auf dem Ast eines Apfelbaumes, atmen dankbar und ergriffen den Staub der Autostraßen ein, blicken durch große Brillen aus bleichen Gesichtern klug und dankbar auf die blühenden Wiesen, welche ihretwegen mit Stacheldraht umzäumt sind, während sie noch vor einigen Jahren frei und vertraulich in der Sonne lagen, von kleinen Fußwegen durchzogen. Es sind reizende Menschen, diese Fremden, wohlerzogen, dankbar, unendlich bescheiden, sie überfahren einander gegenseitig mit

ihren Autos ohne zu klagen, irren tagelang von Dorf zu Dorf, um ein noch freies Bett zu suchen, vergebens natürlich, sie photographieren und bewundern die in längst verschollene Tessiner Trachten gekleideten Kellnerinnen der Weinlokale und versuchen italienisch mit ihnen zu reden, sie finden alles reizend und entzückend, und merken gar nicht, wie sie da, Jahr um Jahr mehr, eine der wenigen im mittlern Europa noch vorhandenen Paradiesgegenden eiligst in eine Vorstadt von Berlin verwandeln. Jahr um Jahr vermehren sich die Autos, werden die Hotels voller, auch noch der letzte, gutmütigste alte Bauer wehrt sich gegen die Touristenflut, die ihm seine Wiesen zertritt, mit Stacheldraht, und eine Wiese um die andre, ein schöner, stiller Waldrand um den andern geht verloren, wird Bauplatz und eingezäunt. Das Geld, die Industrie, die Technik, der moderne Geist haben sich längst auch dieser vor kurzem noch zauberhaften Landschaft bemächtigt, und wir alten Freunde, Kenner und Entdecker dieser Landschaft gehören mit zu den unbequemen altmodischen Dingen, welche an die Wand gedrückt und ausgerottet werden. Der Letzte von uns wird sich am letzten alten Kastanienbaum des Tessins, am Tag eh der Baum im Auftrag eines Bauspekulanten gefällt wird, aufhängen.

Einstweilen allerdings genießen wir noch einen bescheidenen Schutz. Erstens gibt es im Lande noch einige Gegenden, in welchen der Typhus häufig auftritt (im vorigen Jahr ist ein Freund von mir samt seiner Frau in seinem Tessiner Dorf daran gestorben), und zweitens geht noch immer die Sage, die Luganer Landschaft sei am schönsten im April (wo meistens die alljährliche Regenzeit ist), und im Sommer sei es hier vor Hitze nicht auszuhalten. Nun, den Sommer mit seiner schönen Hitze gönnt man uns vorerst noch, und wir sind dessen froh. Jetzt aber, im Frühling, drücken wir ein Auge zu, oft auch beide, halten unsre Haustüren gut verschlossen und sehen hinter geschlossenen Läden hervor der schwarzen Menschenschlange zu, die sich, ein fast ununterbrochener Heerwurm, Tag für Tag durch alle unsre Dörfer zieht und ergreifende Massenandachten vor den Resten einer einst wahrhaft schön gewesenen Landschaft begeht.

Wie voll es doch auf der Erde geworden ist! Wohin ich blicke neue Häuser, neue Hotels, neue Bahnhöfe, alles vergrößert sich, überall wird ein Stockwerk aufgebaut; irgendwie auf Erden eine Stunde lang zu spazieren, ohne auf Menschenscharen zu stoßen, scheint nicht mehr möglich. Auch nicht in der Wüste Gobi, auch nicht in Turkestan.

Ach, und ebenso geht es mir im Kleinen, in meinem kleinen, engen Junggesellenhaushalt; alles ist voll und wird immer voller, nirgend ist Platz! Die Wände habe ich längst vollgemalt, es ist kein Platz mehr für Bilder. Die Bücherschäfte krachen und hängen schief, so sehr sind sie mit doppelten Bücherreihen überlastet. Und immer kommen neue dazu, immer wieder liegt mein Studierzimmer voll von Paketen, vorsichtig und langbeinig muß ich zwischen ihnen meinen Weg suchen. Und, das ist das Komische, auf einige Pakete Schund kommt immer wieder ein Treffer, die guten Bücher sterben nicht aus; immer wieder wird mein Entschluß, überhaupt nichts Neues mehr zu lesen, umgeworfen durch Sendungen von Verlegern, die ich nur bewundern kann. So bleiben auch jetzt, nachdem ich einige hundert Bände Ballast entfernt habe, eine Anzahl ganz wundervoller Bücher übrig, die ich trotz allem eben doch liebe und bei mir behalten möchte, und so werden sie denn mit Gewalt in die krachenden Bücherborde gezwängt.

In diesen köstlichen Büchern lese ich, in meiner Klause eingeschlossen, während draußen die Primeln und Anemonen blühen und der dunkle Schwarm der Fremden sich durchs Gefilde bewegt. Weil es heute Mode ist, zu Ostern in Lugano zu sein, sind sie hier. In zehn Jahren werden sie in Mexiko oder Honduras sein. Wenn es Mode wäre, schöne Gedichte und Geschichten zu lesen und zu kennen, würden sie sich auf die obengenannten Bücher stürzen. Das überlassen sie jedoch mir, ich funktioniere als stellvertretender Leser für Millionen. Dafür werde ich dann im Sommer, wenn hier die berüchtigte Hitze ausbricht, auf unsern kleinen Wald- und Wiesenwegen wieder Raum haben und gehen und atmen können. Dann sind die Fremden zu Hause in Berlin oder im Hochgebirge oder weiß Gott wo, immer aber da, wo sie sich mit ihresgleichen ums letzte leere Bett streiten und im Staub ihrer eignen Autos husten und blinzeln müssen. Sonderbare Welt!

(1928)

Zinnien

Mein lieber Freund!
Auch dieser wunderliche und etwas exzentrische Sommer muß einmal zu Ende gehen, schon jetzt haben die Berge jenes edelsteinerne Licht, jene überklare Modellierung und jenes luftige, dünne, süße Kobaltblau, das eigentlich für den September charakteristisch ist. Schon wieder sind am Morgen die Wiesen so schwer naß, und im Laub der Kirschbäume fängt schon ganz sachte der Purpur, im Akazienlaub das Goldgelb an, spürbar zu werden. Da es in diesem Sommer sogar dort oben in Ihren Eskimo-Ländern nördlich des Mains ganz hübsch warm gewesen ist, können Sie sich denken, daß wir hier unten im Süden auch nicht zu frieren brauchten. Es ist ein ungewöhnlicher Sommer, auch hier im Süden, wir haben ganz außerordentliche Gewitter gehabt, darunter eines, das vier Tage gedauert hat, und viel Sturm, und so schön es oft fürs Auge war, bekömmlich war es nicht, ich habe mich schlecht befunden.

Verloren aber habe ich den Sommer keineswegs. Ich habe jenes Glück genossen, das aus lauter Sorgen zu bestehen scheint, und doch so heftig und erregend ist, unzerstörbar durch Wetter und durch körperliche Schmerzen, das beste und eigentlich einzige Glück für unsereinen: mit Leidenschaft an der Arbeit zu sitzen, etwas zu schaffen, produktiv zu sein. Näheres über diese Arbeit kann ich Ihnen nicht sagen, in ein paar Jahren werden wir dann darüber reden. Ich beneide immer jene Dichter und bin erstaunt über sie, von welchen Jahr für Jahr die wohlunterrichtete Presse zu melden weiß: Herr X, unser großer Dramatiker, arbeitet zurzeit auf seinem Landgut am Rhein an einer Komödie, deren höchst aktueller Stoff usw. Wenn mir das einmal geschähe, daß Name und Inhalt einer Dichtung, noch während ich an ihr arbeite, schon von den Zeitungen gewußt und verkündet würden, ich glaube, dann würde ich meine ganzen Papiere in den Kamin stecken und anzünden. Ohnehin geschieht es mir allzuleicht, daß eine Arbeit, die mir wochen- und monatelang wichtig und lieb war, plötzlich ihren Zauber für mich verliert, oder daß ich plötzlich meine Unzulänglichkeit an ihr bis zur Verzweiflung erkenne, so daß ich sie liegenlasse und schließlich vernichte.

Neben der Arbeit her habe ich auch einiges Schöne gelesen, das Schönste von allem war ein friedliches Wiederlesen von Stifters

»Feldblumen« an einigen warmen Juliabenden. Lieber Freund, was ist das für ein holdes, bezauberndes kleines Buch!
Sie begreifen, daß ich mir nach den heißen und arbeitsvollen Wochen des Sommers jetzt einige Beschaulichkeit und Ruhe gönne. Sie besteht zwar leider nicht im Nichtstun – zu diesem Glück fehlt mir alles Talent –, aber doch in einem gewissen Langsamerleben, in einem Bedürfnis, dem Ausklingen des Sommers mit einer gewissen Andacht beizuwohnen.
Es gibt um diese Zeit des allmählich sich neigenden Sommers in der Luft eine gewisse Klarheit, die ich »malerisch« nennen würde, wenn die Maler nicht unter »malerisch« das verstehen würden, was leicht zu malen ist. Diese Klarheit aber wäre außerordentlich schwer zu malen und reizt doch unendlich dazu, sie mit dem Pinsel zu bewältigen und zu verherrlichen, denn nie haben die Farben diese tiefe magische Leuchtkraft, dies Juwelenhafte, niemals sonst haben die Schatten diese Zartheit, ohne doch dünn zu werden, nie auch sind in der Pflanzenwelt schönere Farben vorhanden als jetzt, wo alles schon von Herbstahnungen gestreift ist und doch noch nicht die etwas grelle und harte Farbenfreude des eigentlichen Herbstes begonnen hat. Aber in den Gärten stehen jetzt die leuchtendsten Blumen des Jahres, es blühen da und dort noch brennrot die Granaten und dann die Dahlien und Georginen, die Zinnien, die Frühastern, die zauberhaften Korallenfuchsien! Aber der Inbegriff hochsommerlicher und vorherbstlicher Farbenfreude sind doch die Zinnien! Diese Blumen habe ich jetzt immer im Zimmer stehen, sie sind ja zum Glück sehr haltbar, und ich verfolge die Verwandlungen eines solchen Zinnienstraußes von seiner ersten Frische bis zur Welke mit einem Gefühl von Glück und Neugierde ohnegleichen. Strahlenderes und Gesünderes gibt es nicht in der Blumenwelt als ein Dutzend frisch geschnittener Zinnien von lauter verschiedenen Farben. Das knallt nur so von Licht und jauchzt von Farbe. Die grellsten Gelb und Orange, die lachendsten Rot und die wunderlichsten Rotviolett, die oft wie die Farben an Bändern und Sonntagstrachten naiver Landmädchen aussehen können – und man kann diese heftigen Farben nebeneinanderstellen und miteinander vermengen, wie man will, immer sind sie entzückend schön, immer sind sie nicht bloß heftig und leuchtend, sondern nehmen auch einander an, halten Nachbarschaft, reizen und steigern einander.
Ich erzähle Ihnen ja damit nichts Neues. Ich bilde mir nicht ein,

der Entdecker der Zinnien zu sein. Ich erzähle Ihnen bloß von meiner Verliebtheit in diese Blumen, weil sie zu den angenehmsten und bekömmlichsten Gefühlen gehört, von denen ich seit langem heimgesucht worden bin. Und zwar entzündet sich diese vielleicht etwas senile, aber keineswegs schwächliche Verliebtheit ganz besonders am Verwelken dieser Blumen! An den Zinnien, die ich in der Vase langsam erblassen und sterben sehe, erlebe ich einen Totentanz, ein halb trauriges, halb köstliches Einverstandensein mit der Vergänglichkeit, weil eben das Vergänglichste das Schönste, weil das Sterben selbst so schön, so blühend, so liebenswert sein kann.

Betrachten Sie einmal, lieber Freund, einen acht oder zehn Tage alten Zinnienstrauß! Und betrachten Sie dann, während er noch manche Tage darüber hinaus weiter sich verfärbt und immer noch schön bleibt, betrachten Sie ihn jeden Tag einigemal recht genau! Sie werden sehen, daß diese Blumen, die in ihrer Frische die denkbar grellsten, trunkensten Farben hatten, jetzt die delikatesten, müdesten, zärtlichst abgetönten Farben bekommen haben. Das Orange von vorgestern ist heute ein Neapelgelb geworden, übermorgen wird es ein mit dünner Bronze überhauchtes Grau sein. Das frohe bäurische Blaurot wird langsam wie von einer Blässe, wie vom Gegenteil eines Schattens überzogen, die müde werdenden Blattränder der Blüten biegen sich da und dort mit sanfter Falte um und zeigen ein gedämpftes Weiß, ein unaussprechlich rührendes, klagendes Graurosa, wie man es an ganz verbleichten Seidensachen der Urgroßmutter oder an alten erblindenden Aquarellen sieht. Und achten Sie, Freund, auch sehr auf die untere Seite der Blütenblätter! An dieser Schattenseite, die beim Einknicken der Stiele oft plötzlich überdeutlich sichtbar wird, vollzieht sich das Spiel dieses Farbenwandels, vollzieht sich diese Himmelfahrt, dies Hinübersterben ins immer Geistigere noch duftiger, noch erstaunlicher als an den Blütenkronen selbst. Hier träumen verlorene Farben, die man sonst in der Blumenwelt nicht findet, seltsam metallische, mineralische Töne, Spielarten von Grau, Graugrün, Bronze, die man sonst nur an den Steinen des Hochgebirges oder in der Welt der Moose und Algen finden kann.

Sie wissen ja solche Dinge zu schätzen, ebenso wie Sie den besondern Dufthauch eines edlern Weinjahrgangs oder das Flaumspiel auf der Haut eines Pfirsichs oder einer schönen Frau zu schätzen wissen. Von Ihnen werde ich nicht weil ich feinere Sinne und beseeltere Erlebnismöglichkeiten habe als ein Boxer, als sentimentaler Romantiker belächelt, sei es nun, daß ich für dahinwelkende Zinnienfarben, sei es, daß ich für die holden verwehenden Töne in Stifters Feldblumen glühe. Aber wir sind wenige geworden, Freund, unsere Art droht auszusterben. Versuchen Sie es einmal und geben Sie einem amerikanischen Gegenwartsmenschen, dessen Musikalität im Handhaben eines Grammophons besteht, für den ein gut lackierter Kraftwagen schon zur Welt des Schönen zählt – geben Sie einmal einem solchen vergnügten und genügsamen Halbmenschen versuchsweise Unterricht in der Kunst, das Sterben einer Blume, die Verwandlung eines Rosa in ein Lichtgrau, als das Lebendigste und Aufregendste, als das Geheimnis alles Lebens und aller Schönheit mitzuerleben! Sie werden sich wundern!

Wenn Sie über dies und andres, woran mein Sommerbrief Sie erinnern mag, ein wenig meditieren, so werden Sie wohl auch jenen Gedanken wieder einmal in sich erwachen fühlen: daß die Krankheiten von heute die Gesundheiten von morgen sein können und umgekehrt. Wenn jene anscheinend so robusten und verflucht gesunden Geld- und Maschinenmenschen glücklich noch eine Generation lang weiter vertrottelt sind, dann werden sie vielleicht Ärzte, Lehrer, Künstler und Magier halten und hoch bezahlen, welche sie wieder in die Geheimnisse des Schönen und der Seele einführen.

(1928)

Nach der Weihnacht

Etwas beklommen sah ich in den Tagen nach dem Weihnachtsfest auf meiner Kommode die paar Päckchen herumliegen, die mir Sorge machten. Es waren Sachen, die ich geschenkt bekommen hatte, die ich aber nicht brauchen konnte, und die nun *umgetauscht* werden sollten. Das wird ja immer so gemacht, und in guten Geschäften haben die Verkäuferinnen sich vom Weihnachtsgeschäft her für diese Umtauschtage soviel strahlende Freundlichkeit aufbewahrt, daß es zum Erstaunen ist. Aber ich mache trotzdem solche Gänge gar nicht gerne. Schon Einkaufen fällt mir schwer, und ich schiebe es oft lange hinaus – und nun gar Umtauschen, in die Läden gehen, die Leute in Anspruch nehmen, sich aufs neue für schon erledigte Dinge interessieren! Nein, es ist mir sehr zuwider, und wenn es nur auf mich ankäme, so legte ich die unbrauchbaren Geschenke lieber in eine Schublade und ließe sie für immer da liegen.

Zum Glück war meine Freundin da, die versteht sich auf alle diese Sachen ausgezeichnet, und ich bat sie, sich meiner anzunehmen und mit mir in die drei Geschäfte zu gehen. Sie tat es gern, nicht bloß mir zuliebe, sondern auch so, es machte ihr Spaß, es war ein Sport für sie, eine Kunst, deren Ausübung ihr Freude machte. Also gingen wir miteinander in das Geschäft mit den Handschuhen, sagten Grüßgott, wickelten meine Weihnachtshandschuhe aus, und ich drehte nervös meinen Hut in der Hand und suchte nach den Redensarten, mit welchen man solche Transaktionen einzuleiten gewohnt ist, aber es glückte mir nicht gut und gerne ließ ich meiner Helferin das Wort. Und siehe, der Zauber ging leicht vonstatten, man lächelte, man nahm, Gott sei Dank, die Handschuhe zurück, und plötzlich stand ich vor einer Auswahl farbiger Hemden und durfte mir eines davon auswählen. Das paßte mir, ich spielte also den Sachverständigen, entsann mich nach einiger Versenkung meiner Kragennummer, und bald verließen wir mit einem neuen Paketchen den Laden, wo man zur Nachfeier der Geburt des Heilandes heute den ganzen Tag Spazierstöcke, Handschuhe und Mützen umtauschte.

Auch mit der neuen Füllfeder ging es recht gut, ich mußte mich in dem überfüllten Geschäft, vor einem angenehmen Fräulein, niedersetzen, bekam ein Schreibpapier und eine Menge von Federn zur Auswahl vorgelegt, und saß da und schrieb und malte Blumen, Sterne und Initialen auf den Bogen, bis er voll war. Dann nahm ich eine von den probierten Federn mit, und wenn nun auch weiterhin das Schreiben mir mühselig werden sollte, so wird die Feder nicht daran schuld sein, es ist eine Goldfeder aus Amerika, man kann sie mit einem goldenen Hebel füllen, und dann entströmen ihr die goldenen Worte, daß es eine Freude ist. Ich brauche sie aber mehr zum Zeichnen. Dankbar steckte ich den kleinen Tintenfisch mit der Goldschnauze in die Tasche und ging weiter, ging den schweren Gang zum Optiker, dem ich gestehen mußte, daß meine neue Lesebrille mir gar keine guten Dienste leiste, und daß er sie zurücknehmen und eine andere machen müsse. Be-

schützt von der Freundin, gestärkt durch die Erfolge mit dem Hemd und der Feder, trat ich auch in dieser gläsernen Provinz zielbewußt auf, wurde angehört, und wahrhaftig nahm der gütige Mann die Brille zurück. Nie hätte ich das gedacht. Ich hätte es an seiner Stelle nicht getan.
Der Siegeszug durch die drei gefürchteten Geschäfte, der Gang durch den frischen Winterwind mit der Freundin, die Verwandlung von drei Verlegenheitspaketen in drei erfreuliche waren Grund genug, mich froh und dankbar zu stimmen. Beim Umtausch der Handschuhe hatte ich sogar noch einen kleinen Taschenspiegel dreinbekommen, den ich meiner Begleiterin schenken konnte.
Bei der Heimkehr war ich sehr vergnügt und mochte weder an die Arbeit gehen, noch mich mit allen den noch ungelesenen Briefen befassen, die sich in den letzten Tagen angesammelt hatten. Ich erinnerte mich der Kinderzeit, und wie es da an den Tagen nach Weihnachten so schön gewesen war, bei jedem morgendlichen Erwachen und bei jeder Heimkehr sich der neuen Geschenke wieder zu bemächtigen und sich ihres Besitzes zu freuen. Einmal hatte ich eine Violine geschenkt bekommen und stand sogar in der Nacht auf, um sie anzufühlen und leise an den Saiten zu zupfen. Einmal hatte man mir den Don Quichote geschenkt, und jeder Spazier- oder Kirchgang, ja jede Mahlzeit war mir eine widerwärtige Unterbrechung der beglückenden Lektüre.
Diesesmal hatte ich so begeisternde Dinge nicht erhalten. Es gibt für alte Leute diesen Glanz und Zauber nicht mehr, den einst die Geige, das Buch, das Spielzeug, die Schlittschuhe hatten. Es standen drei Schachteln mit guten Zigarren da, das war tröstlich, und etwas Wein und Kognak, damit würde ich mir die Abende vertreiben. Der neue Federhalter war sehr schön, aber doch nicht recht geeignet, ihn ans Herz zu drücken und sich der Wonne seines Besitzes hinzugeben.
Ein Stück aber gab es, ein Geschenk, das war wirklich festlich, wirklich außerordentlich und zauberhaft, das konnte man in stillen Augenblicken hervorholen und mit Entzücken betrachten, in das konnte man sich vergucken und verlieben. Das holte ich hervor und setzte mich damit ans Fenster. Es war, unter Glas und hübsch montiert, ein herrlicher exotischer Schmetterling, er trug den schönen Namen Urania und kam aus Madagaskar hergeflo-

gen. Der schön gebaute Falter mit schlanken kräftigen Seglerflügeln und reichem Zackenwerk am untern Flügel saß leicht schwebend auf einem Zweige, der oben grün und schwarz gestreifte Leib war unten rostrot behaart, goldgrün glänzte das Köpfchen. Grün und schwarz gemustert waren die Oberflügel, und zwar war es auf der Schauseite ein prächtiges, warm und goldig strahlendes Grün, auf der Rückseite aber ein ganz kühles, zartes, silbern beflogenes Veronesergrün, in dem die kristallenen Flügelrippen edel schimmerten. Die unteren Flügel aber, die phantastisch gezackten, zeigten außer dem grün und schwarzen Muster ein großes, strahlendes Feld von tiefem Gold, das im Licht bis ins Kupferrote, ja bis ins Scharlachene spielte, launig gezeichnet von tiefschwarzen Flecken, und zuunterst war der Flügel, wie das Kleid einer Dame, am Saume mit einem feinen, kurzen, aus Blond und Schwarz gemischten Pelzchen besetzt. Außerdem aber hatte dieser Unterflügel noch ein besonderes Spiel und Merkmal: es war durch ihn eine kurze träumerische Zickzacklinie gezogen, aus reinem Weiß, die löste den ganzen Flügel gewissermaßen auf, machte ihn zu einem losen Spiel aus Luft und Goldstaub und schien jene phantastischen Zacken wie Strahlen kraftvoll von sich zu stoßen. Etwas Prächtigeres, Geheimnisvolleres, und Liebenswürdigeres als diesen Falter aus Madagaskar, als diesen luftigen afrikanischen Traum aus Grün, Schwarz und Gold hätte man auf den Weihnachtstischen der ganzen Stadt nicht finden können. Zu ihm zurückzukehren, war eine Freude; sich in seinen Anblick zu versenken ein Fest.
Eine lange Weile saß ich über den Fremdling aus Madagaskar gebückt und ließ mich von ihm bezaubern. An Vieles erinnerte er mich, an Vieles mahnte er mich, von Vielem erzählte er mir. Er war ein Gleichnis der Schönheit, ein Gleichnis des Glückes, ein Gleichnis der Kunst. Seine Form war ein Sieg über den Tod, sein Farbenspiel ein Lächeln der Überlegenheit über die Vergänglichkeit. Er war ein einziges vielstrahliges Lächeln, dieser präparierte tote Falter unterm Glas, ein Lächeln von vielen Arten, bald schien es mir kindhaft, bald uralt und weise, bald kriegerisch schmetternd, bald schmerzlich-spöttisch – so lächelt die Schönheit immer, so lächeln alle Gestaltungen, in denen das Leben scheinbar zu einer Dauer geronnen, die Schönheit des ewig Fließenden Form geworden ist, sei es nun eine Blume oder ein Tier, ein ägyptischer Kopf oder die Totenmaske eines Genies. Es war

überlegen und ewig, dieses Lächeln, und war, wenn man sich daran verlor, plötzlich auch spukhaft wild und irr, es war schön und grausam, sanft und gefährlich, voll höchster Vernunft und voll wildester Tollheit. Überall, wo das Leben für einen Augenblick vollkommen gestaltet erscheint, hat es diese gegensätzlichen Aspekte. Es gibt keine edle Musik, die nicht zu manchen Stunden wie Kinderlächeln und zu andern Stunden wie tiefste Todestrauer auf uns wirkte. So ist die Schönheit immer und überall: holde Spiegeloberfläche, unter welcher verborgen das Chaos lauert. So ist das Glück immer und überall: entzückter Augenblick, im Aufstrahlen schon wieder erbleichend, hingeweht vom Hauch des Sterbenmüssens. So ist die hohe Kunst, die hohe Weisheit der Auserwählten immer und überall: wissendes Lächeln über Abgründen, Jasagen zum Leide, Spiel der Harmonie über dem ewigen Todeskampf der Gegensätze.

Süß blickte aus dem Goldglanz der verfließende Purpur, straff spannte sich über die Flügelrippen die feste schwarzgrüne Zeichnung, spielend zielten die schlanken Farbenzacken ihre Lichtpfeile hinaus. Holder Gast du, entzückender Fremdling! Bist du eigens aus Madagaskar hergeflogen, um mir einen Winterabend mit Farbenträumen zu füllen? Bist du eigens aus dem großen Farbkasten der ewigen Mutter entlaufen, um mir das alte Weisheitslied von der Einheit der Gegensätze zu singen, um mich wieder zu lehren, was ich schon so oft gewußt und so oft wieder vergessen habe? Hat dich eigens eine geduldige Menschenhand so sauber präpariert und auf deinem Zweige festgeleimt, um einen kranken Mann eine einsame Stunde lang mit deinen blitzenden Spielereien zu entzücken, mit deinen stillen Träumen zu trösten? Hat man dich getötet und unter ein Glas gepreßt, damit dein verewigtes Leiden und Sterben uns tröstlich sei, so wie uns das verewigte Leiden und Sterben der großen Dulder, der echten Künstler merkwürdigerweise lieb und tröstlich ist, statt uns mit seiner Verzweiflung die Seele auszuhöhlen?

Über die schimmernden Goldflügel spielt blasser das abendliche Licht, langsam erlischt das rötliche Gold und bald ist der ganze Zauber, von der Finsternis geschluckt, nicht mehr zu sehen. Aber er spielt dennoch das Spiel der Ewigkeit fort, das tapfere Künstlerspiel um die Dauer des Schönen – in meiner Seele spielt das Lied fort, in meinen Gedanken zucken die Farbenstrahlen lebendig weiter. Nicht vergeblich ist der arme schöne Falter in Madagaskar gestorben, nicht vergeblich hat eine ängstliche Hand seine Flügel und Fühlhörner und Sammetpelzchen so sauber präpariert und unvergänglich gemacht. Lange noch wird der kleine einbalsamierte Pharao mir aus seinem Sonnenreich erzählen, und wenn er längst zerfallen ist und auch ich längst zerfallen bin, dann wird irgendwo in einer Seele noch etwas von seinem seligen Spiele und weisen Lächeln blühen und wird sich weiter vererben, so wie das Gold des Tutenchamon noch heute glänzt, und das Blut des Heilands noch heute fließt. (1928)

Abstecher in den Schwimmsport

Wenn ein Dichter so seine zwanzig, dreißig Jahre lang sich Mühe gegeben und sich eine Anzahl von Freunden und Feinden erworben hat, dann wird er nicht nur mit allerlei Ehren überhäuft und erlebt es, daß die selben Redaktionen, die ihm seine Gedichte immer wieder mit höflichem Bedauern zurücksenden, Studienräte beschäftigen, um lange Artikel über ihn zu schreiben, nein, er bekommt die Stimme des Volkes auch unmittelbar zu hören. Jeden Morgen bringt ihm die Post ein Häufchen Briefe und Päckchen, aus denen er ersehen kann, daß er nicht vergebens sich Mühe gegeben hat. Er wird gewürdigt, die Manuskripte und ersten Bücher zahlreicher junger Kollegen zu lesen, er wird von denselben Redaktionen, die beständig seine Mitarbeit erbitten und ihm seine Gedichte dann beständig wieder zurücksenden, dringend und oft sogar telegraphisch um seine feuilletonistische Meinung über den Völkerbund oder über die Zukunft des Segelflugsports befragt, er wird von jungen Leserinnen um seine Photographie gebeten und von älteren Leserinnen in die Geheimnisse ihres Lebens und die Gründe ihres Beitrittes zur Theosophie oder zur Christian Science eingeweiht, und er wird aufgefordert, auf Konversationslexika zu abonnieren, da in ihnen auch sein geschätzter Name sich finde. Kurz, es beweist einem solchen Dichter jeden morgen die Post, daß sein Leben und Tun nicht vergeblich gewesen sei. Jedem Dichter geht es so.
Manchmal ist man nun aber nicht gestimmt, schon gleich beim ersten Schluck Kaffee und Brot sich respektvoll dieser Gemeinde

gegenüberzustellen und ihre Grüße, ihre Wünsche und Ratschläge zur Abfassung künftiger Bücher entgegenzunehmen. So ging es gestern auch mir, und ich schob die Post, die diesmal ganz unerwartet reichlich eingetroffen war, beiseite, setzte den Hut auf und ging erst ein wenig spazieren.

Ich ging die Treppe hinab, an der Zimmertür meines Nachbarn H. vorüber, der jetzt wohl in seiner Bank saß und Zahlen schrieb. Denn er war Bankangestellter, aber sein Ehrgeiz ging nach anderen Sphären; im Herzen war er Sportsmann und hatte dieser Tage, wie ich aus der Zeitung und aus den Gesprächen der Nachbarn wußte, mit einer von ihm erfundenen Spezialität den ersten großen Erfolg gehabt. Herr H. war nämlich Sportschwimmer und hatte mir mehrmals geklagt, wie beschränkt auf diesem Gebiete die Möglichkeiten seinen. Er hatte den Zürichsee in etwa zehn Minuten durchschwommen, ich weiß nicht mehr, ob der Breite oder der Länge nach, es war unglaublich fix gegangen, und ich hatte ihn sehr bewundert, aber er hatte mit düsterem Blick gesagt, im Schwimmen sei nicht mehr viel zu machen. Man sei jetzt in diesem Sport so weit trainiert, daß binnen kurzem der äußerste Punkt erreicht sein werde: man werde dann den Kilometer in einer Minute zurücklegen, und selbst wenn dieser Rekord noch überboten werden sollte, so würde man es nach Ansicht der Fachleute doch niemals weiter bringen, als daß der Schwimmer bestenfalls zur gleichen Zeit am jenseitigen Ufer ankomme, in der er das diesseitige verlassen habe.

Aber mein Nachbar H. war kein gewöhnlicher Schwimmer, er war ein Genie. Er erfand von einem Tag auf den andern einfach eine neue Schwimmkunst. Es sei, so sagte er, bisher ja recht gut und brav geschwommen worden, und das letzte Kleinkinderwettschwimmen von Gibraltar nach Afrika habe ja gezeigt, daß man in der Tat im Schwimmsport eigentlich keine Hindernisse und Grenzen mehr kenne. Aber naiverweise war man eben bisher immer der Luftlinie nach und an der Oberfläche des Wassers geschwommen. Freund H., der schon immer ein guter Taucher gewesen war, brachte nun den neuen Sport auf, bei dem der Schwimmer am Grunde der See wie ein Gratwanderer den Erhebungen und Vertiefungen des Geländes folgt. Er hatte den Bodensee vor wenigen Tagen auf dieser Weise durchschwommen, immer zwanzig Zentimeter über dem Seeboden, und alle Welt war über die Leistung außer sich.

Dennoch, so dachte ich bei mir, haben wir Dichter es besser. Es wird der Tag kommen, da wird jeder gut trainierte Schwimmer das leisten, was H. neulich geleistet hat, und sein Ruhm wird erblassen, und wieder wird der Schwimmsport sich um neue Aufgaben bemühen müssen. Bei uns Dichtern dagegen, wie war da alles noch offen, wie weit und noch kaum betreten lag die ganze Welt vor uns! Zugegeben, daß in den 2500 Jahren seit Homer wirklich ein Fortschritt erzielt worden war – und selbst darüber konnte man streiten, – wie klein war dieser Fortschritt! Der Gedanke erfrischte mich, in guter Laune kehrte ich nach Hause zurück und wollte eigentlich sofort an meine Arbeit gehen. Aber da lag noch diese Morgenpost, und bei Gott, sie war heute drei- oder viermal so umfangreich als gewöhnlich! Etwas verdrießlich schnitt ich zunächst einmal ein Dutzend Briefe auf und begann zu lesen. Aber das war heute wirklich ein Glückstag. Brief für Brief, alle waren sie erfreulich. Jeder begann mit der Anrede ›Hochverehrter Meister‹ und enthielt nur Angenehmes und Schmeichelhaftes. Die Universität meines Landes, obwohl ich doch weder Fabrikant noch Tenorsänger war, hatte beschlossen, mich zum Ehrendoktor zu ernennen. Die berühmte ›Schweinfurter Zeitung‹, die mir immer meine eingesandten Gedichte wieder zurückgesandt hatte, forderte mich flehentlich zur Mitarbeit auf, sei es in welcher Form und auf welchem Gebiete auch immer, jede Zeile von mir werde der Redaktion und den Lesern hoch willkommen sein. Und so ging es weiter, Schlag auf Schlag. Die Sängerin Ida vom Stadttheater, diese süße braune Hexe, lud mich zu einer Autofahrt ein. Ein Photograph in Dortmund und einer in Karlsruhe baten mich flehentlich, sich zum Zweck einer Aufnahme hieher verfügen zu dürfen. Man bot mir kostenlos für ein Vierteljahr einen neuen Wagen zum Versuch an. Weder von Theosophinnen noch von Anhängerinnen des Mazdaznan waren Briefe da, weder römische Tragödien von Quintanern noch Revolutionsdramen von Sekundanern waren dabei. Es war erstaunlich, es war ein großer Tag. Weder mein fünfzigster noch mein sechzigster Geburtstag hatte mir auch nur annähernd solche Triumphe gebracht.

Es war mir beinahe zu viel. Ich beschloß, den Rest der Briefe erst später nach Tisch zu lesen. Aber ein hübsches, flaches Päckchen lag noch da, das machte mich neugierig. Man sah es ihm an, daß weder ein Buch noch ein Manuskript darin verborgen sein konnte, sein Inhalt konnte nur ein erfreulicher sein. Ich schnitt also die Schnur auf und faltete die Umhüllung auseinander. Rosa Seidenpapiere kamen zum Vorschein, und ein zarter Duft verbreitete sich, weich und zart fühlte der Inhalt sich an. Ich enthüllte ihn sorgfältig und feierlich wie ein Denkmal und fand eine Handarbeit aus feinem, trikotartigem Stoff. Verwundert legte ich das Ding auseinander und breitete es über einem Stuhl aus. Es war ein schwarzer Badeanzug, aus seidig schimmerdem Trikot, und auf der Brust des Anzuges war ein großes hellrotes Herz aufgenäht und mit Kreuzstich eingefaßt, und in dem roten Herzen stand mit schwarzen Buchstaben gestickt: ›Dem großen Heinrich, dem unvergleichlichen Unterwasserschwimmer‹.

Teufel, und jetzt begriff ich endlich und sah, daß diese ganze ausgiebige Morgenpost gar nicht mir gehört hatte, sondern meinem Nachbarn H., dem Schwimmer, der jetzt auf seiner Bank saß und Bleistifte spitzte, der aber morgen seine Stelle kündigen und einem der zahllosen ehrenvollen Rufe nach Berlin, nach Amerika, nach Paris oder London folgen würde, die ihn jetzt täglich erreichten.

Ärgerlich und ein wenig betrübt ging ich nochmals aus, und schlenderte an den Quai hinaus. Da lag der Zürichsee, und ich sah ihn mir an und überlegte sehr, ob ich nicht wohl daran täte, zum Schwimmsport überzugehen. Konnte ich auch nicht auf Weltrekorde zählen, so war ich doch noch leidlich rüstig, und einst als Knabe hatte ich sehr gut schwimmen können. Zu schönen Achtungserfolgen bei kantonalen Seniorenwettschwimmen würde es mir vielleicht doch noch reichen. Aber dann sah der See so widerlich kalt und naß aus, und ich dachte daran, daß Meister H. die unabsehbare Strecke von hier bis zum andern Ufer in zehn Minuten durchschwommen hatte, und es fiel mir auch wieder ein, wieviel dankbare und nie auszuschöpfende Ziele und Aufgaben meiner in der Dichtkunst noch warteten.

Nein, ich würde meinem Nachbarn H. seine Post mit höflichen Entschuldigungen überschicken, würde ihn um eine Eintrittskarte zu seinem nächsten Schauschwimmen bitten und ihn gelegentlich ersuchen, bei ein paar Redaktionen großer Blätter ein Wort für mich einzulegen behufs Abdruck meiner Gedichte. Im übrigen aber wollte ich den Schwimmsport den Karpfen und Hechten überlassen und es weiter mit dem Dichten probieren. Es beschäftigte mich da seit einigen Tagen ein Gedicht über den Frühling, oder vielmehr über den merkwürdigen Geruch von jungen harzigen Baumknospen und seine Wirkung auf junge und alte Menschen, eine außerordentlich verschiedene Wirkung, und wenn es auch schwer und nahezu unmöglich schien, diese Sache mit den Knospen den Herzen der Menschen jemals einigermaßen befriedigend zu formulieren, so wollte ich doch nicht derjenige sein, der sein Handwerk vernachlässigte und sich um seine Lebensaufgabe drückte. (1928)

Bilderbeschauen in München

Eigentlich bin ich, trotz meiner tausend Beziehungen zur Kunst, nicht so sehr auf sie angewiesen, wie es der Großstädter ist. Ihm muß die Kunst zugleich auch noch etwas andres ersetzen, was mehr ist als alle Kunst: die Natur. Der Großstädter hat nur wenig Gelegenheit, die Natur kennenzulernen, und mancher lernt leichter und sicherer alle Marken von Automobilen unterscheiden, als etwa die Arten der Bäume, der Blumen oder der Vögel; aber auch wenn der Städter wirklich Natur um sich sieht, wenn er ans Meer, ins Gebirge, in den Süden kommt, hat er wenig Verhältnis dazu. Er atmet die gute Luft, ruht die Augen ein wenig auf dem Wiesengrün oder auf dem Meerblau aus, verläßt aber niemals ganz die Sphäre der Naturlosigkeit, in der zu leben er gewohnt ist: immer stellt er zwischen sich und die Natur eine Schutzwand von Zivilisation: das Hotel, den Salon, den Strandkorb, das Grammophon, das Auto (nirgends sieht man so wenig wie auf den üblichen Auto-Reisen). Und so kommt es, daß die Sensiblen und Schönheitsbegierigen unter den Städtern die erste und wahrhaft mütterliche Quelle aller Schönheit, die Natur, nur wenig kennen, dafür aber oft bis zu erstaunlichem Raffinement gelangen im Kennen und Genießen jener zweiten Quelle, der Kunst. Zu dieser Art gehören z. B. alle jene, welche beim Anblick einer Abenddämmerung oder eines Seestrandes entzückt ausrufen können: beinahe wie ein Claude Lorraine! oder: ganz wie bei Renoir! Alle sehr guten Bilderkenner gehören diesem Typus an, seien sie nun Kunstschriftsteller oder Sammler oder was immer. Die echten *Künstler* aber gehören niemals zu dieser Menschenart, obwohl auch sie ja schließlich sehr gute Kunstkenner sein können. Starke Künstler haben, als erstes und wichtigstes Kennzeichen, stets jene unbedingte Liebe zur Natur, jenes unbewußte und hartnäckige Wissen darum, daß die Natur zwar keineswegs ein Kunstersatz, wohl aber die Quelle und Mutter aller Kunst ist.

Ich kann lange Zeiten ohne Kunst leben, und man kann mir noch so viel von einem neuen Pariser Maler erzählen, ich werde ohne Ungeduld warten, bis der Zufall mich mit Werken dieses Malers bekannt macht, und werde es nie bedauern, diese oder jene berühmten Kunstwerke nicht gesehen zu haben. Einiger Skulpturen oder Bilder wegen nach London oder Berlin zu reisen, würde mir nie einfallen. Um mich herum ist immer eine Welt, deren Anschauung unerschöpflich ist, jedes junge Blatt am Kastanienbaum und jede Wolke in den Lüften über mir ist mir in meinen wachen Stunden ebenso lieb, ebenso wichtig, ebenso bezaubernd und lehrreich wie alle Galerien der Welt.
Dennoch kann ich mich in Kunstwerke, namentlich in Bilder, sehr verlieben, und wenn ich Gelegenheit habe, schöne Dinge dieser Art zu sehen, so bin ich dafür dankbar. Besonders aber liebe ich das Wiedersehen von Bildern, die ich gern habe. Nach Jahren oder Jahrzehnten einmal wieder einen gewissen Tizian in Venedig, einen gewissen geliebten Paris Bordone in Mailand, einen bestimmten Renoir bei Reinhart in Winterthur wiederzusehen, kann mir ein hohes Glück sein.

Als mich kürzlich eine Reise nach München führte, wußte ich, daß mir nun einige Freuden dieser Art bevorstünden. Ich war manche Jahre nicht mehr in München gewesen, und man hatte mir viel vom Niedergang Münchens als Kunststadt erzählt sowie von der unglaublichen politischen Gesinnung, welche dort herrsche. Aber für diese Dinge fühlte ich mich nicht verantwortlich: die paar Freunde würden vermutlich noch leben, die ich in München besaß, und im Nymphenburger Park würden wieder die Schwäne schwimmen, und in einer gewissen Weinstube würde man mir wieder einen vortrefflichen Mosel anbieten, und ebenso wie alle diese guten Dinge würden auch einige seit langem von mir geliebte Bilder noch da sein, darauf konnte ich mich verlassen. Und so war es denn auch, und sowohl die Bilder wie die schöne malerische Münchner Luft waren unverändert, und was den Niedergang der Kunststadt betraf, so begriff ich nicht recht, wie in dieser Luft und in der Nähe jener herrlichen alten Bilder

nicht ein heutiger Maler ebenso gut sollte malen können wie vor fünfzig Jahren.
Das erste schöne Bild übrigens, das ich zu sehen bekam, war gar kein altes, sondern noch ganz neu, es war eine Zeichnung von Olaf Gulbransson, meinem einstigen Freunde und Zechgenossen, ein mit spitzem Bleistift gezeichnetes Kinderporträt, schlagend ähnlich und dabei so übernatürlich ornamenthaft, wie die besten Blätter dieses lieben Mannes eben sind. Es fiel mir schwer aufs Herz, daß ich einige Tage in München sei, in derselben Stadt mit Olaf, und ihn doch nicht sehen sollte. Alter Olaf, nimm es mir nicht übel, aber ich habe mich diesmal gedrückt, ich hatte etwas Angst vor dir. Schau, du bist ein Athlet, ich aber bin ein zarter und kränklicher Mensch, und wenn ich dich angerufen und dich in ein Weinlokal gebeten hätte und dann gegen elf Uhr nach einem halben Liter wieder gegangen wäre, dann wärest du zornig geworden und hättest mich auf deinen starken Armen in ein Auto getragen und zu dir nach Hause geführt, und mir dort Whisky und dergleichen starke Dinge vorgesetzt, und andern Tages hättest du vielleicht wieder eine deiner schönen Zeichnungen gemacht, ich aber wäre im Sterben gelegen. Das wollte ich aber nicht, sondern ich wollte München wiedersehen, und dazu gehörten einige Malereien, und ich habe also das Wiedersehen mit dir nicht einer Laune geopfert, sondern dem Altdorfer, dem Dürer, dem Rembrandt, dem Cézanne und dem Marées.

Zweimal war ich einen Vormittag in der alten Pinakothek, und ich habe nicht bloß meine alten Lieblinge wieder gefunden, ich habe sogar eine neue Erwerbung gemacht. Ich blieb eine gute Weile in den ersten Sälen bei den alten Deutschen und Niederländern, entzückt von Dirk Bouts, entzückt vom Meister des Bartholomäus-Altars, dann ging ich etwas bedrückten Herzens ins Dürerkabinett, denn der Maler Dürer war mir nie so recht lieb gewesen, und sein Selbstbildnis mit den langen blöden Locken war mir stets geradezu widerwärtig. Aber da ich von einer andern Seite her, von den Zeichnungen und einigen der Kupferstiche, diesen selben Dürer eben doch sehr verehrte, fühlte ich mich verpflichtet, ihn aufzusuchen. Und hier fand denn die Überraschung statt: während das Selbstbildnis mich genau in der alten Weise anschaute und mir um nichts sympathischer wurde, nahmen die vier Apostel plötzlich meine Augen und mein Herz gefangen, denn das war *gemalt,* wunderbar malerisch gemalt, das blühte in den Gesichtern, Händen und Apostelgewändern wie Blumen und sang wie Musik. Gut, daß ich mich nicht um den Dürer gedrückt hatte! Um etwas Schönes reicher, um eine Liebe reicher, ging ich weiter. Jetzt aber zauderte ich nicht länger und besann mich auf Pflichten, sondern lief, blind an den schönsten Bildersälen vorbei, meinem Herzen nach, in das Seitenstübchen, wo die Altdorfer hängen. Da ist ein Bild, die »Alexanderschlacht«, das ist für mich das merkwürdigste und geheimnisvollste Stück der deutschen Malerei. Dieses Schlachtbild mit einigen zehntausend Figürchen drauf enthält alle deutsche Gründlichkeit, Verbissenheit und Pedanterie, und zugleich ist in diesem Bild alles das unsäglich überwunden und überstrahlt von einer Grazie und einem stillen Farbenzauber, wie kein Franzose oder Chinese ihn übertreffen kann. Je nachdem man das Bild anschaut, kann man denken: »Herrgott, der gute Altdorfer muß ja ungezählte Jahre an dieser übergroßen Fleißarbeit gesessen sein!«, oder im nächsten Augenblick empfinden: »Lieber Gott, dies ganze große Bild muß ja an einem einzigen göttlichen Vormittag gemalt sein, so absolut eins ist es, so momentan und einmalig spielt der Lichtzauber über diese Figurenmassen!« Da stand ich lange und ließ es meinen Augen gut gehen. Und gleich daneben hing mein andrer Liebling, die kleine grüne Waldlandschaft von Altdorfer, dieses winzige Bildchen, in dem ich alle Urwälder und grünen Zufluchten der ganzen Welt empfinde, mit den harmonisch bewegten Wipfeln und mit dem süßen sanften Ton von Gold über all dem Grün.

Ich fände kein Ende, wenn ich mich weiter auf Einzelheiten einließe, das Thema ist unausschöpfbar. Aber ich war auch in der neuen Staatsgalerie. Sie ist aus einem Gedanken heraus entstanden, der in der Geschichte der Galerien einzig dasteht. Immer sind ja Galerien irgendwie nationalistisch, immer wollen sie ein wenig zeigen, daß eben doch kein andres Volk der Erde solche Bilder male oder solche Bilder zu kaufen vermöge, wie eben dieses hier. In dieser Münchner Galerie aber herrscht das umgekehrte Prinzip, das einer erstaunlichen Demut und Aufrichtigkeit. Es war dem Galerieschöpfer die Aufgabe gestellt, er möge deutlich zeigen, wie unerträglich öde und schlecht die deutsche, speziell die Münchner Malerei gewisser Jahrzehnte sei, verglichen mit der deutschen Malerei der beiden voraufgehenden

Jahrzehnte, oder gar verglichen mit den gleichzeitigen Franzosen. Die Aufgabe ist genial gelöst. Die Ausstellung ist so angelegt, daß man nicht beliebig mit diesem oder jenem Saal beginnen kann, sondern man muß zwangsläufig der Darlegung folgen, wie man einer gut geführten Argumentierung folgt. Man tritt ein und befindet sich inmitten der besten deutschen Malerei, bei Marées, bei Schuch und Leibl, bei dem jüngeren Hans Thoma und dem jungen Trübner. Beinah jedes Bild ist ein Kleinod. Dann aber folgt Saal auf Saal, ein entsetzlicher Querschnitt durch den Niedergang der deutschen, speziell der Münchner Kunst, vom Ende der achtziger Jahre an. In gewaltigen Räumen hängen hier Schinken an Schinken (einiges sehr Anständige ist auch dabei, aber nichts von sehr hohem Rang), die leeren großen Bilder der Wilhelminischen Epoche und Mentalität, dekorative Stücke von anspruchsvollem Format und bescheidenster Qualität. – Und siehe, dann ist die Qual vorüber, man kommt atemlos ans Ende dieser Räume, und nun wird man nicht etwa bös und enttäuscht ins Freie entlassen, sondern es öffnet sich ein Sälchen, in welchem gezeigt wird, was wirkliche Malerei sein kann. Es ist der Franzosensaal; zwei Lieblinge von mir hängen da: der »Bahndurchstich« von Cézanne und die »Barke« von Manet. Und nun wieder eine Überraschung: auch aus diesem Franzosenkabinett der ausgesuchten Kleinode wird man nicht ohne einen tröstlichen Ausblick heimgeschickt, es folgt noch eine kleine, nicht ganz erstklassige, aber doch schöne Auswahl moderner Malerei, in welcher gezeigt wird, wie gründlich jener Jugendstil und Dekorationsschwindel der großen Säle abgewirtschaftet hat, wie andre Wege die heutige Malerei, auch in Deutschland, geht. Unter den Bildern dieses Trostkabinetts habe ich wieder einen Liebling, das »Venedig« von Kokoschka mit seiner frischen, böigen Laune. Versöhnt verläßt man die Veranstaltung, sie ist witzig, ohne bösartig zu sein, man wird gebeugt, aber auch wieder erhoben. Eine gute, eine sehr gute Sache, diese Staatsgalerie.

Nun ich diese Sachen wiedergesehen hatte, war ich gesättigt, und da Karl Valentin zur Zeit nicht spielte, konnte ich München wieder verlassen, ohne das Gefühl, etwas Wesentliches versäumt zu haben. (1929)

Virtuosen-Konzert

Gestern abend war ich in einem Konzert, das sich von den Konzerten, welche ich sonst zu hören gewohnt bin, wesentlich unterschied. Es war das Konzert eines weltberühmten, mondänen Geigenvirtuosen, also eine nicht nur musikalische, sondern auch eine sportliche und vor allem eine gesellschaftliche Angelegenheit. Es verlief denn auch dieses Konzert durchaus anders als andere Konzerte, bei denen es sich bloß um Musik handelt.
Das Programm allerdings versprach zum größern Teil wirkliche Musik, es hätte beinahe das Programm eines bloßen Musikanten sein können. Schöne Sachen standen darauf, die Kreutzer-Sonate, Bachs Chaconne, Tartinis Sonate mit dem Teufelstriller. Diese schönen Stücke füllten zwei Drittel des Konzertes. Dann allerdings, gegen den Schluß hin, veränderte sich das Programm. Hier standen Musikstücke mit schönen, vielversprechenden Überschriften, Mondschein-Fantasien und venezianische Nächte, von unbekannten Verfassern, deren Namen auf Völkerschaften hindeutete, welche bisher in der Musik sich noch nicht hervorgetan haben. Kurz, der dritte Teil des Programmes erinnerte stark an die Programme, die man in den Musikpavillons eleganter Badeorte angeschlagen findet. Und den Schluß bildeten einige Stücke, die der große Virtuose selbst komponiert hatte.
Mit Neugierde begab ich mich zu diesem Ereignis. In meiner Jugend hatte ich Sarasate und Joachim die Geige spielen hören, und war trotz einigen Hemmungen von ihrem Spiel entzückt gewesen. Gewiß – Musik war eigentlich etwas anderes, etwas völlig anderes, etwas, das mit Virtuosentum nichts zu tun hatte, was der Anonymität, der Frömmigkeit bedurfte, um zum Blühen zu kommen. Aber dafür hatten die Virtuosen, von Paganinis Zeiten her, für jedermann und auch für mich jenen Zauber des Gauklers und Könners, jene Magie des Artistentums und des Zigeunertums: Auch ich hatte einmal, als Zwölfjähriger, kurz nachdem ich zum erstenmal Besitzer einer Geige geworden war, den Traum vom Virtuosen geträumt, hatte in meinen Phantasien vor überfüllten Riesensälen gestanden, hatte Zehntausende mit einem Lächeln beglückt, war von Kaisern empfangen und mit goldenen Medaillen dekoriert worden, war einsam, berühmt und heimatlos von Stadt zu Stadt, von Weltteil zu Weltteil gereist, von den Frauen geliebt, vom Volk beneidet, ein genialer und graziöser Tänzer auf

dem hohen Seil der Könnerschaft und des Weltruhms. Dies alles also gab es noch, auch heute wieder würden junge Knaben mit heißen Augen dem Blendenden zusehen, würden die Backfische seufzen, die Galerien vom Beifall donnern. Schön, ich freute mich darauf, ich war gespannt, Und es war in der Tat sehr schön.
Schon lange, ehe ich auch nur die Tonhalle erreicht hatte, wurde mir aus vielen Anzeichen klar, daß es sich heute nicht um das handle, was ich und meine Freunde Musik nennen, nicht um eines jener stillen und phantastischen Erlebnisse in einem unwirklichen und namenlosen Reich, sondern um einen Vorgang von äußerster Wirklichkeit. Die Ereignisse dieses Abends spielten sich nicht in ein paar mehr oder weniger träumerischen und lebensuntüchtigen Gehirnen ab, sondern setzen die Motore, die Pferde, die Geldbeutel, die Friseure und die ganze übrige Wirklichkeit gewaltig in Bewegung. Was hier geschah, war nicht weltfern und verrückt, es war höchst real und richtig, es hatte dieselbe Wucht und eine ähnliche Aufmachung wie die großen Inhalte des modernen Lebens sie zeigen: Sportplatz, Börse, große Feste.
Schwer war es, in den der Tonhalle benachbarten Straßenzügen durch die Ströme der herzueilenden Besucher, durch die Schlangen der Automobilreihen zu pirschen. War man am Eingang des Hauses, so konnte man sich schon etwas einbilden, so hatte man schon etwas geleistet, hatte sich durchgekämpft, hatte über Unterliegende triumphiert und einen Platz an der Sonne ergattert. Und schon unterwegs, auf der staubigen Straße zwischen den hundert Autos, die alle zum Konzertsaal strebten, erfuhr ich Nachrichten über den Großen, sein Ruhm sprang mich an, drang in meine Einsamkeit und machte mich, der ich in keine Gesellschaft gehe und keine Zeitung lese, zum erstaunten Mitwisser interessanter Einzelheiten.
»Morgen abend«, so hörte ich sagen, »spielt er schon wieder in Hamburg?« Jemand zweifelte: »In Hamburg? Wie will er denn bis morgen abend nach Hamburg kommen, da müßten er ja jetzt schon in der Bahn sitzen?« »Unsinn! Natürlich reist er im Flugzeug. Vielleicht hat er ein eigenes.« Und in der Garderobe, wo ich den Kampf siegreich fortsetzte, erfuhr ich aus den lebhaften Unterhaltungen meiner Mitkämpfer, daß der große Musiker für diesen einen Abend vierzehntausend Franken gefordert und bekommen habe. Jedermann nannte die Summe mit Ehrfurcht. Einige meinten zwar, die Kunst sei doch eigentlich nicht bloß für

die Reichen da, und auch er fand Zustimmung, und es zeigte sich, daß die meisten froh gewesen wären, wenn sie ihre Eintrittskarten zu einem »normalen« Preis bekommen hätten, und daß sie dennoch alle stolz darauf waren, so viel bezahlt zu haben. Die Psychologie dieses Zwiespaltes zu ergründen, war mir nicht möglich, denn ich hatte mein Billett geschenkt bekommen.
Endlich waren wir alle drinnen, endlich waren alle an ihren Plätzen. Zwischen den Stuhlreihen, in den Korridoren, im Nebensaal, auf dem Podium bis dicht an den Flügel waren Extrastühle aufgestellt, kein Platz war leer, zuweilen hörte man von draußen, von der Kasse, das laute Wehklagen derer, die abgewiesen wurden. Glockenzeichen gellten, es wurde still. Und plötzlich erschien raschen Schrittes der große Geiger, hinter ihm bescheiden ein junger Klavierspieler.
Wir waren alle sofort von ihm entzückt. Nein, das war weder ein zigeunerischer Schmachtlappen, noch ein brutaler Geldverdiener, das war ein seriöser, sympathischer, geschmeidiger und doch würdiger Herr von schöner Erscheinung und gewählten Formen. Weder warf er Kußhände noch spielte er den weltverachtenden Professor, wach blickte er in das Publikum, und wußte genau, um was es sich hier handle, nämlich um einen Kampf zwischen ihm und diesem Riesen mit tausend Köpfen, einen Kampf, in dem er zu siegen entschlossen war und schon halb gesiegt hatte, denn selten wird ein so zahlreiches Publikum, wenn es so hohe Preise bezahlt hat, nachher eine Enttäuschung zugeben.
Der Virtuose gefiel uns allen sehr. Und als er nun zu spielen anfing, den langsamen Satz der Kreutzersonate, zeigte es sich sofort, daß sein Weltruhm nicht unverdient war. Dieser sympathische Mann verstand außerordentlich mit seiner Geige umzugehen, er hatte eine Geschmeidigkeit des Strichs, eine Sauberkeit des Griffs, eine Stärke und Elastizität des Tones, eine Meisterschaft, der man sich willig und erfreut überließ. Den zweiten Satz nahm er etwas rasch, das Tempo leicht forcierend, aber wunderschön. Übrigens spielte auch der junge Mann am Klavier sehr lebendig und sympathisch.
Mit der Kreutzersonate war das erste Drittel des Programms erledigt, und in der Pause rechnete mein Vordermann seinem Nachbarn vor, wieviel tausend Franken der Künstler in dieser halben Stunde schon verdient habe. Es folgte die Chaconne von Bach, sehr schön, aber erst im dritten Stück, in der Tartini-So-

nate, kam der Glanz des Geigers ganz zu seiner Blüte. Dies Stück, von ihm gespielt, war wirklich ein Wunderwerk, erstaunlich schwierig und erstaunlich bewältigt, und dazu noch eine sehr gute, solide Musik. War das große Publikum Beethoven und Bach vielleicht nur aus Achtung gefolgt, und nur dem Geiger zuliebe, hier begann es mitzuschwingen und warm zu werden. Der Beifall dröhnte, sehr korrekt verbeugte sich der Virtuose, beim dritten oder vierten Erscheinen gab er ein Lächeln drein.
Im dritten Teil des Konzertes nun kamen wir eigentlichen Musikfreunde, wir Puritaner der guten Musik, in Bedrängnis, denn nun ging es Schritt um Schritt dem großen Publikum entgegen, und was den guten Musikern Beethoven und Bach keineswegs, dem famosen Könner Tartini nur halb geglückt war, das glückte diesen unbekannten exotischen Tango-Komponisten vorzüglich: die Tausende entbrannten, sie schmolzen hin und gaben den Kampf auf, die lächelten verklärt und weinten Tränen, sie stöhnten entzückt und brachen nach jedem dieser kurzen Unterhaltungsstücke in trunkenen Beifall aus. Der große Mann hatte gesiegt, jede dieser dreitausend Seelen gehörte ihm, alle ergaben sich willig, ließen sich streicheln, ließen sich necken, ließen sich beglükken, schwammen in Rausch und Bezauberung. Wir paar Puritaner dagegen wehrten uns innerlich, kämpften heroische nutzlose Kämpfe, lachten unwillig über den Schmarren, der da gespielt wurde, und konnten doch zugleich nicht umhin, den Schmelz dieses Strichs, die Süßigkeit dieser Töne wahrzunehmen und gelegentlich über den Zauber einer verruchten, aber zauberhaft gespielten Passage zu schmunzeln.
Der große Zauber war erreicht. Denn auch wir mißvergnügten Puritaner schwammen, wenigstens für Augenblicke, auf der großen Woge mit, auch uns ergriff, wenigstens für Augenblicke, der süße holde Taumel. Wieder waren wir Knaben und kamen aus der ersten Violinstunde, wieder träumten wir uns selig über die Berge der Schwierigkeiten hinweg, jeder von uns war für Traum-Augenblicke Er, der Meister, der Zauberer, zog mit mühelosem Bogenstrich die Herzen hinter sich her, besiegte lächelnd und spielend das große Ungeheuer, die Menge, sog den Beifall, sog den Rausch der Masse ein, wiegte sich darin, lächelte darüber.
Die Tausende waren entflammt. Sie duldeten nicht, daß dies Konzert ein Ende nehme. Sie klatschten, schrien, trampelten. Sie

zwangen den Künstler wieder und wieder sich zu zeigen, noch eine zweite, dritte, vierte Zugabe zu spielen. Er tat es elegant und hübsch, machte seine Verbeugungen, gab seine Zugaben; stehend hörte die Menge zu, atemlos, völlig bezaubert. Sie glaubten jetzt Sieger zu sein, die Tausende, sie glaubten den Mann bezwungen zu haben, sie glaubten, ihn durch ihre Begeisterung immer und immer wieder zum Wiederkommen und Weiterspielen zwingen zu können. Er aber gab genau die Zugaben, vermute ich, die er vorher mit dem Klavierspieler vereinbart hatte, und als er den letzten, nicht aufs Programm gedruckten, aber vorberechneten Teil seines Konzertes abgespielt hatte, verschwand er und kam nicht wieder. Es half alles nichts, man mußte gehen, man mußte erwachen.

Während dieses ganzen Abends waren zwei Personen in mir, zwei Zuhörer, zwei Mitspieler. Der eine war ein alter Musikliebhaber mit unbestechlichem Geschmack, ein Puritaner der guten Musik, der schüttelte häufig den ernsten Kopf und kam im letzten Drittel des Abends aus dem Schütteln gar nicht mehr heraus. Er war nicht nur gegen die Verwendung dieses Könnens auf eine Musik von sehr mäßigem Wert, er war nicht nur gegen diese schmachtenden, erzählenden, unterhaltenden, gefälligen Salonstückchen – nein, er war auch gegen dies ganze Publikum, gegen diese reichen Leute, die in ernsteren Konzerten nie zu sehen waren, die mit ihren vielen Autos zu diesem Virtuosen gefahren kamen wie zu einem Rennen oder zur Börse, er war gegen die seichte, schnell geweckte, schnell verflogene Begeisterung all dieser Backfische. Der andere in mir aber war ein Knabe, der folgte dem sieghaften Geigenhelden, wurde eins mit ihm, schwang mit ihm.

Diese beiden hatten im Lauf des Abends viele Unterhaltungen, viel Streit miteinander. Es kam vor, daß der gewiegte Musikliebhaber in mir gegen die gespielten Stückchen protestierte, und daß der Knabe in mir daran erinnern mußte, daß ich selber erst, vor Zeiten, einen Roman geschrieben habe, in dem ein Saxophonbläser einem vergrämten Musikkritiker sehr lesenswerte Antworten gibt.

Ach, und wie viel mußte ich über den Künstler selbst nachdenken, diesen korrekten Zauberer! War er im Herzen ein Musiker, der am liebsten nur Bach und Mozart gespielt hätte, und der nur langsam, nur nach Kämpfen sich darein gefunden hatte, den Menschen nichts aufzudrängen, sondern ihnen das zu geben, was sie selbst verlangten? War er ein im Erfolg erstickter Weltmensch? War er ein kalter Rechner, der es verstand, die Menschen genau an jener empfindlichen heiklen Stelle zwischen Tränendrüse und Geldbeutel zu kitzeln, wo es Tränen und Taler regnete, wenn man den Zauber verstand? Oder war er ein demütiger Diener der Kunst, zu bescheiden als daß er sich ein Urteil angemaßt hätte, willig und dienend in seine Rolle ergeben, dem Schicksal nicht widerstrebend? Oder war er vielleicht, aus sehr tiefen Gründen und Erfahrungen, dahin gekommen, am Wert und am Verstandenwerdenkönnen der echten Musik im heutigen Leben zu verzweifeln, und war es sein Bestreben, jenseits aller Musik die Menschen erst einmal wieder an die Anfänge der Kunst zu führen, zur nackten sinnlichen Schönheit der Töne, zur nackten Wucht der primitiven Gefühle? Es war nicht zu enträtseln. Noch immer denke ich darüber nach. (1929)

Lektüre im Bett

Wenn man in einem Hotel länger als drei bis vier Wochen wohnt, muß man immer einmal mit irgend einer Störung rechnen. Entweder findet eine Hochzeit im Hause statt, welche mit Musik und Gesang den ganzen Tag und die ganze Nacht andauert, und am Morgen mit gerührten Gruppen Betrunkener in den Korridoren endet. Oder dein Zimmernachbar links macht einen Selbstmordversuch mit Gas, und die Dämpfe dringen zu dir herüber. Oder er erschießt sich, was an sich ja anständiger ist, aber er tut es zu einer Tageszeit, wo Hotelgäste von ihren Nachbarn stilles Betragen erwarten dürften. Manchmal platzt auch eine Wasserröhre, und du mußt dich durch Schwimmen retten, oder eines Morgens um sechs Uhr werden die Leitern vor deinen Fenstern angelegt, und es steigt eine Schar von Männern herauf, welche Auftrag haben, das Dach umzudecken.

Da ich nun schon drei Wochen unbehelligt in meinem alten Heiligenhof in Baden wohnte, konnte ich damit rechnen, daß bald eine Störung fällig sein werde. Es war diesmal eine der harmlosesten: etwas an der Heizung ging kaputt und wir mußten einen Tag lang frieren. Den Vormittag hielt ich heldenhaft aus, erst ging ich ein wenig spazieren, dann begann ich zu arbeiten, im warmen Schlafrock, und freute mich jedesmal, wenn in den kalten Eisenschlangen der Dampfheizung ein Gurgeln oder Pfeifen auf wiedererwachendes Leben zu deuten schien. Aber so rasch ging die Sache doch nicht, und im Lauf des Nachmittags, als mir Hände und Füße kalt geworden waren, gab ich nach und streckte die Waffen. Ich zog mich aus und legte mich ins Bett. Und da nun schon einmal die Ordnung der Dinge durchbrochen und eine Art von Exzeß begangen war, indem ich mich mitten am Tage in die Kissen legte, tat ich auch noch etwas anderes, was ich sonst nicht zu tun pflege. Meine Bekannten und die Beurteiler meiner Schriften sind beinahe alle der Meinung, ich sei ein Mann ohne Grundsätze. Aus irgendwelchen Beobachtungen und aus irgendwelchen Stellen meiner Bücher schließen diese wenig scharfsinnigen Leute, ich führe ein unerlaubt freies, bequemes Leben ins Blaue hinein. Weil ich morgens gern lang liegen bleibe, weil ich mir in der Not des Lebens hie und da eine Flasche Wein erlaube, weil ich keine Besuche empfange und mache, und aus ähnlichen Kleinigkeiten schließen diese schlechten Beobachter, ich sei ein weichlicher, bequemer, verlotterter Mensch, der sich überall nachgibt, sich zu nichts aufrafft und ein unmoralisches, haltloses Leben führt. Sie sagen dies aber nur, weil es sie ärgert und ihnen anmaßend scheint, daß ich mich zu meinen Gewohnheiten und Lastern bekenne, daß ich sie nicht verheimliche. Wollte ich (was ja leicht wäre) der Welt einen ordentlichen, bürgerlichen Lebenswandel vortäuschen, wollte ich auf die Weinflasche eine Kölnischwasser-Etikette kleben, wollte ich meinen Besuchen, statt ihnen zu sagen, sie seien mir lästig, vorlügen, ich sei nicht zu Haus, kurz, wollte ich schwindeln und lügen, so wäre mein Ruf der beste und der Ehrendoktor würde mir schon bald verliehen werden.

In Wirklichkeit nun ist es so, daß ich, je weniger ich mir die bürgerlichen Normen gefallen lasse, desto strenger meine eigenen Grundsätze halte. Es sind Grundsätze, die ich für vortrefflich halte und deren Befolgung keinem meiner Kritiker auch nur einen Monat lang möglich wäre. Einer von ihnen ist der Grundsatz, keine Zeitungen zu lesen – nicht etwa aus Literatenhochmut oder aus dem irrtümlichen Glauben, die Tagesblätter seien schlechtere Literatur als das, was der heutige Deutsche »Dichtung« nennt, sondern einfach, weil weder Politik, noch Sport, noch Finanzwesen mich interessieren, und weil es mir seit Jahren unerträglich wurde, Tag für Tag machtlos zuzusehen, wie die Welt neuen Kriegen entgegenläuft.

Wenn ich nun meine Gewohnheit, keine Zeitungen anzusehen, wenige Male im Jahr für eine halbe Stunde unterbreche, habe ich außerdem den Genuß einer Sensation, ebenso wie beim Kino, das ich auch nur, mit heimlichen Schaudern, etwa einmal im Jahr betrete. An diesem etwas trostlosen Tage nun, ins Bett geflüchtet und leider nicht mit anderer Lektüre versehen, las ich zwei Zeitungen. Die eine, eine Zürcher Zeitung, war noch ziemlich neu, erst vier oder fünf Tage alt, und ich besaß sie, weil ein Gedicht von mir in dieser Nummer abgedruckt stand. Die andere Zeitung war etwa eine Woche älter und hatte mich ebenfalls nichts gekostet, sie war in der Form von Einwickelpapier in meine Hände gelangt. In diesen beiden Zeitungen las ich nun mit Neugierde und Spannung, das heißt ich las natürlich nur jene Teile, deren Sprache mir verständlich ist. Jene Gebiete, zu deren Darstellung eine besondere Geheimsprache erforderlich ist, mußte ich mir entgehen lassen, also Sport, Politik und Börse. Es blieben also die kleinen Nachrichten und das Feuilleton übrig. Und wieder begriff ich mit allen Sinnen, warum die Menschen Zeitungen lesen. Ich begriff, bezaubert vom vielmaschigen Netz der Mitteilungen, den Zauber des verantwortungslosen Zuschauens und fühlte mich eine Stunde lang in der Seele eins mit jenen vielen alten Leuten, die jahrelang herumsitzen und nur deshalb nicht sterben können, weil sie Radio-Abonnenten sind und von Stunde zu Stunde Neues erwarten.

Dichter sind meistens ziemlich phantasiearme Menschen, und so war ich denn wieder berauscht und überrascht von allen diesen Nachrichten, von denen ich kaum eine selbst zu erfinden imstande gewesen wäre. Ich las höchst merkwürdige Dinge, über die ich Tage und Nächte lang werde nachzudenken haben. Nur wenige der hier mitgeteilten Nachrichten ließen mich kalt: daß man noch immer heftig und erfolglos gegen die Krebskrankheit kämpfe, setzte mich ebensowenig in Erstaunen wie die Meldung von einer neuen amerikanischen Stiftung zugunsten der Ausrottung des Darwinismus. Aber drei- oder viermal las ich aufmerksam eine Notiz aus einer Schweizer Stadt, wo ein junger Mensch wegen fahrlässiger Tötung seiner eigenen Mutter verurteilt wurde, und zwar zu einer Geldstrafe von hundert Franken. Diesem armen Menschen war das Unglück passiert, daß er, vor den

Augen seiner Mutter, sich mit einer Schießwaffe beschäftigte, daß die Waffe losging und die Mutter tötete. Der Fall ist traurig, aber nicht unausdenklich, es stehen schlimmere und unheimlichere Nachrichten in jeder Zeitung. Aber wieviele Viertelstunden ich mit Nachberechnungen dieser Geldstrafe verschwendet habe, schäme ich mich einzugestehen. Ein Mensch erschießt seine Mutter. Tut er es absichtlich, so ist er ein Mörder, und wie die Welt nun einmal ist, wird er nicht einem weisen Sarastro übergeben, der ihn über die Dummheit seines Mordes aufklärt und ihn zum Menschen zu machen versucht, sondern man wird ihn für eine gute Weile einsperren, oder in Ländern, wo noch die guten alten Barbarenfürsten Geltung haben, wird man ihm, um Ordnung zu schaffen, seinen törichten Kopf abhacken. Nun ist ja dieser Mörder aber gar kein Mörder, er ist ein Pechvogel, dem etwas ungewöhnlich Trauriges passiert ist. Auf Grund welcher Tabellen nun, auf Grund welcher Taxierungen vom Wert eines Menschenlebens oder von der erzieherischen Kraft der Geldstrafe ist das Gericht dazu gekommen, dieses fahrlässig zerstörte Leben gerade mit dem Geldbetrag von hundert Franken einzuschätzen? Ich habe mir keinen Augenblick erlaubt, an der Redlichkeit und dem guten Willen des Richters zu zweifeln, ich bin überzeugt, daß er sich große Mühe gab, ein gerechtes Urteil zu finden, und daß er zwischen seinen vernünftigen Erwägungen und dem Wortlaut der Gesetze in schwere Konflikte kam. Aber wo in der Welt ist ein Mensch, der die Nachricht von diesem Urteil mit Verständnis oder gar mit Befriedigung lesen könnte?

Im Feuilleton fand ich eine andere Nachricht, sie bezog sich auf einen meiner berühmten Kollegen. Von »unterrichteter Seite« wurde uns da mitgeteilt, daß der große Unterhaltungsschriftsteller M. zur Zeit in S. weile, um Verträge über die Verfilmung seines letzten Romans abzuschließen, und daß ferner Herr M. geäußert habe, sein nächstes Werk werde ein nicht minder wichtiges und spannendes Problem behandeln, aber er werde kaum vor Ablauf von zwei Jahren imstande sein, diese große Arbeit fertigzustellen. Auch diese Nachricht beschäftigte mich lang. Wie treu, wie gut und sorgsam muß dieser Kollege täglich seine Arbeit leisten, damit er solche Voraussagungen machen kann! Aber warum macht er sie? Könnte nicht vielleicht während der Arbeit doch ein anderes, heftiger brennendes Problem ihn erfassen und zu anderer Arbeit zwingen? Könnte nicht seine Schreibmaschine eine

Panne erleiden oder seine Sekretärin erkranken? Und wozu war dann die Vorausankündigung gut? Wie steht er dann da, wenn er nach zwei Jahren bekennen muß, daß er nicht fertig geworden sei? Oder wie, wenn die Verfilmung seines Romans ihm soviel Geld einbringt, daß er das Leben eines reichen Mannes zu führen beginnt? Dann wird weder sein nächster Roman, noch sonst jemals wieder ein Werk von ihm fertig werden, es sei denn, daß die Sekretärin die Firma weiterführe.

Aus einer andern Zeitungsnotiz erfahre ich, daß ein Zeppelinluftschiff unter der Führung von Dr. Eckener im Begriff sei, von Amerika zurückzufliegen. Also muß es vorher auch hinübergeflogen sein. Eine schöne Leistung! Diese Nachricht erfreut mich. Und wie viele Jahre habe ich nicht mehr an den Dr. Eckener gedacht, unter dessen Führung ich einst vor 18 Jahren meinen ersten Zeppelin-Flug über dem Bodensee und dem Arlberg machte. Ich erinnere mich eines kräftigen, eher wortkargen Mannes mit einem festen, zuverlässigen Kapitänsgesicht, dessen Gesicht und Namen ich mir damals gemerkt habe, obwohl ich nur wenige Worte mit ihm wechselte. Und nun ist also, nach all diesen vielen Jahren und Schicksalen, dieser Mann noch immer an der Arbeit, er hat weiter gemacht und ist schließlich bis Amerika geflogen, und weder Krieg, noch Inflation, noch persönliche Schicksale haben ihn abhalten können, seinen Dienst zu tun und seinen festen Kopf durchzusetzen. Ich sehe ihn noch deutlich vor mir, wie er damals, im Jahr 1910, mir einige freundliche Worte sagte (er hielt mich vermutlich für einen Berichterstatter) und dann in seine Führergondel kletterte. Er ist im Krieg nicht General, er ist in der Inflation nicht Bankier geworden, er ist immer noch Schiffbauer und Kapitän, er ist seiner Sache treu geblieben. Inmitten so vieler verwirrender Neuigkeiten, die aus den beiden Zeitungen in mich eingeströmt sind, ist diese Nachricht beruhigend.

Aber nun ist es genug. Einen ganzen Nachmittag habe ich mit den zwei Zeitungsblättern verbracht. Die Heizung ist noch immer kalt, ich will also ein wenig zu schlafen versuchen. (1929)

Wahlheimat

Mir das Leben leicht und bequem zu machen, habe ich leider niemals verstanden. Eine Kunst aber, eine einzige, ist mir immer zu Gebote gestanden: die Kunst, schön zu wohnen. Seit der Zeit, da ich meinen Wohnort mir selbst wählen konnte, habe ich immer außerordentlich schön gewohnt, habe ich immer eine charakteristische, große, weite Landschaft vor meinen Fenstern gehabt. Nie aber habe ich so schön gewohnt wie im Tessin, und noch keinem meiner Wohnorte bin ich so viele Jahre treu geblieben wie meinem jetzigen; seit elf Jahren schon wohne ich hier, und denke noch nicht ans Weggehen. Die Tessiner Landschaft, die ich im Jahr 1907 zum erstenmal gründlicher kennen lernte, hat mich stets wie eine vorbestimmte Heimat, oder doch wie ein ersehntes Asyl, angezogen. In vielen meiner Dichtungen kommt sie vor, in einigen spielt sie die Hauptrolle, namentlich in der »Wanderung«, die nichts ist als ein Lobgesang an die Tessiner Landschaft.
Seit Jahren ist es mein Wunsch, ein Häuschen und ein wenig Land in der Luganeser Gegend zu besitzen und meine Tage hier zu beenden. Denn auch die Tessiner liebe ich sehr, nicht nur ihre Landschaft und ihr Klima. Es hat in den elf Jahren, seit ich unter ihnen wohne, noch nie ein böses Wort zwischen uns gegeben.
Ich habe es oft ausgesprochen: ein Dichter ist in vielen Beziehungen das anspruchsloseste Wesen der Welt, aber in andern Beziehungen wieder verlangt er viel, und stirbt viel lieber, als daß er verzichten würde. Mir zum Beispiel wäre es unmöglich, zu leben, ohne daß die Umgebung meinen Sinnen wenigstens ein Minimum an echter Substanz, an wirklichen Bildern böte. In einer modernen Stadt, inmitten von kahler Nutz-Architektur, inmitten von Papierwänden, inmitten von imitiertem Holz, inmitten von lauter Ersatz und Täuschung zu leben, wäre mir vollkommen unmöglich, ich würde da sehr bald eingehen. Hier im Tessin aber finde ich manche Dinge, die nicht nur schön und wohlig anzusehen, sondern auch voll tausendjähriger Tradition sind. Der nackte steinerne Tisch bei der steinernen Bank unterm Kirschlorbeer oder Buchsbaum, der Krug und die tönerne Schale voll Rotwein, das Brot und der Ziegenkäse dazu – das alles war zur Zeit des Horaz auch nicht anders. (1930)

Feuerwerk

Meine Freunde und Feinde wissen und tadeln es längst: ich habe an vielen Dingen keine Freude und glaube an viele Dinge nicht, die der Stolz der heutigen Menschheit sind; ich glaube nicht an die Technik, ich glaube nicht an die Idee des Fortschritts, ich glaube weder an die Herrlichkeit und Größe unserer Zeit noch an irgendeine ihrer »führenden Ideen«, während ich hingegen vor dem, was man »Natur« nennt, eine unbegrenzte Hochachtung habe.

Und dennoch gibt es manche Erfindungen und Überlistungen der Naturkräfte, die ich außerordentlich bewundere und liebe, die ich ebenso und eher noch mehr liebe als die Erscheinungen der Natur. Während ein Motorwettfahren mich nicht einen Meter weit aus meiner Stube zu locken vermag, bin ich durch ein Ohr voll echter Musik, durch den Anblick einer echten Architektur, durch den Vers eines Dichters überaus leicht zu zähmen, und bewundere den Menschengeist, der solche Dinge hervorgebracht hat. Wenn ich es recht betrachte, sind es eigentlich nur die »nützlichen« Erfindungen, denen ich abgeneigt bin und mißtraue. Bei diesen angeblich nützlichen Errungenschaften ist immer so ein verfluchter Bodensatz dabei, sie sind alle so schäbig, so ungroßmütig, so kurzatmig, man stößt so schnell auf ihren Antrieb, auf die Eitelkeit oder die Habsucht, und überall hinterlassen diese nützlichen Kulturerscheinungen einen langen Schweif von Schweinerei, von Krieg, von Tod, von verheimlichtem Elend. Hinter der Zivilisation her ist die Erde voll von Schlackenbergen und Abfallhaufen, die nützlichen Erfindungen haben nicht nur hübsche Weltausstellungen und elegante Automobilsalons zur Folge, sondern es folgen ihnen auch Heere von Bergwerkarbeitern mit blassen Gesichtern und elenden Löhnen, es folgen ihnen Krankheiten und Verödung, und daß die Menschheit Dampfmaschinen und Turbinen hat, dafür zahlt sie mit unendlichen Zerstörungen im Bild der Erde und im Bilde des Menschen, dafür zahlt sie mit Zügen im Gesicht des Arbeiters, mit Zügen im Gesicht des Unternehmers, mit Verkümmerungen der Seele, mit Streiken und mit Kriegen, mit lauter schlimmen und abscheulichen Dingen, während dagegen dafür, daß der Mensch die Violine erfunden, und dafür, daß jemand die Arien im Figaro geschrieben hat, keinerlei Preis bezahlt werden muß. Mozart und

Mörike haben der Welt nicht viel gekostet, sie waren wohlfeil wie der Sonnenschein, jeder Angestellte in einem technischen Bureau kommt teurer.
Aber wie gesagt, alle Achtung vor gewissen Erfindungen! Namentlich alle jene Erfindungen, die den Stempel des unnützen, der Müßiggängerei, des Spielerischen und Verschwenderischen an sich tragen, liebe ich von Kind auf mit Leidenschaft. Es gehören zu diesen Künsten nicht nur die der Musik, der Dichtung usw., sondern noch manche andere. Je unnützer eine Kunst ist, je weniger sie irgendwelchen Notdürften dient, je mehr sie den Charakter des Luxus, des Müßiggangs, der Kinderei an sich trägt, desto lieber ist sie mir.
Und da ist es mir eine schöne und merkwürdige Erfahrung, daß die Menschheit eigentlich gar nicht immer so ist wie sie gern tut, gar nicht so unendlich praktisch und nützlichkeitsbetrunken, gar nicht so happig und berechnend. Erst dieser Tage habe ich wieder einen entzückenden Beweis davon erhalten. Unsre kleine Stadt am See hat ein großes Feuerwerk abgebrannt. Das Feuerwerk hat, die langen Pausen mitgerechnet, knapp eine Stunde gedauert, und es hat, wie mir versichert wird, manche tausend Franken gekostet. Da lacht mir das Herz. Ein Magistrat, ein Verkehrsverein samt Bürgerausschuß haben sich da zusammengetan, um etwas zustande zu bringen, was mich und manche andere entzückt, was aber jedem echten Volkswirtschafter, jedem wirklichen Freund des Nützlichen wie ein toller Spuk erscheinen muß: Sie haben beschlossen, sich und den zur Zeit anwesenden Kurgästen einmal einen rechten Spaß zu machen. Sie haben beschlossen, auf die hübscheste, unnützeste und rascheste auf die flatterhafteste und lustigste Art der Welt einige tausend überflüssige Franken in die Luft zu jagen, und es ist ihnen vortrefflich geglückt, das muß ich sagen. Es war großartig. Es fing mit einem gewaltigen Kanonenschlag an, einer Parodie auf alle Kriege und Morde, einer musikalisch-scherzhaften Verwendung der ernsthaftesten Kräfte, die der findige Mensch in seinen Dienst zu stellen gewußt hat. Und so ging es weiter. Statt geschossen wurde geknallt, statt Granaten kamen Raketen, statt Schrapnells kamen Leuchtkugeln, statt Verwundungen gab es Ausrufe des Entzückens, kurz, der ganze kostspielige Krieg tobte sich bei aller Pulververschwendung so harmlos und liebenswürdig, so bunt und vergnüglich aus, daß es eine Freude war.

Außerdem verlief dieser Krieg, ein sehr klug und tief vorausbedachter und berechneter Feldzug, keineswegs so dumm und geistlos wie Kriege sonst verlaufen. Auch den Granatenkriegen, den wirklichen, auch den Kriegen der Generäle liegen ja meistens sehr kluge und genaue Pläne und Vorausberechnungen zugrunde, nur leider kommt es immer ganz anders, und schließlich steckt man statt in der Ausführung einer genau berechneten technischen Aktion in großen Schweinereien drin, die niemand vorausgesehen hat, und welche niemand erfreuen können. Hier aber, bei diesem prachtvollen Kleinkrieg, ging alles wie vorausgedacht, es verliefen Auftakt und Vorspiel, Steigerung und Verzögerung und alles bis zum glänzenden Schlußeffekt durchaus so, wie es gewollt war, es war kein blindes und rohes Geschehen, wie die Kriege es meistens trotz den Generalstabsplänen werden, sondern es war eine rein geistige, rein spielerische, eine völlig ideale Angelegenheit.

Es war die Frage zu lösen; wie kann man soundso viel tausend Franken in möglichst kurzer Zeit zum Vergnügen möglichst vieler und ohne jede üble Folge verpulvern? Die Frage wurde genial und restlos gelöst. Verteilt auf einige wenige große Bukette von Riesenraketen, jedes für einige Tausend, sauste in kurzer Frist der ganze Betrag aufs erfreulichste in die Lüfte, jeder Augenblick dieses Ablaufs entsprach der Absicht des Feuerwerkers, das Programm wickelte sich ab wie eine Symphonie nach den magischen Vorschriften der Partitur abgespielt wird, und jeder Moment dieser Abwicklung war für uns Zuschauer voll Spannung und Genuß. Es wurde dasselbe erreicht wie mit aller hohen und echten Kunst: ein Erinnertwerden an göttliche, geistfunkelnde Lebensräume, ein wehmütiges Lächeln über das rasche Vergehen und Hinwelken alles Schönen, ein tapferes Einverstandensein mit dem verschwenderischen Schauspiel. War auch vielleicht der eine und andere kleine arme Teufel mit unter den Zuschauern, der zwischenhinein gelegentlich dachte, wie sehr ihm damit gedient wäre, wenn er den zehnten oder zwanzigsten Teil dessen bekäme, was das hübsche vergängliche Schauspiel kostete – das waren geringe Ausnahmen. Die Mehrzahl der Zuschauer – das fühlte man deutlich in der Festatmosphäre dieses Abends – dachte nicht an solche Nichtigkeiten, sie standen mit aufgerissenen Augen, mit zurückgebogenen Köpfen, sie lachten und schwiegen und waren entzückt, bezaubert und irgendwo auch erschüttert von der

Schönheit dieser Vorgänge: von ihrer Planmäßigkeit, von ihrer offensichtlichen Nutzlosigkeit, von der gewaltigen Verschwendung an Pulver, an Licht, an Geist und Berechnung, von dem ganzen riesigen Aufwand, der da für nichts getrieben wurde, von dem ganzen kostspieligen und witzigen Apparat, der da in Bewegung gesetzt wurde, bloß um sich einen kurzen, kleinen Spaß zu machen. Ich glaube sogar, wenn es erlaubt ist das zu sagen, daß das Gefühl, das die meisten dieser bezauberten Zuschauer dabei erlebten, dem der Frömmigkeit ebenso nah verwandt war wie die Gefühle, mit denen die sonntäglichen Kirchenbesucher eine Predigt anhören.

Gewiß, wenn ich wirklich der Nörgler wäre, als den mich meine Freunde und Feinde gern hinstellen, so würde es mir nicht schwer werden, auch hinter der entzückenden Fassade dieses Feuerwerks Unrat zu wittern. Es könnte immerhin sein, daß Hoteliers und Magistrat das Ganze nicht veranstaltet haben, um sich von ihren Franken zu befreien, sondern im Gegenteil, um auf Umwegen Geld zu verdienen. Es könnte sein, daß der größte Teil des verflatterten Geldes dort hängen bleibt, wo man mit Geduld und Umsicht die kommenden Kriege vorbereitet: bei den Herstellern der Sprengmittel usw. Kurz, es würde nicht viel Geist dazu gehören, um auch dies hübsche kleine Feuerwerk-Erlebnis zu entwerten. Aber ich hüte mich wohl, dies zu tun. Ich bin noch berauscht von jenem Wolkenbruch zischender grüner und roter Sternchen, die aus dem Kelch einer goldenen Riesenblume stürzten, und beglückt über diese Riesenfeuerblume selbst, die den halben Himmel einnahm und dann so rasch und gründlich verschwunden war. Überhaupt, ich bin noch immer entzückt, es war so wunderbar – z. B. wie die roten Funkenregen so leise wie dünner Flockenfall sich schleierzart am Nachthimmel verloren und so unsäglich fremd und aus anderem Stoff hinter ihnen die wirklichen Sterne wieder sichtbar wurden! Auch jene originelle Art von kaltschnäuzigen Raketen hat mir gefallen, die so fabelhaft energisch und wild emporstreben und offenbar durchaus gesonnen sind, eine halbe Stunde lang den ganzen Himmel mit ihrer Wichtigkeit zu erfüllen – und die dann, kaum auf der Höhe ihrer Bahn angekommen, ganz plötzlich mit einem ärgerlichen kurzen Knall verschwinden, wie ein Herr etwa, der sich entschlossen hat, einem großen Fest beizuwohnen, der sich im Frack und mit allen Orden in den Festsaal begeben hat, den aber beim Anblick des Saales ein Widerwille packt, so daß er den Mund zusammenkneift, kurzum kehrtmacht und beim Weggehen vor sich hin murmelt: »Ach, ihr alle könnt mir ...« (1930)

Bücher-Ausklopfen

Eine wunderliche Beschäftigung hat mich in den letzten acht Tagen in Atem gehalten. Vor einem Umzuge stehend, habe ich, zum erstenmal wieder seit zwölf Jahren, meine ganze Bibliothek reinigen und zum Verpacken fertig machen müssen, eine große, mühsame Arbeit, der ich jeden Tag mindestens vier bis fünf Stunden widmete, um abends mit zerbrochenem Rücken und leerem Kopf die Freuden einer durch mechanische Arbeit erworbenen Müdigkeit zu genießen. Man könnte dieselbe Arbeit auch einfacher und oberflächlicher machen, aber ich machte sie gründlich, sehr gründlich, denn die paar tausend Bücher sind mein bester und mein liebster Besitz, und außerdem habe ich in früher Jugend, in den sagenhaften Jahren zu Ende des neunzehnten Jahrhunderts, als Buchhändler und Antiquar den Umgang mit Büchern noch mit den alten zunftmäßigen Formalitäten erlernt.
Wunderliche Situationen ergaben sich bei dieser tagelangen Arbeit. Einmal zum Beispiel stand ich auf meiner kleinen Terrasse gegen Nordosten, einen Arm voll Bücher sorgfältig auf der steinernen Brüstung aufstapelnd und die Bücher dann zu dreien oder vieren ausklopfend, um sie vom Staub zu reinigen. Dabei hielt ich einmal zwei dicke, schwere Bände in Großoktav in den Händen, klopfte sie zärtlich gegeneinander und sah den Staub von ihnen wehen, und einen Augenblick aus der Vertrottelung meiner mechanischen Arbeit erwachend, betrachtete ich die Rückentitel der Bände, es war Spenglers »Untergang des Abendlandes«. Eine Menge von Erinnerungen und Einfällen stieg dabei in mir auf. Der erste Gedanke war: »Das sollten meine Söhne oder andre junge Leute sehen, wie ich da stehe, sorgfältig meinen Bildungskram vor dem Verstauben und Vermodern zu retten suche, und das berühmte Untergangsbuch zärtlich vom Staub befreie!« Es fiel mir auch ein, wie damals im Jahr 19 einige englische Studenten mich besuchten, die an einem von Romain Rollands

Schwester geleiteten Ferienkurs in Lugano teilnahmen. Es war ein hübsches Mädchen dabei, das mit Vornamen Blakeneye hieß und das mir von Spengler erzählt hatte, von dem ich natürlich auch sonst schon viel hatte sprechen hören. Ich sagte ihr, daß es mir wichtig sein würde, dies Buch zu lesen, daß ich aber zur Zeit viel zu arm sei, um es kaufen zu können. Als sie mir dann anbot, es mir zu leihen (sie lebte mit englischen Pfunden im Inflationsdeutschland aus dem Vollen), bat ich sie sehr darum, es doch ja zu tun, und gab ihr als Gegengeschenk die erste Ausgabe eines meiner Bücher. Sie nahm es mit sich fort, und von ihr und von Spengler hörte ich kein Wort mehr, die Sache war ein kleines Inflationsgeschäft mit einem verarmten Dichter gewesen, und es dauerte noch einige Monate, ehe ich mir den Spengler kaufen konnte, um dann über die Eitelkeit und Schulmeisterei seines Vorworts wütend, von seinem Kapitel über die magische Kultur aber entzückt zu werden. Nun hielt ich nach Jahren die Bände wieder in der Hand. – Oh, und wie schnell die meisten Bücher aus jenen Kriegs- und Nachkriegsjahren zerfallen, vergilben und vermodern! Und wie merkwürdig alt, wie alt und lang vergangen und lang vergessen die meisten dieser Bücher einen schon heute anmuten, zehn Jahre nachher! Von innen und von außen geben sie sich als vergänglich und beinah schon vergangen zu erkennen, gelb und brüchig hängt das elende Papier in den schief und lose gewordenen Pappbänden, und die Titel und Umschläge klingen so angestrengt, so überschrien, so fanatisiert und beschwörend. Angst und Schwäche schreit deutlich aus diesen Titeln der jungen Dichter und Denker von 1920, und doch habe ich das damals nicht gemerkt, oder nur sehr nebenbei, und habe diese Bücher damals mit einem Eifer und einer Genauigkeit gelesen und studiert, um die es mir heut beinahe leid tun könnte. Ich dachte: Die Geistigen eines Volkes, das soeben aus einem vierjährigen Krieg heimkehrt und diesen Krieg mit einer Niederlage und einem Bankrott beendet, müssen doch eigentlich viel zu sagen haben, es muß doch irgendwo das Erlebnis Gestalt gewonnen und zu Denkergebnissen geführt haben. Aber, alles in allem, war das Ergebnis erstaunlich dünn, obwohl ich das damals nur ahnte, nicht eigentlich wahrnam. Denn wenn ich in jenen Büchern mit den aufregenden Titeln auch wenig echte Erkenntnis und Selbsteinkehr fand, so fand ich doch in allen etwas andres, was mich faszinierte: eine aufgeregte, katastrophenhafte, aufgepeitschte Stimmung, einen Geruch nach Weltuntergang und tausendjährigem Reich. Und außerdem las ich sie mit einer Neugierde, mit einem geistigen Hunger, wie ich seit meiner Jugend nichts mehr gelesen hatte, denn wenn ich auch diese Kriegsjahre innerlich bis zur Vernichtung miterlebt hatte, wenn sie mir auch mein äußeres und inneres Leben nahezu zertrümmert hatten, so hatte ich doch den Krieg selbst, die Front, den Graben, den Unterstand nicht gesehen und geschmeckt, ich war im Auslande gewesen; und jetzt, wo das unerträgliche Geschwatze der Kriegsfeuilletonisten zu Ende war, der Schmarotzer, die aus den Offensiven und Heldentaten Zeilenhonorare machten, jetzt, wo der beste Teil des Volkes, verstört und erschüttert, geschlagen und tief nachdenklich aus dem Kriege zurückkam, jetzt mußte doch irgendwo die wahre, die wirkliche Stimme, der echte Geist Deutschlands hörbar werden, und mußte es uns anderen möglich machen, irgendwo Brüder oder gar Führer zu finden und uns in den Dienst einer Sache zu stellen, an die zu glauben und für die zu streiten möglich war. Es kam anders, mit Ausnahme der Stimme Landauers und der so ganz anderen Stimme Spenglers hat keine dieser vielen Botschaften damals mir etwas gegeben, es schien der deutsche Geist ebenso bankrott zu sein wie die deutsche Politik, es galt weiter allein zu bleiben, zu warten, den Glauben an Deutschland nicht zu verlieren. Wunderlich fern und unwirklich blickt jene Zeit mich aus den braun und brüchig gewordenen Papieren an, den Büchern, den Heften, den Ausschnitten.

Tags darauf stieß ich auf eine andre, noch verschollenere, noch fremder gewordene und ferner gerückte Schicht meiner Bücherei. Das waren Drucke aus den Kriegsjahren, Drucke, die ich alle selber herausgegeben und redigiert hatte, Drucke für die in Frankreich gefangenen deutschen Soldaten, in deren Fürsorge ich während des Krieges tätig war. Da kam der »Sonntagsbote für deutsche Kriegsgefangene« zum Vorschein, drei Jahrgänge, den ich alle vierzehn Tage in vielen tausend Abzügen nach Frankreich, nach England und Rußland und Indien versandte. Da waren die kleinen Drucke, die ich für die Gefangenen herstellen ließ, Erzählungen von Emil Strauß, von den Brüdern Mann, von Gottfried Keller, von Storm, von mir selbst, kleine schlichte, aber anständige Drucke, nur als Geschenke für die Kriegsgefangenen gedruckt, deren Bitten um Lektüre uns damals zu Zehntausenden überschwemmten. Die kleinen Büchlein sind heute selten geworden, ich besitze sie alle noch, und manche davon sind mir heute noch lieb, weil ich in ihnen mitten während des Krieges etwas vom überpolitischen und übernationalen Geist der ältern deutschen Dichtung aufzuwecken suchte. Es stehen da auch die merkwürdigen »Nachrichten aus deutschen Gefangenenlagern«, die unsre Abteilung bei der Berner deutschen Gesandtschaft damals herausgab, nur für den internen Gebrauch, sonderbar nüchterne und im Grunde schreckliche Dokumente jener Zeit und unsrer damaligen verzweifelten Bemühungen, irgendwo wenigstens im kleinen etwas wie Sinn oder, da dies unmöglich schien, etwas wie Herz und Liebe in die Kriegsmaschine hineinzuzaubern. Auch meine ersten Kriegsaufsätze fand ich wieder, darunter die mit dem Pseudonym Sinclair gezeichneten, deren erster im Jahr 1916 erschien.

Ein Glück für meine Bibliothek, daß diese Abteilung ihre kleinste ist! Die größte und beste ist die der älteren deutschen Dichtung, und auch die heutige Dichtung ist ganz gut vertreten, diese Abteilung ist die einzige, die noch immer stark wächst: erst in diesem Sommer habe ich köstliche Bücher, wie den Nachlaßband von Franz Kafka, den neuen Roman der Ina Seidel, die erstaunliche Erzählung »Sturmwind auf Jamaika« von Richard Hughes, dazu gestellt. Kleiner, aber in ihrer Art auch vollständig genug ist eine andre Abteilung, die ich seit mehr als fünfundzwanzig Jahren gepflegt habe, und aus der mir viel Gutes gekommen ist: die Bücher des Ostens. Da sind die Gedichte, Sprüche und Reden des alten Indien, die Weisen Chinas, einige dieser Bände, etwa der Lü Bu We, der Konfuzius, der Dschuang Dsi, liegen mir immer griffbereit und werden, ebenso wie das I Ging, zuweilen geradezu wie heilige Orakel befragt.

Jetzt liegen alle die tausend Bücher stumm, unerkennbar, in Papier gewickelt und in den Regalen gestapelt, und warten darauf, in Kisten gepackt und in ein andres Haus, in andre Zimmer gebracht zu werden. Manche von ihnen werde ich beim Auspacken beiseite legen, werde sie nicht wieder aufstellen und einreihen, sondern ausscheiden.

Wohl eine ganze Woche habe ich an dieser Bücherarbeit verwendet. Es ist ein großer Ballast, eine solche Bibliothek, und moderne Menschen finden es lächerlich, sich mit so etwas sein Leben lang zu belasten und zu schleppen. Es sind diese selben Leute, die

den Vergil oder den Ariost entbehrlich finden, welche vor zehn Jahren den Tarzan gekauft haben und heute ähnlichen Lesestoff kaufen. Sie haben den Grundsatz über Lektüre: Seicht, aber gewürzt, und ja nichts davon nach dem Lesen aufbewahren! Und wir andern haben den Grundsatz: In unsre Bücherei womöglich nichts Wertloses einlassen, das Bewährte aber nie mehr hergeben! Und dann kommt immer wieder so ein Tag, wo der gealterte Bücherfreund sorgfältig seinen »Untergang des Abendlandes« ausklopft, und sich dabei sagt, daß zwar eigentlich und genau genommen dies Buch ihm seinen Dienst längst getan hat und entbehrlich geworden ist, daß es aber immerhin zu den paar Büchern seiner Epoche gehört, die geholfen haben, dieser Epoche ihr Gesicht zu geben, und daß eine gewisse Pietät, eine gewisse Ehrfurcht Schonung für solche Bücher fordert ...
Gut, daß die jungen Leute uns nicht dabei zusehen, wenn wir unsre Scharteken ausstauben! Und gut, daß sie sich selbst nicht sehen können, wie sie, wenn auch ihnen einst die Haare dünn und die Zähne wacklig stehen, nach etwas Umschau halten, was sie durchs Leben begleitet hat und dem sie treu geblieben sind.

(1931)

Ein Traum

Geträumt: Ich bin in einem Museum, vielmehr in einer Ausstellung. Ausgedehnte Säle, die Wände mit Bildern, Gobelins, alten Fahnentüchern und vielerlei buntem Kram behängt. Ich ermüde bald, die Säle nehmen kein Ende. Namentlich in den Füßen bin ich sehr müde und sehne mich danach, ein paar Augenblicke ausruhen zu können, ehe ich den Rückweg antrete. Aber nur in wenigen der großen Räume sah ich einen Stuhl stehen, und wenn ich einen sah, so saß schon ein anderer Ruhesuchender darauf. Allmählich spann jenes ängstlich-trübe, Kafkasche Gefühl von Verlorenheit, ewig vergeblicher Bemühung, Trauer und sinnlos werdender Tugend mich ein, denn ich war ja nicht aus Übermut in diese ermüdende Ausstellung gegangen, sondern Bekannten oder Verwandten zuliebe, die mich darum gebeten hatten und denen ich einen Bericht über diese Veranstaltung hatte versprechen müssen.

So kam ich auf schmerzenden Füßen und mit geringer Hoffnung in eine neue, große Halle, für den Überfluß an ungeordneten Sehenswürdigkeiten hatte ich kaum noch einen Blick übrig. Plötzlich aber begann ich rasch und rascher zu laufen: ein an der Wand stehender, bisher von einem gelangweilten Besucher besetzter Polsterstuhl war frei geworden. Ich lief und lief, der Raum war schrecklich groß. Aber als ich eben noch einen Schritt oder zwei vom Sessel entfernt war, kam ein Mann mir zuvor, den ich bisher für einen Custoden gehalten hatte. Es war aber, wie ich nun erkannte, ein Angehöriger jener Invaliden- oder Halbinvaliden-Klasse, die der Staat protegiert, ich erkannte es an seinen Schuhen, kräftigen genagelten Schuhen, die der Staat diesen Leuten zur Verfügung stellt.

Er kam mir also knapp zuvor und setzte sich mit befriedigtem Ausdruck auf den bequemen Stuhl. Wie er mir aber jetzt sein Gesicht zuwandte, war es nicht nur gutmütig und menschenfreundlich, sondern strahlte mir ein ganz besonderes persönliches Wohlwollen entgegen. Denn es zeigte sich das Unerwartete: während ich in gieriger Hast auf jenen Stuhl zugeeilt und schwer enttäuscht gewesen war, als im letzten Augenblick ein anderer ihn einnahm, war der Sitzende und Sieger offenbar der Meinung, ich habe ihm den Vortritt aus lauter Artigkeit gelassen; er bedankte sich und gab sich jede Mühe, seine Dankbarkeit und sein Wohlwollen zu zeigen. Ja, er stand wieder auf und begleitete mich, der ich mich schon weggewendet hatte, auf meinem Weiterweg. Es begann ein von meiner Seite gespielter und erzwungener, bei ihm aber echter Wettkampf der Höflichkeit, der auch in der Sprache Ausdruck fand. Wir waren, so glaube ich, in Italien, und mein »Invalide« war Italiener, aber er sprach mir, dem Fremden, zu Ehren ein undeutliches Französisch, worauf ich in schlechtem Italienisch erwiderte.

Erstens also hielt mich dieser artige Mann, der nun gleich mir die Müdigkeit und das Sitzenwollen vergessen hatte, irrtümlich für einen Musterknaben an Höflichkeit, ja für seinen Wohltäter, und wollte mir an Edelmut und guten Formen nicht nachstehen. Weiter aber hielt er mich, ebenfalls irrtümlich, für viel jünger als ich war, und für arm und schutzbedürftig, er verhielt sich zu mir wie ein einfacher Mann in gesicherter Stellung gegen einen jungen armen Künstler, und kaum waren die ersten Höflichkeiten unter beidseitiger linguistischer Anstrengung ausgetauscht, so ließ er mich merken, daß er es von Herzen gut mit mir meine und daß ich mich ruhig seiner Obhut und Fürsorge anvertrauen könne. Da er bemerkt hatte, daß ich seine Schuhe beachtet habe und über ihre Bedeutung und Herkunft Bescheid wisse, flüsterte er mir zu: ja, das seien die bekannten vortrefflichen Invalidenschuhe, und er werde schon Wege finden, um auch mir gratis ein Paar dieser Schuhe zu verschaffen.

Wenn sich seit unserem Wettlauf um den Sitzplatz meine Lage und Stimmung auch sehr verbessert hatte, so sanken beide doch allmählich wieder mehr und mehr. Ich hatte seinen Irrtum, daß er meiner Artigkeit den Sitz im Stuhl verdanke, nicht zu korrigieren vermocht, ich hatte einfach nicht den Mut aufgebracht, ihm klar zu sagen, daß das eine Täuschung und ich keineswegs ein so edler und gefälliger Mann sei, und nun stak ich, als hätte ich schon die genagelten schweren Staatsschuhe an, in einem lähmenden Brei von Verpflichtung und unechter Bindung und bewegte mich, wenn auch aus andern Gründen, kaum weniger gehemmt und mühsam als vorher auf der Stuhlsuche. Das Versprechen mit den Schuhen hatte ich schon so gut wie angenommen, ich hatte mir zwar eine dankende und leicht abwinkende Erwiderung schon auszudenken begonnen, aber es waren da einige Phrasen nötig, auf die ich mich mit aller Anstrengung nicht besinnen konnte, auch die italienische Bezeichnung für diese Art von Stiefeln konnte und konnte ich nicht wieder finden, obwohl ich sie einmal gewußt hatte. Und während wir lächelnd und in überspitzt gepflegter Konversation dahinschritten, wurde ich mit jedem Schritt mehr zum Sklaven meines Wohltäters, vielmehr der falschen Rolle, in die ich da hineingeraten war.

Und schon öffnete der beflissene Mann eine schmale Tür in der Wand und bat mich, einzutreten. Er sei mir Dank schuldig und habe sich ausgedacht, ich könnte gewiß im großen Betrieb dieser Ausstellung eine Arbeit und einen bescheidenen Verdienst finden, sagte er, und gerade hier könne er mir eine solche Gelegenheit zeigen. Wir hatten einen engen und etwas düstern Nebenraum betreten, und da stand vor einer winzigen Nische, die etwas wie einen Herd enthielt, eine derbe lustige Frau, mit Backen beschäftigt. Über einer kleinen Gasflamme hielt sie eine große flache Pfanne am Stiel, und in der Pfanne schmorte eine Art Gebäck, ein flacher runder Kuchen oder Fladen. In die Mitte dieses Fladens war ein gedrucktes, grellbuntes kleines Bild aus Papier oder Karton geklebt und ich begriff, rund um dies eingebackene Bild sollte dann der Teigrand umgefaltet werden und das Bild plastisch umrahmen. Diese Kuchen oder Fladen waren, so begriff ich, ein humoristischer, für diese Ausstellung erfundener Verkaufsartikel, den die Frau in Mengen herstellte. Auch ich sollte nun in der Kunst dieser Herstellung unterrichtet werden, Invalide und Frau suchten mir den Vorgang und die Handgriffe eifrig zu erklären. Und wieder war ihr Eifer der echte, mein Eifer aber, mit dem ich darauf einging und mich lernbegierig und verstehend stellte, war ein falscher und kostete mich darum Mühe.

Ohne daß ich die Bäckerei richtig begriffen hätte, fiel mir aber doch auf, wie beklemmend eng die Herdnische war, vor der die Frau stand, und daß ich niemals geschickt und kräftig genug sein werde, um es ihr gleichzutun. Der Hohlraum, in den die schwere Pfanne jedesmal geschoben werden mußte, war so schmal, daß auf beiden Seiten zwischen Pfanne und Nischenrand kaum ein Millimeter Zwischenraum blieb. Nein, diese Arbeit mußte überaus heikel und sehr anstrengend sein. Die beiden teilten aber meine Beklommenheit nicht, sondern lachten und waren höchst vergnügt... (1932)

Eduards des Zeitgenossen
zeitgemäßer Zeitgenuß

Man nehme dieses Stückchen Prosa als das, was es ist: als einen Spaß, als ein Spiel am Feierabend, und suche nicht allzu eifrig nach einem Sinn. Es muß auch Spiel und Spaß und Unschuld geben, je und je für einen Augenblick. Der Ernst steht ja niemals so weit von uns und unsern Späßen, als uns lieb wäre. Hinter diesem Sprachscherz zum Beispiel steht als bitterer Ernst der darin spielerisch verhöhnte Niedergang unsrer Sprache, die schauerliche Inflation der Begriffe und der Worte. Für Menschen mit noch wirklich lebendigem Sprachgefühl ist mein »Zeitgenuß« kaum um eine kleine Abstufung dümmer und inhaltloser als der größere Teil jener deutschen Prosa, die in Zeitungen, Reden, Vorträgen, Reklamewesen usw. uns Tag für Tag überflutet.

»Entblöde dich, mich zu schlagen!« rief Eduards Frau. »Kehre zu deiner eigenen Tür«, erwiderte er mürrisch, und als

sie nochmals zu einer Rede Luft schöpfte, donnerte er gewaltig: »Geschweige denn!«, und sie geschwieg denn. Sie war ein Warnemündel, das konnte er ihr nie verzeihen. Trotz aller Warnungen nämlich hatte er sie an Eidesstatt angenommen, doch gelang es ihm selten, ihr den Vormund zu stopfen, denn obwohl landesfremd, brechte sie doch fließend Rad.
Immerhin, es mußte etwas geschehen. Er ging also, kaufte sich eine schöne Filmrolle, photographierte einen Star, den er entwickeln ließ, und der sowohl das Joch des Versailler Friedens bzw. Youngplanes als auch eine stattliche Rente abwarf.
»Gemacht«, lächelte er journalistisch. Denn, dies hatte ihn schon seiner Mutter Treppenwitz gelehrt: um aus bösen Lagen zu entkommen, war es das beste, sich einer Journalist zu bedienen.
Am grün umbuschten, blau überhimmelten, gold umsonnten Busen der Natur erholte er sich von den geschlagenen Wunden bzw. Schlachten, im ewigen Schweigen der Wälder, wo noch die Doppeladler in Scharen forsteten. Dort war es, wo er Else Cadmium kennenlernte. Ein Blick genügte, Kennen und Lernen war eins. Früh krümmt sich, wer ein Wurm werden will. Aber im tiefsten Grunde ihres weiblichen Mysteriums war Else eine glänzende Null. Sie hatte es einst zufällig entdeckt. »Sei du selbst!« rief sie sich damals ermunternd zu, und war im selben Augenblick verschwunden.
»Wer ich bin, Eduard, wird dir immer ein Geheimnis bleiben«, flüsterte sie. Da ging er zu einem Geheimniskrämer und ließ es sich ein schönes Stück von Georg Kaiser kosten.
Tief enttäuscht kehrte er wieder. »Dich werde ich mal unter die Hupe nehmen«, schrie er und überfuhr sie. Beim Anblick der überführten Sünderin jedoch überlief ihn eine kalte Dusche, und da ihm ohnehin das Vaterland zu teuer wurde, fuhr er nach den Neuen Hebräern, wurde jedoch bei der Umschiffung des Gesellschaftskapitals beinahe von einem gefräßigen Äquator gefressen. Ohne aber in dies allzufrühe Gras gebissen zu haben, ging er an Land und rief: »Abdallah!«
Ein Eingeborener versuchte ihn zu belehren: »Bitte, man sagt Abdullah.«
»Ach was«, meinte er kurz, »man sagt doch auch nicht Walhulla.« Dort auch war es, wo er die berühmte »Klage des Generals« dichtete, jene längst zum Lieblingsliede aller empfindsamen Kriegsminister gewordenen Verse:

> Da droben auf jenem Berge
> Da steht ein General
> Am Generalstab gebogen
> Und blicket hinab in das Tal.

Er hatte auch allen Grund dazu. Alle hatten ihn im Stich gelassen, und es gefiel ihm in diesem Stiche keineswegs. Nie hatte er sich so gelassen gefühlt. Über ihm hob das drohende Schicksal seine eherne Pranke wie über der Fledermaus die Flederkatze. Düster blickte der unenträtselbare Himmel der Zukunft.
Er ging zum Gastrologen und ließ sich die Relativität stellen; es sollte sich aber später erweisen, daß der Gastro gelogen hatte. Unter sorgfältiger Umdrehung des jeweils Diesbezogenen, stets den irrationalen Gegebenheiten treu, verfocht er fluchtartig die Prinzipale der Interessengemeinheit.
So vollzog sich sein staunenerregender Aufstieg. Als er am Ende der Welt anlangte, wohin nur ein einziger vor ihm je den zagenden Fuß des Eroberers gesetzt hatte, dachte er an Herakles und sein tiefes Wort: »Säule mit Weile!«
Himmlisches Behagen strömte durch seine Verkehrsadern, seine Seele war voll aber ganz beziehungsweise Sang und Klang.

(1933)

Falterschönheit

Alles Sichtbare ist Ausdruck, alle Natur ist Bild, ist Sprache und farbige Hieroglyphenschrift. Wir sind heute, trotz einer hoch entwickelten Naturwissenschaft, für das eigentliche Schauen nicht eben gut vorbereitet und erzogen, und stehen überhaupt mit der Natur eher auf Kriegsfuß. Andere Zeiten, vielleicht alle Zeiten, alle frühern Epochen bis zur Eroberung der Erde durch die Technik und Industrie, haben für die zauberhafte Zeichensprache der Natur ein Gefühl und Verständnis gehabt, und haben sie einfacher und unschuldiger zu lesen verstanden als wir. Dies Gefühl war durchaus nicht ein sentimentales, das sentimentale Verhältnis des Menschen zur Natur ist noch ziemlich neuen Datums, ja es ist vielleicht erst aus unserem schlechten Gewissen der Natur gegenüber entstanden.

Der Sinn für die Sprache der Natur, der Sinn für die Freude am Mannigfaltigen, welche das zeugende Leben überall zeigt, und der Drang nach irgendeiner Deutung dieser mannigfaltigen Sprache, vielmehr der Drang nach Antwort ist so alt wie der Mensch. Die Ahnung einer verborgenen, heiligen Einheit hinter der großen Mannigfaltigkeit, einer Urmutter hinter all den Geburten, eines Schöpfers hinter all den Geschöpfen, dieser wunderbare Urtrieb des Menschen zum Weltmorgen und zum Geheimnis der Anfänge zurück ist die Wurzel aller Kunst gewesen und ist es heute wie immer. Wir scheinen heute der Naturverehrung in diesem frommen Sinn des Suchens nach einer Einheit in der Vielheit unendlich fern zu stehen, wir bekennen uns zu diesem kindlichen Urtrieb nicht gern und machen Witze, wenn man uns an ihn erinnert. Aber wahrscheinlich ist es dennoch ein Irrtum, wenn wir uns und unsere ganze heutige Menschheit für ehrfurchtslos und für unfähig zu einem frommen Erleben der Natur halten. Wir haben es nur zur Zeit recht schwer, ja es ist uns unmöglich geworden, die Natur so harmlos in Mythen umzudichten, und den Schöpfer so kindlich zu personifizieren und als Vater anzubeten, wie es andere Zeiten tun konnten. Vielleicht haben wir auch nicht unrecht, wenn wir gelegentlich die Formen der alten Frömmigkeit ein wenig seicht und spielerisch finden, und wenn wir zu ahnen glauben, daß die gewaltige, schicksalhafte Neigung der modernen Physik zur Philosophie im Grund ein frommer Vorgang sei.

Nun, ob wir uns fromm-bescheiden oder frech-überlegen benehmen mögen, ob wir die früheren Formen des Glaubens an die Beseeltheit der Natur belächeln oder bewundern: unser tatsächliches Verhältnis zur Natur, sogar dort wo wir sie nur noch als Ausbeutungsobjekt kennen, ist eben dennoch das des Kindes zur Mutter, und zu den paar uralten Wegen, die den Menschen zur Seligkeit oder zur Weisheit zu führen vermögen, sind keine neuen Wege hinzugekommen. Einer von ihnen, der einfachste und kindlichste, ist der Weg des Staunens über die Natur und des ahnungsvollen Lauschens auf ihre Sprache.

»Zum Erstaunen bin ich da!« sagt ein Vers von Goethe. Mit dem Erstaunen fängt es an, und mit dem Erstaunen hört es auch auf, und ist dennoch kein vergeblicher Weg. Ob ich ein Moos, einen Kristall, eine Blume, einen goldenen Käfer bewundere oder einen Wolkenhimmel, ein Meer mit den gelassenen Riesen-Atemzügen seiner Dünungen, einen Schmetterlingsflügel mit der Ordnung seiner kristallenen Rippen, den Schnitt und den farbigen Einfassungen seiner Ränder, der vielfältigen Schrift und Ornamentik seiner Zeichnung und unendlichen, süßen, zauberhaft gehauchten Übergängen und Abtönungen der Farben – jedesmal wenn ich mit dem Auge oder mit einem andern Körpersinn ein Stück Natur erlebe, wenn ich von ihm angezogen und bezaubert bin und mich seinem Dasein und seiner Offenbarung für einen Augenblick öffne, dann habe ich in diesem selben Augenblick die ganze habsüchtige blinde Welt der menschlichen Notdurft verlassen und vergessen, und statt zu denken oder zu befehlen, statt zu erwerben oder auszubeuten, zu bekämpfen oder zu organisieren, tue ich für diesen Augenblick nichts anderes als »erstaunen« wie Goethe, und mit diesem Erstaunen bin ich nicht nur Goethes und aller andern Dichter und Weisen Bruder geworden, nein ich bin auch der Bruder alles dessen was ich bestaune und als lebendige Welt erlebe: des Falters, des Käfers, der Wolke, des Flusses und Gebirges, denn ich bin auf dem Weg des Erstaunens für einen Augenblick der Welt der Trennungen entlaufen und in die Welt der Einheit eingetreten, wo ein Ding und Geschöpf zum andern sagt: Tat twam asi. (»Das bist Du.«)

Wir sehen auf das harmlosere Verhältnis früherer Generationen zur Natur manchmal mit Wehmut, ja mit Neid, aber wir wollen unsere Zeit nicht ernster nehmen als sie es verdient, und wir wollen uns nicht etwa darüber beklagen, daß das Beschreiten der einfachsten Wege zur Weisheit an unseren Hochschulen nicht gelehrt wird, ja daß dort statt des Erstaunens vielmehr das Gegenteil gelehrt wird: das Zählen und Messen statt des Entzückens, die Nüchternheit statt der Bezauberung, das starre Festhalten am losgetrennten Einzelnen statt des Angezogenseins vom Ganzen und Einen. Diese Hochschulen sind ja nicht Schulen der Weisheit, sie sind Schulen des Wissens; aber stillschweigend setzen sie das von ihnen nicht Lehrbare, das Erlebenkönnen, das Ergriffenseinkönnen, das Goethesche Erstaunen eben doch voraus, und ihre besten Geister kennen kein edleres Ziel, als wieder Stufe zu ebensolchen Erscheinungen wie Goethe und andere echte Weise zu sein.

(1935)

Basler Erinnerungen

Meine Beziehungen zu Basel sind so alt wie ich und noch älter, denn nicht nur mein Vater stand im Dienst der Basler Mission, sondern auch schon der Vater meiner Mutter, einer von den gelehrten Missionaren, der gelegentlich junge Indologen dadurch in Erstaunen setzte, daß er Sanskrit nicht bloß lesen, sondern auch sprechen konnte, und der sich um die Kenntnis, Grammatik und Lexikographie des Malayalam und anderer indischer Sprachen verdient gemacht hat. Dieser schwäbische Großvater (der andere war der russische) ist vor einem halben Jahrhundert den Besuchern der Basler Missionsfeste als ständiger Redner der Eröffnungsansprache in der Martinskirche bekannt gewesen. Seine Tochter, meine Mutter, war in Gundeldingen bei Basel erzogen worden und sprach Baseldeutsch so gut wie Englisch oder Malayalam. Ihr jüngster Bruder war mit einer Baslerin verheiratet. Und außer und über all dem war die Basler Mission und ihre oberste Behörde, »die Committée«, eine beherrschende und täglich genannte Macht im Leben der Eltern und Großeltern. Ich wußte also von Basel und hatte eine Vorstellung von ihm, noch ehe ich selber, im Alter von annähernd vier Jahren, es zum erstenmal sah. Damals wurde nämlich mein Vater nach Basel versetzt, als Lehrer am Missionshaus, und wir Kinder freuten uns über den Wechsel nicht nur, weil es ein Wechsel war und eine Reise bedeutete, sondern wir hatten auch von Basel eine prächtige und verlockende Vorstellung, denn man hatte uns nicht bloß von der Mission und dem Missionshaus erzählt, sondern auch vom Rhein und den Brücken, der schönen, alten Stadt, dem Münster und dem Lällenkönig, und viele dieser Merkwürdigkeiten kannten wir schon aus Abbildungen.

Von 1881 bis 1886 lebten wir dann in Basel und wohnten am Müllerweg, dem Spalenringweg gegenüber; zwischen beiden lief damals die Elsässer Bahnlinie hindurch. Der Anblick der Züge und das häufige Stehen und Warten beim Bahnübergang, wenn man in die Stadt wollte, gehört zu den frühesten meiner Basler Eindrücke. In jenen Jahren hat mein Vater sich um das Basler Bürgerrecht beworben und es erhalten.

Unser Müllerweg mit seiner Umgebung war vermutlich eine ziemlich bescheidene Vorstadtgegend, für uns Kinder jedoch war er ein Paradies und Urwald, in dem die Entdeckungen und Aben-

teuer kein Ende nahmen. Das Land begann schon ganz in der
Nähe unseres Hauses; ein Bauernhof, gegen Allschwil hin gelegen,
und eine Kiesgrube in seiner Nähe boten Gelegenheit zu
ländlichen Spielen. Und die große, für mich Kleinen endlos große
Schützenmatte, damals unbebaut vom Schützenhaus bis zum
»Neubad« hinaus, war mein Schmetterlingsjagdgebiet und der
Schauplatz unserer Indianerspiele. Manche Erinnerungen jener
Zeit sind im Kindheitskapitel des »Hermann Lauscher« aufgezeichnet.
Allmählich lernte ich, namentlich auf Sonntagsspaziergängen
mit meinem Vater, auch die innere Stadt näher kennen,
den Rhein mit der Fähre beim Blumenrain und den Brücken, das
Münster und die Pfalz, den Kreuzgang, das historische Museum,
das damals überm Kreuzgang untergebracht war. Und von den
Eindrücken, die mir das damalige Kunstmuseum bei einigen Besuchen
unter der Führung meines Vaters gab, fand ich einige noch
vollkommen lebendig, als ich zwölf oder mehr Jahre später wieder
nach Basel zurückkehrte; zu diesen Eindrücken gehörten
Böcklins Fresken im Treppenhaus, Holbeins Familienbild und
der tote Christus, Feuerbachs Aretino und die Kinderidylle und
das Bild von Zünd mit dem Kornfeld, das ich als Knabe besonders
liebte. In den zwei oder drei letzten Jahren unserer damaligen
Basler Zeit war auch die Messe im Oktober ein großes Erlebnis
mit den Buden und Karussellen, den Moritatengesängen auf dem
Barfüßerplatz und den süßen Meßmocken und den vielen Örgelimännern,
die sich bis in unsere Vorstadt hinaus sehen und hören
ließen.
Als ich gerade neun Jahre alt war, mußte ich Basel wieder verlassen;
mein Vater war zurück ins Schwabenland berufen worden,
wir Kinder mußten uns an neue Schulen gewöhnen und das Baseldeutsch
wieder verlernen. Die Beziehungen zu Basel freilich
blieben, und Besuche aus Basel waren sehr oft bei uns. Doch sah
ich die Stadt, mit Ausnahme eines kurzen Ferienaufenthaltes,
erst als Erwachsener wieder.
Wie stark Basel in der Kinderzeit auf mich gewirkt hatte, zeigte
sich, als ich am Ende einer Lehrzeit als Buchhändler und Antiquar
zum erstenmal frei und nach eigener Wahl in die Welt hinauszog.
Ich hatte keinen anderen Wunsch, als wieder nach Basel
zu kommen; es schien dort etwas auf mich zu warten, und ich gab
mir alle Mühe, als junger Buchhandlungsgehilfe eine Stelle in
Basel zu finden. Es gelang, und im Herbst 1899 kam ich wieder

in Basel an, mit Nietzsches Werken (soweit sie damals erschienen waren) und mit Böcklins gerahmter Toteninsel in der Kiste, die meine Besitztümer enthielt. Ich war kein Kind mehr und glaubte mit dem Basel der Kindheit und dem Missionshaus und seiner Atmosphäre nichts mehr zu tun zu haben; ich hatte schon ein kleines Heft Gedichte veröffentlicht, hatte Schopenhauer gelesen und war für Nietzsche begeistert. Basel war für mich jetzt vor allem die Stadt Nietzsches, Jacob Burckhardts und Böcklins. Dennoch galten einige meiner ersten Gänge in jenen Spätsommertagen nach der Ankunft den Stätten der Kindheit: dem Müllerweg, der Schützenmatte, dem Spalentor.

In der Reichschen Buchhandlung (heute Helbing u. Lichtenhahn) trat ich meine Arbeit an, und gleich nach einem der ersten Tage fragte ich meinen Kollegen Helbing, ob ihm vielleicht ein gewisser Dr. Hans Trog bekannt sei. Ich hatte nämlich, noch in Tübingen, von dem jungen Hans Trog eine kleine Biographie Jacob Burckhardts gelesen. Helbing lachte und sagte, der sitze gleich hier nebenan, im selben Haus mit uns, da könne ich ihn aufsuchen. Trog war damals einer der jüngsten Redakteure der Allgemeinen Schweizer Zeitung, deren Redaktion im Hinterhause unserer Buchhandlung saß. Es ergab sich aus dieser ersten Basler Literatenbekanntschaft eine gelegentliche Mitarbeit am Feuilleton dieser Zeitung, die paar ersten meiner Buchrezensionen sind um 1900 dort erschienen. Und an einem der ersten Basler Sonntage suchte ich nun, recht schüchtern, das Haus des Historikers und damaligen Staatsarchivars Rudolf Wackernagel auf, den »hinteren Württemberger Hof« am Brunngäßli, wohin mich mein Vater empfohlen hatte. Ich wurde dort, und bald darauf auch bei Jakob Wackernagel in der Gartengasse, überaus freundlich empfangen, und bald hatte ich neben meiner Arbeit und meinen Kollegen einen lebhaften Verkehr mit mehreren Basler Familien, die alle der Universität nahestanden und wo ich auch die meisten jüngeren Gelehrten kennenlernte. Am häufigsten sah ich Joël, Wölfflin, Mez und Bertholet, auch Joh. Haller. Ein anderer neugewonnener Freund, mit dem ich eine Zeitlang auch eine gemeinsame Wohnung an der Holbeinstraße hatte, war der junge rheinländische Architekt Jennen, der soeben den ersten Preis in der Konkurrenz um die Erweiterungsbauten des Rathauses gewonnen hatte, ein Neugotiker, Schüler von Schäfer in Karlsruhe und ein überschäumend lebensfroher junger Mensch,

der mich Einzelgänger und Asketen in manche Genüsse und Behaglichkeiten des materiellen Lebens einführte. Wir haben in den elsässischen und badischen Wein- und Spargeldörfern manche Schlemmerei veranstaltet, im Storchen Billard gespielt und in der Wolfsschlucht, welche damals noch ein kleines, stilles Weinstübchen war, sowie im Helm am Fischmarkt (es ist der »Stahlhelm« im »Steppenwolf«) häufig jene Studien getrieben, deren Ergebnis die Camenzindschen Hymnen auf den Wein waren.
Nun, diese Studien hätte ich auch anderswo betreiben können. Aber den Geist, von dem das damalige gebildete Basel, wenigstens soweit es mir sichtbar wurde, beherrscht war, hätte ich nirgends sonst in dieser Reinheit angetroffen, und es wurde mir erst später klar, daß es ein einziger Mann war, der diesem Geist die charakteristische Prägung gegeben hatte. Eine schöne Stadt mit alter Tradition und einer gebildeten höheren Bürgerschaft, einer kleinen Universität, einem schönen Museum usw. mochte es auch anderswo geben. Hier aber war alles getränkt vom Geist, vom Einfluß und Vorbild eines Mannes, der einige Jahrzehnte lang dem geistigen Basel als Lehrer und in kulturellen Dingen als arbiter elegantarium gedient hatte. Er hieß Jacob Burckhardt und war erst vor wenigen Jahren gestorben. Ich war auch damals schon sein Leser, gewiß, ich hatte schon in Tübingen die »Kultur der Renaissance« gelesen und in Basel den »Konstantin«, aber ich war noch allzutief von Nietzsche bezaubert, um seinem direkten Einfluß ganz offen zu stehen. Desto stärker war der indirekte: ich lebte, ein lernbegieriger und aufnahmebereiter junger Mensch, inmitten eines Kreises von Menschen, deren Wissen und Interessen, deren Lektüre und Reisen, deren Denkart, Geschichtsauffassung und Konversation von nichts und niemand so stark beeinflußt und geformt waren wie von Jakob Burckhardt. Die Sage von mehreren seiner Vorlesungen und Vortragszyklen, namentlich der »Weltgeschichtlichen Betrachtungen«, erreichte mich in diesem Kreise zu einer Zeit, als seine postumen Werke noch nicht erschienen waren, und als ich im Jahre 1901 meine erste italienische Reise antrat, hatte ich nicht nur seinen Cicerone im Köfferchen, sondern es war die ganze Reise, ihre Stimmung und Tendenz, der Kreis dessen, wonach ich suchte und worauf es mir ankam, in einem Maß von ihm beeinflußt, das ich erst viel später voll erkannte, als längst der Zauber Nietzsches erblaßt und Burckhardt für mich zu einem wirklichen Führer geworden war.

Als ich Basel nach diesen paar lebhaften Jugendjahren wieder verließ, nahm ich außerdem noch andere Einflüsse und Bindungen mit: ich war mit einer Baslerin verlobt, wurde in Basel getraut und habe, wenn auch meine Besuche mit den Jahren seltener wurden, nicht nur mit Basel stets in vielerlei Beziehungen gestanden, sondern ihm auch im Herzen Treue und Dankbarkeit bewahrt. (1937)

Über einen Teppich

In meinem Atelier hängt an der Wand ein Gobelin in Breitformat, drei Bahnen übereinander, die mittlere mit blauem, die beiden andern mit rotem Grunde. Auf diesen drei Gründen kann das Auge und kann die Seele sich ergehen, sie sind ein farbiges Paradies voll schöner und liebenswerter Gestaltungen, harmonisch aber nicht pedantisch geordnet, in einer Komposition, deren heimliche Strenge und Wohlüberlegtheit dem ersten Blick beinah entgeht, auf die Dauer aber vielleicht den größten Zauber dieses Kunstwerkes bildet. Eine Künstlerin von hohem Rang hat ein ganzes Jahr an der Weberei dieses Teppichs gearbeitet, und über die Qualitäten ihrer Webetechnik werde ich mich hüten, Worte zu machen, ich verstehe davon zu wenig. Mehr verstehe ich vielleicht von der künstlerischen Schöpferkraft und Kultur, die ein solches Werk voraussetzt: es gehört ein hochgebildeter Farbensinn, eine zeichnerische und architektonische Begabung und ein bedeutendes Stilgefühl dazu. Und was nun die Seele des Werkes, seine Substanz, seinen Inhalt und innersten Wert betrifft, da glaube ich, ein Kollege, Freund und Bruder der Künstlerin zu sein. Denn eine Dichtung ist dieser Gobelin außerdem auch noch, vielmehr, er ist es primär und wesentlich; denn die Kraft, solche Figurenbilder, solche Gestaltenreigen zu erfinden, kommt nicht aus einem verfeinerten Gefühl für Seide und Webtechnik, nicht aus einem delikaten Farbensinn allein, sie fließt aus der schöpferischen Freude, aus der Lust, Neugierde, Träumerei und Sehnsucht einer ungewöhnlichen, einer dichterischen Seele, welche der Welt und ihrem Bilderreichtum dankbar und hingabefähig offensteht und doch an ihr nicht volle Genüge findet. Aus diesem Offenstehen und aus diesem Nichtgenügen entsteht alle Dichtung. Sie schafft einen magischen Raum, in dem das sonst Unvereinbare vereinbar, das sonst Unmögliche wirklich wird. Und diesem imaginären oder überwirklichen Raum entspricht eine ebensolche Zeit, nämlich die Zeit der Dichtung, des Mythos, des Märchens, die zu aller geschichtlichen und kalendarischen Zeit im Widerspruche steht und die den Sagen und Märchen aller Völker und aller Dichter gemeinsam ist. Auch diese Zeit, diese Märchenzeit und Schöpfungsewigkeit, findet sich auf meinem Teppich. In seiner reichen Figurenwelt bringt der ideale Raum es fertig, die Dimensionen der Dinge und Gestalten auf das heiterste und anmutigste den seelischen Bedürfnissen anzupassen, und was die Zeit betrifft, die in diesem Kunstwerk gilt, so ist es die paradiesische: Es wandeln Menschen und Tiere, zahme und wilde, große und kleine, erkennbare und geträumte, heutige und urweltliche, friedlich und brüderlich nebeneinander.

Wessen Werk dieses Raumes mächtig und dieser begnadeten Zeit teilhaftig ist, der ist ein Dichter, und ist seiner »wirklichen«, seiner geschichtlichen und biographischen Zeit ebenso weit voraus wie er hinter ihr zurück ist. Wenn ich den idealen Raum oben als »magisch« bezeichnet habe, so habe ich das gefährliche und mißbrauchte Wort in seinem vollen und echten Sinn gemeint; denn so selten die echte Magie auf Erden geworden sein mag, in der Kunst lebt sie noch heute weiter. Auch sei nicht vergessen zu erwähnen, daß sich Frau Maria Geroes Kunst durchaus auf der Seite der weißen Magie hält und auf die schwarze Magie verzichtet. Denn so wie es in der alten Zauberkunst das Weiß und das Schwarz gab, das Lichte und das Trübe, das Gottgefällige und das Verbotene, so gibt es auch in der Kunst die Möglichkeit schwarzmagischer Wirkung, der Wirkung durch verbotene, verfälschende Mittel. Bei Teppichen zum Beispiel ist eine ritterliche Spielregel das Festhalten am Zweidimensionalen, an der Fläche, und der Verzicht auf perspektivische und andre Mittel zum Vortäuschen einer Raumtiefe. Ich habe beinahe alle Arbeiten der Künstlerin gesehen, und überall ist sie diesem Grundsatz treu geblieben.

Auf meinem Teppich gibt es Liebespaare, blühende Bäume, grasende Gazellen, ruhende Elefanten, schreitende Löwen, fremdartige Schlangenfische und Hyänentiger, auch eine Gruppe von drei Gauklern, drei selig-ernst in ihr Spiel versunkenen Künstlern, und noch manches andere zu sehen. Mancher kluge Affe steht davor und sagt etwa: »Ja, aber die Menschen sind hier ja größer als die Bäume«, oder »gibt es eigentlich irgendwo so ein Tier wie diese Hyäne oder ist das bloß erfunden?« Dieser Mann wird nie in die Bilderwelt meines Teppichs und nie in das Paradies eines echten Märchens eingehen, er wird immer draußen bleiben, auch wenn er gern hinein möchte, weil andere ihm gesagt haben, es handle sich hier um hohe künstlerische Qualitäten, und auch als Kapitalanlagen seien solche Gobelins nicht das Dümmste. Aber der selbe Mann, der bei Tageslicht hilflos vor den Teppichbildern steht, wird zuweilen nachts im Schlaf zum Dichter und träumt gerade solche Räume und Zeiten, solche unwahrscheinliche und doch so unheimlich überzeugende Gestaltungen. Nur daß dieser unfreiwillige Dichter nicht Herr, sondern Sklave seiner Dichtungen und Traumgewebe ist und sie nach dem Erwachen schleunigst vergißt. (1945)

Nicht abgesandter Brief an eine Sängerin

Da ich Sie vielemale in Oratorien und in Liederabenden, im Konzertsaal und am Radio habe singen hören, und da ich seit dem Tode meiner Freundin Ilona, welche allerdings einen gewissen Gegensatz und Gegenpol zu Ihrer Art bedeutete, keine andere Sängerin mit solcher Freude, Bewunderung und Andacht angehört habe wie Sie, erlaube ich mir, Ihnen nach Ihrem heutigen Konzert diese Zeilen zu schreiben. Freilich war dies heutige Konzert mir nicht so lieb wie viele frühere, denn das Programm schien mir Ihrer Kunst nicht durchaus würdig zu sein, aber gesungen haben Sie auch dies von mir nicht froh begrüßte, nur eben hingenommene Programm auf Ihre vollkommene, jeder Kritik standhaltende Weise, auf diese sachlich-ruhige, beherrschte, edle Weise, die sich aus der Vereinigung einer sehr schönen, vornehmen und vollkommen erzogenen und in Zucht gehaltenen Stimme mit der Würde und Einfachheit eines vernünftigen und wahrhaftigen Menschen ergibt. Mehr kann und sollte man, glaube ich, einer Sängerin nicht nachrühmen. Das was die lyrischen Feuilletons häufig an Sängerinnen mit Superlativen preisen

und empfehlen: das Gemüt, die Stimmung, die Beseeltheit, Herzlichkeit, Herzensinnigkeit und wie all das heißt, das scheint mir immer zweifelhaft und mißverständlich, und so wenig wichtig wie die mehr oder minder hübsche Gestalt oder Toilette der Sängerin. Ich erhoffe und erwarte von ihr, genau genommen, weder Seele noch Innigkeit noch Empfindsamkeit noch ein goldenes Herz, sondern nehme an, dies alles sei in dem Lied oder in der Arie, in dem aus Dichtung und Musik zusammen bestehenden Kunstwerk also, schon in genügendem Maße vorhanden und dem Werk von seinen Schöpfern mitgegeben worden, und es sei ein Mehr davon weder notwendig noch ersprießlich. Wenn ein Text von Goethe und die Musik dazu von Schubert oder Hugo Wolf ist, dann vertraue ich darauf, daß es diesem Werkchen an Herz, an Seele, an Empfindung nicht mangeln werde, und möchte lieber nicht noch ein Weiteres von diesen Qualitäten der Persönlichkeit der Sängerin verdanken. Nicht ihr nahes Verhältnis zu dem Gesungenen, nicht ihre Ergriffenheit vom Kunstwerk begehre ich zu hören, sondern die möglichst genaue und vollkommene Wiedergabe dessen, was auf ihren Notenblättern geschrieben steht. Dies soll weder durch ein Plus an Empfindung gesteigert noch durch einen Mangel an Verständnis abgeschwächt werden. Das allein ist es, was wir von den Sängern und Sängerinnen erwarten, und es ist nicht wenig, es ist ungeheuer viel und wird von wenigen erfüllt, denn es gehört dazu neben der Gottesgabe einer wertvollen Stimme nicht nur eine höchst genaue Schulung und Übung, sondern auch eine bedeutende Intelligenz, eine Fähigkeit, die musikalischen Qualitäten eines Werkes voll zu erfassen, vor allem es als Ganzes zu erkennen und nicht die Rosinen aus dem Kuchen zu klauben und diese Rosinen, die für den Virtuosen dankbaren Stellen, auf Kosten des Ganzen mit übertriebenem Aufwand darzubieten. Um ein ganz grobes Beispiel anzuführen: ich habe mehrmals von ahnungslosen jungen Sängerinnen das Lied »Ich hatt' in Penna einen Liebsten wohnen« aus dem Italienischen Liederbuch singen hören, und die Vortragenden hatten von Text und Komposition des Liedes durchaus weiter nichts verstanden und sich angeeignet, als daß ein triumphierendes Herausbrüllen des »Zehn!« im letzten Vers Effekt mache. Sie sangen miserabel, aber die unterste Schicht des Publikums fiel auf das »Zehn!« jedesmal mehr oder weniger herein und spendete Beifall.
Dies alles sind Selbstverständlichkeiten, und verstehen sich in der

Praxis dennoch gar nicht von selbst, weder für die Sänger noch für ihre Zuhörer noch für einen Teil der Kritiker. Aber wenn nun eine Sängerin auftritt und diese scheinbar so einfachen Forderungen wirklich erfüllt, wenn sie wirklich singt was der Komponist geschrieben hat, wenn sie nichts wegläßt noch hinzutut, nichts verfälscht, jedem Ton und Takt sein Recht gibt, dann stehen wir eben doch jedesmal vor einem Glücksfall und einem Wunder, und empfinden eine das Herz erwärmende Dankbarkeit, ein sanftes Gesättigtsein, wie wir es sonst meistens nur dann empfinden, wenn wir ein geliebtes Werk selbst lesen oder spielen oder in der Erinnerung beschwören, ohne also daß zwischen dem Werk und uns ein Vermittler stünde.

Dieses seltene Glück des Beschenktwerdens durch eine Vermittlerin, die dem Kunstwerk nichts nimmt und nichts hinzufügt, die zwar Wille und Intelligenz, aber beinahe schon nicht mehr Person ist, verdanken die Freunde der guten Musik solchen Künstlern, wie Sie einer sind. Solche Künstler sind für die gesungene Musik schwerer zu finden als für die instrumentale: eben darum ist das Glück, einem dieser seltenen Künstler zu begegnen, so groß. Es gibt ja auch eine andere Art von Glück beim Singenhören, gewiß, und es kann recht intensiv sein: das Glück, von einer starken oder verführerischen Künstlerpersönlichkeit umworben, erobert und hingerissen zu werden. Aber rein ist solches Glück nicht, es hat ein wenig mit schwarzer Magie zu tun, es ist Schnaps statt Wein und endet mit Überdruß. Diese unreine Art des musikalischen Vergnügens verführt und verdirbt uns auf zweierlei Weise: sie zieht unser Interesse und unsre Liebe vom Kunstwerk hinweg auf den Ausführenden, und fälscht unser Urteil, indem sie uns dazu hinreißt, um des interessanten Ausführenden willen auch Werke in den Kauf zu nehmen, die man sonst ablehnen würde. Auch beim elendesten Reißer behält ja die Sirenenstimme ihren Zauber. Die reine, objektive, sachliche Kunstübung aber stärkt und läutert im Gegenteil unser Urteil. Wenn eine Sirene singt, lassen wir uns unter Umständen auch schlechte Musik gefallen. Wenn aber Sie singen, Verehrte, und ausnahmsweise Ihr Programm einmal auf zweifelhafte Musik ausdehnen, dann verführt ihr herrlicher Vortrag mich nicht dazu, diese Musik zu billigen, sondern ich fühle ein Unbehagen und etwas wie Scham, und möchte Sie am liebsten kniefällig darum bitten, Ihre Kunst doch nur dem Dienst am Vollkommenen zu widmen, das ihrer allein würdig ist.

Nun könnten Sie, wenn ich diesen Dank- und Liebesbrief wirklich absenden würde, mit Recht antworten, daß Sie wenig Wert darauf legen, von mir, einem Laien, über musikalische Qualitäten und musikalisches Urteil belehrt zu werden. Sie würden es sich mit Recht verbitten, daß ich an Ihrem Programm Kritik übe. Gewiß, aber mein Brief wird ja nicht abgesandt, er ist lediglich Selbstgespräch und einsame Betrachtung. Ich versuche, mir da über etwas klar zu werden, nämlich über Herkunft und Sinn meines musikalischen Geschmacks und Urteils. Wenn ich überhaupt über Kunst mitrede oder doch mitdenke, so tue ich es zwar als Künstler, aber nicht als Kunstkritiker und Ästhetiker, sondern stets als Moralist. Was ich im Bereich der Künste ablehnen oder doch mit Mißtrauen betrachten, was ich dagegen verehren und lieben soll, wird mir nicht von objektiven, irgendwie genormten Begriffen von Wert und Schönheit diktiert, sondern von einer Art von Gewissen, das moralischer und nicht ästhetischer Natur ist und das ich eben darum als Gewissen, nicht etwa als Geschmack bezeichne. Dies Gewissen ist subjektiv und nur für mich selbst verpflichtend, ich bin weit entfernt davon, der Welt jene Art von Kunst aufreden zu wollen, die ich liebe, oder ihr die andere, die ich nicht ernst nehmen kann, etwa verleiden zu wollen. Was die Theater und Opernbühnen täglich spielen, davon vermag sehr weniges mich anzulocken, aber ich bin gern damit einverstanden, daß diese ganze Kunstwelt und Weltkunst gedeihe und fortbestehe. Das selige Utopien, wo nur weiße und keine schwarze Magie getrieben, wo kein Bluff noch Blender gespielt wird, suche ich nicht in irgendeiner Zukunft, sondern ich muß es mir allein schaffen, in jenem winzigen Ausschnitt der Welt, der mir gehört und von mir beeinflußbar ist... Zu dem, was ich liebe und verehre, gehören Künstler und Werke, denen die Volksgunst nie zuteil wurde, und zu den Werken, die ich nicht mag, die mein Gewissen oder Geschmack ablehnt, gehören berühmteste Namen und Titel. Die Grenzen sind natürlich nicht starr, sie sind einigermaßen elastisch; ich kann gelegentlich von einem Künstler, den mein Instinkt bisher ablehnte, dennoch überrascht und beschämt ein Werkchen entdecken, in dem er trotzdem zu meiner Welt und Art paßt. Und auch bei ganz großen, schon beinahe sakrosankten Meistern kann mich zuweilen einen Augenblick lang eine Spur von Entgleisung, von Eitelkeit, von Leichtsinn oder von Ehrgeiz und Wirkenwollen erschrecken. Da ich ja selbst Künstler bin und meine eigenen Werke voll solcher verdächtiger Stellen, voll trüber Einsprengsel in das rein Gewollte weiß, vermögen solche Entdeckungen mich trotz ihrer grundsätzlichen Furchtbarkeit nicht wirklich irre zu machen. Ob es jemals vollkommene, völlig reine, völlig fromme, völlig im Werk und Dienst aufgehende, dem Menschlichen entwachsene Meister wirklich gegeben habe, das zu entscheiden ist nicht meine Sache. Genug, daß es vollkommene *Werke* gibt, daß durch das Medium jener Meister je und je ein kristallenes Stück objektivierten Geistes entstanden und den Menschen als Goldprüfstein gegeben worden ist.

Mein Urteil über Musikwerke hat, wie gesagt, nicht den Ehrgeiz, ästhetisch und objektiv »richtig« oder in irgendeinem Sinne maßgebend oder zeitgemäß zu sein. Ein rein ästhetisches Urteil darf ich, als Literat, mir ja überhaupt nur über Literatur erlauben, über eine Art von Kunst, deren Mittel, Handwerk und Möglichkeiten ich kenne und das ich bis zu dem mir möglichen Grad verstehe. Mein Verhalten zu den anderen Künsten, vor allem zur Musik, wird nicht so sehr vom Bewußtsein als von seelischen Instinkten regiert, es besteht nicht aus Akten der Intelligenz, sondern aus Hygiene, aus dem Bedürfnis nach einer gewissen Sauberkeit und Bekömmlichkeit, nach einer Luft, Temperatur und Nahrung, bei welcher die Seele sich wohl fühlt und welche jeweils den Schritt vom Behagen zur Aktivität, von der Seelenruhe zur Schaffenslust erleichtert. Kunstgenuß ist für mich weder Betäubung noch Bildungsbestreben, er ist Atemluft und Speise, und wenn ich eine Musik höre, die mir Widerwillen erregt, oder eine, die mir allzu süß, allzu gezuckert oder gepfeffert schmeckt, dann lehne ich sie nicht aus tiefer Einsicht in das Wesen der Kunst und lehne sie nicht als Kritiker ab, sondern tue es nahezu völlig instinktiv. Was aber durchaus nicht ausschließt, daß dieser Instinkt in vielen Fällen sich nachher auch vor dem nachprüfenden Verstande bewährt. Ohne solche Instinkte und ohne solche Seelenhygiene kann kein Künstler leben, und jeder hat seine eigene. Um aber auf die Musik zurück zu kommen: zu meiner vielleicht ein wenig puritanischen Kunstmoral, der Moral und Hygiene eines Künstlers und Individualisten, gehört nicht nur eine Empfindlichkeit der seelischen Nahrung gegenüber, sondern auch eine nicht minder empfindliche Scheu vor allen Orgien der Gemeinschaft, vor allem was mit Massenseele und Massenpsychose zu tun hat. Es ist dies der heikelste Punkt meiner Moral, denn um diesen Punkt lagern sich alle Konflikte zwischen Person und Gemeinschaft, zwischen Einzelseele und Masse, Künstler und Publikum, und ich würde es gar nicht wagen, mein Bekenntnis zum Individualismus als alter Mann noch ein spätes Mal zu wiederholen, wenn nicht auf einem speziellen Gebiet, auf dem politischen nämlich, meine von den Normalen und Tadellosen oft gerügten Empfindlichkeiten und Instinkte auf schauerliche Weise recht behalten hätten. Vielemale habe ich zugesehen, wie ein Saal voll Menschen, eine Stadt voll Menschen, ein Land voll Menschen von jenem Rausch und Taumel ergriffen wurde, bei dem aus den vielen Einzelnen eine Einheit, eine homogene Masse wird, wie alles Individuelle erlischt und die Begeisterung der Einmütigkeit, des Einströmens aller Triebe in einen Massentrieb Hunderte, Tausende oder Millionen mit einem Hochgefühl erfüllt, einer Hingabelust, einer Entselbstung und einem Heroismus, der sich anfänglich in Rufen, Schreien, Verbrüderungsszenen mit Rührung und Tränen äußert, schließlich aber in Krieg, Wahnsinn und Blutströmen endet. Vor dieser Fähigkeit des Menschen, sich an gemeinsamem Leid, gemeinsamem Stolz, gemeinsamem Haß, gemeinsamer Ehre zu berauschen, hat mein Individualisten- und Künstlerinstinkt mich stets aufs Heftigste gewarnt. Wenn in einer Stube, einem Saal, einem Dorf, einer Stadt, einem Lande dieses schwüle Hochgefühl spürbar wird, dann werde ich kalt und mißtrauisch, dann schaudere ich und sehe schon das Blut fließen und die Städte in Flammen stehen, während die Mehrzahl der Mitmenschen, Tränen der Begeisterung und Ergriffenheit in den Augen, noch mit dem Hochrufen und der Verbrüderung beschäftigt ist.

Genug vom Politischen. Was hätte es mit der Kunst zu tun? Nun, es hat schon dies und das mit ihr zu tun, es hat allerlei mit ihr gemeinsam. Zum Beispiel ist das mächtigste und trübste Wirkungsmittel der Politik, die Massenpsychose, auch das mächtigste und unlauterste Mittel der Kunst, und ein Konzertsaal oder Theater bietet ja oft genug, d. h. an jedem erfolgreichen und glänzenden Abend, eben jenes Schauspiel des Massentaumels, und es ist ein Glück, daß er in dem traditionellen Klatschen, verstärkt etwa noch durch Trampeln und Bravorufen, sich austoben kann. Ohne es zu wissen, geht ein großer oder der größte Teil des Publikums zu solchen Veranstaltungen einzig um der Momente dieser Berauschtheit willen. Es entsteht da aus der Körperwärme der vielen Menschen, den Anregungen der Kunst, den Werbungen der Dirigenten und Virtuosen eine Spannung und erhöhte Temperatur, die jeden ihr Verfallenden, wie er zu fühlen glaubt, »über sich hinaus« hebt, d. h. ihn der Vernunft und andrer störender Hemmungen für eine Weile beraubt und in einem flüchtigen, aber heftigen Glücksgefühl zur mittanzenden Mücke im großen Schwarme macht. Auch ich bin diesem Rausch und Zauber gelegentlich erlegen, wenigstens in meinen jüngeren Jahren, habe mitgebebt und mitgeklatscht und mich gemeinsam mit fünfhundert oder tausend andern darum bemüht, das Herankommen des Erwachens und der Ernüchterung, das Ende des Taumels hinauszuzögern, indem wir, schon stehend und eigentlich zum Gehen bereit, wieder und wieder durch unser Toben den abgespielten Kunstapparat nochmals zu beleben suchten. Doch ist es mir nicht sehr oft geschehen. Und was auf diese rauschhaften Erlebnisse folgte, war stets jenes Übelbefinden, das wir schlechtes Gewissen oder Katzenjammer nennen.

(1947)

Musikalische Notizen

*Ein Satz über die Kadenz**

Wenn, wie es in jenem musikalischen Dialoge, Wettstreit oder Liebesverhältnis zwischen dem Orchester und einem Solo-Instrumente, das seit zweieinhalb Jahrhunderten als »Konzert« zu bezeichnen die Fachsprache der Musiker sich angewöhnt hat, immer wieder manche Takte lang geschieht, daß eben jenes Solo-Instrument, der Auseinandersetzung mit dem gewaltigen Gesprächspartner sowohl wie der Rolle des bloßen Gehilfen bei der Entwicklung, Wandlung und Fortführung eines musikalischen Themas für eine Atempause lang enthoben, sich gewissermaßen aus der Verstrickung in eine beinah allzu komplizierte Welt von Funktionen, Ansprüchen, Aufgaben, Verantwortungen und

---

*»Wie Sie sehen«, schrieb Hesse 1948 an den Komponisten Will Eisenmann, »ist dieser Satz weniger ein Versuch das Phänomen der Kadenz zu erklären, als ein spaßhafter Versuch dies Phänomen in einem einzigen Satz Prosa gewissermaßen nachzuahmen.«

Verführungen, aus einer ungemein differenzierten, vielfach abhängigen, vielen Mitspielern verpflichteten Existenz entlassen und in seine eigene, heimatliche, individuelle Welt zurückgekehrt findet, scheint diese befristete Heimkehr in sein ihm allein gehöriges Reich, in die Unschuld, Freiheit und Eigengesetzlichkeit seines eigenen Wesens ihm einen ganz neuen Antrieb und Atem, eine zuvor durch die Rücksicht auf den Partner gebundene und eingeschränkte Beschwingtheit, eine beinahe berauschte Freude an sich selbst und seinen Möglichkeiten zu verleihen, scheint es zum Genuß seiner wiedererlangten Freiheit, zum Schwelgen in der ihm allein eigenen Atmosphäre einzuladen und zu ermuntern, daß es gleich einem der Gefangenschaft entronnenen Vogel erst in langen Folgen von Trillern seiner Kräfte jubelnd wieder bewußt wird, um alsdann in bald wiegenden, bald triumphal emporsteigenden, bald bacchantisch baßwärts abstürzenden Passagen, Schwüngen und Flügen das scheinbar Unüberbietbare, ja Unmögliche an virtuoser Ekstase zu erleben.

Bei einer Musik von Schumann

In dieser Musik geht beständig Wind, nicht ein stetiger, drückender, schwerer, gleichmäßiger, sondern ein springender, spielender, böiger, mutwilliger, ein stets überraschend einsetzendes und sich wieder verlierendes Wehen, man meint die kleinen Wirbeltänze von Sand und Laub dabei zu sehen, es ist ein Schönwetterwind, ein guter Wanderkamerad und Spielgenosse, munter, voll von Einfällen, plauderlustig bald und bald lauf- oder tanzlustig. Es weht und haucht, wiegt sich und schüttelt sich, es tanzt und springt in dieser Musik voll Anmut und Jugend, es lächelt und lacht, spielt und neckt, mutwillig bald und bald zärtlich. Unbegreiflich scheint es, daß der Dichter dieser zauberischen Takte in Melancholie und Verdüsterung dahingesiecht und gestorben sei. Freilich, es fehlt dieser Musik an Ruhe, an Statik, ja gewissermaßen an Heimat, sie ist vielleicht allzu munter, allzu rastlos, allzu wehend und windverwandt, allzu bewegt und jugendstürmisch, und wird sich denn einmal erschöpfen müssen. Zwischen der Musik des gesunden und dem Leben und Ende des kranken Schumann klafft der selbe Abgrund wie zwischen der wilden Drôlerie des jungen und der Schwere des ältern Clemens Brentano. Und wie das nun in unsrer komplizierten und auch etwas sentimentalen Welt ist: diese so hold durchwehte Schönwettermusik mit ihrer jugendlich-schönen Unruhe klingt uns noch entzückender, noch beschwingter und lieblicher, wenn wir von der Nacht und tiefen Finsternis wissen, die auf den liebenswerten Musikanten wartete. (1947)

Das gestrichene Wort

Ein wunderliches Anliegen hat uns gestern, meiner Frau und mir, je für eine Stunde Arbeit gegeben. Es kam ein Brief aus Amerika, geschrieben von einem alten Herrn, einem frommen deutschen Juden aus einem jener alten Judenhäuser des Rhein- und Maingebietes, die bis an die Schwelle des unfreundlichen Heute zu den ältesten und besterhaltenen Kulturherden Deutschlands gehört haben, einer jener alten rheinisch-jüdischen Familien, deren eine in Wilhelm Speyers wunderschönem Roman »Das Glück der Andernach« ihr Denkmal und ihren würdigen Nachruf gefunden hat. Dieser alte Herr in New York, ein Emigrant, ein kultivierter und frommer Jude, ein Namenloser in jenem Heer von Wertvollen, die Deutschland zugunsten der Schreier und Bösewichte von sich gestoßen hat, schrieb mir einer Gewissensfrage wegen, die ihm Skrupel machte; und die Bitte, die er an mich zu richten für seine Pflicht hielt, besteht darin: ich möchte ein einziges Wort in einem meiner Bücher bei künftigen Auflagen weglassen. Er hat vor kurzem den »Kurgast« gelesen und darin eine Stelle, wo ich den Spruch zitiere, »Liebe deinen Nächsten wie dich selbst«. Der Kurgast nennt diesen Spruch »das weiseste Wort, das je gesprochen wurde«, und fügt hinzu: »Ein Wort, das übrigens erstaunlicherweise auch schon im Alten Testament steht.« Für den Leser und Briefschreiber in Amerika nun, für den frommen Juden und Bibelleser, ist das Wort »erstaunlicherweise« nicht annehmbar, er findet mit diesem Wort das Judentum und die Thora beleidigt und angezweifelt, und er bittet mich mit ernsten Worten, dies Wort zu streichen.

Zunächst nun mußte meine Frau, da meine Augen es nicht leisten konnten, den »Kurgast« auf jene Stelle hin durchfliegen, um den

Zusammenhang und Wortlaut des Satzes festzustellen. Dann las ich die fragliche Seite meines vor 25 Jahren geschriebenen Buches sorgfältig nach. Natürlich hatte der Briefschreiber recht, natürlich war es ein Irrtum, und war für jüdische Leser beinah eine Blasphemie, wenn ein bisher von ihm ernst genommener Autor es »erstaunlich« fand, daß ein so edles und erhabenes Wort »schon« im Alten Testament stand, also lang vor Jesus und der christlichen Lehre geschrieben war. Er hatte recht, daran war nicht zu zweifeln: mein Ausdruck »erstaunlicherweise« war, ebenso wie das Wort »schon« (das mein Briefschreiber aber nicht beanstandete) objektiv unrichtig, er war voreilig und töricht, er spiegelte etwas von der zugleich verlegenen und hochmütigen Art wider, mit der zur Zeit meiner Kindheit und Erziehung die populäre protestantische Theologie uns kleinen Protestantenkindern von der Bibel und vom Judentum sprach, und welche etwa darauf hinauslief, es sei das Judentum und das Alte Testament zwar hochehrwürdig und nicht genug zu respektieren, aber es fehle ihm eben doch das Letzte, die Krone, das Alte Testament sei vorwiegend ein Buch des Gesetzes und der Strenge, während erst das Neue den wahren und vollen Begriff der Liebe und der Gnade gebracht habe usw. Als ich jene Zeile im »Kurgast« vor 25 Jahren schrieb, war ich, mindestens für eben jenen Augenblick, nicht ein Wissender und Überlegener gewesen, sondern es war mir damals, als ich jenes herrliche Wort von der Nächstenliebe zitierte, in der Tat »erstaunlich« vorgekommen, daß ein solches Wort, das man ruhig die Quintessenz der christlichen Lehre oder doch der christlichen Moral nennen konnte, »schon« im Alten Testament stehe. Recht hatte er, der liebe besorgte Mann in Amerika.
Aber wie war das nun? War der »Kurgast«, und waren alle meine Bücher denn geschrieben, um Kenntnisse und objektive Wahrheiten im Volk zu verbreiten? Gewiß wollten sie, vor allem andern, der Wahrheit dienen, aber im Sinne der Aufrichtigkeit, welche sich sorgfältig jedes autoritären Beiklangs beim Aussprechen von Gedanken enthält, einer Aufrichtigkeit, deren Gesetz den Autor zu einer weitgehenden Preisgabe seiner Person und nicht selten zu einer Selbstenthüllung zwingt, deren Opfer noch niemals ein Leser voll begriffen hat. Wollte ich denn meinen Lesern etwas anderes mitteilen als die Ergebnisse meines eigenen Erlebens und Denkens, und dazu jeweils eine Strecke des persönlichen Weges, auf dem ich zu diesen Ergebnissen gelangt war?

Hatte ich je den Diktator, den unbedingt Wissenden, den Priester und Lehrer gespielt, der seine Wahrheiten mit der Autorität eines Amtes verkündigt, seine Lücken und Zweifel aber sorgfältig verschwiegt? War nicht dies meine Rolle und Aufgabe gewesen: meinen Lesern nicht nur meine Gedanken und Überzeugungen mitzuteilen, sondern auch meine Zweifel, und ihnen nicht einen Autorisierten und Geweihten vorzuspielen, sondern nur mich selbst zu zeigen, einen suchenden und irrenden Bruder?

Ich konnte dem Manne in Amerika dies alles nicht erklären. Da er es bei der Lektüre meiner Bücher, die er beinah alle kannte, nicht gemerkt hatte, würde es mir in einem noch so langen Briefe auch nicht gelingen, ihn zu einer anderen Art von Lesen und Verstehen zu bekehren. Er verlangte von mir, ich solle ein einziges Wort in einem Buche streichen, und verlangte damit, ich solle, im Dienste der Wahrheit, eine Lüge begehen, ich solle so tun, als sei ich damals vor 25 Jahren, als ich den »Kurgast« schrieb, keines Irrtums oder Leichtsinns, keiner Unwissenheit in bezug auf Bibel und Theologie fähig gewesen, als hätten nicht damals wie heute noch überall Reste meiner Herkunft und Erziehung an mir gehangen. War das nicht doch vielleicht etwas zuviel verlangt?

Scheinbar war die Sache also sehr einfach. Man verlangte etwas von mir, was meinem Wesen und Geschmack, meinen literarischen Gewohnheiten, um nicht gleich zu sagen »Grundsätzen«, widersprach, und darauf gab es ja eigentlich nur eine Antwort, eine Absage. Aber die Dinge sehen immer einfacher aus, als sie sind, und die moralischen noch mehr als alle andern. Wäre ich zwanzig Jahre jünger gewesen! Dann hätte ich nicht meine Frau mit dem Suchen der Buchstelle belästigen, hätte mir nicht so viele Skrupel machen müssen, hätte Zeit gefunden, meinem Leser in einem Brief von vielen Seiten die Sache zu erklären, hätte mich an diesem Brief warm geschrieben und in die Überzeugung hinein geschmeichelt, nun habe ich den Partner wirklich überzeugt und beruhigt. Das Wort »erstaunlicherweise« wäre weiter in meinem Buch stehen geblieben und hätte weiterhin in edler Aufrichtigkeit meine Ahnungslosigkeit und Torheit vom Jahr 1923 dokumentiert.

Aber nun war ich eben etwas älter und etwas bedenklicher, wohl auch etwas unsicherer geworden, und der Mann, der das Wort gestrichen haben wollte, war ebenfalls nicht ein junger, durch einen guten Brief zu beruhigender und in seinen Überzeugungen wankend zu machender Leser, sondern er war ein alter Herr, dessen Brief es weder an Bescheidenheit noch an Würde fehlte. Er war außerdem ein Frommer, ein Liebhaber der Bibel, ein Mann, der im Alten Testament sehr viel besser als ich Bescheid wußte, und dem ein etwas unbedacht geschriebenes Wort von mir weh getan und Ärgernis gegeben hatte. Und noch etwas: er war ein Jude. Er war ein Angehöriger des Volkes, das der Welt die Bibel und den Heiland gegeben und dafür den Haß und die grimmige Feindschaft beinahe aller andern Völker geerntet hatte, ein Mann aus einem uralt-heiligen Volk, das in unserer gottlosen Zeit Unausdenkliches erduldet und sich dabei besser bewährt hatte als irgendein anderes, jüngeres Volk in ähnlicher Drangsal: denn nicht nur hatten die Juden (und das gilt auch noch für heute, die Verfolgung dauert ja an) ein Beispiel ohnegleichen an Solidarität, brüderlicher Hilfs- und Opferbereitschaft gegeben, dessen die Welt noch gar nicht bewußt geworden ist, sie hatten überdies in unzähligen Fällen einen Heldenmut im Ertragen, eine Tapferkeit angesichts des Todes, eine Würde im Elend und Untergang bewiesen, bei deren Betrachtung wir Nichtjuden uns nur schämen können.

Und nun sollte ich also diesem wohlmeinenden und würdigen alten Juden antworten, sollte ihm eine Genugtuung versagen, um die er auf eine edle Weise gebeten, sollte seinem Glauben und seiner überpersönlichen frommen Weisheit mein Recht als Bücherschreiber, als Vertreter einer psychologischen Spezialität, mein Pathos als Bekenner entgegenstellen und ihn, indem ich ihn enttäuschte und abwies, noch belehren?

Ich brachte das nicht über mich. Es hätte dazu ein Maß an Sicherheit, an Glauben an mich und den Sinn und Wert meiner Arbeit gehört, den ich heute nicht mehr aufbrächte. Ich schrieb dem Leser in New York einen kurzen Brief, daß ich seinen Wunsch erfüllt habe, und schrieb meinem Verleger eine Mitteilung, daß bei einem etwaigen Neudruck des »Kurgast« auf Seite 154 das Wort »erstaunlicherweise« wegzulassen sei. (1948)

Der Sprung*

Wenn wir es unternehmen, den Lebenslauf des edlen Willibald des Jüngeren vom Ärmel der geschätzten Nachwelt zu überliefern, so sind wir uns sowohl der Schwierigkeit unsrer Aufgabe wie auch der Unzeitgemäßheit und Unbeliebtheit solcher Arbeiten recht wohl bewußt. Eine Epoche, welche den Erfindern des Atom-Nußknackers Ruhmeskränze flicht und den Andrang des Publikums zu den Sonntagsfahrten nach dem Saturn nur noch mit Hilfe großer Polizeiaufgebote bändigen kann, eine Epoche, welche einzig den materiellen Erfolg und die meßbare sportliche Leistung anerkennt und anbetet, wird weder den Großtaten der Säulenheiligen noch den Klavier-Stimmversuchen Gottwalt Peter Harnischens, geschweige denn unsrem Versuch, das Andenken Willibalds des Jüngeren vom Ärmel zu ehren, gerecht werden oder Interesse entgegenbringen. Indessen tröstet und stärkt uns der Gedanke, daß es Verehrern jener Stiliten, jenes Walt Harnisch oder unsres seligen Willibald vom Ärmel und Verächtern des Erfolges und des Fortschritts übel anstünde, wollten sie bei ihrem Tun an den Beifall der Rekordhelden oder der Sonntags-Mondausflügler denken. Nein, wenn es denn schon etwas wie ein Ehrgeiz sein sollte, was uns antreibt und beseelt, so ist es ein andrer, ein edlerer und höherer.

Die edle Kunst, welche Willibald sein Leben lang übte, hat nicht er etwa erfunden, er lernte sie schon als Knabe durch seinen Vater kennen, und auch dieser hatte schon bis in eine ferne Vorzeit zurück Vorgänger und Vorbilder gehabt. Er, Willibald der Ältere, hat die hohe Übung, die meistens mit dem Namen »Der Sprung« bezeichnet wird, allerdings nicht so früh, sondern erst als Erwachsener kennen und üben gelernt. Das Wenige, das wir über sein Leben wissen, läßt sich in Kürze berichten. Er war der Sohn eines Offiziers, der ihn auf eine harte und soldatische Weise erzog und ebenfalls einen Offizier aus ihm machen wollte, doch dieses Ziel nicht erreichte, denn Willibald, durch des Vaters Härte und Strenge erbittert, stemmte sich mit zähem Trotz gegen dessen Pläne. Obwohl von Natur dem Vater ähnlich und sportlichen und soldatischen Übungen durchaus zugetan, weigerte er sich standhaft, den vom Vater ihm bestimmten Beruf zu ergreifen, und

---

*Im Manuskript trägt dieser Text keinen Titel.

wandte sich in hartnäckigem Trotz gerade jenen Beschäftigungen und Studien zu, die er vom Vater verachtet und verspottet sah, der Literatur, der Musik, den philologischen Wissenschaften. Er setzte seinen Willen durch und wurde Lehrer. Bekannt wurde er als Verfasser des Liedes: »Wie doch so sehr erfreut der Lenz das Herz«, das jahrzehntelang viel gesungen wurde und eins der beliebtesten Stücke in allen Singbüchern für Mittelschulen war. Die späteren Generationen allerdings lehnten sowohl den Text wie die Melodie des Liedes ab, machten sich über seinen Stil, an dem ein Menschenalter sich erfreut hatte, lustig und ließen es aus den Schulbüchern verschwinden. Es ist uns nicht bekannt, ob Willibald der Ältere das noch erlebt hat, es hätte ihn wohl kaum angefochten, denn nachdem er einige Jahre an höhern Schulen unterrichtet hatte, starb sein Vater, und kaum war dies geschehen, als Willibalds ablehnende Haltung dem Soldaten- und Offiziersleben gegenüber samt seinen aus Trotz überbetonten musischen Liebhabereien erlosch. Jetzt, wo die harte Autorität, gegen die er so zäh revoltiert hatte, dahingesunken war, folgte er freudig den ererbten Anlagen und Trieben, ließ Grammatik und Leier liegen, schlug die Offizierslaufbahn ein und brachte deren erste Stufen rasch hinter sich. Dann, einer Gesandtschaft im Osten zugeteilt, lernte er das Morgenland kennen, und dort ward ihm die Begegnung, die sein Leben bestimmen sollte. Er fand Gelegenheit, tanzenden Derwischen zuzuschauen, tat dies anfangs mit jener Haltung von etwas herablassender und skeptischer Neugierde, die so mancher Abendländer in jenen Ländern für geboten hielt, wurde aber von der Gewalt des Enthusiasmus und der weltvergessenden Hingabe, die diese frommen Tänzer beseelte, mehr und mehr ergriffen, und besonders war es einer von ihnen, ein junger Derwisch von hohem Wuchs und beinahe übermenschlicher Haltung, der seine Aufmerksamkeit fesselte und seine ganze Bewunderung und Liebe gewann. Er ließ nicht nach, bis es ihm gelang, die Bekanntschaft und schließlich die Freundschaft dieses Achmed zu gewinnen. Durch ihn nun lernte Willibald jene seltsame Übung kennen, in deren Dienst sein und später seines Sohnes Leben stehen sollte: das Springen über den eigenen Schatten. Seit er entdeckt hatte, daß Achmed sich häufig zu besonderen Übungen zurückzog, bei denen er sich sorgfältig vor jedem neugierigen Blick zu schützen wußte, ruhte er nicht, bis der Derwisch ihm sein Geheimnis preisgab. Auf Willibalds dringende Frage,

was er denn so einsam und im geheimen treibe, bekam er zu seinem Staunen die kurze Antwort: »Ich springe über meinen Schatten.« »Aber das ist ja unmöglich«, rief Willibald, »das ist ja verrückt.« »Du wirst sehen«, war Achmeds Antwort, und er bestellte seinen Freund auf den andern Tag zu einer bestimmten Stunde an einen einsamen Ort hinter den Stallungen einer Karawanserei. Dort nun sah ihn der Abendländer über seinen Schatten springen, das heißt: er sah ihn mit solcher Gewandtheit und Schnelligkeit springen, daß er nicht imstande war zu entscheiden, ob nicht wirklich der Springer gewandter und rascher war als sein auf dem Sande mit ihm um die Wette springender Schatten. Der Schatten bekam keinen Augenblick Ruhe, und der Herr des Schattens schien ohne Schwere zu sein, er schwebte und wirbelte in unaufhörlichen blitzschnellen Sprüngen wie ein Falter oder eine Libelle, dem Springen, Wirbeln, Schwirren hingegeben. Ob nun der Schatten übersprungen wurde oder nicht, blieb nicht nur unentschieden, es war dem staunenden Zuschauer unwichtig geworden, er vergaß daran zu denken, er sah dem Springenden mit derselben Ergriffenheit und Bewunderung, mit derselben Ahnung von Wunder und Seligkeit zu, wie damals dem Tanz des Derwisch-Chors. Als Achmed seine Übung beendet hatte, blieb er mit geschlossenen Augen eine Weile stehen, scheinbar weder erhitzt noch betäubt noch ermüdet, mit dem Ausdruck innigen Glückes im Angesicht. Als er die Augen öffnete, dankte ihm Willibald mit einer tiefen Verbeugung, wie er sie für den Empfang beim Sultan gelernt hatte. Er fragte den Freund, woran er bei seinem Springen gedacht habe. »An wen?« sagte jener mit leiser Stimme. »An Ihn, der des Springens nicht bedarf.« Willibald verstand nicht gleich. »...nicht bedarf?« wiederholte er fragend. Und Achmed: »ER ist das Licht selbst und ohne Schatten.«
Bis zu jener Stunde war Willibald des Älteren Leben ein Leben der Ziele, der Strebungen und des Ehrgeizes gewesen, er hatte erst als Lehrer, als Dichter und Musiker sich um Anerkennung und Ruhm bemüht, dann als Offizier um Achtung und Wohlwollen seiner Vorgesetzten. Zur Stunde wurde es damit anders. Sein Ziel lag nicht mehr außerhalb seiner selbst, und sein Glück, seine Zufriedenheit waren nicht mehr von außen her zu steigern oder zu mindern. Sein Ziel war von Stund an, etwas von dem zu erlangen, was er als Glück und Licht in Achmeds Antlitz nach seinem Schattenspringen hatte leuchten sehen, seine Sehnsucht galt je-

nem Grad von Hingabe, den er zum erstenmal beim Wirbeltanz
der Derwische und jetzt, stiller aber sublimierter, im frommen
Tanzdienst des Schattenspringers mit Augen erblickt hatte.
Obwohl er an strenge körperliche Übungen mancher Art gewöhnt war, dauerte es lange Zeit, bis er zwar nicht seines Freundes Vollkommenheit, aber doch eine gewisse Geschicklichkeit
erreichte.
(Geschrieben vermutlich während der fünfziger Jahre.)

Chinesische Legende

Von *Meng Hsiä* wird berichtet:

Als ihm zu Ohren kam, daß neuerdings die
jungen Künstler sich darin übten, auf dem
Kopfe zu stehen, um eine neue Weise des
Sehens zu erproben, unterzog *Meng Hsiä* sich
sofort ebenfalls dieser Übung, und nachdem
er es eine Weile damit probiert hatte, sagte
er zu seinen Schülern: »Neu und schöner
blickt die Welt mir ins Auge, wenn ich mich
auf den Kopf stelle.«

Dies sprach sich herum, und die Neuerer
unter den jungen Künstlern rühmten sich
dieser Bestätigung ihrer Versuche durch den
alten Meister nicht wenig.

Da dieser als recht wortkarg bekannt war und
seine Jünger mehr durch sein bloßes Dasein
und Beispiel erzog als durch Lehren, wurde
jeder seiner Aussprüche beachtet und weiter
verbreitet.

Und nun wurde, bald nachdem jene Worte die
Neuerer entzückt, viele Alte aber befremdet,
ja erzürnt hatten, schon wieder ein Ausspruch
von ihm bekannt. Er habe, so erzählte man,
sich neuestens so geäußert:

»Wie gut, daß der Mensch zwei Beine hat!
Das Stehen auf dem Kopf ist der Gesundheit
nicht zuträglich, und wenn der auf dem Kopf
Stehende sich wieder aufrichtet, dann blickt
ihm, dem auf den Füßen Stehenden, die Welt
doppelt so schön ins Auge.«

An diesen Worten des Meisters nahmen sowohl die jungen Kopfsteher, die sich von ihm
verraten oder verspottet fühlten, wie auch
die Mandarine großen Anstoß.

»Heute«, so sagten die Mandarine, »behauptet
Meng Hsiä dies, und morgen das Gegenteil.
Es kann aber doch unmöglich zwei Wahrheiten
geben. Wer mag den unklug gewordenen
Alten da noch ernst nehmen?«

Dem Meister wurde hinterbracht, wie die
Neuerer und wie die Mandarine über ihn
redeten. Er lachte nur. Und da die Seinen ihn
um eine Erklärung baten, sagte er:

»Es gibt die Wirklichkeit, ihr Knaben, und an
der ist nicht zu rütteln. Wahrheiten aber,
nämlich in Worten ausgedrückte Meinungen
über das Wirkliche, gibt es unzählige, und jede
ist ebenso richtig wie sie falsch ist.«

Zu weiteren Erklärungen konnten ihn die
Schüler, so sehr sie sich bemühten, nicht
bewegen.

(1959)

Nachwort

Der Wert meiner Arbeit entspricht dem Maß an Spaß, das sie mir gemacht hat. Was wirkt und übrigbleibt, ist nicht das Gewollte, Erdachte, Aufgebaute, sondern die Gebärde, der Einfall, der kleine, flüchtige Zauber. So wie bei einer Oper von Mozart nicht die Fabel oder Moral des Stücks Wert hat, sondern die Gebärde und Melodie, die Frische und Anmut, mit der eine Anzahl musikalischer Themen ablaufen und sich verändern.

Einer, der sich für die naivsten Ideale der Welt hinzugeben bereit ist, ist mir viel lieber als jemand, der über alle Gesinnungen und Ideale klug zu reden versteht, aber für keines auch nur zum kleinsten Verzicht fähig wäre.

Hermann Hesse

»Als der Maler Hodler sechzigjährig die riesige Ausstellung durchwandert hatte, die man zu seinem Jubiläum veranstaltete und die nahezu sein ganzes Lebenswerk enthielt, soll er gesagt haben: wenn er heute nochmals von vorn beginnen müßte, würde er das alles wieder genau so machen.

Nicht jedem Künstler wäre eine solche Zustimmung zu seinem ganzen Leben und seinen gesamten Werken möglich. Dieses restlose Einverstandensein mit sich und seinem Tun findet man nur bei einigen der Großen, und dann allerdings wieder, drolligerweise, bei den naivsten der Dilettanten und Stümper. Zwischen diesen beiden Grenzen leben wir anderen Künstler, die wir in unser Tun und unsere Leistungen zwar sehr verliebt, zeitweise aber an beiden auch sehr verzweifelt sein können. Da gibt es so viele Typen wie in der Menschheit überhaupt, vom manisch Depressiven bis zum nüchternen Selbstkritiker. Gemeinsam ist allen Typen wohl nur das eine, daß sie jeweils ihr jüngstes Werk am meisten lieben und am höchsten bewerten. Zu welcher Klasse nun ich gehöre, weiß ich nicht, doch habe ich in einem langen Leben Zeit gehabt, über mein Verhältnis zu meinen eigenen Schriften einige Erfahrungen zu sammeln.

Stets haben sich mir die Arbeiten aus einer früheren Lebensstufe für eine Weile, die in einigen Fällen Jahrzehnte andauerte, entfremdet und entwertet, ich sah sie als abgelegte Kinderschuhe, als rückständig und überholt an, ich konnte sie nicht wiederlesen, und wenn irgendein Zufall mich zwang, doch wieder etwas in einem dieser Bücher nachzuschlagen, dann konnte ich beim Wiederlesen einiger Seiten etwa denken: ›Wenn ich doch damals schon gewußt hätte, was ich heute weiß!‹ Doch die Jahre vergingen, und irgendeinmal fühlte ich mich versucht, ja getrieben, eines der minderwertigen Werke doch wieder zu lesen. Und beim neuen Lesen zeigte das Ding ein ganz anderes Gesicht, und mein Gefühl nach der Lektüre war: ›Wenn ich doch heute noch könnte, was ich damals gekonnt habe!‹ Von der Zeit an, da ich mich dem höheren Alter näherte und meine Kräfte abnehmen sah, verstärkte sich dieses Gefühl immer mehr.

Schließlich war ich alt und berühmt, wurde von den jüngeren Kollegen belächelt und von den Schulknaben um Autogramme geplagt, und während die Kritik der Jungen schärfer und böser wurde, stieg ich in der Vorstellung der ›Gemeinde‹ zum Rang des weisen alten Meisters empor, einer Rolle, die meinem Naturell gar nicht lag. Allerdings, das konnte sogar ich selber bemerken, waren meine späten Schriften eher friedlicher und etwas müderer Art als die meiner jüngeren Jahre, es konnte von außen her so scheinen, als sei ich so milde, abgeklärt und edel, wie die allzu gutmütigen Lobredner sagten. Kaum war mir das bewußt geworden, da empfand ich ein wohlbekanntes, leise beginnendes, aber rasch wachsendes Bedürfnis, die seit zwei bis drei Jahrzehnten von mir wenig mehr geschätzten kleinen Arbeiten einer früheren, kämpferischen und gelegentlich etwas unartigen Periode wieder anzusehen. Es waren einige Aufsätze und Skizzen, in denen mein Anteil an der Gestörtheit und Beunruhigung der Welt seinen spielerischen Ausdruck suchte. Eine gute Weile war ich ihrer überdrüssig gewesen, jetzt zogen sie mich wieder an.«

Mit diesen Überlegungen hat Hermann Hesse 1960 einen Privatdruck eingeleitet, den er »Rückgriff« nannte. Er war, wie die meisten seiner Sonderdrucke, als Dank für Briefe und Glückwünsche bestimmt und enthielt zwei der hier in der ursprünglichen Fassung abgedruckten, 1927 geschriebenen Texte.
Im Laufe seines Lebens hat Hesse weit mehr als das Doppelte der hier gesammelten Betrachtungen, Erinnerungen und erzählender Kurzprosa geschrieben, nicht mitgerechnet das, was er selbst in Sammelbände wie »Bilderbuch«, »Gedenkblätter«, »Betrachtungen«, »Beschwörungen« etc. aufgenommen hat.
Der vorliegende Band sammelt mit Ausnahme der politischen und essayistisch-kritischen Nachlaßtexte (die gesonderten Publikationen vorbehalten bleiben) in der Reihenfolge ihrer Entstehung die charakteristischste, bisher nicht in Buchform veröffentlichte, bzw. nicht wieder nachgedruckte Kurzprosa. Viele dieser Texte wurden von Zeitschriften und Zeitungen mehrfach und nicht selten in leicht geänderten Fassungen abgedruckt. Der Herausgeber hat sich bemüht, aus der Fülle der Varianten jeweils die prägnanteste und originellste Version herauszufinden und hier vorzulegen. Andere Stücke sind überhaupt noch nie gedruckt worden und folgen dem Wortlaut der Manuskriptfassungen. Alle Texte sind mit der Angabe ihres Entstehungsjahres versehen, bzw. – wo dieses nicht eindeutig feststellbar war – mit dem Jahr der ersten Publikation. Ein Quellennachweis am Ende des Bandes soll eine bibliographische Orientierung ermöglichen.

Hesses Verhältnis zu diesen, wie zu allen seinen abgeschlossenen Arbeiten, war ambivalent. Schon 1911 schreibt er in einem Brief: »Leider ist es mir nicht gegeben, mit Lob und Zustimmung viel anzufangen, da ich selber an meinen Arbeiten, sobald sie fertig sind, nur die Fehler und das Nichtgekonnte sehe. Eben darum gehe ich immer sehr bald an Neues, da ich eigentlich nur an der Arbeit, nicht am Fertigen Freude finde.« Und 1924 heißt es in einem Brief an Lisa Wenger: »Um doch etwas ›Nützliches‹ zu tun, nahm ich den Riesenhaufen von Aufsätzen, Zeitungsartikeln etc. vor, den ich im Laufe meines Lebens geschrieben habe, es sind Hunderte, und ging daran, daraus eine kleine Prosaauswahl meiner ›Kleinen Schriften‹ zusammenzustellen, die nächsten Winter vielleicht erscheinen könnten. Ansich sind alle diese Arbeiten bedeutungslos, für mich aber haben sie die Bedeutung, daß man daraus ziemlich deutlich sehen kann, daß trotz allen Wandlungen ich im Menschlichen, Künstlerischen und Politischen stets die gleichen Ziele verfolgte und die gleichen Gesinnungen hatte – ich selber war oft recht erstaunt, alte Artikel von mir aus dem Jahre 1904 usw. zu lesen, in denen Sachen ausgesprochen standen, die ich erst viel später gedacht und gewußt zu haben glaubte.« Und ein Jahr darauf schreibt er in seinem Bericht »Ausflug in die Stadt«: »Da hörte ich eine Reihe von Dichtungen, die ich in meinen jüngeren Jahren geschrieben hatte. Ich hatte damals, als ich sie schrieb, noch die Neigungen und Ideale der Jugend, und es war mir mehr um schwärmenden Idealismus zu tun, als um Aufrichtigkeit... Ich konnte zusehen, wie derjenige Teil der Zuhörerschaft, der sentimental fühlte, die Darbietungen einschluckte und dazu empfindsam lächelte, während ein anderer, kühlerer Teil der Hörer, zu dem auch ich zählte, unbewegt blieb und entweder ein wenig mißachtend lächelte oder einschlief.«

Auch die hier versammelten Texte sind, wie alles was Hesse schrieb, stark autobiographisch, also notwendig, organisch und zwanglos entstanden und damit das Gegenteil von dem, was er unter »feuilletonistisch« verstand. Daß dennoch der größte Teil dieser Prosa erstmals unter der Rubrik »Feuilleton« abgedruckt wurde, gehört zu den zahlreichen Paradoxien und Mißverhältnissen zwischen Künstler und Gesellschaft, zwischen Qualität und Quantität, die dem, der sich mit Hesse und seinen Schriften beschäftigt, auf Schritt und Tritt bewußt werden. Hesse, der Kritiker des »Feuilletonistischen Zeitalters« hat Hunderte von »Feuilletons« publiziert. Gegen-Feuilletons, ohne die übertriebene, einseitig-unproportionierte Hervorhebung einer Tendenz, aber auch ohne die witzige Sentimentalität jenes geistreichen Journalismus, der weder einer echten Notwendigkeit beim Verfasser, noch einem Bedürfnis beim Empfänger entspringt, sondern lediglich Tribut ist an Majorität und Mode.

Der hektischen, jede Selbstbesinnung und Kontemplation verdrängenden Betriebsamkeitspsychose, dem geistlosen Optimismus, der »lachenden Ablehnung aller tieferen Probleme«, die man sich täglich »mit den Bildern neuer Stars« und den »Zahlen neuer Rekorde« übertönen läßt, hat Hesse bewußt die Kunst des Müßiggangs entgegengesetzt. Sie ist nicht hausbacken-reaktionäre Idyllik, als welche sie von den Kritisierten gerne denunziert wird. Sie ist Verweigerung gegenüber den Einschüchterungen des Quantitativen und Ansporn zu Skepsis, Eigensinn und Individualität, zur Alternative im Qualitativen. Damit provoziert Hesse lauter Interessen, die für unantastbar gelten. Er verunsichert die dünne Vernünftigkeit der Vereinfachungen und Abstraktionen, die uns einen Zeit- und Lebensrhythmus aufnötigen, der, je »rationeller« er wird, immer weniger dem biologischen entspricht. Etwas von dieser »Kunst des Müßiggangs« ist zumindest im Vortrag den so vielfältigen und heterogenen Texten dieses Nachlaßbandes gemeinsam. In der frühen Prosa noch emotional versöhnlich, artikuliert sich Hesses Kritik nach 1918 immer gereizter und pointierter, ohne doch der Tendenz zuliebe in die Einseitigkeit ideologischer Parteilichkeit zu geraten.

Das hat Hesse zeitlebens davor bewahrt »irgendeinem Massenirrtum zu verfallen. Seine Charakteranlage, sein Instinkt wiesen ihm meist den dornigen Weg der Minderheit, und so ist er stets ein Außenseiter geblieben; paradoxerweise aber, da das Pendel der Mehrheit stets ins Extreme ausschlägt, blieb er in der Mitte... Dichter des Einzelmenschlichen. Wer ernsthaft den eigenen Nöten, den eigenen Zweifeln zu Leibe geht und ihrer Herr zu werden versucht, der dient der Allgemeinheit mehr, als der innerlich Schwache, der opportun das gebotene Wolfsgeheul mitmacht« (Otto Basler).

Eine weitere Gemeinsamkeit der Texte dieses Bandes ist das Eindeutige, das suggestiv Einfache der Prosa Hesses, was den professionellen Interpreten, die es nicht selten für Harmlosigkeit halten, auch zu Autoren wie Robert Walser den Zugang erschwert. Schwieriges äußert sich bei Hesse niemals unverständlich, denn er ist auf Klarheit angewiesen. Seine Schriften protokollieren Autobiographisches und müssen ihm helfen, Erfahrungen zu bewältigen, Erfahrungen, die so intensiv erlebt sind, daß sich ganz ungesucht und zwanglos der einfachste und sinnfälligste Ausdruck auch für komplizierte Zusammenhänge einstellt. Die Philologie, deren Selbstverständnis als objektive Wissenschaft im selben Maße verunsichert wurde, wie das der Naturwissenschaften zugenommen hat, bringen solche – zudem keiner der jeweils »progressiven« politischen Tendenzen dienstbare – Deutlichkeit, Unabhängigkeit und autobiographische Verbindlichkeit in Verlegenheit. Denn Texte, die so wenig Raum lassen für Parasitäres, für gelehrte Vermittlung und geistreiche Interpretation, aus denen sich so wenig systemkonforme Ideologie destillieren läßt, verstoßen gegen die simpelsten akademisch-seriösen Rituale.

In bewußter Opposition gegen den Kulturbetrieb aus Selbstzweck und seine krampfhafte »Wissenschaftlichkeit«, bei welcher »eine Anzahl von intellektuellen Modeworten wie im Würfelbecher durcheinandergeworfen wurden, und jeder sich freute, wenn er eines von ihnen annähernd wiedererkannte« (»Das Glasperlenspiel«), war für Hesse die wichtigste Funktion des Künstlers das Schaffen von Alternativen, von Bildern. Keine Analyse ohne Synthese; Musizieren, nicht nur Dechiffrieren!

Schon zu Hesses Lebzeiten hat so viel Außerplanmäßiges den Moderatoren des »Feuilletonistischen Zeitalters« nicht wenig zu schaffen gemacht.

»Deuten«, schreibt Hesse, »ist ein Spiel des Intellekts, ein oft ganz hübsches Spiel, gut für kluge, aber kunstfremde Leute, die Bücher über Negerplastik oder Zwölftonmusik lesen und schreiben können, aber nie ins Innere eines Kunstwerks Zugang finden, weil sie am Tor stehen, mit hundert Schlüsseln daran herumprobieren, und gar nicht sehen, daß das Tor ja offen ist.«

Auch in seinen über 3000 Buchbesprechungen und in Tausenden von Briefen warnt er immer wieder vor ideologischer Abstraktion und dem naiven Rationalismus der Fortschrittspioniere, deren hochspezialisierte Errungenschaften Freiheiten schaffen, deren man sich nicht mehr bedient, sondern die man bedient, vor einer Haltung, »welche den Erfindern des Atom-Nußknackers Ruhmeskränze flicht und den Andrang des

Publikums zu den Sonntagsfahrten auf den Saturn nur noch mit Hilfe großer Polizeiaufgebote bändigen kann, einer Epoche, welche einzig den materiellen Erfolg und die meßbare sportliche Leistung anerkennt und anbetet«.

Unermüdlich bekämpft Hesse die Verdrängung des naiven durch das rationale Verhalten: »Was unser Verstand denkt und sagt, ist ein Fliegenschiß neben dem, was unter der Schwelle an Leben, Beziehungen und Verwandtschaften strömt.«

Das erklärt auch seinen Zug zum Asiatischen, der wenig zu schaffen hat mit Räucherpfannen und mystischer Weltflucht, sondern ein ganz bewußtes Korrektiv ist. So schreibt er in einem Nachruf auf Richard Wilhelm, den Übersetzer der klassischen chinesischen Literatur und des I Ging: »Wenn ich irgendwo auf besonders kräftige Ablehnung, auf instinktiven Haß oder prinzipielles Nichtverstehenwollen stoße, so gilt diese Ablehnung beinah immer dem Einschlag von alt-asiatischem Geist, den man in meinen Erzählungen findet. Nun, diese instinktive Furcht vor dem Fremden, Nichteuropäischen in der indischen und chinesischen Lebens- und Denkart ist nach meinem Glauben dasselbe wie jeder Rassenwahn und Rassenhaß. Etwas Bekanntes, historisch und psychologisch Begreifliches, aber etwas Rückständiges, nicht mehr Lebenbringendes, etwas, das überwunden werden muß. Unterstützt wird diese Rückständigkeit nicht nur durch den Fortschritts- und Technik-Enthusiasmus des Abendlandes, sondern auch durch den Anspruch des kirchlich-dogmatischen Christentums auf Allgemeingültigkeit.«

Die Alternative Hesses, unserer atemlosen, konsumbetäubten Reizüberflutung die morgenländische »Kunst des Müßiggangs« entgegenzusetzen, sich dem Quantitativen zu verweigern, um durch Selbstkritik, Kontemplation und Entfaltung des Individuellen eine qualitative Änderung zu ermöglichen, zeigt sich auch in diesen, oft unbekümmert subjektiven Texten, die er nicht, bzw. nicht wieder in seine Bücher aufgenommen hat. Doch braucht Hesses Mut zur Subjektivität den Vorwurf falscher Sentimentalität nicht zu scheuen: „Ich bin auch hierin ein unmoderner Mensch, daß ich Gefühle und Sentimentalitäten nicht verwerfe und hasse, sondern mich frage: womit leben wir eigentlich, wo spüren wir das Leben, wenn nicht in unseren Gefühlen? ... so sehr ich die Sentimentalität an andern hassen kann ...

die Zartheit und leichte Erregbarkeit, das ist ja meine Mitgift, daraus muß ich mein Leben bestreiten... Vom Dichter aber verlangt die jüngste Zeit und manche jungen Dichter verlangen es selber von sich, daß sie gerade das, was den Dichter ausmacht, die Fähigkeit sich zu verlieben... hassen und sich gegen alles wehren sollen, was ›sentimental‹ heißen könnte. Nun ja, mögen sie es tun; ich mache nicht mit. Mir sind meine Gefühle tausendmal lieber als alle Schneidigkeit der Welt, und sie allein haben mich davor bewahrt, in den Kriegsjahren die Sentimentalität der Schneidigen mitzumachen.«

Alle, auch die rein fiktiven Texte dieses Bandes, erlauben Rückschlüsse auf Autobiographisches. Unschwer wird der Leser etwa im »Fragment aus der Jugendzeit« die Gestalt der Elisabeth Chevalier, als Elisabeth La Roche erkennen, mit der Hesse 1900 im Kreis des Basler Archivars Wackernagel bekannt wurde, oder im »Briefwechsel eines Dichters« Hesses erste Erfahrungen mit dem Kulturbetrieb, karikaturistisch überspitzt im Verlagsnamen Biersohn (er selbst debütierte im Kommissionsverlag E. Pierson). So machen diese, hier erstmals gesammelten Texte nicht nur ein Stück Zeit- und Kulturgeschichte lebendig, sondern geben zugleich eine Fülle von Aufschlüssen über einen Autor, von dem Peter Suhrkamp schrieb: »Es gibt unter den lebenden Autoren kaum einen, der so oft seinen eigenen Leichnam hinter sich begrub und jedesmal auf einer anderen Stufe wieder neu anfing. Und jedesmal geschah das aus einer wirklichen und ehrlichen Not heraus, und wenn man die ganze Existenz dann überblickt, ist sie doch eine Einheit geblieben.«

Frankfurt am Main, im Februar 1973   Volker Michels

Nachweise

Die Kunst des Müßiggangs Erstabdruck: »Neue Zürcher Zeitung« vom 28. 2. 1904.
Über das Reisen Erstabdruck: »Die Zeit«, Nr. 500 vom 30. 4. 1904.
Eine Gestalt aus der Kinderzeit Geschrieben 1904, Erstabdruck: »Neues Wiener Tagblatt«, 1906.
Eine Rarität Erstabdruck u. d. T.: »Das seltene Buch«, »Österreichische Rundschau« (Wien), 3, 1905. H. 32.
Septembermorgen am Bodensee Erstabdruck: »Stuttgarter Morgenpost« vom 3. und 4. 10. 1905.
Winterglanz Geschrieben 1905. Erstabdruck: »Die Rheinlande« 8, 1908, Band 15.
Das erste Abenteuer Geschrieben 1905, Erstabdruck: »Simplicissimus« 10, 1905/06.
Schlaflose Nächte Geschrieben 1900. Erstabdruck: »Stuttgarter Morgenpost« vom 4. 7. 1905.
Am Gotthard Geschrieben 1905. Erstabdruck: »Dresdner Anzeiger«, Montagsbeilage Nr. 14/1906.
Liebe Geschrieben 1906. Erstabdruck: »Neue freie Presse«, Wien, vom 15. 4. 1906.
Brief eines Jünglings Geschrieben 1906, Erstabdruck: »Simplicissimus« 11, 1906/07 u. d. T.: »Ein Brief«.
Eine Sonate Geschrieben 1906. Erstabdruck: »Simplicissimus« 11, 1906/07.
In der Augenklinik Geschrieben 1906. Erstabdruck: »Berner Rundschau« vom 28. 2. 1907.
Gubbio Erstabdruck: »März« 1, II/1907.
Liebesopfer Erstabdruck: »Simplicissimus-Kalender« für 1907.
Wolken Geschrieben 1907. Erstabdruck: »Der Schwabenspiegel« 1, 1907/08.
Zu Weihnachten Teildruck aus »Zum Weihnachtsfeste«. Erstabdruck: »Neues Wiener Tageblatt« vom 25. 12. 1907.
Fragment aus der Jugendzeit Geschrieben 1907. Erstabdruck: »Velhagen und Klasings Monatshefte« 27, 1912/13, III.
Die Hinrichtung Geschrieben ca. 1908. Erstabdruck: »Der Schwabenspiegel« 7, 1913/14.
Vom Naturgenuß Erstabdruck: »Neues Wiener Tagblatt« IV, 1908.
Aus dem Briefwechsel eines Dichters Erstabdruck: »Die Gegenwart« (Leipzig) 38, 1909, Band 76.
Auf dem Eise Geschrieben 1901. Erstabdruck: »Der Schwabenspiegel« 3, 1909/10.
Doktor Knölges Ende Erstabdruck: »Jugend« (München) 1910.

Das Nachtpfauenauge Erstabdruck: »Jugend« (München), Jahrgang 1911.

Spazierfahrt in der Luft Erstabdruck: »Sonntagsblatt der Basler Nachrichten« 6, 1911.

Im Flugzeug Geschrieben 1912. Erstabdruck: »Der Schwabenspiegel« 6, 1912/13.

Poetische Grabreden Erstabdruck u. d. T.: »Ein Biedermeierdichter« in »Sonntagsblatt der Basler Nachrichten« vom 7. 7. 1912.

In Kandy Erstabdruck: »Die Schweiz« Band 16, 1912.

Winterausflug Erstabdruck: »Neues Wiener Tageblatt« vom 26.1.1913.

Ein Reisetag Erstabdruck: »Münchner Neue Nachrichten« vom 18. 5. 1913.

Vor einer Sennhütte im Berner Oberland Geschrieben 1914. Erstabdruck »Licht und Schatten« 4, 1914.

Der Brunnen im Maulbronner Kreuzgang Geschrieben 1914. Erstabdruck: »März« 8, 1914, IV.

Der Traum von den Göttern Geschrieben 1914. Erstabdruck ohne den einleitenden Kommentar (von 1924) in »Jugend« (München) 1914.

Musik Geschrieben 1913. »Die Schweiz«, Band 19, 1915.

Der innere Reichtum Geschrieben 1916.

Der Maler Geschrieben 1918. Erstabdruck: »Schweiz« 24, 1920.

Die Stimmen und der Heilige Geschrieben: Frühjahr 1918. Erstabdruck u. d. T.: »Ein Stück Tagebuch«, »Schweiz« 22, 1918.

Heimat Geschrieben 1918. Erstabdruck: »Der Sonntagsbote für die deutschen Kriegsgefangenen« (Bern) 3, 1918, H. 5.

Die Frau auf dem Balkon Erstabdruck: »Simplicissimus« 7, 1913.

Gang im Frühling Geschrieben 1920. Erstabdruck: »Neue Zürcher Zeitung« Nr. 559 vom 4. 4. 1920.

Kirchen und Kapellen im Tessin Erstabdruck: »Schweizerland« Jahrgang 6/1920.

Tanz Geschrieben ca. 1921. Hier erster Abdruck.

Notizblatt von einer Reise Geschrieben 1922. Erstabdruck: »Neue Zürcher Zeitung« Nr. 530, 21. 4. 1922.

Exotische Kunst Erstabdruck: »Die neue Rundschau« 33, 1922.

Das verlorene Taschenmesser Geschrieben 1924. Erstabdruck: »Ernte« 7, 1926.

Was der Dichter am Abend sah Geschrieben ca. 1924. Hier erster Abdruck.

Die Fremdenstadt im Süden Geschrieben 1925. Erstabdruck: »Berliner Tageblatt« vom 31. 5. 1925.

Ausflug in die Stadt Geschrieben 1925. Erstabdruck: »Frankfurter Zeitung« Nr. 44 vom 17. 1. 1926.

Abendwolken Erstabdruck: »Berliner Tageblatt« Nr. 299 vom 27. 6. 1926.

Aquarell Erstabdruck: »Frankfurter Zeitung« vom 4. 7. 1926.
Winterferien Geschrieben ca. 1927. Erstabdruck: »Vossische Zeitung« (Berlin) vom 26. 1. 1929.
Unzufriedene Gedanken Erstabdruck: »Simplicissimus« vom 4. 4. 1927.
Sommerliche Eisenbahnfahrt Geschrieben 1927. Erstabdruck: »Dresdner Neue Nachrichten« Nr. 123 vom 27. 5. 1928.
Klage um einen alten Baum Geschrieben 1927. Erstabdruck: »Berliner Tageblatt« vom 16. 10. 1927.
Bei den Massageten Erstabdruck: »Berliner Tageblatt« Nr. 454 vom 25. 9. 1927.
Schaufenster vor Weihnachten Erstabdruck: »Berliner Tageblatt« vom 11. 12. 1927.
Wiedersehen mit Nina Erstabdruck u. d. T.: »Besuch bei Nina«, »Berliner Tageblatt« Nr. 298 vom 26. 6. 1927.
Gegensätze Erstabdruck u. d. T.: »Hochsommertag im Süden«, »Berliner Tageblatt« Nr. 320 vom 9. 7. 1928.
Wenn es Herbst wird Geschrieben 1928. Erstabdruck u. d. T.: »Es wird Herbst«, »Vossische Zeitung« (Berlin) vom 13. 10. 1929.
Floßfahrt Geschrieben 1928. Erstabdruck u. d. T.: »Flöße auf der Nagold«, »Schwarzwaldzeitung« / »Der Grenzer«, Nr. 59 vom 10. 3. 1928.
Einst in Würzburg Geschrieben 1928. Erstabdruck u. d. T.: »Spaziergang in Würzburg«, »Neue Zürcher Zeitung« Nr. 354 vom 24. 2. 1929.
Luftreise Geschrieben 1928. Erstabdruck: »Berliner Tageblatt« vom 21. 4. 1928.
Verregneter Sonntag Erstabdruck: »Berliner Tageblatt« Nr. 554 vom 5. 10. 1928.
Rückkehr aufs Land Geschrieben 1927. Erstabdruck: »Kölnische Zeitung« vom 1. 5. 1928.
Zinnien Erstabdruck u. d. T.: »Spätsommerblumen«, »Berliner Tageblatt« vom 23. 8. 1928.
Nach der Weihnacht Erstabdruck u. d. T.: »Nachweihnacht«, »Berliner Tageblatt« Nr. 1 vom 1. 1. 1928.
Abstecher in den Schwimmsport Geschrieben 1928. Erstabdruck u. d. T.: »Post am Morgen«, »Berliner Tageblatt« Nr. 42 vom 25. 1. 1929.
Bilderbeschauen in München Erstabdruck: »Dresdner Neue Nachrichten« vom 9. 6. 1929.
Virtuosen-Konzert Erstabdruck: »Neue Zürcher Zeitung« Nr. 1767 vom 15. 9. 1929.
Lektüre im Bett Geschrieben 1929. Erstabdruck: »National-Zeitung« (Basel) Nr. 151 vom 1. 4. 1947.
Wahlheimat Erstabdruck: »Neue Zürcher Zeitung« Nr. 764 vom 20. 4. 1930.

Feuerwerk Erstabdruck: »Berliner Tageblatt« vom 19. 8. 1930.

Bücher-Ausklopfen Erstabdruck: »Die neue Rundschau« 42, 1931.

Ein Traum Erstabdruck: »Württemberg« 4, 1932.

Eduards des Zeitgenossen zeitgemäßer Zeitgenuß Erstabdruck: »Simplicissimus« 38, 1933/34.

Falterschönheit Geschrieben 1935, Teildruck aus Hesses Vorwort »Über Schmetterlinge«, zu: Adolf Portmann, »Falterschönheit«, Iris, Bern 1936.

Basler Erinnerungen Erstabdruck: »National-Zeitung« (Basel) vom 4. 7. 1937 u. d. T.: »Ein paar Basler Erinnerungen«.

Über einen Teppich Erstabdruck: »Werk« (Winterthur) 32, 1945.

Nicht abgesandter Brief an eine Sängerin Erstabdruck: »National-Zeitung« (Basel) Nr. 529 vom 16. 11. 1947.

Musikalische Notizen Erstabdruck: »Neue Schweizer Rundschau«, Neue Folge 15, 1947/48.

Das gestrichene Wort Erstabdruck: »Neue Zürcher Zeitung« Nr. 810 vom 17. 4. 1948.

Der Sprung Undatiertes Manuskript aus dem Nachlaß, entstanden vermutlich während der fünfziger Jahre. Hier erster Abdruck.

Chinesische Legende Geschrieben 1959. Erstabdruck: »Neue Zürcher Zeitung« Nr. 1523 vom 17. 5. 1959.

Inhalt

Die Kunst des Müßiggangs 7
Über das Reisen 13
Eine Gestalt aus der Kinderzeit 22
Eine Rarität 26
Septembermorgen am Bodensee 28
Winterglanz 34
Das erste Abenteuer 37
Schlaflose Nächte 41
Am Gotthard 45
Liebe 50
Brief eines Jünglings 54
Eine Sonate 59
In der Augenklinik 64
Gubbio 66
Liebesopfer 70
Wolken 75
Zu Weihnachten 78
Fragment aus der Jugendzeit 80
Die Hinrichtung 98
Vom Naturgenuß 99
Aus dem Briefwechsel eines Dichters 103
Auf dem Eise 112
Doktor Knölges Ende 115
Das Nachtpfauenauge 121
Spazierfahrt in der Luft 128
Im Flugzeug 132
Poetische Grabreden 139
In Kandy 145
Winterausflug 151
Ein Reisetag 155
Vor einer Sennhütte im Berner Oberland 162
Der Brunnen im Maulbronner Kreuzgang 165
Der Traum von den Göttern 168
Musik 172
Der innere Reichtum 178
Der Maler 180
Die Stimmen und der Heilige 184

Heimat 190
Die Frau auf dem Balkon 191
Gang im Frühling 196
Kirchen und Kapellen im Tessin 198
Tanz 201
Notizblatt von einer Reise 204
Exotische Kunst 207
Das verlorene Taschenmesser 209
Was der Dichter am Abend sah 213
Die Fremdenstadt im Süden 218
Ausflug in die Stadt 222
Abendwolken 226
Aquarell 230
Winterferien 234
Unzufriedene Gedanken 239
Sommerliche Eisenbahnfahrt 243
Klage um einen alten Baum 247
Bei den Massageten 251
Schaufenster vor Weihnachten 255
Wiedersehen mit Nina 260
Gegensätze 265
Wenn es Herbst wird 269
Floßfahrt 273
Einst in Würzburg 277
Luftreise 281
Verregneter Sonntag 285
Rückkehr aufs Land 289
Zinnien 292
Nach der Weihnacht 295
Abstecher in den Schwimmsport 300
Bilderbeschauen in München 304
Virtuosen-Konzert 309
Lektüre im Bett 314
Wahlheimat 319
Feuerwerk 320
Bücher-Ausklopfen 324
Ein Traum 328
Eduards des Zeitgenossen zeitgemäßer Zeitgenuß 331
Falterschönheit 333
Basler Erinnerungen 336

Über einen Teppich 340
Nicht abgesandter Brief an eine Sängerin 342
Musikalische Notizen 348
Das gestrichene Wort 350
Der Sprung 354
Chinesische Legende 357

Nachwort 359
Nachweise 367

Zeittafel

- 1877 geboren am 2. Juli in Calw/Württemberg
- 1892 Flucht aus dem evgl.-theol. Seminar in Maulbronn
- 1899 »Romantische Lieder«, »Hermann Lauscher«
- 1904 »Peter Camenzind«, Ehe mit Maria Bernoulli
- 1906 »Unterm Rad«, Mitherausgeber der antiwilhelminischen Zeitschrift »März« (München)
- 1907 »Diesseits«, Erzählungen
- 1908 »Nachbarn«, Erzählungen
- 1910 »Gertrud«
- 1911 Indienreise
- 1912 »Umwege«, Erzählungen, Hesse verläßt Deutschland und übersiedelt nach Bern
- 1913 »Aus Indien«, Aufzeichnungen von einer indischen Reise
- 1914 »Roßhalde«, bis 1919 im Dienst der »Deutschen Kriegsgefangenenfürsorge, Bern«, Herausgeber der »Deutschen Interniertenzeitung«, der »Bücher für deutsche Kriegsgefangene« und des »Sonntagsboten für deutsche Kriegsgefangene«
- 1915 »Knulp«
- 1919 »Demian«, »Märchen«, »Zarathustras Wiederkehr«, Gründung und Herausgabe der Zeitschrift »Vivos voco«, ›Für neues Deutschtum‹. (Leipzig, Bern)
- 1920 »Klingsors letzter Sommer«, »Wanderung«
- 1922 »Siddhartha«
- 1924 Hesse wird Schweizer Staatsbürger
- 1924 Ehe mit Ruth Wenger
- 1925 »Kurgast«
- 1926 »Bilderbuch«
- 1927 »Die Nürnberger Reise«, »Der Steppenwolf«
- 1928 »Betrachtungen«
- 1929 »Eine Bibliothek der Weltliteratur«
- 1930 »Narziß und Goldmund«, Austritt aus der »Preußischen Akademie der Künste«, Sektion Sprache und Dichtung
- 1931 Ehe mit Ninon Dolbin geb. Ausländer
- 1932 »Die Morgenlandfahrt«
- 1937 »Gedenkblätter«
- 1942 »Gedichte«
- 1943 »Das Glasperlenspiel«
- 1945 »Traumfährte«, Erzählungen und Märchen
- 1946 Nobelpreis
- 1951 »Späte Prosa«, »Briefe«
- 1952 »Gesammelte Dichtungen«, 6 Bde.

1957 »Gesammelte Schriften«, 7 Bde.
1962 9. August: Tod Hermann Hesses in Montagnola
1966 »Prosa aus dem Nachlaß«, »Kindheit und Jugend vor Neunzehnhundert. Hermann Hesse in Briefen und Lebenszeugnissen 1877 bis 1894«
1968 »Hermann Hesse – Thomas Mann«, Briefwechsel
1969 »Hermann Hesse – Peter Suhrkamp«, Briefwechsel
1970 »Politische Betrachtungen«, »Hermann Hesse – Werkausgabe« in 12 Bänden, dort: »Eine Literaturgeschichte in Rezensionen und Aufsätzen«
1971 »Hermann Hesse – Sprechplatte«, »Mein Glaube«, eine Dokumentation, »Lektüre für Minuten«
1972 Materialien zu Hermann Hesses »Der Steppenwolf«
1973 »Gesammelte Briefe, Band 1, 1895-1921«, »Die Kunst des Müßiggangs«, Materialien zu Hermann Hesses »Das Glasperlenspiel« Bd. 1.

Hermann Hesse
Werkausgabe edition suhrkamp
Gesammelte Werke in zwölf Bänden
3. Auflage 1973.
6100 S., leinenkaschiert, DM 84,–

Band 1: Stufen und späte Gedichte/Eine Stunde hinter Mitternacht/H. Lauscher/Peter Camenzind
Band 2: Unterm Rad/Diesseits
Band 3: Gertrud/Kleine Welt
Band 4: Roßhalde/Fabulierbuch/Knulp
Band 5: Demian/Kinderseele/Klein und Wagner Klingsors letzter Sommer/Siddhartha
Band 6: Märchen/Wanderung/Bilderbuch/Traumfährte
Band 7: Kurgast/Die Nürnberger Reise/Der Steppenwolf
Band 8: Narziß und Goldmund/Die Morgenlandfahrt/ Späte Prosa
Band 9: Das Glasperlenspiel
Band 10: Betrachtungen/Aus den Gedenkblättern/ Rundbriefe/Politische Betrachtungen
Band 11: Schriften zur Literatur I: Über das eigene Werk/ Aufsätze/Eine Bibliothek der Weltliteratur
Band 12: Schriften zur Literatur II: Eine Literaturgeschichte in Rezensionen und Aufsätzen

»Nie zuvor bin ich auf die Idee gekommen, zwölfbändige Werke zu verschenken.« *Klaus Mehnert*

»Hermann Hesse: ›Schriften zur Literatur‹. Hier sind die Schlüsselworte für Hesses heutige Renaissance zu finden – brisante, soziologisch brisante –, hier kann wirkliches Verständnis für das literarische Werk gefunden werden, hier ist Zeitgeschichte anzutreffen, die auch der Stand der Politologen sich zu Gemüte führen sollte.« *Die Presse, Wien*

Hermann Hesse
in den suhrkamp taschenbüchern

Lektüre für Minuten. Gedanken aus seinen
Büchern und Briefen.
Ausgewählt von Volker Michels
Band 7, 240 S., 85. Tsd. 1973

Unterm Rad
Erzählung
Band 53, 420 S., 55. Tsd. 1973

Materialien zu Hermann Hesses »Der Steppenwolf«,
Herausgegeben von Volker Michels
Band 53, 380 S., 30. Tsd. 1973

Das Glasperlenspiel
Band 79, 612 S., 65. Tsd. 1973

Materialien zu Hermann Hesses »Das Glasperlenspiel«,
Teil I:
Texte von Hermann Hesse
Herausgegeben von Volker Michels
Band 80, 386 S., 20. Tsd. 1973

Die Kunst des Müßiggangs
Kurzprosa aus dem Nachlaß
Herausgegeben von Volker Michels
Band 100, 372 S., 30 Tsd. 1974

Klein und Wagner
Erzählung
Band 116, 95 S., 15. Tsd. 1973

Peter Camenzind
Erzählung
Band 161, 150 S., 1974

Der Steppenwolf
Band 175, 256 S.

Siddhartha
Band 182, 160 S.

Hermann Hesse
in der Bibliothek Suhrkamp

Die Morgenlandfahrt
Erzählung. Band 1, 124 S., 95. Tsd. 1973

Narziß und Goldmund
Erzählung. Band 65, 320 S., 75. Tsd. 1973

Knulp
Drei Geschichten aus dem Leben Knulps
Band 75, 128 S., 79. Tsd. 1974

Demian
Die Geschichte von Emil Sinclairs Jugend
Band 95, 214 S., 221. Tsd. 1974

Der vierte Lebenslauf Josef Knechts
Zwei Fassungen. Band 181, 164 S., 17. Tsd. 1973

Der Steppenwolf
Roman
Band 226, 240 S., 221. Tsd. 1973

Siddhartha
Eine indische Dichtung
Band 227, 136 S., 130. Tsd. 1973

Politische Betrachtungen
Band 244, 168 S., 12. Tsd. 1973

Mein Glaube
Betrachtungen. Band 300, 152 S., 30. Tsd. 1974

Kurgast
Mit den ›Aufzeichnungen von einer Badener Kur‹
Band 329, 136 S., 13. Tsd. 1973

Stufen
Ausgewählte Gedichte. Band 342, 248 S., 15. Tsd. 1973

Eigensinn
Autobiographische Schriften. Band 353, 256 S., 12. Tsd. 1972

Glück
Späte Prosa: Betrachtungen
Band 344, 145 S., 12. Tsd. 1973

Iris, Ausgewählte Märchen
Band 369, 170 S., 1973

Gesammelte Schriften in Einzelausgaben

Beschwörungen; Bilderbuch; Briefe; Das Glasperlenspiel; Der Steppenwolf; Diesseits; Erzählungen; Kleine Welt; Fabulierbuch; Frühe Prosa; Gedenkblätter; Gertrud; Knulp; Krieg und Frieden; Kurgast; Die Nürnberger Reise; Märchen; Narziß und Goldmund; Peter Camenzind; Prosa aus dem Nachlaß; Roßhalde; Schriften zur Literatur; Siddhartha; Traumfährte; Unterm Rad.

Briefe

Kindheit und Jugend vor Neunzehnhundert. Hermann Hesse in Briefen und Lebenszeugnissen 1877–1894; herausgegeben von Ninon Hesse
Hermann Hesse, Gesammelte Briefe, 1895–1921. Unter Mitwirkung von Heiner Hesse; herausgegeben von Ursula und Volker Michels
Briefe. 2. erweiterte Ausgabe
Hermann Hesse – Thomas Mann. Briefwechsel; herausgegeben von Anni Carlsson
Hermann Hesse – Peter Suhrkamp. Briefwechsel 1945–1959; herausgegeben von Siegfried Unseld

Über Hermann Hesse

Dank an Hermann Hesse. Reden und Aufsätze
Hermann Hesse – Eine Chronik in Bildern; herausgegeben von Bernhard Zeller
Hugo Ball: Hermann Hesse. Sein Leben und sein Werk
Emmy Ball-Hennings: Briefe an Hermann Hesse
Adrian Hsia: Hermann Hesse und China
Siegfried Unseld: Hermann Hesse, eine Werkgeschichte.

Sonderausgaben

Hermann Hesse, Die Erzählungen
Weg nach Innen, Erzählungen

Alphabetisches Gesamtverzeichnis der suhrkamp taschenbücher

Achternbusch, Alexanderschlacht 61
Adorno, Erziehung zur Mündigkeit 11
– Studien zum autoritären Charakter 107
– Versuch, das ›Endspiel‹ zu verstehen 72
– Zur Dialektik des Engagements 134
Aitmatow, Der weiße Dampfer 51
Alfvén, M 70 – Die Menschheit der siebziger Jahre 34
– Atome, Mensch und Universum 139
Allerleirauh 19
Alsheimer, Vietnamesische Lehrjahre 73
Artmann, Grünverschlossene Botschaft 82
– How much, schatzi? 136
von Baeyer, Angst 118
Bahlow, Deutsches Namenlexikon 65
Becker, Eine Zeit ohne Wörter 20
Beckett, Warten auf Godot (dreisprachig) 1
– Watt 46
Materialien zu Becketts »Godot« 104
Benjamin, Über Haschisch 21
– Ursprung des deutschen Trauerspiels 69
Bernhard, Das Kalkwerk 128
– Frost 47
– Gehen 5
Bilz, Neue Verhaltensforschung: Aggression 68
Blackwood, Das leere Haus 30
Bloch, Naturrecht und menschliche Würde 49
– Subjekt-Objekt 12

– Vorlesungen zur Philosophie der Renaissance 75
– Atheismus im Christentum 144
Brecht, Geschichten vom Herrn Keuner 16
Bertolt Brechts Dreigroschenbuch 87
Bond, Die See 160
– Frühe Stücke 201
Broch, Barbara 151
Broszat, 200 Jahre deutsche Polenpolitik 74
Buono, Zur Prosa Brechts. Aufsätze 88
Butor, Paris-Rom oder Die Modifikation 89
Chomsky, Indochina und die amerikanische Krise 32
– Kambodscha Laos Nordvietnam 103
– Über Erkenntnis und Freiheit 91
Der andere Hölderlin. Materialien zum »Hölderlin«-Stück von Peter Weiss 42
Der Friede und die Unruhestifter 145
Dotto, Der Fall Dominique 140
Döring, Perspektiven einer Architektur 109
Duddington, Baupläne der Pflanzen 45
Duras, Hiroshima mon amour 112
Eich, Fünfzehn Hörspiele 120
Enzensberger, Gedichte 1955–1970 4
Ewald, Innere Medizin in Stichworten I 97
– Innere Medizin in Stichworten II 98
Ewen, Bertolt Brecht 141
Fallada/Dorst, Kleiner Mann – was nun? 127

Freisprüche. Revolutionäre vor Gericht 111
Frisch, Stiller 105
- Stücke 1 70
- Stücke 2 81
- Wilhelm Tell für die Schule 2
Fromm/Suzuki/de Martino, Zen-Buddhismus und Psychoanalyse 37
Fuchs, Todesbilder in der modernen Gesellschaft 102
Goma, Ostinato 138
Grossmann, Ossietzky. Ein deutscher Patriot 83
Habermas, Theorie und Praxis 9
- Kultur und Kritik 125
Hammel, Unsere Zukunft – die Stadt 59
Handke, Chronik der laufenden Ereignisse 3
- Die Angst des Tormanns beim Elfmeter 27
- Ich bin ein Bewohner des Elfenbeinturms 56
- Stücke 1 43
- Stücke 2 101
- Wunschloses Unglück 146
- Die Unvernünftigen sterben aus 168
Henle, Der neue Nahe Osten 24
Hesse, Glasperlenspiel 79
- Klein und Wagner 116
- Kunst des Müßiggangs 100
- Lektüre für Minuten 7
- Unterm Rad 52
- Peter Camenzind 161
Materialien zu Hesses »Glasperlenspiel« 80
Materialien zu Hesses »Steppenwolf« 53
- Eine Werkgeschichte von Siegfried Unseld 143
Hobsbawm, Die Banditen 66
Horváth, Der ewige Spießer 131
- Ein Kind unserer Zeit 99
- Jugend ohne Gott 17
- Leben und Werk in Dokumenten und Bildern 67
Hudelot, Der Lange Marsch 54

Jakir, Kindheit in Gefangenschaft
Johnson, Mutmaßungen über Jakob 147
- Das dritte Buch über Achim 169
Kästner, Offener Brief an die Königin von Griechenland. Beschreibungen, Bewunderungen 106
Kaschnitz, Steht noch dahin 57
Katharina II. in ihren Memoiren 25
Koch, See-Leben I 132
Koeppen, Das Treibhaus 78
- Nach Rußland und anderswohin 115
- Romanisches Café 71
Kracauer, Die Angestellten 13
- Kino 126
Krolow, Ein Gedicht entsteht 95
Kühn, N 93
Lagercrantz, China-Report 8
Lander, Ein Sommer in der Woche der Itke K. 155
Lepenies, Melancholie und Gesellschaft 63
Lévi-Strauss, Rasse und Geschichte 62
- Strukturale Anthropologie 15
Lovecraft, Cthulhu 29
Malson, Die wilden Kinder 55
Mayer, Georg Büchner und seine Zeit 58
Melchinger, Geschichte des politischen Theaters 153, 154
Minder, Dichter in der Gesellschaft 33
Mitscherlich, Massenpsychologie ohne Ressentiment 76
- Thesen zur Stadt der Zukunft 10
Myrdal, Politisches Manifest 40
Norén, Die Bienenväter 117
Nossack, Spirale 50
- Der jüngere Bruder 133
Nossal, Antikörper und Immunität 44
Olvedi, LSD-Report 38

Plessner, Diesseits der
  Utopie 148
Portmann, Biologie und Geist
  124
Reiwald, Die Gesellschaft und
  ihre Verbrecher 130
Riedel, Die Kontrolle des
  Luftverkehrs 203
Riesman, Wohlstand wofür? 113
– Wohlstand für wen? 114
Russell, Autobiographie I 22
– Autobiographie II 84
Shaw, Die Aussichten des
  Christentums 18
– Der Sozialismus und die
  Natur des Menschen 121
Simpson, Biologie und Mensch
  36
Sperr, Bayrische Trilogie 28
Steiner, In Blaubarts Burg 77
– Sprache und Schweigen 123
Szabó, I. Moses 22 142
Terkel, Der Große Krach 23
Unterbrochene Schulstunde.
  Schriftsteller und Schule 48

Walser, Gesammelte Stücke 6
– Halbzeit 94
Wie, warum und zu welchem
  Ende wurde ich Literatur-
  historiker? 60
Weiss, Das Duell 41
– Rekonvaleszenz 31
Materialien zu Weiss'
  »Hölderlin« 42
Wer ist das eigentlich – Gott?
  135
Wendt, Moderne Dramaturgie
  149
Werner, Wortelemente lat.-
  griech. Fachausdrücke in der
  biologischen Wissenschaften 64
Werner, Vom Waisenhaus ins
  Zuchthaus 35
Wittgenstein, Philosophische
  Untersuchungen 14
Wolf, Punkt ist Punkt 122
Zivilmacht Europa – Supermacht
  oder Partner? 137
Zur Aktualität Walter Benjamins
  150